「まだ終わっていない。危機に陥ったままだ」
──死の直前のバウアー（1968年）。
（写真提供：Archiv der sozialen Demokratie）

アウシュヴィッツ裁判の最も残酷な被告人の一人、オズヴァルト・カドゥーク。
彼は、1963年までベルリンの病院で看護師として勤務していた。患者からは
「カドゥークのお父さん」と呼ばれていた。
(写真提供:毎日新聞社/時事通信フォト)

1963年12月20日の裁判開始には、200人を超える報道関係者が詰めかけた。
被告人席の間仕切りとして、強制収容所時代の個人カードが置かれた。
(写真提供:毎日新聞社/時事通信フォト)

フリッツ・バウアー

Fritz Bauer

アイヒマンを追いつめた検事長

oder Auschwitz vor Gericht

ローネン・シュタインケ
Ronen Steinke
本田稔 訳

アルファベータブックス

FRITZ BAUER
oder Auschwitz vor Gericht
by Ronen Steinke

First published in Japan in 2017
by Alphabeta Books Co., Ltd.
2-14-5 Iidabashi Chiyoda-ku, Tokyo, Japan 102-0072

日本語版への序文

フリッツ・バウアー——それは誰か？　二〇〇〇年代の初頭、私がハンブルクの大学に入学したとき、この名前を初めて目にした。私は、刑法の講義を担当する講師にたずねた。しかし、彼はこのフリッツ・バウアーという人物のことを知らないと答えた。意外であった。というより、残念であった。

一九六〇年代、フリッツ・バウアーほど評価の定まらなかった法律家、挑発的な法律家はいなかった。そのため、当時のドイツでこれほど広く名前が知られた法律家もいなかったであろう。彼は、多くの人々によって挑発ともとられた歴史に残る裁判によって国を揺り動かした。しかし、このようなフリッツ・バウアーは、その後数年も経たないうちに完全に忘れ去られた。それはどのようにしてか？

ドイツ人は、彼らの多くがナチのイデオロギー下において実行した恐ろしい犯罪を戦後になって忘れることを望んだ。フリッツ・バウアーは、一九五〇年と六〇年代、それを語るよう強く求め、それを議論すべきテーマとして取り上げた。戦後の社会において、激しい討論を巻き起こした。それまで語られなかったこと——フリッツ・バウアーは、それらを全て白日の下にさらした。そのため、彼は多くの敵を作った。

フリッツ・バウアーが一九六八年に突然この世を去ったとき、ドイツ司法と社会の保守層にいる多くの人々は、安堵にも似た感情を覚えたのかもしれない。そうでなくても、彼らはバウアーの仕事を彼が行ってきたのと同じ意味において継続するつもりはなかった。フリッツ・バウアーのことを記憶に刻もうと心を動かされた人は、ほんのわずかしかいなかったのである。

少なくとも、フリッツ・バウアーが死去した直後、ドイツでは、人権のために尽力したことに対する賞賛は、フリッツ・バウアーには与えられなかった。しかも、ドイツの国民の大多数は、そのことを気にも掛けなかった。その後大学の研究所にフリッツ・バウアーの名前が付けられたのは、一九九五年になってからである。しかし、どれだけの人がその意味を理解しただろうか？　この国のために非常に重要な貢献をしたフリッツ・バウアーのことが、なぜ教育機関においてさえ長いあいだ語られなかったのか？　なぜ彼の名誉にちなんだ通りや広場ができなかったのか？　フリッツ・バウアーとはどのような人物であるのかということを、なぜ若者は学んでこなかったのか？　二〇〇〇年代の初頭、フリッツ・バウアーとは誰なのかということを、ドイツの大学の刑法担当講師が一度も口にしなかったのはなぜなのか？——私は、この疑問を解き明かす答を持ち合わせていないし、その謎は明らかにされていない。それが本書を書かせた動機であった。

本書がドイツで出版された後、二〇一三年にある出来事が起こった。本書が非常に肯定的に受け容れられたのである。大手の新聞で書評が掲載された。数人の映画監督を、フリッツ・バウアーを主人公にしてスクリーンに登場させようという気持ちにさせた。『沈黙の迷宮』では、俳優のゲアト・フォスがバウアーを演じ、賞を受賞した。『国家と対決するフリッツ・バウアー』では、名優ブルクハルト・クラウスナーがバウアーを演じ、その映画は数多くの賞を受賞し、ドイツの国民に訴えかけた。

さらに『検事長の記録』では、大物俳優のウーリッヒ・ネーテンがフリッツ・バウアーの役を演じた――バウアーを最もうまく演技できるのは誰か――ドイツの各世代の実力派の俳優が競い合ったかのようであった。

二〇一四年、私は、ドイツの最高レベルの裁判官、検察官、司法省幹部を前にして、フリッツ・バウアーについて講演するよう連邦司法省に招かれた。それは、新しく就任した司法大臣の法曹に向けたこのようなメッセージであった――フリッツ・バウアーを模範にせよ。連邦憲法裁判所長官のアンドレアス・フォスクーレン（教授）は、本書のために序文を寄せてくれた。それもまたメッセージであった――ドイツ法曹の職能団体は、フリッツ・バウアーを記憶することを嘲笑ってきたが、これによって自らの胸の内に象徴的にフリッツ・バウアーを迎え入れることになった。

間もなくして、ドイツではフリッツ・バウアーの名を冠した最初の学校ができた。さらに、その名を冠した通り、広場、法廷もできた。この国は、厄介者扱いされていた男の記憶を再び甦らせた。時代は、それを求めた。若者は、戦後のドイツを揺り動かしたフリッツ・バウアーに注目し始めた。彼は勇気を示した。残念ながら多くの法律家にはなかった勇気を、自己の良心に従う勇気を示した。彼が模範たりうる理由は、ただそれだけである。

フリッツ・バウアーからのメッセージ――従順でいられる権利など誰にもない。法律や軍の命令が犯罪的な内容である場合、それに背くことが個々人の義務である。簡潔に言えば、フリッツ・バウアーがナチ犯罪の解明のために起こした裁判は、我々の責務を本質的に問いただしたのである。さらにこのメッセージは、ドイツにだけ当てはまるものではない。それは普遍的な問いかけである。

私は、二〇〇五年、法学部生として素晴らしい一学期を日本で過ごした。本書が日本においても読まれることを願ってやまない。

二〇一七年五月　ミュンヘン

ローネン・シュタインケ

目次

凡　例

一、原著にある注は（　）で該当する箇所の末尾の右肩に示した。

一、本文中の（訳注：　）は翻訳者による訳注を示す。

一、書籍、新聞、映画、芸術作品等のタイトルは『　』で示した。

序文

アンドレアス・フォスクーレン（ドイツ連邦憲法裁判所長官）

フリッツ・バウアーは、自らの生涯を人間の尊厳に捧げた。何ものをも恐れず、根気強く、闘争心を持ち、そしてほとんど尽きることのない粘り強さをもって。彼は、最善の意味における啓蒙化された社会の側に立った。そのことは、彼の全人生に貫かれている。その基本となる思想は、彼がシュトゥットガルトの若手裁判官の時に示した理性的な刑事実務のための努力のなかに確認することができる。それはまた、ドイツの地に初めて成立した民主主義国としてのワイマール共和国を断固として守ろうとした態度にも見ることができる。そして、連邦共和国（西ドイツ）の初期に開始され、一九六八年という転換の年に早すぎた死を迎えるまで、断念することなく続けられた闘いの狼煙《のろし》は、最初に「啓蒙の側」からあがった。フリッツ・バウアーは、最初はブラウンシュヴァイクの、次いでフランクフルト・アム・マインの訴追機関の責任者として、かつてのナチの専制支配を糾弾することを新生の連邦共和国の現代的なテーマに据えた。しかし、ドイツ社会は、今日明らかになった過去の出来事を、自己の描写に取り入れる意思をいまだ持ち合わせていなかった。そのため彼は、ドイツ社会が自らの過去と向き合わざるを得ないように仕向けた。フリッツ・バウアーは、同時にまた連邦共和国の人々を驚愕させ、羞恥の念を抱くような不法な行いの全貌へと向き合わせた。ナチス・ドイツ社会の解明とその犯罪を処罰するための検事長の闘いは、一九六三年から一九六五年までの第一次フランクフルト・アウシュヴィッツ裁判において頂点を極めたのである。

フリッツ・バウアーは、常に抵抗と敵対に見舞われた。彼は排除され、迫害され、亡命を余儀なくされた。そのような彼が慣れ親しんだ居場所は、ヴィリー・ブラント、クルト・シューマッハー、そしてテオドール・アドルノによって知られている「よそ者」という立場にあったのである。このように安らぎのない人生が、どれほどまでに力強さを求めたかは察するに余りある。

フリッツ・バウアーは、ジャーナリストとしても働いた。しかし、何よりも、実践的な法律家として、自らの役割を担って活躍した。それゆえ、法律家が勇気ある行動を起こすための自由の度合は、彼の伝記を例にして推し測られる。法は全て人間の所産であり、その制定、執行および解釈に責任を負うのも、常に人間である。法はひとりでに生ずるものではない。その責任は、法の実現を自分の問題としている人に絶えず振り向けられる。法によるナチの克服がせいぜい散発的にしか追求されなかった時代において、フリッツ・バウアーは、法を手段にして何ができるのかを示した。

フリッツ・バウアーは、法を通じて、そして法のために従事した。それは、その当時の司法に広く蔓延していた態度と照らし合わせたとき、特に際立っている。連邦共和国の戦後司法は、一九四五年を境にした断絶の時期以降も、多数の人的連続性によって特徴づけられるが、その道義的な免罪を何によって根拠づけたかというと、それはあのご都合主義的な伝説によってである。裁判官が立派な振舞いをしても、それは、結局のところ裁判官に不利益にしかならなかった。たとえ彼らがナチの支配に結びつこうとも、彼らは忠実に法律に従っただけである。完全に他律的に決定されていたのである。

裁判官の不可侵性は、それによって損なわれることはない。そのような伝説によって根拠づけられたのである。

法律が法律家を拘束する力を、法律家は日常的に経験している。しかし、それにもかかわらずフリッツ・バウアーの生涯は、まさに法という枠組によって、道義的自由の展開の可能性を実際に示した。勇気によって、議論の明解さによって、そして言うまでもなく、たゆみない努力によって、何が法的に獲得できるのかを示したのである。それゆえ、フリッツ・バウアーの人生から模範的なものを引き出し、そしてとりわけ法律家の専門的な活動が獲得目標とする批判の基準をも引き出すことができる。そのことは明白である。

民主主義者であり、かつ愛国者であるフリッツ・バウアーは、ドイツの歴史に記され、それに善良な影響を与えた。我々の共通の望みは、彼の人生を記憶し続けること、そして彼の功績をそれにふさわしく記念することであろう。本書は、そのための重要な貢献をするに違いない。

第一章　アイヒマンを裁判にかけたドイツ人――フリッツ・バウアーの秘密

フランクフルトの裁判所通りにある樫の木でつくられた建物の扉は、ひとりでに音を立てることはほとんどない。二七才のミヒャエル・マオールは、それを開けて、こっそりと暗い建物の中に足を踏み入れた。(1) 彼は行先をあらかじめ彼らから指示されていた。右側にある石造りの階段を二階に上がる。そこには、緑色のリノリウムでできた豪華な玄関のような床が広がっている。月の光がそこを照らしていた。一つの白い扉に視線を向けた。そこは踊り場のようで、他の階に比べて際立っている。その左右には、目の覚めるような大理石の円柱があり、その暗い部分は赤褐色ではなく、黒く見える。「お前は絶対にしくじれないからな」と、彼らから言い聞かせられていた。

左側の机の上に置かれている書類の写真を撮影せよ。イスラエルの元落下傘部隊からの命令であった。それはフランクフルト検事長フリッツ・バウアーの執務室にある机であった。たばこの臭いがし、長いカーテンが引かれ、壁にはモダンな絵画が掛けられてあった。事務机の左側は、きれいに整理され、分けられた書類が積み上げられていた。「書類には親衛隊のルーン文字（訳注：ゲルマン人が使用し、ナチ・ドイツが採用した文字体系）がこれ見よがしに書かれていた」と、マオールは述べている。「そして同時に、その表紙には制服を着た一人の男性の写真が張り付けられていた」。

それは、アドルフ・アイヒマンの書類である。ホロコーストの中心的組織者で、かつ野心家であり、数百万のユダヤ人の謀殺を官僚組織機構の最下層部に至るまで計画した人物である。夜陰に乗じた出動から、わずか二週間後の一九六〇年五月二日には、イスラエルの情報機関モサド（訳注：イスラエル諜報特務庁）は、ブエノスアイレスの隠れ家にいると思われるナチ犯罪人を拉致するであろう。それからアイヒマンは、意識を朦朧《もうろう》とさせながら、航空会社の制服を着させられて、イスラエル行きの旅客機のファーストクラスに乗せられるであろう。それは、二〇世紀において最も重要な意味のある刑事裁判へと至るであろう。そして生まれたばかりの若いイスラエル社会の心に刻み込まれる瞬間へと至るであろう。

一九五七年、一通の手紙が届けられた(2)。それによって全てが始まった。差出人はロタール・ヘルマンを名乗るドイツ生まれのユダヤ人で、ナチ政権前にアルゼンチンに亡命した男性であった。手紙によれば、アイヒマンが偽名を使ってブエノスアイレスの郊外の町で生きているという。一つの偶然がヘルマンを次のところへ連れて行った。彼の娘は、よりによって大量殺人を行った男の息子を愛してしまっていたのである。愕然とした父親が相談を申し込める場所など、当時はほとんどなかった。イスラエル政府は、依然として国防という最優先課題に全力を傾けており、アメリカはナチの実行犯の処罰に対する責務を、ついこの間ドイツに譲り渡したばかりであった。ドイツの司法では、多くの裁判官と検察官がそれに関与していたが、アイヒマンの捜索を行っていたのは、フランクフルトの検事長だけであった。

その検事長こそフリッツ・バウアーであり、彼はアルゼンチンとイスラエルに出向いたことで知られているように、極めて例外的な人物である。ユダヤに出自を持つ社会民主主義者であり、一九三六年に亡命し、一九四五年以降、ナチ犯罪人を処罰するために闘うべく、よりによって褐色の集団（訳注：突撃隊）が勢力的に最も配置されていたドイツの国家機構の一部局、すなわち刑事司法に戻った人物である。ロタール・ヘルマンが議論を呼ぶアイヒマン情報を送ったのは、まさにその場所であった。

イスラエルのモサドの職員は、フリッツ・バウアーの暗い事務所の中で、撮影器具を準備したそのとき、ぎくっとした。「突然、足音が聞こえ、扉の隙間から光がもれたのです」。ミヒャエル・マオールは、急いで事務机の後ろに身を隠した。緑色のリノリウムの床の上にいる一人の人物が、外から、ゆっくりと、足を引きずるようなやや変わった歩き方で近づいてきた。その人物は、何かを引きずりながら床の上を歩いているようであった。

その人物が清掃員であることが明らかになるまで、マオールは動かずにじっとしていた。「少しいい加減だな」と、彼は感じた。というのも、その女性は、たばこの煙が立ち込めた検事長の六〇平米ほどの事務所を掃除しただけで、ゆっくりと歩いて立ち去ったからである。「彼女は幸運であった」と、マオールは後にそれとなく述べた。その夜は、事が上手く運ばなかったが、そのことは彼にとって大きな問題ではなかった。扉からもれる光は、再び小さくなった。

アイヒマン文書の内容は、そのようにしてモサドに引き渡されたが、世に明らかにされたのは偶然ではない。フリッツ・バウアー自らが夜の訪問者を招待したのである。というより、それをひそかに持ち去るのは、住居侵入罪にあたるため、誰にもそのことが知られないように、バウアーの最も親密な法律家仲間にさえ知られないように、内密に行われたのである。

衝撃的な情報がある元ナチ官僚によって秘密裏に入手され、それによってナチの被疑者に対して、逮捕されないよう警告がなされた。この手のことをバウアーは幾度となく経験した。警察には、このように情報を漏洩する部署が無数にある。そのため、一つの情報を多数の人が目を通さなければならない電気通信の部署などは、バウアーが組織したナチ事件捜査の小さなチームにとっては忌み嫌われる場所であった。その一員であったヨアヒム・キューゲラーは記憶している。「アウシュヴィッツ裁判の間、私がどうしてもテレタイプ〔訳注：伝動機械式タイプライター〕を止めたくなったときは、市場に行って、八百屋で買い物をしていました」[3]。

秘密厳守が最大の使命である。一九五〇年代および六〇年代にドイツ各地に潜伏していたナチ犯罪人は、諸機関を通じて密かに警告を受けていた。ドイツ赤十字社ハンブルク支部は、元親衛隊（SS）上級大隊指導者（中佐）の指導を受けて、州の国防軍や親衛隊の伝統を継承する様々な部隊に対して「警告発令機関・西部」という独自の雑誌を送付していたが、その雑誌を通じて警告を行っていたのである。それを裏付ける資料が、ボン政府の一部局にある。一九五〇年、ナチ被害者権利保護中央本部[4]が設立された。一九五三年まで司法省に、その後は外務省に設置され、ブレスラウ・ナチ特別裁判所〔訳注：民事・刑事事件以外の事件〔公安事件など〕を管轄する裁判所〕の元検察官によって運営されていた組織である。かつてフリッツ・バウアーのチーム[5]が、ナチの安楽死計画を最も積極的に推進した人物――ラインホルト・フォアベルク――の手がかりをつかみ、秘密裏に捜査を行うために、ボンの裁判所に許可を申請したときなどは、裁判官でさえ、その地の検察官に対して、繊細な情報を個人的に提供したほどであった。その結果、フォアベルクは、スペインに逃亡することができたのである。

このようにして元ナチ官僚は、国家機関に引き続きとどまったのである。その間に、個人的なネットワークだけでなく、広範な横のつながりを再び形成した。ドイツの裁判所によって裁かれたナチの実行犯の半数以上は、すでに一九四九年と一九五四年の大赦法によって恩赦を与えられた。彼らに言い渡された刑罰とそれを宣告した裁判所の判決は、刑事確定記録から削除された。最初のうちは、連合国も、ドイツの民主主義者も、過去からの明らかな断絶を期待していた。少なくとも国家機関の浄化を期待していた。しかし、それ以降、官僚たちは連携することによって、ほとんどすべての元ナチ官僚には再雇用される権利があると主張し始め、それを勝ち取った。裁判官、大臣、さらには事務次官級の官僚もまた、そのように扱われることになり、当時ナチ政府において党に追随していた者のほとんどが、一九五〇年代に司法および行政の機関に完全に舞い戻った。

ドイツの警察は、アイヒマンの捜索に協力しようとはしなかった。連邦刑事警察庁（訳注：連邦内務大臣の管轄下にある重要警察機構の一つ）外事課の課長で、元親衛隊（SS）下級中隊指導者（少尉）のパウル・ディコプフは、そのことをすでに一九五七年七月にフリッツ・バウアーに知らせた。アイヒマンの行為は、政治的な性格を有しているため、国際警察の規程によれば、処罰できないというのである。[6]一九五八年の時点において、連邦刑事警察庁の指導的な四七人の官僚のうち、三三人が元親衛隊（SS）の隊員であり、フリッツ・バウアーがアウシュヴィッツの実行犯と目される人物の捜索について打ち合わせをするために、一九六〇年に彼らに円卓会議への出席を要請したときの長官は、[7]かつて旧ソ連において親衛隊（SS）大隊指導者（少佐）として活動し、民間人を強制収容所に拉致した責任者であった。この時期の状況は、おおよそこのようなものであった。連邦共和国において、警察関係者の一部は再び指導的な地位に舞い戻り活動した。しかし、設立されたばかりのルードヴィッヒスブルクのナチ犯罪追及中央本部長で検察官のエルヴィン・シューレは、そういう彼らこそが「驚愕するほどの規模」[8]でナチ犯罪に関与していたのではないのかと、一九六〇年に結論づけた。しかし、彼もまたかつてナチ党員であり、ヒトラーの（暴力）集団である突撃隊（SA）に所属していたことが後に知られるようになった。それは、もう過ぎ去った時代の哀れな結末である。

それどころか、ブエノスアイレスに潜伏していたナチは、警戒を怠ることなく、仲間が張りめぐらした網の目によってかくまわれていた。そのため、アイヒマンの捜索は、困難極まりないほどの難題であった。アルゼンチンのドイツ大使館員[9]で、ヴェルナー・ユンカーという名の男性は、かつてナチに貢献するために外交官として勤務した人物であるが、右派の亡命関係者やアイヒマンの個人的知り合いとも頻繁に連絡を取りあっていた。フリッツ・バウアーは、連邦情報局（訳注：連邦首相の直轄の秘密情報機関）がすでに一九五二年の時点においてアルゼンチンのアイヒマンの偽名と住所を意のままにできたことを知るよしもなかった。情報局員は、数十年後にようやく公開されることになる文書に、「アイヒマンに関する全ての情報を詳細に収集[10]（せよ）」、「我々はそれをまた利用する」と書き留めていたが、バウアーは彼らからいかなる援助も期待できないことを、それどころか個人カードを開示させることさえできないことを十分に知っていた。ラインハルト・ゲーレンは、かつてドイツの対ソ絶滅戦争において東方情報収集活動を指揮し、今では連邦情報局の秘密諜報活動を指揮している。彼の周りに集まったのは、昔の同志たちであった。

バウアーが、ナチの生き残りの中の最重要人物であるアイヒマンを捕え、裁判にかけることを、いかにしてやり遂げたか。それは、彼があらゆる妨害に抗して、それをやり遂げたことの歴史を見ればわかる。それは、必要に迫られて、孤独の中で行った決断の歴史である。一九五七年一一月の初旬、バウアーは、ブエノスアイレスに行けばアイヒマンの手がかりをつかめるかもしれないことを知らせるために、見知らぬ場所で在ドイツ・イスラエル代表部のフェリックス・シンナールと会談を持った[11]。バウアーは、この会談が行われることを知っているのは、交友関係のある社会民主党員で、ヘッセン州知事のゲオルク・アウグスト・ツィンだけであることを会談の際に強調した。やり方を間違えてはならないし、リスクがあまりにも大きすぎたからである。ドイツの諸機関は、処罰を諦めさせようとしたため、バウアーはその裏をかこうと計画したのである。

その後、一九五八年一月、ブエノスアイレスのモサド代表部は、会談の内容を手掛かりに、初めてアイヒマンを捜索するために赴いた(12)。とはいうものの、チャカブコ通り四二六一番地にあると思われたアイヒマンの家は、小さく、貧しかった。権力を持ったことのあるナチの隠れ家は、そのようなものではないと思われた。イスラエルの代表部は、事態を厳密に精査せずに、興ざめして戻ってきた。

バウアーは、その後、さらに事態を前進させた。バウアーは、一九五八年一月二一日、フランクフルトでイスラエルの連絡員と二回目の会談を持った。きっかけを与えたロタール・ヘルマンにまで遡ってモサドに手がかりを探させるよう、バウアーはその連絡員に約束させた。バウアーは、イスラエルの代表に対して、そのイスラエル人自らが検事長に扮することができる偽の文書さえをも提示した。

しかしながら、この第二のモサド派遣もまた、期待外れに終わった。ロタール・ヘルマンは目がほとんど見えず、またすでに数年前からブエノスアイレスには住んでおらず、そこから数時間離れたコロネル・スアレッツという町に移り住んでいたということが判明した。モサドは、どちらかといえば彼の言葉を当てにはしていなかった。フリッツ・バウアーから三度目のラテンアメリカ派遣を強く求められても、行く気がないことが確認されただけであった。彼らは珍しく神経質になっていた。バウアーはそのことを認めようとしなかったが、もうブエノスアイレスの手がかりはその直前には切れかかっていた。

在ブエノスアイレスのドイツ大使館員は、一九五八年六月二四日、アドルフ・アイヒマンに関する捜査が全体として成果を得ることなく推移したことをバウアーに伝えた[13]。そして同時に、アイヒマンは、どうもアルゼンチンにいないらしい、むしろ中東にいるかもしれないと伝えた。バウアーは、これと同じ注目すべき情報を二人目の元右翼の男性からも聞いていた。連邦刑事警察庁外事課長のパウル・ディコプフは、アルゼンチンで捜索することを止めるよう忠告するために、わざわざフリッツ・バウアーの事務所に訪問しさえした（ただし、それ以上のことはしなかった）。彼は、そこにアイヒマンが確実にいるとは限らないと忠告したが、バウアーの見当の方が当たっていると自分では感じていた[14]。というよりむしろ、その実感を強めた。そしてそれを受けて、ルードヴィッヒスブルク中央本部長で検察官のエルヴィン・シューレ[15]は、一九五九年八月に、アイヒマンは南米にはいない、むしろ近東にいるとバウアーに伝えた。彼らの忠告はこれが三回目で最後であった。バウアーは、そのとき一つの策略を感じ取った。

一方で彼は、身の危険を感じていることを隠しきれなかった。一連のマスコミの情報を通じて、バウアーは、一九五九年の秋以降、捜査の軸を近東に集中させたと印象づけさせた。アイヒマンの専門家のベッティーナ・シュタンネスが記しているように、「公然と完璧な形で発見された[16]」という初めてのマスコミへの情報提供を受けて、バウアーは説明した。アイヒマンは、シャイフ（訳註：イスラムの首長）のスタッフのメンバーとして、「西ドイツ企業の代理人としての仕事[17]」をしている。この企業の名前を明らかにしないことは、法律家のエチケットである。そのことが前提であると説明した。フランクフルトでアイヒマン文書を公式に担当しているバウアーの助手の検察官は、アイヒマンはおそらく少し前までエジプトにいたのではないかと、一九五九年一〇月上旬にヘッセン州司法省に知らせたが[18]、彼でさえ、完全に闇の中で手探りしている状態であった。

一九五九年のクリスマスの前日、バウアーは記者会見に出席し、しかもジェスチャーたっぷりに話をした。その後、新聞社は、ある一つの電報について、センセーショナルな情報を提供した。「検事長バウアーは、ボンの管轄の省庁を通じて[19]、一九六〇年の初頭にはクウェート首長国にアイヒマンを引き渡すことを要請する方向で調整している」。確かに、すべて装われたものであった。記者会見は、モサドと調整した上で行われた全くの演出であった。しかし、それは功を奏した。フランクフルトの検事長は明らかに誤った道を歩んでいると、アルゼンチンの新聞は書き立てた。それは、アイヒマンにとっては警報解除のごとく作用した。

他方でバウアーは、イスラエル人をアイヒマンのところに密かに向かわせ、さらに接近するよう仕向けた。イェルサレムの政府は、まだためらっていた。政治的な疑念を抱いていたからである。公式な外交上の予備交渉なしに、アルゼンチンでアイヒマンを逮捕するならば、あらゆる成功のチャンスは無に帰すことになる。国際的には非礼にあたり、アルゼンチンの主権侵害にあたるであろう。国家承認を求める若いユダヤ国家にとって、それは厄介なことである。フリッツ・バウアーは、何度か話し合いを持つためにイスラエルに行き、そこで判断を行う担当者の気持ちを変えさせようとした。一九五八年三月、一九五九年夏、一九五九年一二月上旬と三回も出向いた。彼は、最後には脅しの手段も使った。イスラエル側が最後になっても優柔不断な姿勢を変えないならば、バウアー自身のクウェート演出とは反対に、アルゼンチンに対して引き渡しの申請をすることをも辞さなかった。そのようなことになれば、それはアイヒマンにとっては警報発令にしかならないであろう。

イスラエル首相デイビッド・ベン＝グリオンは、一九五九年一二月六日の日記に記している。「私は（フリッツ・バウアーに）誰にも話さないよう、引き渡しの申請もしないよう、そしてアイヒマンの住所を私たちに伝えるよう提案しました。彼がそこにいることが明らかになれば、私たちは彼を捕え、こちらへ連れてくる覚悟があります」[20]。決断は、それによってくだされた。「イッサーが対応するでしょう」と、ベン＝グリオンは書き足した。イッサー・ハーレルは、イスラエル諜報特務庁（モサド）長官であり、モサドの作戦行動を指揮した人物である。

フリッツ・バウアーは、さらにアイヒマンに関する証拠類をイスラエル側に提供した。そのために彼は二七才のミヒャエル・マオールを夜に事務所へ呼んだのである。しかし、モサドがどのような成果をあげたかについて、彼は知ることはなかった。連絡が途絶えてから数週間後の五月二二日[21]、接触を図っていたイスラエル人が最終的にフランクフルトのバウアーのところに電話をかけ、翌日に面会したいと申し出て、自分のところには良い情報が「おそらく」あると期待させた。フランクフルトのあるレストランで会う約束をした。しかし、そのイスラエル人は約束の時間になっても現れなかった。バウアーは時間が経つにつれて、心の中は胸騒ぎと憂慮が渦巻き、不安に駆られた。イスラエル人は、その後三〇分ほどして、タイヤのパンクの修理用の油を手に付けたままドアから入って、すぐに情報を伝えた。

フリッツ・バウアーは、自らを抱きしめて涙を流した[22]と、イッサー・ハーレルは、その記憶を記している。二時間半ほどして、世界中の人々は、アイヒマンが逮捕され、すでにイスラエルに連れていかれたことを知った。イスラエルの現地時間の夕方四時、アイヒマンは国会前に到着した。

あらゆることの背後において、孤独なドイツの検事長の指導力が発揮されたことを世間は知らない。バウアーは、世間が知らないでいることを望んでいたのであろう。彼は、鋼鉄のごとく秘密を守る。なぜならば、あらゆる法規範を取り扱ったことがあるからこそ、そのようにしなければ、ドイツでは即座に失職するかもしれなかったからである。

イェルサレムの検事長のヘイム・コーンは、バウアーに宛てて書いている。「私たちが、たんに感謝の気持ちだけでなく、目的と成果の連帯意識の点において、どれほど強く貴方と結びついているかを、お話しする必要などないでしょう。いずれにしても、私は言葉にすることができないほどです[23]」。

一九六〇年、アイヒマン裁判を大劇場で開演したイェルサレムに全世界が注目したとき、それによってバウアーは一つの悩みをかかえた。裁判は、イスラエルの司法によって、「メディア事件」として演出された。すなわち、ホロコーストと向き合うことに対しては、それまで社会の中では沈黙するのが支配的であったが、裁判はそれを打ち破るホロコーストとの対決として演出されたのである。フリッツ・バウアーもまた、かつてフランクフルトの助手に打ち明けたように、それを夢見ていたのである[24]。ただしイスラエルの裁判所がアイヒマンを死刑にしてしまうと、彼を証人として呼ぶことができなくなってしまう。バウアーは、そのことをただ残念がっていた。

バウアーは、アイヒマンの引き渡しという象徴的な行動を少なくともイスラエルに対して要望するために、少しの間でもアデナウアー政権を動かそうと試みた。とにもかくにも、アイヒマンに対する告発が、イスラエル人の口からよりも、ドイツ人の口からより切実に発せられねばならないことを明らかにするためであった。しかし、ボンの政府はそれを拒否した。バウアーの試みは、彼に好意を持っていた人々に一度も感銘を与えなかった。フリッツ・バウアーは、「ユダヤ人である。つまり、全体の事態に対して適していない(25)」と、ハンナ・アーレントはその当時、友人のカール・ヤスパースに書いている。

「私は、アイヒマンを捕えたのは本当は貴方だということを耳にしました(26)」と、フランクフルトの若い友人が、かつてバウアーに言ったことがあった。バウアーは、その当時、どうしてもアイヒマンの秘密を隠しきれなかったので、密かに一人の友人の女性に伝えたのである。彼女もまた、どうやらそれを守り切れなかったようである。「貴方は、そのことをどこで知ったのですか？」と、バウアーはフランクフルトの友人にたずねた。

もちろん彼はそれに答えようとはしなかった。しかし、バウアーが否定しなかった事実は、友人に対して多くのことを物語った。

「ところで、サイモン・ウィーゼンタールとは上手くいっていますか？」と、若い友人は聞き返した。「彼はアイヒマンの手がかりを、あちこちで探しているそうですよ」。バウアーは、そこで軽く微笑んで言った。「そうです。彼はアイヒマン・ハンターとも呼ばれていますからね。しかし、そう呼ばれていますが、彼はアイヒマンを捕えてはいません。狩りをしていただけですよ」。

一九六八年八月、イスラエルの新聞『マアリブ』が秘密を暴露し、親しい友人のベン＝グリオン、作家のミヒャエル・バール＝ツォハールが、その歴史的事実を確認したことで、バウアーがアイヒマン狩りの中心人物として、実にどれほど大きな役割を担っていたのかを、世界はようやく知ることになった。イスラエル側は、フリッツ・バウアーが不都合な目にあって悩まなくてすむようになるまで、つまり彼が死去するまで、秘密を明らかにするのを待ったのである。[27]

生前のバウアーを密かに写し描いた壮大なドラマのヴェールが、その後十数年を経てはがされる。それは人を唖然とさせる。ドイツの戦後史は、歴史の事実を確認するための人物をそんなに多く持ってはいなかったし、法律家もまた自己の信念を貫いた実際の例をそんなに多くは持っていなかった。

フリッツ・バウアーは、法廷の小さな舞台から、多くの政治的議論を投げかけることを当然のことと考えた。それは、彼によって率いられた一九六三年のフランクフルト・アウシュヴィッツ裁判において確かめることができる。「多くの点において、イェルサレムの裁判を補足するものと評しうる裁判[28]」であると、その当時ハンナ・アーレントは書いた。とくにこの裁判との関わりがあることから、バウアーの名前が今日知られるようになった。彼がいなかったならば、アイヒマン裁判だけでなく、アウシュヴィッツ裁判もまた行われることはなかったであろう。ドイツ人をその歴史に向き合わせたその人は、自らも魅力的な歴史を持っていた。彼に関して二冊の傑出した学術的業績がある。マティアス・モイヒ『独裁から民主制へ——フリッツ・バウアーとヘッセン州におけるナチ犯罪の克服（一九五六—一九六八年』（二〇〇一年、博士論文）とイルムトゥルード・ヴォヤーク『フリッツ・バウアー 一九〇三—一九六八年 伝記』（二〇〇九年、教授資格論文）である。しかし、これらは広範な読者に対して、その魅力ある歴史をほんのわずかしか明らかにしなかった。まだ空白は残されたままである。

バウアーは、戦後の履歴書によると、「無宗教」と名乗った。その青年期のことについては、かたくなに沈黙を貫いた。それどころか、他のユダヤ人に対して相当距離を置いた。それゆえ、フリッツ・バウアーは、順応型のユダヤ家系に出自を持ち、ユダヤ血統との結びつきはそんなに強くないと長い間考えられてきた。しかし、新しい資料は、それとは別の歴史を物語っている。青年期、彼はユダヤ人仲間と積極的に関係を持ち、ヴュルテンベルクの小さなユダヤ人社会に好んで関わり、一九四五年の時点において自らユダヤ人であることを誇らしげに名乗っていた。彼が履歴のこの部分を一般国民から隠し始めるのは、彼が一九四九年に亡命先からドイツへ戻ってきた時からである。それは、連邦共和国の当時の雰囲気について多くのことを物語っている。

バウアーは、ワイマール共和国において学生時代を過ごし、ユダヤ人学生と関係を持つようになり、大学内で台頭しつつあった反セム主義（訳註：ヴィルヘルム・マールによって最初に用いられた反ユダヤ主義の語）に対して抵抗するために学友を扇動した。しかしその学生時代の大部分はこれまで知られていなかった。バウアーが若手の区裁判所判事の時に遭遇した反セム主義との激烈な対決もまた、裁判記録として残っていたにもかかわらず、長いあいだ発見されなかった。

バウアーが若い頃、亡命先で同性愛行為を理由に尋問を受けたことに関する報告書もまた、十数年来、コペンハーゲン国立公文書館の奥深くに、紅白のひもでくくられたままの状態で置かれていた。もしもこのような情報が知られていたならば、検事長フリッツ・バウアーの命取りになっていたかもしれない。一九六〇年代、ドイツでは依然として男性同性愛は可罰的行為であり、訴追の対象であった（訳註：ドイツ刑法一七五条の男性間わいせつ行為〔同性愛行為〕処罰規定、同一七五a条はその加重規定。一九九四年の刑法一部改正により削除）。今日このことが重要な意味を持っているのは、バウアーがある秘密を守らなければならなかったからである。おそらく彼の反権威主義的な天性を少しだけより良く理解できることからも、そのことはまたさらに重要な意味を持っているのかもしれない。

彼は、半分は政治家であり、また半分は自由奔放な人間である。一九五八年、ヘッセン州の刑務所において、被収容者を「我が同志！」[29]と出迎えたことがあった。そのようなことがあったとは、アデナウアー時代には聞かれなかった。「公衆に対する衝動的な攻撃は、私たちの不幸であることは紛れもないことですが、それを減少させるために何ができるとお考えですか？」という質問がパネルディスカッションの場で出されたとき、バウアーは、「もっと性を！　文学においても！　私はマルキ・ド・サドの禁止に反対である！」[30]と、その会場で大声で答えた。一九五〇年代の末頃、出版社、省庁の役人とジャーナリストが、最新のヘッセン州出版法改正案について審議するために、社会民主党・ヘッセン州首相のゲオルク・アウグスト・ツィンをフォーラムに招き、一同が会したとき、出版の自由の実現に妥協はありえないという意味での最も急進的な提案が、このフォーラムの場で、ずっとたばこをふかしていた機転のきく法律家から出された。彼の発言に対して、「失礼ですが、あなたはどちらの新聞社の方ですか？」[31]と、何も知らないジャーナリストがたずねた。

厳罰や応報的な衝動からではなく、かたくななまでの自由尊重の精神から、戦闘的な検察官であること。それが彼の人生の役割であった。依然として重苦しい時代に、彼は自分の国を少しは明るくした。彼は検察官として、そして刑法の改革者として、自分の国を後々まで変革した。以下において、それがどのような結果に至ったのかを理解するために、すでに周知の文書、長く知られることのなかった文書だけでなく、フリッツ・バウアーに好意的に接した生き証人の証言にも言及する。一部には彼を好意的に扱い、彼が傷ついたことを、無力であったことを親身になって憂慮した証言もあるが、また一部には最終的には彼を攻撃しさえした証言にも言及する。

夜になると、彼の自宅の電話の呼び出し音がよく鳴り響いた。「くたばりやがれ、ユダヤの豚野郎め！」と、電話に出た者に対して、見知らぬ者が吠えるように叫んだ。一九六四年の初旬、公判開始の前日、アウシュビッツ裁判が行われる場所に爆発物が仕掛けられていないかどうかを捜索しなければならなかった。バウアーの事務所には、爆発物をしかけたと脅迫があった。[32] 高く積み上げられた彼宛ての脅迫状には、「支援の投書」もしくは「狂気の投書」[33] という札が張られてあった。しかし、作家のイングリート・ツヴェレンツが一九六〇年代の末頃に、ある本の出版計画のために、匿名の脅迫状や怪文書を送ってほしいとフリッツ・バウアーに依頼したとき、彼は「敵視はユーモアで受け止めることもできる」と伝えた。ハインリッヒ・ボェル、ギュンター・グラス、マルティン・バルザー、その他の人々が否定的な意思を表明し、また憎悪の手紙など基本的にはゴミ箱に捨てるよう伝えたとき、フリッツ・バウアーは、憎悪の手紙のなかで、こっけいな例を送ってみせた。それは、タイプライターで両面にぎっしりと書かれた葉書であった。差出人は、「ケルン班」と名乗っていた。名宛人として葉書には、「バウアー上級検察庁長官」と書かれてあった。[34] その下に宛名の住所として、「フランクフルト　印象的な風貌一番地ａ」とあった。

おそらくバウアーは、郵便配達員が郵便物を送り届けるのに、このわずかな情報で十分であったということをさぞかし気に入ったのであろう。しかも、彼はこの葉書の粗野な文章を読んだだけで、ほくそ笑んだはずだ。「私たちは、検察官のうち、ある一人の男性を思い浮かべている」。匿名の筆者は、そのように葉書に書いて、「国家の秩序、道義と純潔の味方たれ！」と諭した。しかし、フリッツ・バウアーが行ったのは、それとは正反対のことであった。

第二章　ユダヤ教徒としての生活——戦後の評価が定まらない法律家が語らないこと

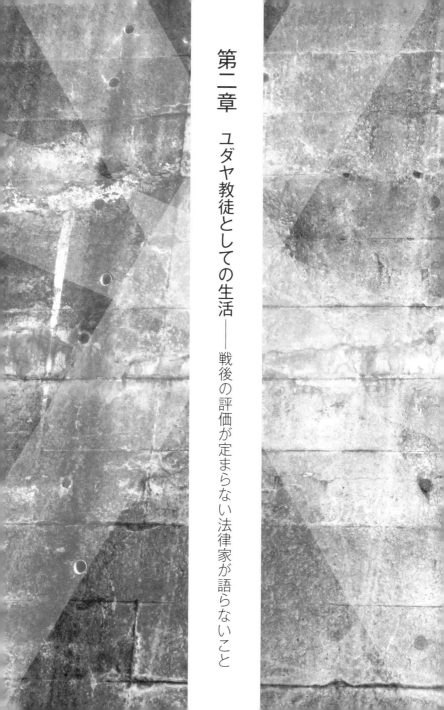

無口な熱血漢——バウアー博士の沈黙

ドイツ人をアウシュヴィッツに向き合わせた男——フリッツ・バウアーに対して質問がなされた。「貴方は、幼少または青年の頃に反セム主義に苦しめられたのですか?」[1]。多くのテレビ視聴者が、バウアーの親しみのあるシュヴァーベン訛りの低い声の返事を聞く直前の一瞬、この質問は宙に浮いた。それは、無邪気であるが、危険な質問であった。

フランクフルトにあるバウアーの執務室の、コーデュロイのソファーセットの周りには、一瞬にして照らし出すランプが飾られている。一九六七年八月、フランクフルトの表現主義画家ジークフリート・ライヒ・アン・デア・シュトルペの暗く荒々しい絵画の脇に座り、白く、燃え広がるような髪をし、ロイドめがねをかけたフリッツ・バウアーは、少し体を捻じ曲げてソファーに横になり、ズボンの裾を上げて、白い靴下と足の向うずねを覗かせた。この種の深く考え込む会話の際に選ぶ嗜好品の短い葉巻ももちろん吸っている。もはや彼をドイツのテレビ視聴者に紹介する必要はない。彼の名前は、多くのドイツ人に広く知れわたるナチの過去の清算を代表する急先鋒である。その当時の彼は、州の最も著名な検察官であり、脅迫状や、最近になって明らかにされた殺人計画[2]に基づいて判断するならば、最も嫌われた検察官である。その翌年に二人の右翼過激派が、ヴィリー・ブラントと作家のギュンター・グラスと並んで、「戦犯訴訟の中心的責任者」である彼を殺害することを最初に計画した。それ以外にも様々なことがあったが、バウアーが小型拳銃を携帯している状況が、彼らの計画を困難にさせた。

彼らは、バウアーの名前を執念深く挙げる。「B博士！　かつて貴方をテレビで見たとき、貴方は全くもって際限のない憎悪によって満たされていた」[3]と、誹謗中傷の手紙の主は書いた。別の手紙の主は、こう記している。「いわゆるナチ犯罪人裁判が、長い間、ドイツ民族の大多数にとって災いの元であったことを、貴方は盲目的な憤激ゆえにまだ理解していなかった。貴方は、貴方が居るべき場所へ早く行くべきである」[4]。ただし、バウアーが個人的な動機から突き動かされたのかどうかという問題を提起したのは、個々の狂人たちだけではない。したがって、反セム主義との個人的な関係についての答えは、取り扱うのが非常に難しい。それゆえ、彼は自分の発する言葉の意味を非常に厳密に吟味したのである。

彼がユダヤ学生の頃、運動部や学生連合からどれほど排除されたか、二八才の区裁判所判事の頃、ナチの出版物からの攻撃に対して、「ユダヤ人バウアー」としての自己をいかに防衛しなければならなかったか、一九三三年以降、法律家として仕事をすることがいかに許されなかったか、彼の家族がどのようにして財産を没収され、二度も逃亡を余儀なくされたか、戦後、ドイツの公務に復職することが、ユダヤ人である自分には「時期尚早」なことであるとして、いかに困難に直面したかを、彼はテレビの視聴者に対して述べてもよかった。しかし、そうしなかった。彼は、小学校時代の他愛のないエピソードを一つ語った。担任の教師が彼を誉めたことを、二、三人の同級生が嫉妬して、めがねをかけた彼に暴力をふるった。そのとき、子ども同士の間での侮辱の表現として用いられる「お前の家族が、イエス様を殺したんだ」という発言がなされた。

それがすべてであった。「ユダヤ人」がイエスを殺した[5]ということを、子どもたちが宗教教育において偶然に知る状況は、もちろんナチとともに始まったものでも、またそれとともに終わったものでもない。バウアーが今でも報告しなければならないことに比べると、それは些細なことであった。

ユダヤ人としての彼の個人的な経験が問題になるとき、彼が貫いたのは、むしろ沈黙であった。一九四三年一〇月二四日、スウェーデンの警察は、フリッツ・バウアーが最初の亡命先の国のデンマークから逃亡してきたことの理由として、「ユダヤ人迫害」(6)と記録したが、彼が政治的に迫害されたのか、人権上の理由ゆえにか、それとも宗教的な理由からか、という問いに対して、彼は一九四九年以降、常に「政治的に迫害された」(7)と、あいまいに答えるだけであった。そして、一九六〇年、彼の故郷のシュトゥットガルト市長(8)が、当地における「ユダヤ市民」の迫害に関して企画された展示会のために、個人的な思い出を少しだけ寄稿してほしいと、バウアーに依頼したとき、バウアーは理由も告げず即座に断り、用心深く次のように答えた。「私の家族の者のなかで、私のことについて伝える意思を持っている者がいるとは思われない」(9)。

ソファーセットの上に横になって、テレビのインタヴューに応じている間、彼は女性のインタヴュアーと話をした(10)。彼だけでなく、その女性、レナーテ・ハルプレヒトもまた、ナチの迫害を受けたユダヤ人生存者であった。彼女は、二一才のとき、すでにアウシュヴィッツとベルゲン＝ベルゼンの強制収容所で苦しみを味わい、一九四五年四月にイギリス人によって解放されたが――彼女が数年後に述べたように――、リューネブルクの荒野の息苦しい暑さと数千の腐敗した死体の悪臭が今でも記憶に残っていた(11)。つまり、バウアーには適切な答えを考え出す機会があったのであり、彼の体験を理解できる人と対面して話をしていることを知っていたのである。しかし、一九六七年八月のテレビカメラの前では、ハルプレヒトとバウアーの二人は、彼らと他の圧倒的多数のドイツ人との間にある経歴上の隔たりを明白にしうる事項について何も話さなかった。通常そのような場合、ドイツ人の関心に応えるために、自分の人生の経歴を話して、自分のことを理解してもらおうとするものであるが、バウアーは、むしろそれどころか明らかに正反対のことを強調するために、その機会を利用しさえしたのである。「その当時の六年の間は」と、彼は小学校で馬鹿にされたことについての説明を終えて、「私の苦しみは、もともと団体責任と呼ばれているものにおいて始まったのです」と述べた。その言葉は、余韻を残した。今日、多くのドイツ人は、ナチ裁判から明らかにされる何かを恐れている。私もすでに幼少の頃から、個人的な苦悩に満ちた経験から、その何かを受け入れるわけにはいかない。バウアーのこの例えには、恐ろしいほどの妬みが込められている。というより、それは強い警告である。

フリッツ・バウアーがユダヤ人であることが、この時期の主題である。彼には復讐心がこもっていたと主張する匿名の手紙の主や、夜中に電話をかけてきた主にとっては、そうであった。しかも、政治家やジャーナリストにとっても、そうであった。その主張は、彼の友人にとってさえ、後に彼らがバウアーについて気づくことになる第一印象の一つになった。「フリッツ・バウアーは、栄えある熱血漢である」[12]と、バウアーの政治的戦友であり、ベルリン臨時司法大臣のユルゲン・バウマン（FDP）は回想している。「立派な男である。彼のユダヤ人の血統は、四分の三であると思う（バウマンが、どのようにして「四分の三」と格付けしたかは明らかではない。なぜならば、バウアーの祖父母全員がユダヤ人であったからである。〔ローネン・シュタインケ〕）。したがって、彼はユダヤ人である。そして、彼は社会主義者であった」[13]。それにもかかわらず、バウアーは、一九四九年以降の履歴書には「無宗教」[14]と自ら名乗ったのである。

一九六〇年代の半ばに、「あなたはユダヤ人ですか？」[15]という他意のない質問を年下の友人がしたとき、バウアーは、「ニュルンベルク法（訳註：ドイツ国公民法、血統保護法など一九三五年に制定されたナチの法制度）の意味においては、そうです」と冷静に答えただけであった。その質問のなかに、腹立たしい犯罪者を凝視する視線を見たと、よりはっきりと言うことはまずできなかった。彼がユダヤ人であることだけでなく、反セム主義が彼に強いた以上に、彼がユダヤ社会との関わりをかつて持っていたのかどうかと、年若い友人は、彼にたずねた。最終的には、そのドイツ人にとっては有名な事例、すなわちヒトラーはいよいよもってドイツ人をもユダヤ人に仕立て上げたという事例も持ち出した。「ニュルンベルク法の意味においては、そうです」。この言葉は、フリッツ・バウアーの祖父に対して、すなわち帝政時代にチュービンゲンのユダヤ教区を統率し、礼拝の歌を歌い、トーラとタルムートからの物語を注意深く聞く若者を、それどころか夢中になって聞き入る若者——それが孫のフリッツである——の面倒を見た男性に対して、どれほどよそよそしい印象を与えたことか。一九四五年以降、フリッツ・バウアーが沈黙した理由は、彼には話すべきことが何もなかったということではない。それだけはいえそうである。

それへの帰属を望む一つの家族——帝政時代の幼少期

チュービンゲンの舗装された小さな通りの突き当りにある祖父母の角屋敷は、小さな男の子にとっては不思議な世界が広がる場所であった。「その家には、あらゆるもの、あらゆる魅力がありました」と、彼は後に回想している。「クローネン通り六番地には、多くの秘密などなかった」[16]。一九〇三年七月一六日にシュトゥットガルトに生まれたフリッツ・マックス・バウアーにとって、この角屋敷は、この土地に住む自分の両親の実家を超える場所であった。「すべては、風変わりな薄明りのなかにありました。そこには、彼の家族にとって有意義なあらゆる美的なものを吸収した場所であった。そこにあったのは、世界で最も簡素なものです。しばしば一世代、二世代前のものを目にしました」。

フリッツ・バウアーは、一九三八年の母宛ての手紙の中で述べている。そこでは、『宗教』が、ますます深淵で内的な意味を持つようになりました。私には絵画のようにしか見えない世代の人々を前にして、そういう古い家具を前にして、言うまでもなく愛する祖母の死後、ずっと旧約聖書を私に感銘深く伝えてくださった祖父を前にして、旧約聖書が、学校で習った時とは全く違って、生き生きしたものになりました」[17]。この家の書架は、書物、写真アルバム、神秘的な絵画集によって埋め尽くされていた。その一冊に『イェルサレムから送られてきた花々』という名前の本があった。そして、その賛美された国は、匂いの中にも存在していた。「オリーブの花びら、オレンジの花びら、オリエントの地方が花々から取り出したもの、それらは束ねられ、植物標本室のような場所に保管されていました」と、バウアーは述べている。若きフリッツが、その束ねられたものの下で読んだ地名は、当時のパレスチナを指していた。「サマリアの思い出」、「橄欖山《かんらんざん》の花束」、「ナザレとチベリアスのすみれの花」。彼がすでに成人していた一九三八年、彼はこの聖書の地名を記憶していた。その事実は、その名前がすでに少年のときの彼に何かを言い伝えていたことを表している。

フリッツ・バウアーが、祖父母の窓の花台から体を突き出して、外を見られるようになり、大きな目を覗かせると、外には色とりどりの小さな家が、ネッカー川の岸辺にひしめきあうように建ち並んでいた。彼が後に夢中になって話したように、「お互いに組み合わされた屋根、花と洗濯物が置かれた窓、シュヴァーベンの誇りと反骨心のある司教座教会をすべて上から見下ろすことができました[18]」。すでに少年は、ほどなく銀縁めがねを掛けるようになり、母方の祖父母の家にある重量感あふれる裕福な家具のまわりを家じゅう走り回り、また茶色の木材と高価な皮革製品の間を駆け回った。それらは過去の時代の栄光を放ち、客間にある色あせた蘭の壁紙のように風変わりな様子をも表した。ここで彼は、脚が不揃いのソファーを跨《また》いで歩いた。そのソファーは、「そのなかのクッションが一生涯、様々な色の花のデザインの重いシーツで覆われていました[19]」。そして、わずか三才年下の妹のマルゴットが、彼の後を付いて回った。フリッツ・バウアーには、多くのいとこがいる。なぜなら、彼の母には五人の兄弟姉妹がいたからである。しかし、その大部分は早々とアメリカに移住してしまった。バウアーの思い出のなかには、常に一緒に遊んだマルゴットだけがいた。祖父母の家の住居スペースの下の階にあったお決まりの場所ほど、二人にとって刺激的なところはなかった。

ここで祖父母は、衣料品店を経営していた。そこは、チュービンゲンのなかでも立地の良い場所であった。ときおりフリッツとマルゴットは、店にある素敵な商品の管理責任者であるかのように、そこにいることが許された。そのようなちょっとした合間に客が一人も入ってこないときが、二人の密かな楽しみであった。「客が実際に衣類を持ってきても、何かもっともらしいことを話すことを心得てはいませんでした[20]」。その代わりに、彼らは子どもであるがゆえに、たいていの場合、人寄せすることに専念できた。店が二、三日閉店している間、店内にあった「作業着」という表示のついた大きな箱のことは、特に記憶に残っていた。その言葉は、想像力をかきたてた。客が出入りするのをよく見ていたフリッツとマルゴットは、その言葉から、少なくとも将校の制服を思い描いた。金色のボタン、光り輝く肩当て、高品質の生地、フリッツ・バウアーの父のルードヴィッヒもその一人であった兵士の装飾が付いた制服である。あるいは、若きフリッツが後に知ることになるのであるが、彼の目には「この世で最も立派なものに見えた」「尖頂付きの軍帽をかぶり、長剣を携え、軍国調の口髭をはやした警察官(21)」の制服が目に浮かんでいた。妹は、秘密の詰まった箱を開け、そこから衣類を取り出しては、空っぽにした(22)。

そしてその後の、彼らの前に混じりけのない単色のスモックとエプロンが積み上げられたときの失望感は大きかった。

彼らは、非常に早いうちから家族の世界観を身につけていた。フリッツとマルゴットが育ったバウアー家は、どのような態度を示すことによって自己主張したかというと、長剣を携え、口髭をはやし、家族をユダヤ人として差別した権威的な君主の存在を疑うというのではなく、反対にそれに対して忠誠と感動を強調することによって自己を主張した。チュービンゲンにいたフリッツ・バウアーの祖父グスタフ・ヒルシュは、毛深い口髭をはやし、その上にある目は人を穏やかに見つめ、国家保守主義の風潮によって圧倒されていた大学町では、一目置かれた商売人であった。フリッツの母が息子に、祖父がこの町では「政治家(23)」であったと話すと、息子は驚いた。グスタフ・ヒルシュは、チュービンゲンの公益市民財団の役員会の書記兼会計の担当者として働いていた(24)。ヴュルテンベルク国王に向けて乾杯の辞を述べ、町の様々な商店を管理し、市民証明書を発行する仕事であった。尖頂付きの軍帽をかぶり、光り輝く肩当てを付けた男たちに対して敬意を表して仕えたのは明らかであった。グスタフ・ヒルシュは、シナゴーグの管理責任者として、チュービンゲンのユダヤ人教区の人々をも統率した。それは、一九〇〇年に父のレオポルトから引き継ぎ、自分もまた一九二五年に同じくレオポルトと名付けた長男、すなわちフリッツ・バウアーの伯父に引き継がせた職務であった。[25] それとともに、グスタフ・ヒルシュは、国立イスラエル上級教会庁の初代報道官であった。ラビとユダヤ教の教師は、その当時、公務員であった。甥のフリッツの目には、グスタフ・ヒルシュは、「誰であろうと、あらゆる方法で」支援し、[26]「現世と来世の間にある多くの事柄を幅広く論ずる」ことによって周囲の人々に感銘を与えている人物に見えた。少年は、非常に感動した。「学問的でもありました」[27]、そして一九三八年に母親に宛てた手紙には、「伯父に祖父の姿が映し出されたかのようです」と書いている。

ユダヤ人がヴュルテンベルクで一般に市民権を獲得する機会を得るようになったのは、一八六〇年代以降のことである。ただしその申請は、個々人が自ら教区評議会に行わなければならなかった。グスタフ・ヒルシュが市民権を得たのは、ようやく二七才になった一八七五年であった。その当時、ユダヤ人の人口はドイツ全土で一パーセントに満たなかった。彼らは、農業に従事することを禁止されていたため、比較的大きな都市に住んでいた。部分的ではあるが、例えばハンブルクやベルリンでは、彼らの人口比は少し高かった。しかし、チュービンゲンでは、一八一九年以降にようやくユダヤ人学生に大学入学許可が与えられるようになったが、ブドウ畑と大学の間にあったこの町では、フリッツ・バウアーが子どもの頃は、ユダヤ人の家庭はわずかしかなく、全体として少数派であった。一九一〇年には、一万九千人の人口に対して一三九人しかいなかった。[28]

ヴュルテンベルク王国（訳註：一九世紀から二〇世紀初頭にかけてドイツ南部を支配した国。一九一八年まで存続）の国家機関では、ユダヤ人に多くの地位を与えるのは望ましくないと思われていた。「政治家」であるグスタフ・ヒルシュには、おそらく多くの夢があったであろう。しかし、その全てに限界があった。彼の兄弟のローベルトは、一八八四年に司法試験の第二次試験に合格した日、区裁判所判事の職を得るために、非常に長い時間を無駄に費やさざるを得なかった。グスタフもまた、一八八六年二月にヴュルテンベルク司法大臣が、任官を希望することはこれ以上控えるよう、彼に個人的に助言するまで同じ経験をした。そこで彼は、「自己の信仰への異議[29]」を唱えた。ユダヤ人の解放が不完全にしか行われなかったことからも、彼が特に重視したのは、ユダヤ人がキリスト教の隣人と少しも違わないことを示すことであった。グスタフ・ヒルシュの父[30]は、グスタフとその七人の兄弟を、毎日長い道を歩いて隣町のギムナジウム（訳註：大学進学校）に通わせた。ドイツ人たちは、子どもたちがドイツ人であることを否定したがったが、少なくともそのドイツ人と同じように祖国ドイツに敬意を表すべきであることを彼らは模範的に示した。グスタフ・ヒルシュもまた、その六人の子どもたちに教育を受けさせ、勤勉であることを奨励した。グスタフ・ヒルシュの娘エラもまた、同じ精神に基づいて、夫、そして子どものフリッツとマルゴットと共に暮らした。

フリッツ・バウアーが述べているように、食卓では「座って、静かにすること。お父さんが話しているときは、しゃべらずにいること[31]」という言葉が決まりであった。その十数年後、「ある日曜日の午後、食卓でいかにして左腕を動かさずに行儀よくしていられるかを考えると、それは悪夢を見ているようでした」。バウアーの両親は、対照的な夫婦であった。母は、ほっそりとした体型で、二人の子どもを愛情一杯に育て、彼らの話に耳を傾け、「フリッツがしたことのすべてを理解してくれました」[32]と、妹のマルゴットは述べた。後に母親が癌を罹ったとき[33]、フリッツ・バウアーは彼女が一九五五年に亡くなるまで、毎日のように手紙を書いた。「彼が誰かに心を開くことがあるなら、それは母に対してだけです」[34]と、妹は言った。しかし、父親のルードヴィッヒ・バウアー[35]は、ほとんど常に週末まで外で働いていたので、週末だけ家の中に厳しい雰囲気を持ち込んだ。

フリッツ・バウアーは、伝統豊かな男子校のエーベルト・ルードヴィッヒ・ギムナジウムに通わされた。そこには、ヴィルヘルムのエンブレムの付いた建物と城塞があった。その前には花壇があり、その造りは幾何学の形をなしていた。ここの学校の重点科目は、ギリシア語とラテン語であり、生徒の多くは、牧師、商売人、公務員、工場経営者と貴族の子弟であった。ヴュルテンベルク王国のコンスタンティン・フォン・ノイラート男爵の末裔で、後にヒトラーのもとで外務大臣になった者も在学していた。その子弟は「非常に才能に恵まれていました」と、フリッツ・バウアーは話している。「とはいえ、地理の補習授業を受けることもありましたが」[36]。その当時のヴュルテンベルク王国の侍徒長のグラーフェン・フォン・シュタウフェンベルクの子弟[37]もまた、そのギムナジウムに通っていた。バウアーは、彼らと演劇部で出会った。

光り輝くピアノは、ドイツの市民性の総体を表すものであった。この時期、その輝きの礎が築かれたので、バウアー家の子どものフリッツとマルゴットがピアノ教室に通わされることについては、その好みや関心などは問題にすらなりえなかった。九才か一〇才の彼ら[38]は、ハイムベルガー嬢のドアをノックし、小さな回転いすに座って、例えばツェルニーの『熟練の手引き』を練習した。それは、指の使い方を訓練するためのものであり、難しく、早く弾く練習曲であった。そのため、暖かい余韻を伴った個々の響きを、いつもは優しく鎮める足鍵盤を使わず、ほこりっぽく乾いた感じで引かなければならなかった。そうすれば、どんな小さな弾き間違いも聞き取ることができるからである。「その後、数時間後には、嫌な気分になっていました[39]」と、フリッツ・バウアーは述べた。ハイムベルガー嬢は、「人を叩く恥知らずな人でした。ですから、私も叩かれました。彼女は、私の腕を叩いて、拍子をとりました。不愉快な感じを受けました。その後もツェルニーと、そして同じような曲を弾きました」。

フリッツ・バウアーが幼いころ、家の中をあちこちと歩きまわっていたとき、ひときわ興味深い本を見つけたことがある。それは、父所有の楽譜であった。「それは、いつでも私の手が届くピアノの下にありました。ライン川の深く暗い流れを感じされる響き、ラインの黄金の素晴らしい美しさが、そこにはありました。私は夢中になり、興味を覚えて、ドイツ音楽の最も深淵な深みへと入り込んだ印象を受けました[40]」。問題なのは、その曲が作曲家リヒャルト・ワーグナーの作品である『ラインの黄金』の序曲であったことだ。ワーグナーは、一八五〇年に反セム主義の論稿『音楽におけるユダヤ的なもの』を最初に公表し、さらに一八六九年に増補版を新たに公表して自己の見解を主張した。多くのユダヤ人は、一生涯、彼の音楽を賛美することはなかった[41]。そのユダヤ人のなかに、父親のルードヴィッヒ・バウアーがいたことは明らかである。彼は、ユダヤの家庭の五人兄弟の次男として、田舎町のエルヴァンゲンに生まれた。

彼の歴史は、非常に苦労を重ねた出世の歴史であった。一世代前のユダヤ人には、新品の衣料品を取り扱うことは許されず、扱えるのは古着だけであった。[42] しかし、ルードヴィッヒ・バウアーは、シュトゥットガルトで兄弟のユリウスと共同して、メートル単位で実入りのいい生地の取引を行うまでに至った。会社には五人の従業員が働き、ルードヴィッヒ・バウアーは共同経営者として、一九三〇年代には年間で四万ライヒスマルクを家族のために稼いだ。[43] それは、非常に名誉な金額であった。事務次官でちょうど二万六千五〇〇マルク、医者で平均一万二千五〇〇マルクしか稼いでいなかった時代である。[44] ルードヴィッヒ・バウアーは、家庭に豊かさをもたらしたのである。一一才年下の妻エラは、日常的には慎ましい生活をしていたにもかかわらず、[45] 彼女の宝石箱のなかには一四カラットの黄金の婦人用腕時計とダイヤの指輪が保管されていた。[46] 一九一四年に第一次世界大戦の勃発の知らせが入ってきたとき、フリッツ・バウアーが記憶しているように、家族で「大きな籐製《とうせい》トランクを四、五個持って[47]」、ベルギーの高級保養地の温泉に行って、休暇を楽しんだ。母は玉虫色に光るドレスを着てタンゴに興じ、子どもたちは浜辺でヒトデを集めた。

第一次世界大戦が勃発したとき、他の数百万人のドイツ人と同じように、少し変わった冷静さでそのことを耳にした。当時一一才のフリッツ・バウアーは、戦争の勃発がどれほど体調不良しかもたらさなかったのかということを、そして籐製トランクを置いたまま、浜辺の休暇から早めに帰ってきたことを後に話した。「しかし、バウアー家は、ドイツ軍が、あっという間にベルギーの制圧に成功するであろうと確信していました。そして、私たちがベルギーに籐製トランクを置いたまま帰ってきたことは、それが結果的にはベルギー制圧の試みだったということです。……バウアー家の人々が、ドイツ軍がより大きな都市、アントワープなどを制圧することを信じていたこと、とくに私たちの籐製トランクが、そこを制圧することを信じていたことが、裏切られることはありませんでした。一〇月か一一月には、帝国鉄道から連絡がくると思っていました。そして、籐製トランクは、無事シュトゥットガルトに戻ってきました[48]」。

ルードヴィッヒ・バウアーは、人々が戦争に本気で熱狂していることについて、余りにも冷静な態度をとった。彼は、「二〇世紀には戦争はない[49]」と自由を重視する『フランクフルター・アルゲマイネ』を読んでいた。「それは不可能である。我々は進歩的な人間である。戦争は排除されている」と、常に話していた。しかし、彼は、勤勉で有能であることだけでなく、ことさらに愛国心を示すことも認められた市民であるためには必要なことであると、子どもたちに模範を示した。ルードヴィッヒ・バウアーは、一八九四年、二二才のとき[50]、すなわちユダヤ人がまだ将校になれなかった時期に、自ら軍に志願し、シュトゥットガルトで商売の世界に入る前の一年間、「オルガ女王」という名のヴュルテンベルクの選抜歩兵連隊第二部隊に入隊して、その制服を当時は着用していた。今また、戦争が勃発したので、彼はあらためて軍に志願し[51]、再び同じ連隊に所属した。戦争がユダヤ系ドイツ人と非ユダヤ系ドイツ人の間の社会的境界線を消し去るかもしれないという希望が、その当時のユダヤ人を戦場へ駆り立てたのである。彼らは、兵士になることを長い間待ち望んでいた。彼らが所属する宗派の聖職者は、彼らが兵役に就くことを非難したが、ヴュルテンベルク陸軍省は、ユダヤ人兵士は聖職者から守られるべきであると声明を出して、彼らに兵役に就く許可を与えたとき、彼らは早くもそれをユダヤ人に対する冷遇の終焉だとして称賛した。ラビが同席するもとで、ユダヤ人の新兵が帝国軍将校の剣によって守られる儀式[52]が、一九一六年七月一六日、ルードヴィッヒスブルクのシナゴーグで催された。

シュトゥットガルトとカンシュタットのユダヤ人合計五二〇名が前線に志願したとき、そのなかにはルードヴィッヒ・バウアーと並んで、フリッツ・バウアーの伯父であり、チュービンゲンのシナゴーグの管理責任者であったレオポルト・ヒルシュもいた。九八名のユダヤ人戦死者の名前[53]は、後にシュトゥットガルトのイスラエル墓地の専用の庭園に刻まれた。それには、ユダヤ人の中には密かに逃亡した者もいたかもしれないという安易に広がりかねない勝手な憶測を否定するための、目に見える象徴としての意味があった。なぜならば、ドイツの敗戦が明らかになるにつれて、塹壕の中の期待に満ちた共同体に代わってすぐに現れたのは、贖罪の山羊を新たに求める動きであったからである。ユダヤ人差別は、一層激しさを増した。一九一六年一〇月以降、少数派のユダヤ人は、軍における綿密で厳格な「ユダヤ人人口調査」の実施というプロイセン陸軍省が行った重大な脅迫的告知に耐えねばならなかった。その調査結果は、その後公開されることはなかった。

生徒であるフリッツ・バウアーがユダヤ人であることは、ギムナジウムの全員が知っていた。年度の最初に[54]、教師がクラスの全生徒の氏名と宗教上の所属について質問したからである。戦争がシュトゥットガルトの生活状態を悪化させたとき、二、三人の生徒が、砂糖と中古の金の闇取引を始めた。バウアーのクラスメイトのフレート・ウールマンは、次のように述べている。「そのような行為に関与したのは、小規模の少年の集団だけであり、その中にはユダヤ人はいませんでした。ユダヤ人の少年がそれに誘われても、それに抵抗するための理由か何かがあったのかもしれません[55]」。要するに、特別に監視されていたということである。フリッツ・バウアーは、この時期、ヘブライ語を学ぶか、それとも英語にするかの選択を迫られていた。ヘブライ語は、彼の母のチュービンゲンの家で旧約聖書を生き生きと理解するカギであった。英語は、国際的な商取引の言語であった。バウアーが選択したのは、英語であった[56]。

彼のクラスメイトが、その当時の前線の推移を示したヨーロッパ地図を教室の壁に貼ったとき、彼はその脇に立っていなかった。当時彼は猩紅熱《しょうこうねつ》のためベッドで寝ていたが、家の自室には、同じように大きなヨーロッパ地図が貼ってあり、その上には黒・白・赤の長三角旗（訳註：ワイマール時代の商船旗、ナチにおいて国旗色として採用）があった。しかし彼はそれを前方に掲げることができなかった。そのため、深く悲しんだ。「さしあたり」、バウアーは「猩紅熱のせいです」と考えたが、「ありがたいことに、その後、マルヌの熱い戦いのせいでもあることが明らかになりました。やがて、その熱も引きました[57]」。バウアーが子どもの頃の国家主義を振り返ってどのような言葉で言い換えているのかが、そこでは興味深い。生徒のフリッツは、彼が後に説明しているように、「ギムナジウムが求めた通り[58]」、非常に確信的に国家主義的であった。

少年は、父親の厳しい性格のために悩んだが、父の考えをよく理解していたのである。

チャヌッカとバール・ミッツヴァ──自意識を育むための教育

フリッツ・バウアーが六才か七才のころ家にいたときに[59]、神とは本当は何なのかを知りたくなったとき、母親のエラはその定義を説明せずに、とにかく根本を感じ取るべきであることを息子に説明した。「人が汝に為すことで、汝が望まないことを、人に為してはならない」。

人が宗教から遠ざかっていることの表れなのだろうか、必ずしもそうではないが、ただこの言葉が示しているのは――「母は、非常に賢明な人でした」[60]と、フリッツ・バウアーは述べた――、母親が自身の信仰の核心を子どもに分かるように説明することを心得ていたということである。イエスが生まれる数十年前、ユダヤ教の教養人であるヒレルというラビが、非ユダヤ人によって挑発されたときの有名な逸話がある。「もしお前がトーラをすべて一人で朗読することができるなら、私はユダヤ教に改宗してもいい」。ヒレルは、それに答えて言った。「人が汝に為すことで、汝が望まないことを、人に為してはならない。それ以外はすべて解説です。今から行って、自分自身で読んでみなさい」。

エラ・バウアーは、チュービンゲンのシナゴーグの管理責任者の娘であった。質問する息子に対して、黄金律をもとに考えるよう仕向けたのは、彼女が窮地に追い込まれたからだけではない。彼女は博学でもあった――ヒレルというラビの聡明さを知っていた――からである。

フリッツ・バウアーの妹のマルゴットが述べているように、両親の家庭は「リベラルなユダヤ人[61]であり、祝日は祝い事もしました」。そして、春のペシャでは、バウアー家のルードヴィッヒ、エラ、フリッツ、そしてマルゴットが食卓に座り、大勢の人々がエジプトから脱出したこと、移動の際にワインを飲み、歌を歌ったこと、秋に新年を迎えると、彼らはりんごを蜂蜜に漬け込んだこと、チャヌッカという冬の灯明祭りの時期になると、八日のあいだロウソクに火をともし、毎晩一つから八つまでの炎を照らしたこと。しかし、フリッツとマルゴットの子どもたちは、この家にはクリスマス――隣人のキリスト教徒の祝い事――がないことを悲しんだ[62]。ユダヤ教の祝い事でも、十分にその代わりになると彼らが思うほど、暖かな祝い事は厳格なルードヴィッヒ・バウアーの家では行われていなかったようである。マルゴットが記憶しているように、ユダヤ教の祝い事が祝われたのは、「祖母がまだ生きていたから」[63]であった。それは、かなり前から苦悩を伴っていたことを意味している。しかし、子どもたちがクリスマスツリーをほしがることに対して、両親は明確な拒絶反応を示したことは注目に値する。子どもたちに愛されているクリスマスを、無条件にキリスト教の祝い事としてではなく、ドイツの祝い事として捉え、一緒になって祝うことができるのではないかという考えは、この時代のドイツに同化しつつあったユダヤ人の間では大いに受け入れられていた。テオドール・ヘルツルのウィーンの家でさえ、[64]飾りつけが施されたモミの木があった。

しかし、バウアー家では、それはできない相談であった。その上、彼らのところでは、ユダヤ教の宗教儀式は身内だけで祝われた。チャヌッカとペシャの間にクリスマスが入ってくることなど、まだとてもできなかった。バウアー家では、ドイツ的愛国心とユダヤ的自意識は両立していたが、ルードヴィッヒ・バウアーは、最終的にはユダヤ的自意識に固執した。クリスマスとドイツ的愛国心という二つのものは切り分けられ、捨てられたものは許容されなかった。

シュトゥットガルト病院通りにある大シュトゥットガルト・シナゴーグの宗教学教師マイヤーは、フリッツ・バウアーの幼稚園で話をした。「そもそも預言者というものは、シュヴァーベンの方言以外のことばでは話をしないかのように私たちには思われました」[65]と、幼稚園でその話に耳を傾けて聞いたシュトゥットガルトのユダヤ人は話した。サイコロの形をし、様々な色彩のガラスとムーア式のモザイクで装飾を施されたシナゴーグは、市庁舎から五百メートルほど離れたところにあり、その周辺の通りの名称[66]は、シュヴァーベンの精神的文化遺産を思い出させた。ヘルダーリン、シラー、メーリケ、ヘーゲル、そしてヘッセを思い起こさせた。その内部に入ると、階段座席からは説教台の前が見え、それは教会というよりも、その当時はすでに説教台が中央部に配置されている典型的なシナゴーグを思い出させた。ユダヤ人は、ヴュルテンベルクにおいて、ようやく数世紀以降、夢を見ることができるようになった。その友愛の夢は、ここではすでに手に入れることができた。楽園のアダムとイヴ、ヤコブの一二人の息子の誤り、モーセによるユダヤ人のエジプトからの脱出――聖書に書かれているこれらすべての歴史が、シュヴァーベンの方言によって生きたものになった[67]――それは、精神の在り方を映し出した。

一九一八年以降、シュトゥットガルトにはユダヤ復興主義の小さな集団があった。彼らが会合を行うための場所として[68]、いつもホテルの客室が利用されていたが、当時はそれで十分であった[69]。メンバーの住宅の一角には、パレスチナの土地購入のために寄付を募るヘブライ語の文字が書かれた小さな青色の缶があった。しかし、シュトゥットガルトのユダヤ人の多くは[70]、彼らがシュトゥットガルト以外の場所において故郷を求めることができるというのは素朴で愚かな考えであると見ていた。彼らは、それとは逆に特別な愛国心を強調しさえした。かつてロシアからのユダヤ人逃亡者が――貧困、恐怖、流血を伴うポグロム（訳註：ユダヤ人共同体に対する虐殺行為）のため――街に流入してきたとき[71]、シュトゥットガルトのユダヤ人は、自分たちがこのよそ者たちと同じように扱われるのではないかと危惧した。芸術家のマルク・シャガールが伝えているように、その逃亡者たちはユダヤ人街からやってきて、男性はひげをたくわえ、こめかみの巻き毛は長く、毛皮の帽子をかぶっていた。彼らは、遥か遠くの街を描いた風景画の中にいる人々のように見えた。一九一九年に、古くからシュトゥットガルトに住んでいたユダヤ人は、神経質になって説明した。「正確にドイツ語を話せない人々」[72]には、「いわんやシュヴァーベンのことばなど話せるわけがないので、ドイツの教区で意見を述べる権利はない」。

オットー・ヒルシュは、ユダヤ教区の意思決定権者の一人であった。彼は、一九三〇年にヴュルテンベルクのイスラエル宗教共同体の上級評議会議長に就任し、一九三三年にドイツ系ユダヤ人の帝国代表になった。それと同時に、彼はヴュルテンベルク州の公務に法律家として従事した。彼は、子どもの頃、フリッツ・バウアーと同じエリート学生のギムナジウムに通った。シュトゥットガルトのヒルシュ家は大きく、親戚関係も広かった。若いフリッツ・バウアーもその親戚で、彼の母の家もまた同じヒルシュの姓であった。チュービンゲン・ユダヤ教区の中心的存在であり、ヒルシュ家のもう一つの本家であった[73]。シュトゥットガルトのヒルシュ家は、キュンツェルザウの出であり、すでに一八五七年にはシュトゥットガルトに移り住んでいた。それに対して、チュービンゲンのヒルシュ家は、ヴァンクハイムの出であった。しかし、両家は婚姻によって長い間結びつくことになる。フリッツ・バウアーの母の従妹のミンナ（法律家のローベルト・ヒルシュの娘）は、由緒あるシュトゥットガルトのオットー・ヒルシュの兄弟と結婚した。

フリッツ・バウアーの両親が教区の構成員であることを証明する基礎資料は、一九三八年にシナゴーグが放火の被害に見舞われたために消失した[74]。しかし、彼らがそこに所属していたことに疑う余地はない。なぜなら、ワイマール時代までは、今日のキリスト教の両宗派の教会に認められている法的地位がユダヤ教の教区にも認められていたからである。その教区は、強制加入の原則に基づいており、その構成員から教会税を徴収する公法上の法人であった。[75] ルードヴィッヒ・バウアーとエラ・バウアー[76]は、彼らが積極的に脱会しない限り[77]は、自動的に、すなわちその信仰によりシュトゥットガルト・イスラエル宗教教区の構成員であった。したがって、「教区から破門された者はすべて」、「それによってユダヤ世界から破門されることになる」と、歴史家のミヒャエル・ブレンナーは、標準的な著書『ワイマール共和国のユダヤ文化』の中で書いている。つまり、そのような人は、もはや住民登録課ではイスラエル人とは扱われなかった。しかし、フリッツ・バウアーがミュンヘンの地で学生として学んでいた一九二二年の時点では「イスラエル人」として登録されていた。[78] かりに彼の両親が教区構成員として登録されていなかったならば、彼もまた登録されていなかったはずである。その家では、すでにユダヤ教の祝賀行事が祝われていたので、エラ・バウアーとルードヴィッヒ・バウアーは、息子のフリッツ・バウアーの一三才の誕生日には、少なくとも一度はシュトゥットガルトのシナゴーグに連れていき、バール・ミッツヴァを祝い、一度はシナゴーグの聖書台にのぼって、トーラを朗読するぐらいのことはしたであろう。バール・ミッツヴァとは、フリッツ・バウアーの級友の、キリスト教の信者の間で当時一般的に行われていた聖体拝領や堅信と同じようなものであった。チュービンゲンの母方のヒルシュ家は、当地の教区の支柱のような存在であったが、もしも慣習に背くようなことをしたならば、敬虔なユダヤ教徒であるという名声を失うことになり、その限りにおいて、一家にとっては小さくても不名誉なことであったであろう。

宗教の炎がフリッツ・バウアーの心の中で燃え広がらなかったことは、疑いない。ギムナジウムでは、時間割の上では宗教教育の時間が設けられていた。その時間になると、彼と数人のユダヤ人同級生は、その授業を受講するよう呼び集められ、ラビのところに行かされた[79]。そこで生徒たちは、旧約聖書の歴史を学んだ[80]。ノアの箱舟、ダビデとゴリアテ、十戒を学んだ。しかし、彼は高校卒業資格試験の前に学科を修了してしまった[81]。彼は一八才になったとき、彼が称賛しているのは、旧約聖書ではなく、ニーチェの個人主義と無神論であることを親友の前で告白した[82]。彼は三三才のとき、ある新聞の記事でデンマークのユダヤ人作家のヘンリ・ネイサンスの『壁の後ろ側で』を推薦したが、彼の告白はそのことによってより明らかにされた。その作品では、ユダヤ人の娘がキリスト教徒の青年に恋をし、子どもを善きキリスト教徒に育てるべきか、それとも善きユダヤ教徒に育てるべきかが問題にされた。バウアーは、「人は人になるべきである[83]」というこの作家の言葉を引用した。しかし、フリッツ・バウアーがこの年に、彼を育んだユダヤ世界から決別しようとしたわけではなかった。

政治的信念を理由にユダヤ教区から脱会した数名の社会主義者がいた。例えば、キールの法律家ルドルフ・ガッツがそうである。彼は、一九三〇年に改宗し、戦後は出世して、連邦憲法裁判所長官にまでなった。フリッツ・バウアーは、そうはしなかった。彼は、一九二八年の時点において[84]、司法省では宗教上の所属として公式にイスラエル人として登録されていた。バウアーは、ユダヤ教区のグループからしばしば招待を受けた。シュトゥットガルトでは、ボランティア活動団体「ベルトルト・アウエルバッハ協会」の若者たちが、第一次世界大戦中に赤十字社のために寄付を集めていたが、バウアーは、その若者の前で定期的に講演を行った[85]。社会民主主義の弁士として、「その知性によって深い感動」を与える「唯一のユダヤ人[86]」であると、ほどなくして認められるようになった。わずか二七才で区裁判所判事になり、それによって彼の大叔父のローベルト・ヒルシュには叶わなかった夢を実現した輝かしいこの若き法律家は、まさに「ユダヤ人の間では」、「非常に名が通っていた」と、ミールケは述べた。しかし、彼の講演に特殊なユダヤ的なものを期待した人々は、ただ失望するだけであった。若きバウアーが常に心掛けたのは、聴衆に対して、民主主義と社会主義の課題に興味を呼び起こすことだけであった(87)。

彼が宗教用語を用いることに徹したいときは、そのようにした。かつてユダヤ人の手工業者団体が彼を招いて、提起された問題に関して話をするよう求めたとき、彼はそのようにして見せた。ユリウス・ランダウアーが会長を務めていたその団体は、シュトゥットガルトの若年失業者に専門教育を受けさせるために苦心していた。ある日の夜、ランダウアーは、彼から世話を受けている者に対して、彼らを結びつけているもの、すなわちユダヤの出自であることが、プロレタリアートの団結によって、どれほど彼らを強くするかを示そうとした。「講演者は、トーラの社会思想を強調している(88)」と、歴史家のマリア・ツェルツァーは、フリッツ・バウアーが講演に登場してきたことを記している。「バウアー博士は、ユダヤ教の預言者がプロレタリアートの代弁者であるとは言わなかったが、預言者が社会思想の源泉であり、預言者が守護者であると名指しした。社会主義へ向かう橋は、真にユダヤ的なものであるというのである」。

バウアーが一九三六年に亡命したときには、彼はユダヤ世界と結びついていた。デンマークの劇作家ヘンリ・ネイサンスは、子どもを善きキリスト教徒に育てるべきか、それとも善きユダヤ教徒に育てるべきかというだけでなく、「人は人になるべきである」と、寛容さへの関心を喚起しようと努めたが、一九三六年にバウアーがその言葉を引用して文章を掲載したのは、何かの新聞ではなく、今日のユダヤ人中央評議会の前身であるドイツ公民中央協会が編集する『中央協会新聞——ユダヤ一般新聞』であった。

バウアーは、亡命先において、この新聞のスカンジナヴィア支局の特派員として、デンマークのユダヤ人の歴史の研究に取り組んだ。[89] 彼は、ノルウェーのユダヤ人詩人ヘンリク・ヴェルゲラントを新聞の愛読者に紹介した。ヴェルゲラントは、その政治的関与と洗礼名ゆえに、ハイネとならぶ第二のハインリッヒとみなされうる存在であった。そのことは、オスロの救世主の墓地にある美しく誉れ高い彼の墓が物語っている。「ノルウェー国境の向こう側にいるユダヤ人が感謝して[90]」、「この記念碑を建立したのである」と、バウアーは書いた。

その文章には、極寒と隔絶以外のことであれば、すべてのことが書かれていた。確かに非宗教的であった。しかし、若きフリッツ・バウアーは、亡命先の国で、ユダヤ復興主義者と同化政策の支持者との間において論争が行われていることを知っていた。[91] 彼は、コペンハーゲンの上級ラビのフリーディガー博士、ならびにルント出身のユダヤ人教授ヨゼフソンの立場に立って報告することを心得ていた。そして、亡命が終わる直前の一九四七年、彼は一九三〇年にシュトゥットガルトの手工業者団体の若者の聴衆の前で行ったのと全く同じように、旧約聖書の預言者が「社会的な平和の帝国」を夢見たこと、それゆえに予言者が「最初の社会主義者[92]」であることを力説した。彼は一九四五年八月に『社会主義トリビューン』に気軽に書いたときも、聞かれてもいないのに、非ユダヤ人の読者に対して自己のユダヤ的なものを主題にさえした。それは、一五才のヒトラー青年団員が、デンマークの亡命者施設において、「おい、お前、フリッツ。お前は、本当にドイツ人なのか、ユダヤ人なのか、それとも無国籍なのか？」[93]と、バウアーに対してたずねたときに、彼が気楽に答えたのと同じであった。「そうさ、ギュンター。お前は笑うだろうが、私はドイツ人であると同時にユダヤ人でもあり、また無国籍者でもあるのさ」。

この言葉によって語られているのは、自意識である。フリッツ・バウアーの死後、数年経って、妹のマルゴットは、兄がかつてエッセーや著作に編み込んだ多様な引用の数々をユダヤ教からの文体上の手法であると認識していたと、スイスのホテルの静かな部屋で話した。「フリッツは、その手法を継承したのです」[94]。マルゴットは、誤解しているのかもしれない。バウアーが創成期の連邦共和国において、重大な法政策論争に割って入ったとき、彼がエッセーと著作のなかで用いた微妙で多様な文体は、シュトゥットガルトの青年期に知り合ったラビの世界とは異なる発想と源泉に由来するものであったのかもしれない。しかし、マルゴットが兄のことをそのように信じたのは、すでに何かを物語っている。プライベートなフリッツ・バウアーについて彼女が抱いている人間像を物語っている。彼女は、兄と一緒に受けてきた共通のユダヤ教の教育から、兄が厳密かつ冷淡に距離を置いていたことを全く知らなかった。一九四五年以降になって、バウアーがようやく一人で、つまり家族を伴わずに、ドイツに戻ってきたとき、彼は対外的には全く異なった振る舞いをした。「無宗教」と「沈黙」という振る舞いを。

第三章　一九二一年から二五年までの人格形成期——才能の開花

二三人の友人

すべては準備されていた。法学部生のフリッツ・バウアーが、一九二二年一一月のある日の夜、二二人の友人――そのほとんどがユダヤ人であった――とともに、ミュンヘンのマリエン広場の近くにある「ラウエック城」という安宿に集まったとき、彼らの前には、いつものように歌集『ばか騒ぎへのビール染みの付いた招待状』が置かれていた。そのなかに、「兄弟よ、来たれ！ 我と共に陽気に杯を交わさん」、「おお！ 学生閣下」というような歌があった。その歌で踏まれる韻は、通常は十分に温かくなった喉から高らかに歌い上げられるものであった。「その全員に、陽気に、朗らかに共存する意思があったにもかかわらず、時代は困難な状況にあり、責任意識は、一人一人にあまりにも重くのしかかっていました。厳粛に飾り立てられた虚構も災いして、ゆゆしき事態など存在していないと思い違いをしてしまうほど、時代の困難さと責任意識が重くのしかかっていたのです(1)」と、学友の一人がその夜に記している。「この地において支配的な地位にある集団が行っている政治活動は、絶望的であり、私たちの理念に反するものです。そのことが、私たち全体の雰囲気に影響を及ぼしていました」。

その数か月来、町を支配したのは、政治的な息苦しさであった。まず六月には、ドイツの外務大臣ヴァルター・ラーテナウが、始まったばかりの不人気な若い民主主義に人々を熱中させようとしていたとき、ベルリンで暗殺された。「ドイツ共和国は、国民大衆と若者の想像力に対してこれほどまでに影響を与えた政治家を、後にも先にも輩出することはありませんでした(2)」と、フリッツ・バウアーより四才若いジャーナリストのセバスティアン・ハフナーは、十数年後、興奮して話した。「もしも彼が一九二二年のドイツの外務大臣でなかったなら、一八〇〇年のドイツの哲学者でありえたかもしれません。一八五〇年の国際的な金融王でありえたかもしれません。偉大なラビ、あるいは隠者でありえたかもしれません」[3]。ラーテナウは、ドイツに同化したユダヤ人一家の出身であり、多くの人々がその一家を畏敬の念をもって仰いでいた。その父エミールは、「電機産業界のビスマルク」と呼ばれ、ドイツのほとんどの都市に街灯と路面電車を導入した人物である。フリッツ・バウアーもまた彼を尊敬していた。彼は、後に法学博士の学位論文の序文に、ヴァルター・ラーテナウの文章を引用した。

それだけに衝撃は強かった。ラーテナウは、一九二二年六月二四日、中央分離帯が街路樹によって造られた緑豊かな市街地の大通りで、別の車両から狙撃され、殺害された。その犯行は、一連の政治的謀殺行為のなかでも最も有名な事件であったが、ドイツに民主政が導入された以降に起こった三五四件の事件の一つでしかなかった。ハイデルベルク大学統計学私講師エミール・ユリウス・グンベルは記録を付けた[4]。謀殺犯の捜査は、学生組合の右派に対して向けられた[5]。ベルリン大学ではラーテナウのために記念のミサが計画されたが、学長事務局が、歓声を挙げる学生組合員を統制できないのではないかと懸念したために、ミサでさえ中止に追い込まれた[6]。「私たちは、深い衝撃を受けました」[7]と、フリッツ・バウアーは述べた。「そして、私たちは、基本的人権を実現するために、私たちの心情をワイマールの民主政に注ぎ込もうとしましたが、それが危機にさらされているという印象を抱きました」。

学生連合に所属していたバウアーの仲間が一九二二年一一月二日に記したように、「この地で支配的な地位にある集団の政治活動」とは、暴力的な活動であった。ルドルフ・ヘスという名のミュンヘン大学生は、大学で乱暴な奇襲攻撃をしかける学生組合のグループを自分の周辺に集結させ、また一九二二年一〇月末のローマへのムッソリーニの行進が成功したことに酔いしれていた。その時は、彼はまだ講義に出席し、レポート課題を提出し、実習と演習において学習成果を報告する学生であった。(8) ヘルマン・ゲーリングもまた同じ時期にミュンヘン大学に在籍し、国家学を中心に専攻していた。その当時、右翼保守主義の若手の旗手で作家のエルンスト・ユンガーは、ミュンヘンという都市は、ナチに対して特に有利な基盤を提供したと書いている。「ベルリンよりも都合の良いところでした。そこの人々は、より衝動的でした。レーテ共和国（訳註：ワイマール革命時における政党・労働組合からなる協議会組織を採用した諸州）を樹立したほどです。私はライプルが描いたような労働者を見ました。深緑色の生地の制服を着た除隊兵を見ました。運良く難を逃れることのできた若者たちを見ました。山の中にいた人たちは町へやってきました。彼らは皆、ヒトラーの言葉のとりこになっていました」。(9)

ルドルフ・ヘスの「突撃隊」（ＳＡ）の構成員であるかどうかは、大学地区においては、ハーケンクロイツの腕章の付いたウィンドブレーカーとゲートルで見分けることができた。褐色のシャツは、この時はまだ取り入れられていなかった。「私はミュンヘンで暴動を経験しました」(10)と、フリッツ・バウアーは書いている。「ヒトラーのナチ党が最初に姿を現したときのことです」。学生のバウアーが見たのは、『ユダヤ人立入禁止』。今日このことを疑わない者など誰一人としていない、と書かれた誰もが読める大きなプラカードでした。(11) 真っ赤な色で、署名と住所が記載されていました」。ヘスは、一九二三年初頭まで突撃隊の百人隊第二部隊(12)を指揮していたが、それは完全に学生で編成されていた。暴力的にふるまう学生組合員は、大学構内では光り輝く勝者を自称していた。その数週間前、民族主義的グループが、学生委員会の右派勢力のなかで多数派を獲得した。(13) 彼らがバイエルンでは最大の精鋭分子であることは、一九二一年にエアランゲンで開催された学生大会で示された[14]。それでもこの新しい多数派に対して抵抗した学生は、フリッツ・バウアーとその学生連合のように少数であったが、彼らは八月にミュンヘンで共和主義学生同盟[15]を結成した。そのために、ゲートルを巻いた足で踏みつけられるという被害を経験することになった。

このような緊迫した状況に対して、フリッツ・バウアーもまた、一九二二年一一月のある暗い夜に「ラウエック城」のビール・テーブルに座りながら、発言を求める意思を表明した。彼は、同盟ではまだ新顔であった。バウアーは、ほんの少し前にハイデルベルクからミュンヘンに移籍したばかりであった。ミュンヘンの学友の間では、バウアーはギリシア演劇とゲーテに夢中になり、ベルトールト・ブレヒトが結婚し、住み始めたばかりの作家・芸術家街のシュヴァービンクに住んでいる人として知られているだけであった。バウアーが、その学友が記した「絶望的な雰囲気」の中へと飛び込んでいなかったのは確かである。

バウアーは、決然としている、怒っている、論争的である、彼が所属していた学生連合と対立している、といった態度を明確にした。「多くのことが、あまりにも多くのことが明らかになりました[16]」と、彼はことあるごとに会員に手紙を書いて説明した。「人々を駆り立てる大問題など存在しないと思われています。そして悲しむべきことには、ほとんどの人々が、それを理想であると評価しています。それが目標であったのだとか、調和が得られたのだと信じきっています。休暇をとっているのでしょうか、もう闘いには参加していません。伝統に依存して生きているだけです。『慣性の法則』を国家的な神にまで高めています。……鉄の玉が、重く、硬く、柔軟性を欠いているため、そのままの状態にあり続ける一方で、その周辺環境が変動し、常に流転していることを知るその日まで、漫然と働いているだけなのでしょう」。「退屈なスローガン」を用いても――バウアーは、例えば自分が所属していた学生連合の有名な言葉を引用する――、「そして第一学期の時期に使われた数多くの小道具」を用いても、学生連合内部の学習用に使われた小道具を用いても、「一九二三年の世界を動かすことはありませんでした」。フリッツ・バウアーは、政治闘争のために自分たちの「味方につく」よう求めた。そのためには、学生連合は良心的でなければならなかった。「別の場所でも、体を動かして、前進できるようにしましょう」。二二人の友人は、この日の夜、一九才の友人を新しい議長に選出した[17]。

ユダヤ学生連合

一年半前の一九二一年春、フリッツ・バウアーが一七才のとき、彼は最初の勉学の地であるハイデルベルクに向かった。そのとき、学生組合は、「アイゼナッハ決定[18]」を決議した。それは、「ユダヤ人とユダヤ出自の者」の加盟は禁止され、その構成員は「ユダヤ人女性または有色人女性」との婚姻が禁止されるというものだった。それは、フリッツ・バウアーが後に述べることとなる最初の民間の「アーリア人条項[19]」（訳註：文化活動からユダヤ人を排除する法律と規則）であった。多くの学生連合は、学生組合がしているピンと張り詰めたコルセットをはめずに、彼らと競い合うつもりなのかと自ら議論した[20]。例えば、闘う学生連合「アレマニア」は、その豪華な別荘をハイデルベルクの城山のふもとに持ち、それはカール・テオドール橋の岩石の円弧を眺めることのできる高い樹に囲まれていたが、その学生連合は特に激しい論争を行った。学生連合新聞には、ユダヤ人の同権化に関して賛否を論ずる記事が掲載された。この学生連合がそのような論争を行ったのは、特別に多くのユダヤ人を「旧紳士」として数え上げていたからである。(21) それ以外の大多数の学生連合が入っている会館では、右傾化が進行することにさほど軋轢はなかった。(22) 大学生活を送っているだけで、本来的にはネッカー川の自由なオアシスに住んでいるという名声を受けることができたが、(23) ユダヤ人学生の場合は、比較的こじんまりした限られたものでしかなかった。この地で第一学期の在籍登録をしたフリッツ・バウアーもまた同じであった。

学生連合会館は、色鮮やかな旗と紋章によって大学地区を飾り立てた。彼は、それを羨望のまなざしで見つめた。何をもってしても、それを抑え込むことはできなかった。当時は一〇人の学生のうちの四人が、(24)「寮母」が運営する名もなき学生寮に住んでいた。彼もまた学生寮を探し、町の酒場で自分が住む寮を見つけた。一八才のフリッツ・バウアーは、学生連合に共同体的性格を求める決議をするために、大げさな理由を挙げた。「前提条件は、共同体へと向かう衝動であり、共通の任務への取り組みに——友人同士が——結集する意思であり、極端な個人主義が不可能で、かつ愚かしいという実感から生ずるあの社会主義思想です。それが動機でもあります(25)」。なぜならば、「個々の人間は、同じ思想を持つ者と固く団結することによって、初めて現実に積極的な行動をとることができる」からである。

学生連合に加盟していない学生(26)は、その当時、大学の社会的序列のなかで下位の位置にあった。彼らの中には、学生連合への加盟(27)を試みた者もいれば、それを拒絶された者もいた。孤立を守ろうとする者もいた。バウアーは、自分の立場を明らかにしようとはしなかったが、彼もまた学生連合を支援することを希望していた。彼は、台頭しつつあった反セム主義に対する反作用として形成された数少ないユダヤ学生連合の一つに所属した――それ以外の選択肢があったかというと、それはなかった。

ハイデルベルク大学構内に、青・白・オレンジの色をした腕章とオレンジ色のベレー帽を身に着けたユダヤ学生連合「バヴァリア」[28]が存在していたことを見落としてはならない。小規模ではあったが、自覚的な少数派であった。大学街において反セム主義の立場を主張する他のあらゆる団体に対して、ただちに重いサーベルを持って、フェンシングの試合を申し込んだ（それに応えて多くが試合をしたため、一九二三年までに大学学長事務局から干渉を受けた）。それに呼応するかのように、小さな集団が静かに、また姿をカムフラージュしながら現れた。帝国新制大学にある自由科学協会（F.W.V）は、断固として自由主義的で、超宗派的であった。青・赤・銀の色をした紋章を誇らしげにしていた。それと同じ色のベレー帽と腕章を付けた色鮮やかな「礼装」をした集団のなかに学生フリッツ・バウアーの姿を見ることは、やはりできなかった。なぜなら、大学構内では、「自由科学協会」は、非公認の連合[29]と見られていたからである。それは、（敬称で呼びあう）紳士的な学生がスーツとネクタイを着用するのと同じように公認されていなかった。彼らは、腕章とベレー帽を着用するのを止めた。女性とのダンスの夕べのときにも、軍国主義的な印象を与える装飾品を付けてクロークに行くことはしなかった。この時期に初めて大学に入学した女子学生のうちで、自由科学協会を正当なものとして扱ったのは数人であったが、学術・科学女性連盟と共同して行事を開催したとき[30]、一度、対等で平等な会合を持ったことがあった。フリッツ・バウアーはこのとき作った友人[31]を、何回かシュトゥットガルトの両親の家に連れて行ったことがある。

ハイデルベルクの「騎士堂」では、ビール・テーブルはシャンデリアの真下にあった[32]。学生連合のメンバーは、ライアー通り六番地にあるビール醸造所の裏部屋で飲んでいた。彼らはバウアーの第一学期を「実に美味いピーチ・ハイボール[33]」でしめくくった。それは、ある記録に次のように書かれている。「酒場で飲んだ後、騒ぎながら、城のテラスに行きました。そこで私たちは、月の光に照らされた城の稀に見る美しさを眺めました。残念ながら、その姿は、私たちの多くにとって、ただぼんやりとしたものでしかありませんでした」。一九〇七年にハイデルベルク大学から法学博士の学位を授与された平和主義作家のクルト・ヒラーは、自由な学生連合に加盟したことについて、次のように記した。「殴り合いのけんかをするようなことはありません。それは本当です。酒盛りをすることもほとんどありません[34]」。ヒラーは、自由科学協会を初めて訪れたとき、「とうもろこし色の山羊のひげをした若い産婦人科医[35]」が、「ビール・ジョッキに」と呼びかけて、どのようにして自分に向かってきたかを描写した。つまり、「私のジョッキにビールをぐいぐいと注ぎ込めと命令して」向かってきたというのである。ヒラーは、ぎょっとした。「私は、この学術的な俗人のビール作法に従ったときでも、何もしませんでした」。

共和主義学生同盟員は、それ以上に粗野な行為を行ったが、バウアーがそれに合わせて行動したかどうかは明らかではない。なぜならば、その数年後にバウアーの年下の友人の学生であるハインツ・マイヤー＝フェルデが、ゲッティンゲン大学の学生連合に加盟するよう学友に勧められ、「ああ、僕はビールを大量に飲まなければならないのか」と嘆いたとき、バウアーは「あしらえるよ[36]。……」と仄めかしたからである。学生時代の写真には、ダンスの夕べで踊っているフリッツ・バウアーが写っている。[37]女性は、パーティー・ドレスに最新のチャールストンの羽飾りを付けている。男性は黒の蝶ネクタイをしている。そのうちの一人は、ズボンの裾の折り返したところに、子どもっぽいハート型のコショー入りのケーキを挟み込んでいる。カメラ目線でないのは、バウアー一人だけである。彼は近くにいる女性の方を見ているが、すぐ傍にいて接しているわけではない。しかし、そのようなこともあって、彼は写真の端っこで写らずにすんだのである。遅くとも「騎士堂」の熱気の中で討論が行われたとき、彼はすぐさま注意を喚起した。

「麻酔が投与されたように漂いながら続いていく。それが知的生活というものである。それは、世界の激動をよそに、発酵から放たれた芳しい香りのようなものである」[38]と、一八才のフリッツ・バウアーは、哲学者アルトゥール・ショーペンハウアーの著作から引用した。哲学者と文学者の世界に通じていたこともあって、彼は自由科学協会の会員のもとで手厚い扱いを受けた。近代性、人道性、そして進歩性[39]が会の理念であった。「世界史とともに」と、バウアーはショーペンハウアーを引用する。「哲学、科学、そして芸術の歴史が、汚れを知らずに、また流血に見舞われることなく進行する」。自由科学協会は、フェンシングの競技場から遠く離れたところにあった[40]ので、彼らはそれ以外のことを行った。それは、例えば中心的に活動する会員の講演会であった。会員のローベルト・サロモン[41]は、ドストエフスキーについて講演した。同じく会員のハンス・ハインスハイマーはレッシングについて、ハンス・ホルクマイヤーはロマン派の詩人クリスティアン・ディートリッヒ・グラッベについて講演した。そして、すでに第一学期のときにフリッツ・バウアーもまたその場で報告を行い、感動を与えた。

「決定論者の立場から」[42]――ある学友は、「歴史的考察」を行ったバウアーの登場をこう記した――「彼は、歴史の価値と意義に関して、様々な文化的な時代が成立したこと、そしてそれが様々な過程をたどったこと、それらの間に関連性があることを考察し、それを私たちに対して展開しました」。バウアーは、後にブレヒトの引用を好んで用いながら、唯物史観の核心を多くの人々と共有し合った。「最初に行われたのは食べることでした。その後から道徳がやってきました」[43]。これと同じ思想を定式化していたのは――バウアーが言うには――すでにシラーであった。「人間の尊厳。それについては何もありません。食べもの、住む場所を彼に与えてあげなさい。あなた方が裸を隠してあげれば、尊厳はおのずと生じます」。

バウアーの自覚的な行動は、会員集団のなかでも驚くほどのものであった。「彼の行動には矛盾がなかったので、この関心のある問題に関しては、残念ながら反論は起こりえなかった」[44]と、ある会員が述べた。バウアーの断固とした立場は、感動を呼び起こした。

第二学期が始まる前の時点では、彼はこの集団をまだ支持していた[45]。会員は、台頭する右翼の圧力に直面して快く思われない行動をとったが、バウアーは学生連合協会新聞において、それに理解を示した。バウアーは、信頼の厚い私講師（訳註：大学の講義担当講師）の政治的心情を理由に講座から追放する「やぶ医者」[46]について書いた。「政治化された大学」――と、バウアーは言う――など「無意味です。それは、政治化された科学と同様に無意味です。例えば『社会民主主義の窒素』や『ドイツ国家主義の刑事訴訟』の概念と同じように馬鹿げています。なぜならば、あるものが科学や教育機関の本質を形成している場合、それはその時々の事象から独立していなければならないし、政治や政党から自由で、自立していなければならないからです」。

一八才の彼は記した。科学は、「現代のドイツの大学」の多数が考えているように、国家に奉仕するためにあるのではない。「国家とは、生の核を取り巻く粗野な殻であり、それ以上のものではありません。それは、人間的な果実と草花が咲く庭の垣根のようなものです」。国家は、「科学の進歩のために、そしておよそ文化財の創造のために」、「道徳的に存在する資格」を与えられている。第二学期が始まる頃にはフリッツ・バウアーは、すでに学生連合の書記に選出された。

バウアーがビール・テーブルで講演するとき、彼は決して人を退屈させることはなかった。彼が夜に行った短い講演のタイトルは、「ゲーテにおける実践理性」であった。バウアーは、ゲーテとカントの倫理学を対比させることは誤解に基づく対比であると述べ、多くの会員は、その話に確信を持てない場合でも、最後には批判者でさえ自然と夢中になって議論をしていた。「彼の講演を聞くと、彼がゲーテの著述活動の領域から強く影響を受けていることが分かります。その表現が快活であること、自分の世界観とは異なるものを取り入れていること、そして話の輪郭をはっきりとさせて論を進める素晴らしさ、これらはゲーテの影響です。素晴らしいと言うほかありません」(47)。協会新聞紙上の論評には、もちろん好意的なものが多かった。しかし、それにもかかわらず、このように称賛されたことはあまりなかった。フリッツ・バウアーはますます自覚的になり、二回目の講演を行ったが、これに対しては、ほとんど覆い隠すことのできないほどの苛立ちが起こった。彼は「デカダンス」という簡潔な表題のもとにおいて、文化史を通して、兵士が命令に従うことの価値、つまり兵士が自制して、命令に対して反抗しないことについて、性急に結論づけた。バウアーは、それは美徳であるが、最終的には文化的な退廃に帰着せざるを得ないと考えた。ある会員は、それを次のように書き記した。「このような解説が、講演者の純粋に個人的な特質によって語られていることは言うまでもないことです。例えば（バウアーが）宗教、神、キリスト教、歴史のもとにおいて理解している事柄は、強い反発を招くとは明らかです[48]」。

法学部生のヴァルター・アインシュタインは、フリッツ・バウアーに対して反論するための議論として、自ら講演を行うことを予告したと、協会紙は報じた。というのも、アインシュタインは、「ここの自由科学協会の小さな集団と同じように、外の大きな生活において、はっきりとした個性を手に入れること、固有性を無条件に確保することは――たとえそのようなものが存在していようとも――できることではありません。むしろ、固有の私というものを初めて発見する自己の課題を達成できるのは、他者の中に、より良き自己の中に、指導者の中においてです。なぜならば、指導者に従うことは、理念に奉仕することを意味します。固有の私を認めるだけではカオスしか意味しません。理念の奉仕者である指導者に従うことによって、共同体が可能になるのです[49]」。ヴァルター・アインシュタインは、ただちにバウアーと同じ時期にミュンヘンに移り、バウアーと同じ専門課程に在籍した。そして、ただちにミュンヘン自由科学協会の議長の職にも就いた。しかしそれを悪くとる必要はなかったようである。自由科学協会では、このように厳しい議論が行われた。参加者は、このように活発に、しかも公然と、その議論に関わった。

そのことは、フリッツ・バウアーが、宗教、国家、そしてカントに対立した議論を展開し、反対派として立ち現れながらも、それでもなおも共感を得たことの理由を示している。とくにビールを飲んで、ほろ酔い気分になった夜に、会員の一人が、ハイデルベルク大学の自由科学協会の最も優秀な二、三の学友の物まねをした。「リヒャルト・シュテルンハイマーは仰々しく引用するのがお好きであり、ハンス・シュヴァルツェンは神がかった自身であり、フリッツ・バウアーは気性が激しく『シュッ・シュッ』と発音する癖がある……」。[50] それを聞いた全員は大爆笑であった（シュヴァーベン出身のバウアーは、「ス」の音を時おり「シュッ」と発音する）。

「ドイツ的なものに対する信仰告白」――シオニストとの軋轢

フリッツ・バウアーが所属する学生連合が、どれくらいユダヤ的なものと理解されていたかは、微妙な問題である。雑誌『ユダヤ人学生』は、鼻にしわを寄せるような感じで否定した。「自由科学協会が、全員がユダヤ人、あるいはそのほとんどがユダヤ人から成り立っているのは確かである。しかし、ユダヤ系の団体ではないのかという疑念に対して、その自由科学協会自身が最も強く反論している」。[51]

バウアーが所属する学生連合「自由科学協会」は、対外的には「対等で平等」な連合である、[52] すなわちプロテスタント、カトリック、ユダヤに等しく門戸を開いている集団であると言われていた。しかし、そこで見ることができたのは、ほとんどがユダヤ人学生であった。ユダヤ復興主義学生連合「バヴァリア」は、異様なスーツを着て、オレンジ色のベレー帽をかぶっていたが、自由科学協会の会員は、とくに外部からの敵視する姿勢が強まるなかで、彼らと同じように差別されていることを認識するようになった。

ドイツの民族主義的な学生連合は巨大な組織であり、戦闘力があった。彼らは、ハイデルベルクにおいて比類のない排斥運動を行った。[53]その脅威は、彼らの私的なアーリア人条項を飲食店の経営者だけでなく、その経営者団体に対して強制的に順守させるのに十分な威力を持っていた。このようなことがあったために、フリッツ・バウアーは、ユダヤ人であることを理由に運動部から排除されるという経験をしたのである。[54]彼は、ネッカー川を航行するために、ユダヤ人ではない友人とカヌーを共有したが、それも売却せざるを得なかった。民族主義の学生連合は、ハイデルベルク大学の学生連合傘下における多数派であり、バウアーが大学で学び始めた頃には、大学地区の経営者に対して、その店に「ユダヤ人お断り」の飲食店[55]であることを様々な方法で証明させた。

自由科学協会の会員は、自らが愛国的なドイツ人としての資格を十分に持っていることを引き続き主張した。そのことを第一次世界大戦で戦死した会員の哀悼の意を表明する独自の記念財団を設立することによって示した。彼らは、ドイツの歌曲[56]を三つの節で歌った。その標語は、「団結を、法を、自由を！」[57]である。フリッツ・バウアーは、ミュンヘンで協会の政治信条草案の作成に協力したが、その草案文では会員に「寛容な生活様式」が要求されている。しかし、同時に求められたのは、「ドイツ的なものに対する信仰告白[58]」であった。

バウアーが所属した自由科学協会の会員は、その宗教上の所属について沈黙しなかった。バウアーもまた、それについて尋ねられたときにも同様であった。[59]しかし彼は、宗教は私的な事柄にとどまるべきものであるという考えに固執した。他のユダヤ人学生は、それに対抗して、ユダヤ復興主義の、もっぱらユダヤ人だけで構成されている学生連合を結成したが、自由科学協会の会員は、その先輩たちが定式化したように、万が一の場合には人間的に「許される」[60]と見なした。しかし、「それは、私たちが主張しているドイツの全学生の連帯に対する影響としては良いものではない」。自由科学協会の会員の多数は、円卓会議を開いて、激しい議論を行った。そして、その多数は学生代表選出選挙にあたってユダヤ復興主義者との協力を拒否した[61]。彼らは、政治的対立があまりにも大きすぎるという認識を持ったからであった。自由科学協会が、ユダヤ系ドイツ人と非ユダヤ系ドイツ人が「連帯」することが進歩であるという認識に最終的に到達したのに対して、ユダヤ復興主義者は「分裂」に進歩を見出した。ドイツ民族主義の多数派に対抗し、統一された力に基づいて、学生委員会に一人ないし二人の委員を送り出すために、共同の「ユダヤ人リスト」という名称の候補者名簿が作成され、学生代表選挙のための一歩が踏み出されようとしていたとき、バウアーとハイデルベルクの会員はそれに驚いて、そこから距離を置いた。ハイデルベルク大学の他のユダヤ人学生連合[62]――バヴァリアとイヴリア――では、一九二四年には、中立的に聞こえる「国民自由グループ」という名称の候補者名簿が作成され、一歩踏み出すことが準備されていた。自由科学協会の会員もまた、共通する問題に関して彼らと共闘した。

大学構内では、反セム主義が台頭していた。それに対しては、いかんともしがたかった。ハイデルベルク大学では、その大学の運営方針として、学生連合協同組合が設立されていたが、自由科学協会は、他のあらゆるユダヤ人学生連合と同じように、そこから即座に排除された[63]。自由科学協会は、宗教的な中立性に固執したため、同時に他のユダヤ人学生連合の怒りをかった。「ユダヤ人の名誉を守るための闘いに出陣する者にとって」[64]――すでに言及した雑誌『ユダヤ人』は、このように述べている

――「このようなことは、些細なことではない。また、我々が憤激せざるを得なかったように、決して馬鹿げたことでもない」。それゆえ、自由科学協会の会員は、自らが消極的な意味における他者であると説くドイツ国民派と、自らがユダヤ復興主義者であることを名誉に思うユダヤ復興主義者との間に板挟みになった。アルフレート・アプフェルは、後にワイマール共和国において最も著名な政治的弁護士の一人になった自由科学協会の会員であるが、彼は次のように述べている。「私たちの隊列には、大勢のユダヤ人がいました。ユダヤ復興主義者の学生は、そのような私たちに対して、一時的な気まぐれの感情から同化策を採用しているのではないのかと非難しました。そして、彼らは自分たちの側ではユダヤ民族主義を強調して、それを反セム主義に対置させました[65]」。

「志を同じくする者たちが、自由な時間に集結し、ユダヤ人の運命について考えを巡らせました[66]」と、ハイデルベルク大学のユダヤ人学生連合に所属する一人の学生が、当時のことを次のように回想している。「幹部たちは、周辺で噴出している諸問題を解決する闘争において、熱く語りました。夜のネッカー川を一人で、また友人と二人で歩き、また好みの路地を歩いたのは、最も徹底して闘い、かつ悩みぬいた者たちでした。私たちは、私たち自身について明らかにしたいという思いに駆られたのです。物わかりの良い感情へと巧みに導いていくプロパガンダにすぐに溺れ、キリスト教に同化されていく学友がいました。ユダヤ復興主義によってこそ、自分たちの問題の解決策を発見できると考える学友もいました。私たちは、このような学友の板挟みになって、失望し、悲痛な思いをしました。そして、孤独でした」。

チュービンゲン——虎の穴

フリッツ・バウアーは、彼が一九二四年に修学を終えた土地、チュービンゲンについて思い出すと、ある意味で美しい映像だけが浮かび上がってくると、母宛の手紙の中で振り返りながら書いている。「ほのかな臭いと騒音で賑わう活気のある市場、田園風景が見える通りの静けさ[67]」。バウアーは、母をとても愛していた。母はチュービンゲン出身であったので、その街を褒め称えることは、間接的に母を褒め称えることでもあった。誇張された表現であっても、美辞麗句がさほど多く用いられていなければ、それは不思議なこととは思われなかった。ただし、バウアーが、チュービンゲンに対して熱狂するあまり、そのなかに「宮殿の人道主義[68]」を含めたのは、さすがに驚きを隠せないことであった。

宮殿は、州の大学の中心にあった。フリッツ・バウアーは、ヴュルテンベルク州生まれの学生であったので、試験を受けるためには、一九二三年の夏にはこの地の大学に移籍しなければならなかった[69]。彼は、第一次国家試験を「良」の成績で合格し、それによって学年の成績上位層に入ったが、それまでは鋭く尖った縁と銅の屋根のある荘厳な古典主義の建物のなかで、最後の二学期を過ごした。気迫のこもった響きが、そこを支配していた。教授たちは、学生をこれほどまでに総動員して戦争へと駆り立てたドイツの大学は他にはないことを誇りにしていた[70]。防衛訓練が秘密裏に行われたこと、兵器が隠されていたことの歴史[71]が語られ、伝えられた。学生の間では「競争路」と呼ばれていた[72]宮殿前のヴィルヘルム通りには、夜になると、サーベルと肩帯を身に着けた学生連合の構成員が行進した。

彼らの反セム主義は、非常に悪名高かったので、フリッツ・バウアーは、高校卒業資格試験が終了した後、この地の大学に入学手続を取る勇気を持てなかった(73)。自由科学協会の会員が楽しく集える場所は、ここではもはや期待することはできなかった。そのように集まれる場所は、チュービンゲンにはなかった。一九二三年から二四年の冬学期にここで学んでいたユダヤ人は、大学全体でたったの一〇人で(74)、そのうち四人が法学部に在学していた。

宮殿。チュービンゲンのことをよく知るバウアーの母は、彼がどの建物のことを話しているのかを知っていた。息子は母に「宮殿の人道主義」について書き、しかも彼女は、それをあからさまな嘘であると気づかなかった。だから彼がチュービンゲン大学に在籍していた間も、当時のドイツのなかでも最も反動的な大学の雰囲気を嘆いていないと想像したに違いない。フレート・ウールマン(75)は、バウアーよりも一年早くここで学んでいたが、彼が記憶しているのは、数少ないユダヤ人学生が息苦しそうに、ただ目立たないようにしている姿だけであった。しかし、フリッツ・バウアーは、そうではなかった。この地の大学に移籍する数週間前、彼は、「一九二三年の世界は動かない」状況に直面して、猛烈な勢いで悠長な話をしていた自由科学協会の会員に対して「味方(76)」に付くよう初めて求めた。それは、一九二三年の夏のことであった。しかし、法学部生のバウアーは、チュービンゲン大学でプロテスタント神学の講義を受講していたのである。一人の非キリスト教徒として。フリッツ・バウアーがユダヤ人であることは、ここでは大学構内の他のどの場所よりも早く目につくに違いなかった。気まずいことはあったが、そのことは別の問題であった。

大学構内では、少数派のカトリックの集団との間において共通項があった可能性がある。カトリック教徒は、一九一八年以降、それまでよりも高位の官職に就任する機会を得ることができた[77]。彼らは、どちらかといえば共和国に対して開放的な態度をとった。というのも、共和国が、カトリック教徒を自由主義系およびユダヤ系の学生連合の大学政策上の連立対象としていたからである。しかし、バウアーは、カトリックではなくプロテスタントに接近した。彼は、その次の学期にも引き続いて在籍し、あらためてそれに相応しい講義を受講した。例えば、「キリスト教義史」と「新約聖書神学[78]」などを登録した。

フリッツ・バウアーは、後に神学に関する知識を政治的議論のために利用しようと考えていた。それは、誰かに対して、何かを証明するというよりも、より正当な理由があったからであるに違いない。しかし、彼がキリスト教神学を一定の目的があったから受け入れたのか、それともそれが正しいと思われたから受け入れたのか、そのようなことを議論するとき、「私には恐れるものなどありませんし、逃げ隠れする必要もありません」という明快な返事が必ず彼から返ってきた。

産業界の第一人者が喜ぶ博士論文

シュトゥットガルト市民の子どもであるフリッツ・バウアーは、一九二五年、希望通り上位の成績で試験に合格した。気軽な毎日を送れたはずであった。今で言うような厄介な刑事司法への道を歩むというよりは、より実入りの良い機会に恵まれたはずであった。つまり、醸造ビールの湯気や火薬の臭いのする訴訟案件の示談を手がける機会に恵まれたはずであった。それと同時に、商工会議所と企業本社、ピシッと固められた襟元と磨き上げられたカフスボタンの世界が彼の前に開かれていたはずであった。彼は、この誘惑の前をためらうことなく通り過ぎたのではない。そのことは、少なくとも彼の博士論文の歴史が示している。

博士論文の執筆は、一九二三年の夏学期に、ハイデルベルク大学で始められた。当時、学生用の教科書のための費用として、一日当たり五万五千マルク、そして翌日には七万マルクを要した[79]。大学は、例えて言えば空っぽの状況で、学費をまかなえる家庭はますます少なくなっていた。一〇月に入ると、毎週のようにマルクの価値は前の週の一〇分の一にまでは下落し、中産階級の貯蓄は粉々に砕け散った。風刺新聞『ジンプリチシスム』は、その見出しで、完全に力尽きて、銀行でうずくまっているヨレヨレの背広を着た男を取り上げた。「あなたは、もしかすると身も心もすり減らす職業に就いていたのではないですか[80]」と、二人の婦人がたずねた。「はい、私は裁判所の執行官でした」。裕福な法学部生は、危機の原因について、経済法の私講師のカール・ガイラーの話に注意深く耳を傾けた[81]。バウアーは、早速ガイラーの新刊書『新経済法の社会的組織形態』を購入し、線を引きながら読み[82]、その余白部分に書き込みをした。とくに、カルテルとトラスト、つまり経済活動において多くの諸勢力を集約する複合体を取り扱う立場について書き込みをした。

その学生がこの書から読み取ったのは、希望に満ちた歴史の響きであった。二〇世紀の転換期において、多くのドイツ企業は、破滅的な競争に対して窮状を訴えていた。相互に安値を付けるのではなく、価格を固定することで協力することが公共の福祉に資する、という思想が彼らの間に広まっていた。この思想に基づいて、企業の大合併が成立した[83]。例えば、エルツ山地のザクセン木材工場協会やルール地方のライン＝ヴェストファーレン石炭企業連合などがそうであった。その多くはカルテルの形態をとり、また英米型のトラストの形態をとった（そのひな型になっていたのが、米国スタンダード石油トラストである）。カルテルとは、同種の様々な企業が価格の引き下げを行わないことを約束することを意味する。しかし、競争は継続するので、各々の企業は自力で経営することになる。トラストとは、それ以上の緊密な連携であり、コンツェルンの前身である。グループ間の個々の企業は、自身のために経済活動を行うが、利益は全て共通のプールに蓄えられることになる。

ドイツで最も有名なトラストは、ＩＧファーベンであった。二〇世紀初頭にドイツ化学工業最大の立役者たちが共同して一つにまとまったのが、この「染料産業利益共同体」であった。世界最大級の化学企業が成立したとき、その勢力は一九二八年に建てられた企業本部の石造りの巨大な建物によって象徴された。それは、黄金の色をした石炭石で造られた新古典主義調の七階建ての総合事務棟であり、その本拠地はフランクフルトに置かれた。ＩＧファーベンの取締役会は、その個々の役員のために油絵の肖像画を描かせた。従業員たちは、それを「神々の役員会」と呼んだ。

司法は、新しい化学・石炭業界の第一人者たちに対して、まずは自由な活動をさせた[84]。一九二二年に経済が停滞したとき、裁判官は、それでも再び自由競争に立ち向かうよう、産業界に対して強く求めることを最初に検討した。学生であったフリッツ・バウアーがカルテルに関心を持ち始めたときには、それは暗い側面をも示していた。合併は、価格を協定に基づいて迅速に引き上げることを企業に可能にした[85]。緊急に必要とされた資本がアメリカから国内に流入したとき[86]、合併に対する政策的疑念がますます強くなった。アメリカの投資家は、ドイツの産業が緊密に連携するのを非常にいぶかしげに見ていた。スタンダード石油トラストは、その国では新しいオルド自由主義的な経済法によって解体された。

カルテルを解体するのか、それともアメリカの圧力から防衛するのか？　フリッツ・バウアーは、一九二七年、博士論文を書いて、すでに多くのドイツの法律家を巻き込んだ論争に関わっていった[87]。彼は、後にそれに「やや中世期風の長ったらしい表題[88]」を付けた。「トラストの法的構造――アメリカ合衆国とロシアにおけるトラスト形態の比較研究を通したドイツにおける経済的合併の組織編制に関する一考察」がそれである。バウアーはその中で、外国からのオルド自由主義的な圧力に対抗してトラストを擁護し（彼は、ドイツ語の複数形のトラスト〔Traste〕という言葉を用いたが、一貫していなかった）、その冒頭においてヴァルター・ラーテナウに対して長い引用文をもって敬意を表した。その人こそ、戦争の末期に、経済の舵取り役としてシンジケートで成功を収めた人物である。

トラストに関して問題になるのは、経済モデルであると、バウアーは言う。そのモデルは、アメリカ合衆国において支配的であるような「個人主義的な経済心情、『自由放任主義（laissez faire, morbleu, laissez faire）』の標語[89]」とソ連において実践されているような権威主義的計画経済との間に「第三の道」があることを示している。個々の会社が相互に助け合うためにトラストを形成するならば、それによって「自由主義の自発性および自律性を社会主義の合理性」へと結びつけることができ、「私的な企業家のイニシアチヴを官僚主義的図式主義の型に無理やりはめ込んだり、経済合理的な人間の利潤探求心に内在する原動力を排除したりすることなくできる[90]」。それが古典的な社会民主主義的立場である。バウアーは、自由市場と国家的管理の間にある第三の道を信じていたのである。

しかし、博士課程に在籍する若い理想主義の学生が、ドイツの石炭・化学産業の第一人者にさらに自由を与えるような議論を主張したために、彼の主張は、同時に企業の中心にいる人々の間で好んで読まれるものになった。そのような主張を法学的議論において力強く行う者は、産業界の第一人者が成功を収めることに期待をかけるものであった。フリッツ・バウアーのように熱心な者の場合、いよいよもってそうであった。この博士課程在籍学生は、その当時の博士論文が一般に一〇〇頁程度で十分であったのに対して、二〇〇頁以上も書いた。そのことは、彼が同じ執筆者仲間の慣習を尊重し、かつそれを使いこなしたことを示している。彼が厳密に論文を構成し、慎重な議論を展開したことは、彼が反論しようとした見解を主張する教授たちに対しても、礼儀正しいものであった。彼は、この作業をたったの一年で行った。[91] その間においても、昼間はシュトゥットガルトの裁判所で司法修習生として従事した。指導教授は、この論文に「優」[92]の評点を付けた。専門家は、それに感銘して注目した。[93]一九二七年の時点では、フリッツ・バウアーにはいくつもの扉が開かれていた。

魅力的な将来があった。ドイツでは、まさに新しいタイプの法律家が現れていた。洗練された言葉で雄弁に語る経済弁護士がそれである。彼らは、近年では企業本部や商工会議所に雇用されたり、またそこから輩出されたりするが、それでも独立性を維持した弁護士である。彼らは、幸運をあてにする無責任な人間ではなく、政治的な立場を持った市民であると理解された。彼らは、まだ規制が及んでいない広範な経済領域に秩序と知的な方向性をもたらした。彼らと出会える場所は、法制審議会であったり、上演初日のオペラ劇場であったり、また自由な討論サークルであったり、大学の講義室の教壇であった。当時の写真には、ワイマール時代の著名な経済弁護士であるマックス・ハッヘンブルクが微笑んでいる姿が写っている。[94] ありがたいことに、彼のネクタイピンとカフスボタンは光り輝き、ワイシャツの襟は、その当時流行っていた端が丸い形をしていた。このマックス・ハッヘンブルクが、帝国経済評議会という審議機能を持つワイマールの専門家審議会に招聘されたとき、彼の心は深い愛国的な誠実さで満たされていた。ハッヘンブルクが回顧録で書いているように、彼は評議会で出会った名士の「知性と活力」[95] に親しみを感じた。そのなかには、IGファーベンの「神々の役員会」のメンバーもいた。

この専門領域においては、バウアーのことを歓迎すべき人物であると想定できるのかもしれない。経済法は、まだ始まったばかりで、あまり発展していなかった。この領域において才能のある者なら、国務の上級職に素早く近づけるチャンスに恵まれた。才能のあるユダヤ人法律家の多くは、ここに自分が入り込める隙間を見つけた。例えば、マックス・ハッヘンブルクは、大学教授になりたかったのであるが、大学招聘委員会のなかに存在する反セム主義が災いしたため教授になれなかった。[96] しかし、それが転じて福となった。「弁護士職は、民族の経済生活に直結している」[97] と、彼はこれ見よがしに夢中になって話した。彼はマンハイムのラビの甥である。バウアーの指導教授のカール・ガイラーもまた、彼がこの専門領域に入るのを手助けすることができた。ガイラーは、ハイデルベルク大学の教授のなかでは周辺の位置にいた。彼は、マックス・ハッヘンブルクのような実務家であり、経済法という新しい領域におけるダイナミックな発展を客員教授として講じていただけであって、専任教授ではなかった。ガイラーは、産業界とは良好な関係を築いていた。とくに、イェナ・ツァイス製作所との関係は特筆に値する。彼は、著名な弁護士マックス・ハッヘンブルクと共同で商法典の注釈書を執筆した。

彼の妻はユダヤ人であり、彼の法律事務所の共同経営者であった。(98) 彼は、ベンスハイマー出版社で叢書を編集・出版し、フリッツ・バウアーの博士学位論文もそこから出版されたが、後に「ユダヤ系」出版社であるとして、アーリア化された。ガイラーとフリッツ・バウアーの間には、厚い信頼関係があったに違いない。なぜならガイラーは、学会向けの心温まる推薦文のなかで、若手のバウアーを「特に快く」(99) 支援していると書いたからである。博士課程在籍学生のバウアーの「文体」と「彼がその思想を上手に定式化する方法(100)は、彼が素晴らしい精神の持ち主であることを証明している」と。

バウアーには、すでに天然精油会社からの誘いがあった。しかし、彼はそれに応じず、刑事司法に従事し、そのどん底の状態のなかで政治闘争に着手することを決意した。彼の両親はそれに驚いた。闘いなしに前進することはできないという動乱の学生時代に獲得した信念がそこにはあった。バウアーは、若かりし頃を振り返って記した。「私は、その当時、トロイアの木馬とみなされたドン・キホーテの老馬ロジナンテにまたがり、司法の雑踏へと飛び込みました。それを最良のものへと変革するために」(101)。

第四章　ワイマール共和国の裁判官——浮上する災いとの闘いのなかで

執務室のドアをノックする音

警察官が隊列を組み行進する足音が、徐々に大きくなり、耳にはっきりと聞こえるようになった。一九三三年三月二三日、二九才の区裁判所判事フリッツ・バウアーの執務室の近くで大きな物音がした。その音が聞こえなくなる最後の瞬間、同僚が一人また襲われたことを知ることになる。社会民主主義者は、今ではほとんど毎日のように正面玄関から強制的に連行された。シュトゥットガルトの公文書館通りにある区裁判所は、砂岩で造られた角張った建造物の裏側にあり、街における弾圧の拠点になっていた。裁判所の総合庁舎は、現在のバーデン＝ヴュルテンベルクの半分の大きさのヴュルテンベルク王国の政治的中心部にあり、区裁判所はそのなかにあった。区裁判所が管轄するのは中小規模の刑事事件(1)であり、その上訴裁判所としては、上級裁判所にあたる州裁判所があり、上訴された刑事事件はそこで結審された。州裁判所として使われていたのは、ヴィルヘルム二世治下の司法宮殿であった。そこには採光のために造られた吹き抜けが二か所あり、その一か所には木製の断頭台が備え付けられていた(2)。この数か月来、左翼活動家は、有罪の判決があろうがなかろうが、区裁判所の拘置所に収容された(3)。有罪判決が言い渡されなかった場合、新しい権力者は、拘置所での収容を保護拘禁と名付けた(4)。数週間前、刑務所の独房が初めて満室になった。身柄拘束を受けた者は、一時的に強制収容所に移された。

フリッツ・バウアーの執務室の前には、手錠を持った男たちが立ち続けていた。彼らは、ヴュルテンベルク州警察の制服を着ており、内務大臣直轄の秘密警察の一部局に所属していた(5)。ナチは三月五日の帝国議会選挙で大躍進し、黒・白・赤の戦線の助けを得て、初めて帝国議会で絶対多数の議席を獲得した後、シュトゥットガルトの警察官は、以前から存在するナチ突撃隊（SA）「西南」グループの新しい責任者のディートリッヒ・フォン・ヤーゴフ[6]の指揮のもとに勤務についた。ヤーゴフは、すでにフリッツ・バウアーに目を着けていた。彼が突撃隊暴力集団地方指導者として任務に就いていた間、その直接的な対立者は、左翼活動家、すなわち区裁判所判事フリッツ・バウアー博士であった。一九三一年から一九三三年までの間、シュトゥットガルト社会民主党の傘下にあり、黒・赤・金の帝国旗を党旗としていたドイツ国旗党（訳註：ワイマール時代の社会民主党が保有した準軍事組織）の警備部隊を指揮していたのは、バウアーであった。

ドアをノックする音が聞こえた。警察官がフリッツ・バウアーの身柄を執務室で拘束したとき[7]、他の同僚の裁判官は、彼らの執務室のなかから、そのかすかな物音を聞き取った。数人の警察官が、その部屋から出てきた。彼らは、ドアの敷居にまたがって、立ったままであった。バウアーは、その裁判官の集団のなかでは最年少で、わずか三年の勤務歴しかなかったにもかかわらず、政治的な刺激を与える人物であった。彼は、集まって見ている裁判官の前を通り過ぎた。無表情な視線が向けられた。彼が連行される間、誰も一言も口をきかなかった。

ドイツ国旗党の旗の下に結集した赤色活動家——平行線をたどる司法という世界

バウアーの同僚の裁判官たちは、過去数年の日常生活においても、彼をじっと見つめていたのであろう。ただし、それは彼がユダヤ人であったからではない。バウアーは、個人の身元に関する質問に対して、ユダヤ人であることを申告しなければならなかったので、区裁判所の誰もがそのことを知っていた（そこには、例えば他にもローベルト・ブロッホ[8]のような人物もいた。バウアーとブロッホの二人は、シュトゥットガルトの商人の子どもで、二人とも独身で、二人とも同じ年に区裁判所で仕事をし始めた。ブロッホは、一五才年上で、ヴァイプリンゲン区裁判所に勤務していた）。彼は、一九二〇年代末の時点で社会民主党の党員証を携帯したシュトゥットガルトで唯一の裁判官[9]であったがゆえに、彼は別世界の人間として見られていたのである。

シュトゥットガルトは、当時の州都であり、社会主義者や芸術家が目覚めた都市であった。「菩提樹の下で聞けるのは、シューマンのため息ではなく、ジャズの高い響きである[10]」と、ロシアの作家でジャーナリストのイリア・エーレンブルクは、旅行記『時代の査証』のなかで、その街の雰囲気を記した。「市街地の公園では、『夏の流行ものの展示会』が催されている。巨大なカフェは、ごった返している。小市民、見習い商人、帳簿係、医者、サンプル本を取り扱う二〇店の書店の経営者らは、ここで一日の売り上げを稼いでいる」。この時期に最も刺激的な建築物を作ったルードヴィッヒ・ミース・ファン・デア・ローエとヴァルター・グロピウスは、一九二七年に大胆な白色建造物の集合住宅を建てた。それは、三〇戸の真白な工芸品のような建物であった。「明るくて、広くて、思いやりがあります[11]」と、フリッツ・バウアーはこの様式を評価した。その州都は、政治的にも近代の拠点であった。一九二〇年代の末頃は、ヴュルテンベルクは田舎くさく、選挙ではドイツ国家主義党が支持されていたが、シュトゥットガルトは共和主義的であった。州のなかの小さな染みのような存在であった。

バウアーは、すでに学生時代に社会民主党に入党していたが、その地の最大勢力が社会民主党であった。ナチ党は、長い間、小さな分派的集団でしかなく、一九二八年の地方選挙で獲得できたのは、たったの一・一パーセントでしかなかった。[12]

しかしながら、シュトゥットガルトの裁判官たちは、別の世界に属していた。「彼らは、エリート意識の強い学生連合[13]の出身であり、予備士官団に属し、その気質の面では保守的で権威主義的でした」と、フリッツ・バウアーは、一九二八年頃に述べている。それは、彼が検事局に数か月勤務した後、判事補になった頃である。「皇帝は去りました。とどまったのは、将校、官吏、裁判官でした[14]」。ナチが一九三〇年頃に街頭での活動をより強く推進する方向へと運動方針の重点を移し、宣伝と行進を展開したとき、警察と司法は彼らを大目に見た。警察と司法は、共産主義者に対しては強行手段を行使したが、彼らに対しては、そのような強い手段はおよそ用いられなかった。ナチに対する共感ゆえに目を逸らしさえしたと、フリッツ・バウアーは感じた。なぜなら、同僚の裁判官は、「『神の存在を知らない』、『祖国を失った』あの連中」によって作り上げられた共和国に嫌悪感を抱いていたからである。「法律家は共和国を好きになれなかったのです[15]」と、バウアーは述べた。「裁判官の独立を隠れみのにして、彼らは新しい国家の邪魔をしたのです」。

バウアーがちょうど二五才のとき、まさに三年間の司法修習を終えたばかりの頃、彼は一度だけ政治的司法に接近したことがある。一九二八年の秋、二人の未成年者が検察官から郵便を受け取った。その検察官は、彼らがシュトゥットガルトにおいて、ある日曜日の午後、通行人に対して機関紙『赤色青年戦線[16]』の見本紙を「最低でも一〇部」販売したと、彼らを訴追したのである。検察官は、一、二週間の勾留を申請した。それに対して、二人の共産主義者が異議を唱えたとき、この事案は裁判官に送られた。しかし、その検察官はこの案件を非常に軽く考えていたので、法廷には出廷せず、起訴内容を主張するために、自分の代わりに彼の代理として新米の検察官を法廷に赴かせた。この新米の検察官が、フリッツ・バウアーであった。彼は、体制に迎合する同僚検察官の求刑を減軽した。その後、彼は二度と公安事件に関与することはなかった[17]。

区裁判所では、政治事犯は、ただちにフラウエンクネヒトという名の裁判官[18]一人のところに集約されていた。二二才のある左官職人が、その裁判官によって一週間の拘留刑に処せられたことがあった。彼は、シュトゥットガルトの実業学校において、機関紙『赤色学友』を配布し、「ドイツの資本家による飢餓攻撃に反対する」学生ストライキを呼び掛けた[19]。裁判官のフラウエンクネヒトは、被告人が一九二九年五月以降禁止された赤色前衛闘士同盟の活動を行ったことを理由に拘留刑を言い渡したのであるが、さらに反ファシズム的発言をもその理由として挙げた。彼は、「『ファシストに遭遇したときには、彼らを撃て！』というスローガンを掲げることは、他者の政治活動を理由にして、その者に対する暴力行為を助長するものであると認定することができ、それ以上の説明を要しない[20]」と判示したのである。一週間の拘留刑が言い渡された。

一九三〇年一一月八日、シュトゥットガルトの突撃隊（SA）の隊員がヘルマン・ヴァイスハウプト[21]という名の共産主義青年労働者の下腹部をナイフで刺突して殺害したとき、言い渡されたのは数年の禁錮刑であった。それが言い渡されたのは、一九三三年にナチが権力を掌握した後であった。バウアーが振り返って書いているように、「右派（例えば、カップ一揆〔訳註：一九二〇年にヴォルフガング・カップを中心に起こしたクーデター事件）およびヒトラー一揆〔訳註：一九二三年にドイツ闘争連盟が起こしたクーデター事件〕、ヒトラーの「合法」宣誓、ボックスハイム文書〔訳註：一九三一年にナチ・グループが作成した共産主義者対処措置計画文書〕と左派（バイエルンのレーテ共和国）が対立したときに、判決の手法としては不平等の原理が支配していました」。[22]

ドイツ司法の政治的単眼性は、その数年のうちに、ほとんど自明の理にまでなっていた――バウアーは、それをナチ支配への「法学的序曲」[23]と名付けた。なぜなら、右翼勢力がそのおかげで活気を得たからである。カール・フォン・オシエツキー、エリーク・ミューザーム、クルト・トゥホルスキーは、皇帝による出版の検閲の拘束から解放されたおかげで、この司法の単眼性を物笑いのテーマにした批評家のなかでも、数少ない愉快な人たちであった。一九三一年の風刺雑誌『ジンプリチシスム』のある風刺画は、二人の裁判官を、革のような皮膚をもった動作の鈍い老いぼれたトカゲとして表現した。幅広い才能を持ち、黒い裁判官帽をかぶり、そして一冊にまとめられた暗い色をした六法全書を携えた二人の権力の化身を表現した。「解せん。なぜ人々はかくも興奮しておるのじゃ[24]」と、一方の裁判官が他方の裁判官にたずねた。「一人の無辜《むこ》を有罪にしたが、それでも少なくとも一〇人の罪人は自由に街を歩き回っているというのに！」。

その同じ年に、バウアーが所属していた学生連合「自由科学協会」の会員であったユダヤ人弁護士のアルフレート・アプフェルは、オシエツキー編集の『世界の舞台』の出版の自由をライプツィヒの帝国裁判所から擁護しようとした。[25]問題になったのは、「ドイツの航空機から吹く風」という表題の記事であった。『世界の舞台』の編集者は、反逆罪を理由にした起訴は「シャボン玉のように砕け散る」

であろうと「愉快な確信」[26]を抱いたが、それはここでは厳しい現実に直面させられた。ドイツの最上級の裁判所は、新しく獲得された出版の自由に対して、最小限の共感さえも示さなかった。

しかし、裁判官の反動的な精神に対する最も辛辣な批判は、社会民主党から発せられた。[27]その指導的な法政策家であるグスタフ・ラートブルフが一九二一年に帝国司法大臣に就任したとき、彼が持っていた目的は、司法から古い空疎な思想を追放することであった。彼は、若者に対して、司法の仕事に関わることを呼び掛けた。彼が所属する党は、ドイツ司法の最高位に位置する裁判官がその反共和主義的な態度を改善しないならば、ワイマール帝国憲法一〇四条に従って、その者を更迭すると、公然と警告した。政党が更迭措置をとるための権力を持っているということに、裁判官は純粋に恐怖を感じ、それに支配された――それゆえに、国家保守主義の立場から設立されたドイツ裁判官同盟は、社会民主党を法政策の面から失墜させようとした。

フリッツ・バウアーは――グスタフ・ラートブルフの呼び掛けに応じて――司法を内部から変革しようとしたが、この時期に密かに明らかにしたのはそれだけではない。数年後、社会民主党機関紙『前進』[28]において、絶大な権力を有するドイツ裁判官同盟に対抗して、共和主義を支持する対立団体を設立することが呼び掛けられたのを機に、バウアーは、一九二八年、バーデン＝ヴュルテンベルク州に「赤色」共和主義裁判官同盟を届け出た。[29]それを支持することを公然と表明したのは、裁判官のわずか三パーセントに過ぎなかった。[30]団体の雑誌『司法』の共同編集者は、グスタフ・ラートブルフであった。彼は、「その優柔不断な防禦反応」[31]は破滅へと向かうであろうと警告した。

反逆的な若手裁判官のバウアーは、社会民主党と共和国への関心を喚起しようと努めた。彼は、その間にも日常の裁判において憤まんが生じないように特別の努力をした。彼の粘り強さは深く感銘を与えた。自己の人生を長きにわたって捧げたその粘り強さの本質的な特徴が、ここには示されている。彼は、すでに若いときから、戦術的に思慮深く行動した。彼は、どのような戦闘を闘うか、そしてどのような戦闘を闘わないかを選別した。そして、彼は過度に刺激を与えることを控えるよう努めた。彼は、確かに若手裁判官の時期に、政治的な流れに逆らって進んだ。しかし、それをさらに超えて、法服を失う――自分の影響力が失われる――危険を冒すようなことはしなかった。フリッツ・バウアーは、その二年後の一九三〇年には、区裁判所の昇任計画に従って、少年事件を担当する判事補になった。それは、当時では異例の早い昇進であった[32]。それを見ていた人は、それどころかバウアーはワイマール共和国で最年少の区裁判所判事[33]になった人物であると、数年後に述べた。そのような事実を確認できる共和国全域の地図のようなものがなくても、その事実が誤っていると指摘されることはなかった。それは、順調な昇進であった。政治的に嫌われようとも、その速度が減速されることのない昇進であった。光り輝く経歴であった。彼には、夜になると裁判官としての待機業務[34]が与えられ、昼には州都の貧困に起因する犯罪事案が与えられた。彼は、もはや若手裁判官ではなかった。彼は、文字課――裁判官たちはそう呼んだ――を担当した。彼は若干二七才で、その姓がＢｒｂからＢｚ、Ｇ、そしてＳｅからＳｚまでのアルファベットで始まるすべての被告人の事件を担当した。彼は、当時の法律の峻厳さを巧みな方法を用いて緩和するようなことはしなかった。彼は、左翼的な法解釈者であると区裁判所で攻撃されるようなことは控えた。

警察が物乞いをしていた失業中のピアノ業者を連れてきたとき、それは示された。バウアーが説明したように、「隠れて行われた」物乞いという法学的には面倒な事案が問題になっていた。失業中のピアノ業者は、たんに物乞いをしただけではなく、まずは仕事を求めたのである。地元の企業家が彼を門前払いにしたので、それでようやく彼はそれを補うために「支援」を求めたのであった。これは法学的には限界事例であったので、バウアーは彼の利益になる法運用をすることもできたかもしれない。彼は、善意に基づいて彼を無罪にすることもできたかもしれない。その判断は、上級の裁判において再び審理されることがあっても、そのような試みが重要であった。二日の拘留が量刑として妥当であると、バウアーは簡潔に判断した。彼は、あれこれ言わずに、罪責を肯定したのである[35]。

他の事案でも同じであった。一人の貧しい建設労働者が、ある秋の日、ファイヒンゲンで五羽のゴシキヒワをとりもちわなで捕獲し、北駅構内において、そこで業務に従事している労働者に売った。郷土の鳥は、許可なく販売したり、焼くことは禁止されている。一般国民の失業率が最高を記録しようとも、法律はこの行為に対して容赦しなかった。「他方で」と、続けてフリッツ・バウアーは述べた。「被告人が、緊急状況下において行為を行ったという点を見落としてはならない」が、「一四日の拘留刑が妥当である[36]」。

ユダヤ人バウアーの態度を隠蔽する司法省？

「私は、『ユダヤ人』という言葉を用いなければならないのであれば、それだけを理由に告訴を取り下げることもできました[37]」と、フリッツ・バウアーは打ち明けた。「これによって、自分の名誉を汚したとは思っていません」。一九三一年九月二五日、ナチと反ファシスト、褐色のシャツを着た突撃隊（SA）の隊員と共和国支持の帝国旗を掲げた緑色のシャツを着た人々が、法廷の傍聴席に押し寄せた。ナチ党の機関紙だけでなく、社会民主党の機関紙もまた、それぞれの読者に動員をかけた。フリッツ・バウアーは、裁判官席ではなく、例外的に証人席に座り、傍聴席を背にしていた。事案は、彼に関連する問題であった。訴訟の対象は、区裁判所判事のバウアー博士に対する、すなわち彼の名誉に対する侮辱に該当すると疑われた行為であった。それは、バウアーがちょうど二八才の時に巻き込まれた最初の政治的事件であり、彼が司法における自分の存在を真剣に危惧しなければならなかった最初の事件であった。シュトゥットガルトの『ナチの伝書使』は、後に公判について人の不幸を喜びながら記した。「公判が長引くほど、最初は輝いていたバウアーの容貌は、より深い影を落とした。すでに暗雲がたちこめていた[38]」。

その事件は、次のようにして起こった。二三才のアドルフ・ゲルラッハは、一九三一年六月一日、地方紙『ナチの伝書使』の編集主任になり、六月五日に「ユダヤ人の区裁判所判事、党利党略から職権を濫用」という見出しのフリッツ・バウアーに関する記事を公表した。その記事のなかでアドルフ・ゲルラッハは、社会民主党機関紙『シュヴァーベンの起床時刻』が著名なシュトゥットガルトのナチ党員の裁判記録を繰り返し内密に閲覧していたと主張した。その根拠は、フリッツ・バウアーが秘密裏に秘密の記録文書を機関紙部の同志に手渡していたというものだけであった。「その証拠は[39]」と、ゲルラッハは書いた。「一言で十分。すなわち、ユダヤ人だということである。我々は、司法大臣のバイエルレ氏におたずねする。司法省は、ユダヤ人バウアーの態度を隠蔽するのかと」。

この攻撃は、フリッツ・バウアーを苛立たせた——明瞭に示されたように、決して理由のないことではなかった。彼は裁判で身を守った。バウアーは、侮辱にあたることを理由にゲルラッハを告訴した。カトリック中央党の党員であるヴュルテンベルク州司法大臣のヨーゼフ・バイエルレは、体裁を整えるために若手の区裁判所判事に協力し、同じように告発した。しかし、実際に彼が最も怒っていたのは、バウアーに対してであった。後に、一九四五年にバイエルレが司法省の職務に復帰したとき、彼はバウアーのことを人を怒らせる若い赤色活動家であると、腹立たしく発言した(40)。

バウアーは、社会民主党の集会で知り合いになったと思われる『起床時刻』の記者に対して、裁判に関する詳細な情報を一度だけ伝えたことを認めた。しかし、バウアーによれば、その詳細な情報は、すでに以前の公判において話されていたものであった。その裁判においてやり玉にあげられたのは、ナチだけではなかった。紳士を装った国際的に暗躍する詐欺師もまたやり玉にあげられていたのである。その名は、ジークフリートであった。フリッツ・バウアーは、ナチに対する裁判には関心はなかったのである。だからバウアーは、詐欺師のジークフリートは「ナチではないかもしれない」が、「その外見から見れば、彼はユダヤ人である！」(41)と、怒りを判決文に書いたのである。ゲルラッハの攻撃は、バウアーを失墜させることはなかった。

バウアーの同僚の裁判官たちは、司法大臣の希望に沿うように、広範に団結した。同僚の裁判官は、若い同僚が、シュトゥットガルトの司法の客観的信用を落としてまでも、社会民主党の利益に奉仕したという『ナチの伝書使』による告発から彼を守った。しかし裁判官たちは、バウアーに対して、まず最初に専門家以外の一般の人と同じように、国民から選出された二人の参審員が座っている裁判官席の前で証人宣誓を行わせ、その後、若い同僚を公然と叱責した。裁判所が、フリッツ・バウアーによる『起床時刻』の編集者への情報提供が、「現行の規則に違反している」との認定に至った場合[42]、同僚のバウアーが「党に利するために」、つまり悪意に基づいて行動したことの証明をバウアーに対して行う必要はまったくない。判決では、そのように述べられた。このような理由を示したうえで、裁判所は最終的にフリッツ・バウアーの主張を認め、アドルフ・ゲルラッハの主張を斥けた。それは若手の同僚裁判官に対する、侮辱的発言を公式に撤回させるものではあったが、非常に迫力のないものであった。バウアーは、自らがユダヤ人であることを不名誉であると感じたことはなかったので、『ナチの伝書使』がそれに言及したことを法廷でも問題にしないことを明示的に希望したが、同僚の裁判官たちは、それを聞き入れることを即座に拒んだ。むしろ彼らは、アドルフ・ゲルラッハが記事のなかで「ユダヤ人」という言葉を「四度にわたって繰り返し使ったが、そのことが何によっても正当化されないこと」が「公然たる名誉毀損」にあたると評価し、そこでは名誉毀損を受けた側が不名誉と感じているか否かは、確立した判例によれば、何の意味もないと述べた。『ナチの伝書使』は、あざけ笑い、勝ち誇った。「『ユダヤ人の区裁判所判事』という表現は、名誉毀損である[43]」。

この判決が、辞任の発端であった。区裁判所の所長は、一九三一年末、例年通り人事異動の希望をたずねた。そのときフリッツ・バウアーは、すでに数年前から刑事部に留まることを願い出ていた[44]。しかし所長は、刑事部の代わりに、政治的被害がより少ない民事裁判官の部署へと彼を配置したのである。つまり、そこはフリッツ・バウアーが禁錮刑を言い渡したり、公共の利益に関わる業務において判決を言い渡すようなことができない場所であった。新しい部署は、バウアーにとって左遷も同然であった。その後、彼がその部署で静かに分析したのは、賃貸借契約、売買契約、損害賠償額の算定であった。彼は、この部署に非常に長い間いた。最終的に一九三三年まで続いた。その年は、言うまでもなく、すべてのユダヤ人裁判官が刑事司法から排除され、民事裁判官の部署に配置転換(45)された年である。それは、その後の除斥へと至る前段階(46)であった。

クルト・シューマッハーとの二人三脚――突撃隊との街頭闘争

音をたてて崩れ去ったこの敗北の後も、ナチはシュトゥットガルトにおいて一九三一年から行進をさらに展開し、注目を集めていたが、フリッツ・バウアーは、クルト・シューマッハーに相談を依頼した。シューマッハーが後に述べたように、バウアーは「何かをなすべき内的な衝動(47)」に突き動かされて相談に来たという。シューマッハーは、社会民主党シュトゥットガルト市委員会の委員長であり、党機関紙『シュヴァーベンの起床時刻』の担当者であった。「我々が必要としているのは学者ではない」と、シューマッハーは答えた。「労働者は、学者と会うことを希望していない」。しかし、フリッツ・バウアーは、一度それを試みることができた。バウアーは述べている。「そして、彼は私を異様なほど過激な社会主義青年同盟の集会場に連れて行きました。私はそこで演説をし、歓迎されました。私は、そう言わずにはいられません」。

彼の演説は、すでに学生時代から学友の間では、聞いて楽しむ価値があると評判であった。突撃隊(SA)に所属し、敵対的な関係にある者でさえ、若手の区裁判所判事がシュトゥットガルトで「分かり易く、非常に人を惹きつける表現方法[48]」を用いていると、その観察の様子を記したほどである。演説を行ったフリッツ・バウアーの話しぶりは、人の心をかきたてるような誠実さがあった。後に彼と同じ道を歩むこととなった法政策家のユルゲン・バウマンは、あるエピソードをもとに、次のように述べたことがある。バウアーは、一九六〇年代、社会民主党会派の前で刑法改正について話をするために連邦議会にやってきた。最初の講演者が現われ、その後、第二の講演者が姿を現した。よくよく考えてみれば、それがバウアーであった。「堂々たるものでした[49]」と、バウマンは語った。「非常に低い、ささやくような声でした。そこには社会民主党所属の連邦議会議員の全員が座っていました。上品な紳士たちばかりです。そこで彼は話し始めました。『同志諸君！』と。彼らは驚きました。イスの下で電気がショートしても、それほどまでに激痛は感じないでしょう。それがフリッツ・バウアーという人物なのです」。

シューマッハーとバウアー、プロイセン人とシュヴァーベン人は、一風変わったコンビを組むことになった。彼らは二人とも博士の学位を取得した法律家であり、教育熱心な家系の出身であり、二人ともシュトゥットガルトで労働者階層に共感し、ナチに反対する武装抵抗運動へと駆り立てられた者である。シューマッハーは、戦傷を負った若者であり、片腕を失い、頭には無数の榴弾《りゅうだん》の破片があった。「彼は、しなびたリンゴのような容貌で、唇は薄く、まるでカミソリの刃で顔に切り込みを入れたようでした。氷のように冷たい青い目をしていました[50]」と、シュトゥットガルトで弁護士をしていたフレート・ウールマンは、シューマッハーのことを記している。「彼は、チャーチルのように引っ切り無しにたばこを吸い、また葉巻を吸いました。人々は、彼の意思の強さを痛感し、物事に対する彼の判断の絶対的な正しさを無条件に信頼しました」。シューマッハーの話しぶりは情熱的であり、切れ味が良い鋭さには定評があった。「ナチの扇動は、全体としては、人間の内側に秘められた貧しい心に不断に訴えかけることです」と、彼は一九三二年二月二三日に開催されたナチ党の有名な帝国議会報告会において、対立的な意見を大声で述べた。ナチが初めて、「ドイツの政治において、人間の愚鈍さを余すところなく動員するのに成功しました[51]」。

フリッツ・バウアーは、その当時はクルト・シューマッハーと常に行動をともにし、バウアーが述べているように、ともに舞台に立ち、政治演説を行った。「週に一回、時には三回、四回、さらに五回と、彼は演説しました。私もやりました。ワイマール時代の急進主義勢力との闘争に立ち上がること、場合によってはワイマール憲法を守るために挑戦を受けて立つことが、とくに重要でした[52]」。

一九三一年四月、煙が立ち込めたシュトゥットガルトの劇場で、一人の男性が「自由！」と叫ぶと、数百人の喉の奥から、それに呼応する声が返ってきた。「万歳！」。

「自由！」―「万歳！」―「自由！」―「万歳[53]！」。

この三回繰り返された敬礼によって、すなわちナチの「勝利！―万歳！」に対する反ファシズムの対抗軸を形成する勝どきの声によって、黒・赤・金の帝国旗を掲げるシュトゥットガルトのドイツ国旗党の同志たちは、一九三一年四月、同市委員会委員長にクルト・シューマッハーを選出することを決議した。この国旗党とは、「共和国防衛組織」であり、準軍事的組織であった。そして黒・赤・金の色彩の体系は、当時としては、民主政を支持する政治的発言として理解されるのに十分であった。それはハンバッハ祭（訳註：一八三二年にハンバッハの古城で「ドイツ統一」を掲げて開催された祭）の色彩であり、ワイマール共和国の建国の際にドイツ国民党の圧力を受けて維持された黒・白・赤という皇帝の帝国に対する対抗をなしていた。それは、長く続く国旗論争の始まりであった。クルト・シューマッハーに対して劇場で歓喜の声を浴びせた多くの労働者が、制服を着ており、横に広げられた緑色の馬術用のズボン、ブーツのような長い黒い長靴、荒い生地のシャツ、そして工場労働者に典型的な帽子を身に着けていた。ナチは、帝国旗を「黒・赤・洋がらし色のユダヤ人保護旗」[54]であると嘲笑した。それ以降、そこでは労働組合とならんで、いくつかのユダヤ人体育競技・青年協会が、街頭において突撃隊（SA）の暴力集団と対抗するために結成された。

フリッツ・バウアーは、そのわずか数か月後に、シュトゥットガルト国旗党委員長のシューマッハーの後継者になる[55]。シューマッハーは、一九三〇年九月の帝国議会選挙に立候補して以降、シュトゥットガルトとベルリンを往復する毎日であったが、たとえ遠く離れても、世界の外に行くわけではなく、引き続きシュトゥットガルトで燃え上がるような演説を行った。そして、一九三二年六月のある日の夜[56]、彼はもう一人の卓越した弁士と舞台をともにした。それが、フリッツ・バウアーであった。「同志バウアー博士は、嵐のような歓迎を受けながら、集会の開会を宣言した[57]」と、社会民主党機関紙『シュヴァーベンの起床時刻』は、その日の夜について報じた。

新しい市委員長フリッツ・バウアーは、労働者の楽しい集いに参加することはあまりなかった。バウアーは、そのようなことを勝手にすることはできなかったし、翌日の朝には区裁判所の職務に引き続き従事し、祭日には早い時間に帰宅したと、社会民主党の同志ヘルムート・ミールケは、後に述べている。バウアーは、「人付き合いのいいほうではありませんでした[58]」。「バウアーという人物は、少し部外者のような印象でした」。しかし、彼の決然とした態度と重みのある弁舌は、人々に感動を与えた。まだ二九才のめがねをかけた区裁判所判事は、集団をまとめ上げた。ドイツ国旗党の党員が、一九三三年の春の寒い日曜日の午後[59]、帝国旗を掲げ、制服を着用して、ルードヴィッヒスブルク通りを行進したとき、彼は、行進後に人で埋め尽くされた中央広場において主要な演説者として演説を行った。

この法律家は、ドイツ国旗党の党員に対して、警察や裁判所から事情聴取を受けた際には、どのような態度をとるべきかを説明し、その闘争心に訴えた[60]。『起床時刻』は、次のように報じた。「ドイツ国旗党の全党員に対して、攻勢的に訴えかけることによって」、「バウアー博士は、集会を開会した。『自由!』は、その問いに対する答として鳴り響き、高く突き上げられたこぶしは、彼の呼び掛けによって闘争を準備する決意が獲得されたことを証明した[61]」。

シュトゥットガルト駅前のホテル「ツェッペリン」で開催された夜の戦略協議の場から、たばこの煙があがった[62]。バウアーは、事態の重大性に鑑みて、ドイツ国旗党の宿営舎を設立することを提案した[63]。一九三一年には、一連の事態が右派側で収束した。すなわち、ドイツ国家民族党（訳註：ワイマール時代の保守・右派政党）、鉄兜団（訳註：ワイマール時代の在郷軍人組織）とナチ党が、その防衛組織をヘルツブルク戦線に統一したのである。他方で、ドイツ国旗党は、帝国に五〇万から一〇〇万の党員を擁し[64]、若干の自由労働組合と労働者体育競技協会とともに鉄の戦線[65]に編成された。しかし、真の問題については、不十分にしか認識されていなかった。左派の陣営は、分裂したままであった。シュトゥットガルトの共産主義者は、社会民主主義者を「社会ファシスト」として位置づけ、闘争の対象としていたのである。クルト・シューマッハーが誕生日にシャンパンをグラスに注いで飲んだとき――フレート・ウールマンが記しているが――「共産主義者は、『彼は牡蠣とキャヴィアを食べすぎたため』、酔いつぶれ、病気になって寝込んでしまったのでは[66]」と書いたのである。

フリッツ・バウアーが、一九三三年三月五日の帝国議会選挙の数日前に、諸勢力に対して最後のデモを呼び掛けたとき、左派陣営に重大な分裂が生じていたことを見落とすことはできない。総勢二万五千人の人々が、シューマッハーと社会民主党の他の指導者に率いられて、シュトゥットガルトの通りをデモ行進した。デモの先頭にはドイツ国旗党の数千人の人々が行進し、次いで労働組合員が、その後ろには数千人の女性の団体が続いた。そして、共産主義者はここでデモの隊列を切り離した。シュトゥットガルトで行われた最後の自由なデモ行進は、二つに分裂させられたのである[67]。

帝国議会選挙の前日、すべての人々が固唾を飲んで待っていた。ヒトラーの勝利が予想されていた。社会民主党の四人の党員が、その二日前にシュトゥットガルト放送局の送信室に押し入り、「ヒトラーを打倒せよ！　自由に生命を！　社会民主党に投票せよ！」と、生放送で呼び掛けた。このことを理由に、彼らは区裁判所に移送された[68]。フリッツ・バウアーの同僚裁判官の一人が、四人の社会民主党員を略式手続に基づいて刑務所に収容した。わずか数週間で有罪判決が言い渡されたが、それを証明する証拠がその翌日にどれくらい残されていたかは、誰も知る由はなかった。その夜、シュトゥットガルトの社会民主党幹部らは、さらなる身柄拘束を恐れ、当時はまだマンフレート・ウールマンと名乗っていたフレート・ウールマンの法律事務所に真っ先に向かった[69]。その事務所は、区裁判所と同じ公文書館通りにあった。そこは、少なくともナチが凱旋門と位置付けていたところである。床、椅子、ソファーに横たわり、念のために武器を握って準備した。

一週間後、州の同質化（訳註：ナチによる州政府の権限の中央政府への強制的集中化政策）が始まった。ヴュルテンベルクでは、ナチ政権が権力を掌握した。司法大臣のバイエルルレは、ナチのクリスティアン・メルゲンターラーに席を譲った。彼は同時に文部省をも引き継いだ。一九三三年三月二三日、区裁判所のフリッツ・バウアーの執務室のドアをノックする音がした。

第五章　強制収容所と一九四九年までの亡命

強制収容所のなかで

一九三三年七月、クルト・シューマッハーが、そして数週間後にフリッツ・バウアーが、シュトゥットガルトの南にあるホイベルク強制収容所に移送されたとき、一人の看守がシューマッハーを怒鳴りつけて言った。「おい、お前。絞首刑にして、ここから二度と出れなくしてやるからな」[1]。シューマッハーは、「それは違う。そんなことをして責任をとらなければならないのは、あなたご自身なんですよ」と答えた。

「私は今でも覚えています」[2]。フリッツ・バウアーは、後に述べた。「一九三三年のことです。彼が収容所の両側にずらりと並んだ看守によって、血だらけになるまで殴られ、収容所の所長が笑いながら、彼に質問しました。『シューマッハーよ。なぜ君はここにいるんだ？』と質問を浴びせました。彼がためらうことなく、答えました。『私は、弾圧された政党に所属していたからですよ』。彼はそのように率直に答えて、収容所の所長に対して、普段通りのありふれた冗談を言ったのです」。

クルト・シューマッハーは、強制収容所のなかでは、生命よりも重要なものに固執しているような態度をとった。戦争で片腕を失った戦傷者は、営舎の庭で砂利を拾い、それをバケツに集めた後、空にして、再び同じことを繰り返し行うよう強いられた[3]。ある看守は、このシューマッハー行事に引き続いて殴り合いの喧嘩をさせた責任者に対して、クルト・シューマッハーがひどい傷を受けたことを声を枯らして叱責し、彼に申し訳ないと陳謝した。しかし、それは「あの男がそのとき死ななかった」ことについて遺憾の意を表しただけであると[4]、彼の伝記を著した作家のペーター・メルゼブルガーは書いている。フリッツ・バウアーは、シューマッハーと話をしようと試みた。二人とも、まだそんなに長くは収容されていなかった。「私は、いとも簡単に自白した」[5]と、バウアーは述べた。「自由になったとしても、そんなに時間は残されていなかったからです。彼は私に言いました。『ナチが過ぎ去るまで、ここにいます。ナチは、戦争になれば、いなくなるでしょう。戦争は避けられないでしょう。私は、一〇年、一一年と見込んでいます。その間はここにいます』。私は、これまでの人生で、そのような人物を見たことがありませんでした。これほどまでの明晰さと意思の固さで、自ら一〇年、一一年と判断した法律家を見たことなどないと言わなければなりません」。

シュトゥットガルトの突撃隊（SA）は、ホイベルク強制収容所で残虐な報復を行った。[6]屈辱と隷属を強いるための制度は、例えば後にアウシュヴィッツで支配的になる悪魔の秩序にはまだ編成されていなかった。このように述べたのは親衛隊（SS）ではなく、ヴュルテンベルク警察であった。とはいえ、実際のところは補助警察官の制服を着た者のなかに数千人の突撃隊（SA）の隊員がいた。彼らは、かつて街頭や会館での闘争においてドイツ国旗党と対立したのと同じ人物であったのである。シューマッハー、ドイツ国旗党州委員長カール・ルグガーバー[7]、そしてドイツ国旗党地区委員長フリッツ・バウアーと今ようやく決着が着いた。バウアーは、区裁判所の執務室で身柄を拘束されたときに着ていた背広を有刺鉄線の向こう側でも身に着けていた。ホイベルク強制収容所の司令部を指揮したのは、シュトゥットガルト＝デーゲルロッホ出身の突撃隊員カール・ブックであった。彼は、ヒトラーのようなひげをした屈強な男性であった。戦後、アルザスのシルムエック強制収容所の司令官として勤務していたときに行った犯罪を理由にフランスの裁判所によって死刑を言い渡されたが、後に恩赦を与えられ、すぐに一九五七年にはシュトゥットガルト近郊の街でのんびりとした生活を送り始めた人物である。

フリッツ・バウアーと社会民主党の他の指導者は、ホイベルク強制収容所の第一九および第二三施設[8]に収容され、他の被収容者とは区別された。そこでは、彼らは日常的に様々な拷問器具を用いた過酷な取調べ[9]を受けた。「囚人は、三種類に分類されました」[10]と、同じように収容されたエルンスト・プランクは述べた。彼は、一九四五年以降シュトゥットガルト上級州裁判所の判事になった人物である。「第一の種類は、投降者や良好な処遇を受けられる改善途上にある者です。第二の種類は、過酷な取調べによっても具体的な事柄が証明されないために、国家主義的な転向方法を試す対象とされた幹部たちです。第二の種類の処遇は、前者の被収容者と同じですが、比較的厳しく、食事は劣悪で、政治犯の場合、前者に与えられる特別な待遇はありませんでした。そして第三の種類は、いわゆる指導者です。そこには、ドイツ共産党のブーフマン、ドイツ国旗党員で区裁判所判事のバウアー博士、社会民主党のエンゲルハルト、KPD-O——ドイツ共産党反対派——編集部のマックス・ハンマーがいました。この分類の処遇は最悪でした。拘束された者は、実際には肉体的および精神的に抹殺されました」。

彼らは、長い行列をなして、壁に顔を向けて立たされ、膝の後ろのくぼみを蹴られて、頭を壁に打ち付けられた。突撃隊（SA）の連中は、立たされている彼らの一人の後ろから、決まってハサミを突きつけた。そのような場合、「膝を曲げていなければなりませんでした。その間に突撃隊（SA）の隊員が髪を切るのです。そのとき囚人が疲れて倒れたり、そうでなくても膝を曲げていられない場合には、頭の皮膚をハサミで突き刺しました」[11]と、一人の囚人が後に思い返している。

フリッツ・バウアーが強制収容所で受けた八ヵ月間の非人間的な扱いについて、彼自らが語ったのは、一つの小さな出来事だけである。バウアーは、強制収容所で「二二気筒」[12]、すなわち粗末なトイレの下に掘られた穴を清掃しなければならなかった。バウアーがこのことを詳細に打ち明けたのは、いち早く彼の意見を分かり易く示すためであった。それによると、強制収容所内での嫌がらせは、両方の側を貶めたという。一方では囚人であるフリッツ・バウアーを貶め（その作業がそれを意味している）、他方ではそれに劣らず、バウアーを長時間見張ることが任務であった若い看守をも貶めたというのである。それは、哲学的な思考である。バウアーは、一九六〇年代にこのことを二人の友人に話した。彼は、そう友人に言い残したまま、遠くを見つめていた。

バウアーは、一九三三年三月にホイベルク強制収容所でどのようなことを経験したかという問題について、一生涯語ろうとはしなかった。戦後、彼が公の場でそのことを主題にしなかったのは、ある理由があった。ナチの犯罪をドイツにおいて裁判にかけるために闘ったこの法律家は、その動機は復讐ではなく、あくまでも法のためであると主張した。もし彼が公の場で個人的な立場に立つことが許されたならば、一九五〇年代と六〇年代、彼に敵対した人々に手榴弾を投げつけることしかしなかったであろう。しかし、彼は私的な会話においてさえも沈黙を守った。彼はこの主題に入ることを「全く好まなかった」[13]と、彼の友人のギーゼラ・マイヤー＝フェルデとハインツ・マイヤー＝フェルデは述べ、友人のヴォルフガング・カーフェンは、そのような話題を避ける方法を心得ていたと述べている[14]。個人の苦悩が語られることはないであろうと、友人たちは推測した。バウアーは、嘆き悲しむことはしなかった。

それだけに、バウアーが振り返って、自ら率先して率直に、しかも繰り返し語っていたのは、他人の事柄であったことが一層際立っている。バウアーは、自分自身のことではなく、クルト・シューマッハーのことを話題にした。強制収容所での彼の不屈さが、バウアーを驚かせたことを語った。クルト・シューマッハーとフリッツ・バウアー、このシュトゥットガルトでナチと渡り合った二人の闘士の歩む道は、ホイベルク強制収容所で二つに分かれた。シューマッハーが一九四三年まで収容され続けたのに対して、バウアーは八ヵ月後には脱出の道を発見した。一九三三年九月[15]、彼は、ホイベルク強制収容所の主要施設が過剰収容の状態になったために、ドイツ共産党と社会民主党の「特別に危険な」幹部として分類され、その一人としてフラウエン通りにある旧ウルム駐留地刑務所に移送された[16]。

バウアーは、分厚い鉄の扉のついた独房に入れられた。そこでは、峻厳な拘禁が彼を待ち受けていたが、それは予期せぬ幸運であることが明らかになった。その部隊を指揮していたのは、突撃隊補助警察ではなく、ヴュルテンベルクの永年勤続官吏であり、その責任者はグナイアー[17]という名の陸軍曹長であった。バウアーは後に述べたが、その人物は「社会民主主義の思想を持ち、ドイツ国旗党の指導部であったというだけの理由で裁判官を拘禁することが、どのようにすれば可能であるのか」ということを「理解していなかった[18]」。この陸軍曹長は、バウアーに対して信じられないことを提案した。バウアーは言った。「彼は、一人では仕事を終わらせることができないので、私に対して恩赦の請願の取り扱いと手紙の検閲の作業を頼んできました」。「私は、この機会に私の関係書類の中にあった私の旅券を取り出し、これを――私の検閲を経て――家に送りました」。

ヴュルテンベルク州のナチ政府が、新しい営舎の用地を確保するために、一九三三年一一月に多数の「被保護拘禁者」を釈放したとき、フリッツ・バウアーもまた釈放対象者に入ることが許されたのである。

彼は、家族に対しては、これは司法省にいる彼の友人が彼のために尽力してくれたお陰であると説明した。[19]その可能性はあった。例えば、バウアーの社会民主党の同志のマンフレート・ウールマンは、バウアーが逮捕された当日、親しい裁判官から内部情報を入手できたため、強制収容所に収容されずにすんだことは周知のところである。シュトゥットガルトの裁判官ゴットロープ・ディルは、ウールマンやバウアーと同じギムナジウムに通っていたが、彼は仲介者に次のように述べた。「あなたがウールマンレに会ったなら、パリは今がすごく綺麗だと彼に伝えてください。いま、彼に伝えてください」。[20]フリッツ・バウアーのかつての同僚で、区裁判所判事をしていたユダヤ人のローベルト・ブロッホがアウシュヴィッツに移送されそうになったとき、それを阻止するために、ディルが一九四二年にゲシュタポにかけあったことは、州裁判所所長のマルティン・リーガーによっても知られている。[21]フリッツ・バウアーもまた他の人々からの連帯を得ることができたということはありうることである。

しかし、それだけでは十分ではない。政治的な「被保護拘禁者」で、再び自由を手に入れたければ、一九三三年の時点では、あらゆる場合において、新しい権力者に忠誠を表明しなければならなかった。それは転向声明書に署名せずに行うことはできなかった。[22]転向声明書には、手書きのものもあれば、あらかじめ印刷されたものもあった。旧ウルム駐留地刑務所から、ちょうど八人の社会民主党員の転向声明書が送られ、それが「元社会民主党員の忠誠報告」という表題で一九三三年一一月一三日の『ウルム日報』に公表された。転向声明書の署名欄の一番上の書かれていたのは、ドイツ国旗党指導者のカール・ルグガーバーとフリッツ・バウアーの二人の名前であった。

「我々は、ドイツ民族に労働とパンを与える政府の意思を信じて疑わない。我々は、ドイツ民族の生と死を賭けたこの闘争が戦争の野望を斥けることを知っている。……我々は、名誉と平和を賭けたドイツの闘争において無条件に祖国の側に立つ」[23]。ヴュルテンベルク州政府のナチ指導者に宛てられた公開の書簡は、「忠誠と尊敬を誓う」と結ばれていた。

これは、バウアーが後に決して語ろうとしなかった出来事であった。つまり、さらなる不都合な事柄が生ずるのを避けるために、長い間引きずってきた屈辱的な出来事であった。

これに対して、クルト・シューマッハーは、ヴュルテンベルクの囚人のなかでも、そのような転向声明書に署名することを一貫して拒否し、命を賭けて不屈に闘った数少ない一人であった[24]。それゆえ、バウアーが釈放されたときでも、シューマッハーは拘禁されたままであった。それが彼らの歩む道を分け隔てた理由である。バウアーが晩年、クルト・シューマッハーについて語った時、そのようなこともあって、驚きとあわせて、自らを卑下する言葉を耳にすることができた。「無気力になってしまい、ただ自由な時間が欲しかった私は」[25]――と、バウアーは自分をこのように定式化した――「ワイマール共和国の時代、そして後のナチ国家の崩壊後、何よりも強制収容所における……(シューマッハーの)山をも突き動かす信念と勇気を称賛してやみませんでした」。

その言葉によって、彼は彼自身の苦悩に関する全ての疑問が脇へと置かれることを望んだのである。

一九三六年　デンマーク――保護観察付きの犯罪者のように

自由について語ることはできなかった。卑怯な社会民主主義者のフリッツ・バウアーは、強制収容所から解放された後、シュトゥットガルトで保護観察付きの犯罪者のようにして生活した。彼は、定期的に警察を訪れ、強制収容所での「食事、宿泊および監視」の費用として、拘禁一日当たり二マルク六〇ペニヒを支払い、頭を下げなければならなかった。[26] 彼が拘禁されている間、ナチは、官吏制度を浄化するための新法を適用して、彼から区裁判所判事の地位を奪った。[27] その直後に同じ運命をたどったユダヤ人裁判官は、彼以外にも、シュトゥットガルトで六人もいた。[28] 一九三三年八月のことである。ユダヤ人弁護士としてあり続けることも、もはや不可能であった。なぜならば、一九三三年春以降、ユダヤ人が裁判所の建物に出入りすることが禁止され、一九三三年夏にはその資格が剥奪されたからである。[29] バウアーは、働くために、弁護士の代わりに、父親の生地会社で助けてもらうしかなかった。妹のマルゴットが述べているように、それは「彼にとってつらい時期[30]」であった。

ユダヤ人とは誰のことなのかを定義するのは、一九三五年以降は、もはや信仰告白ではなく、ニュルンベルク公民法であった。それによれば、ユダヤ人とは、少なくとも三人の「純血なユダヤ人」の祖父母を持つ者、または一人ないし二人の「純血なユダヤ人」の祖父母を持つ「半ユダヤ人」である。この法律に基づいて、シュトゥットガルトの司法職からさらに法律家が排除された。[31] 町のユダヤ人の五分の一にあたる千人が、ナチスの支配が始まった最初の二年のうちに排除の圧力を受け、そして陰険な特別法のもとで故郷を去ることを決意した。[32] バウアーの妹マルゴットもまた同じ状況にあった。

彼女は、新しい生活を始めるために、生地商人をしていた夫のヴァルター・ティーフェンタールとともに、一九三四年にコペンハーゲンに移住した。そのおかげで、フリッツ・バウアーは織物商として彼らの後に続くことが許されたのである。

一九三六年三月一五日[33]、彼がデンマークを目指して列車に乗ったとき、国は全体として暗雲に覆われていた。窓の外を非武装地帯のラインラントが通り過ぎたが、すでにヒトラーは数日前に軍によってそこを占領していた。それは、再び目を覚ました力強さの誇示であった。バウアーは、すでに一五〇ライヒマルク相当の家具をデンマークに送った。友人のカルロ・シュミートが、シュトゥットガルト駅に別れのあいさつに来た[34]。彼は、戦後、社会民主党から連邦大統領候補にまでなった人物である。カルロ・シュミートは、別れの時に、バウアーを励まそうとした。いずれは全てが過ぎ去っていくでしょう。バウアー、あなたはついこの間シュトゥットガルトで一日拘禁されていましたね[35]。私たちは、あなたを見て、その日が一九三六年二月一日であることを強く心に刻みました。政治的な共謀のように見えるものがあなたのところで確認されれば、あなたはもう一度強制収容所に連れ戻されることになります。シュミートは、このように述べた。バウアーは、強制収容所から自由にされてからも、社会民主党のネットワークに接近し、その後もかつての集会場を訪れた。司法省に勤務する彼の昔の同僚が、なおも彼を刑事手続にかけたとき――バウアーはそのことを後に秘密にした――、そのために生じた状況ゆえに、「この国に引き続きいることが無意味になった[31]」と、バウアーは述べた。

コペンハーゲンで新たに彼を待ち受けていたのは、判決宣告前の被告人の生活であった。ティーフェンタール夫妻の場合、ここでの生活は軌道に乗っていたが、バウアーについては、最初からデンマーク当局によって不審人物として疑いの目で見られていた。彼は、毎週木曜日に外国人犯罪対策課に報告に行かなければならなかった。[37] 彼は監視対象でさえあった。彼が散歩するとき、官憲が密かに彼を尾行した。[38] 彼らは、何か重要な手がかりを探していた――そして、ようやくそれを発見した。

同性愛は、ドイツとは異なり、デンマークでは原則的に合法であった。しかし、フリッツ・バウアーがすでに到着後の最初の月に一人のデンマーク人男性と一夜を明かしたとき、[39] デンマークの制服の警察官が口汚く彼に向かってたずねた。禁止された官能的な売買春に関与したのかどうか？　それは適正な刑事手続への着手ではなかった。フリッツ・バウアーは、（合法的な）交渉の事実については争わなかったが、（禁止された態様による）対価の支払いの事実があったか否かについては争った。「ドイツ人がパジャマを着ずに裸でいるのが、通りから見ることができた」。[40] このような文章を報告書に記載したデンマークの警察官は、さらに深夜二時三〇分頃、フリッツ・バウアーの部屋の窓を観察した。外国人犯罪対策課は、結局のところバウアーに関して何も掌握できなかったにもかかわらず、巨額の費用を投じて、彼に付きまとった。

それにもかかわらず、警察はその認定した内容に基づいて彼に圧力をかけようとした。その内容とは、彼がさらに第二回目の同性愛的な接触を行ったというものである。彼は、自己を防禦するために何と述べなければならなかったのか？

この第二回目の接触については、バウアーは全面的に争った。だが、彼は新たな攻撃方法を戦術的に用いた直後に、デンマークで就労許可を申請しているのを思い出した。「もし働くことが許されるならば、衝動を抑えることができるかもしれません」[41] と、彼は役人に弁解したのである。

彼は、それをどの程度真剣に考えていたのか？　彼は本当に自分のことを同性愛者と認識していたのか？　もしそう認識していたならば、彼はそのことを実際に恥じるべきこと、「衝動」と見なしていたのか？　フリッツ・バウアーの言葉は、悪意のある当局と法学的に対決するための一部であった――この脈絡が重要である。フリッツ・バウアーが、自分の言葉の中にどれほど真実を含ませていたのか、また含ませていたとしても、どれほど計算していたのかは、明らかではない。なぜなら、バウアーは実際に自分のことを同性愛者であると見ていたと仮定されているが、その根拠となるような他の類似の発言は知られていないからである。バウアーが一九三六年以前に同性愛者と接触を持ったことについては、何も知られていない。そして、一九三六年以降もデンマークの外事警察によって、バウアーが同性愛的な「関係」を持ったことについて何ら確認されていない。[42]　つまり、それは噂だったということか？　バウアーが恋愛関係においても生涯独身であったことは、その後ますます明らかにされている。デンマーク外事警察との屈辱に満ちた対決の後、まずもって明らかになったのは、バウアーが亡命先の国――民主政のデンマーク――においてさえも、当局の専制的扱いに最初から引き渡されていたということだけであった。この経験は、刑法学者によってあまり重視されなかった。しかし、この経験が司法に対する彼の視点を長期にわたって形成することになったのである。

隔絶状態の試練

バウアーは、できるだけ早くデンマークを離れることを望んでいた。アメリカ合衆国には、彼の母親の親戚が数人住んでいたが[43]、そこに行くためのビザを取得する試みは、何回となく失敗した[44]。彼が、『中央協会新聞』のドイツ系ユダヤ人読者に向けた記事を書いたとき、彼の当時の亡命先の国に対して言い表せる最も暖かな言葉としては、彼には次のようなものしか残っていなかった。「デンマークの人々は、あれこれと思い悩まないことを当然のことのように考えている。そして、その人生の幸福を満喫している[45]」。しかし、それにもかかわらず、なぜ彼を失望させたかというと、彼は密かに言葉をもらした。「私はこの国の片隅で暮らしてきました。……正規のパスポートがないので、デンマークにずっといられるかどうか心配です[46]」。

「敬愛する教授[47]！」と、一九三七年九月二一日、フリッツ・バウアーは、ニューヨークにいるマックス・ホルクハイマーに手紙を書いた。バウアーは、フランクフルトから亡命したホルクハイマーの社会研究所と連絡をとりあって、つながりを見つけることを希望していた。

彼は、その後の半年間は、すでに『中央協会新聞』のためにスカンジナヴィア半島の通信員となって、あたりさわりのない文芸欄の記事を執筆し、また同時にカーテンとシャツの代理商として仕事をして食いつないだ。後者の仕事に対して、彼がいかにわずかな情熱しか注いでいなかったかは、明らかである。彼は葉巻を吸っていたため、しばしば葉巻の灰を払い落とさなければならなかった[48]。そのため高級なシャツではなく、実用的なシャツを着て、その袖をまくり上げていたが、そのことがかえって人目を引いたことを見れば、わずかな情熱しか注がなかったことは、おそらく最も手っ取り早く示されるであろう。フリッツ・バウアーは織物商だったのか？　彼は本の虫であり、実務的な生活をするのが苦手であった[49]。義理の弟で、織物会社の経営者のヴァルター・ティーフェンタールは、そのよように彼を見た。弁護士として働こうとしても、デンマークの試験を受けることはできなかった。大学で働こうとしても、その出自が不適格であった。彼は、学問の世界では、法政策上の特殊領域、すなわちグスタフ・ラートブルフとフランツ・フォン・リストの社会復帰思想と予防刑論に大きな関心を寄せていた。バウアーは、コペンハーゲン大学のユダヤ系の刑法教授であるシュテファン・フルヴィッツを当てにしていた(50)。彼は、この発想がスカンジナヴィア半島では大いに共感を呼ぶという見解を表明した。しかし、刑法とは、主権国家が平時においてさえ外部からの介入を拒絶する領域である。それゆえ、この教授は、フリッツ・バウアーが講師の職を望めないことをはっきりと言わなければならなかった。この国ではドイツ人にはチャンスはなかった。

このようなことがあったため、バウアーは八才年上のホルクハイマーを頼りにしたのである。彼らはすでに知り合いであった。少なくとも、名前は知っていた。彼らはともに、シュトゥットガルトのユダヤ教区の小さな世界で育った。ホルクハイマーの父親は、そこで人工羊毛を製造し、バウアーの父親が数メートルの長さの生地を取り扱った。マックスがフランクフルトにおいて学業で出世するために、早くから故郷を後にしたことを、バウアーはすでに家の人から聞いていた(51)。反対にマックス・ホルクハイマーのシュトゥットガルトの両親の家では、すでに非常に若くして区裁判所判事にまでなったユダヤ人の生地商人の息子フリッツのことが、うやうやしく語られていた(52)。バウアーが一九三七年にホルクハイマーを頼りにして、その研究所の助手に応募したとき、彼は二人の共通する出自を思い出していた。

それにもかかわらず、彼は自信をなくしていたわけではなかったようである。「あなたは、すでにニューヨークで私の友人から厳しく非難されたかもしれません」[53]と、バウアーは敬愛する教授に対して陽気な文章を書き、「しかし、それは事実ではありません。それは無邪気ないたずらです。それがあなたに向けられていただけです」。ホルクハイマーの助手のフリードリッヒ・ポロックは、その教授資格請求論文においてバウアーの博士論文を引用したので、[54]その事実はバウアーを勇気づけた。「そこで私は、文献索引に挙げられている著作が一度は読まれていることをあらかじめ前提にしているのですが[55]」と、バウアーは失礼にも書き添えた――ゆえに彼は、マックス・ホルクハイマーから拒否の返事を受け取ったのも当然であった。

その教授は、研究所の予算は残念ながら十分ではないことを伝えた。バウアーは、無作法な返信の手紙を書いたが、そのなかでポロックの名前を間違って書いてしまった。ホルクハイマーは、その手紙に対して自身では返事を書かず、助手に返事をさせただけであった。バウアーは、研究所紀要の書評欄に、スカンジナヴィア諸国の文献紹介を書くことを提案したが、[56]それももはや叶わなくなった。ようするに、それは粗野な者、慌てん坊が経なければならない試練であった。

背後から迫るドイツ人

フリッツ・バウアーが亡命先に到着して、数週間経った天気の良いある日、コペンハーゲンの公園では、一九三六年の夏が終わりを迎えた。[57]遠く離れたベルリンでは、ヒトラーが華々しくオリンピック大会に来賓を招待していた。諸外国は、ドイツがラインラントを再軍備したこと――それは公然たるヴェルサイユ条約違反である――をあからさまに見て見ぬふりをした。ベルリンの政権は、これによって追認されたと受け止めた。シュトゥットガルトの左翼弁護士のリヒャルト・シュミットはコペンハーゲンに行き、フリッツ・バウアーと長時間にわたって話し合った。重苦しい世論が支配していると、シュミットは述べた。バウアーは、ゲシュタポから逃れていられることを喜んでいたが、亡命先での彼の状況は非常に不条理であった。バウアーがこの訪問者に説明したように、デンマークではどこに行っても次の質問を受けた。あなたは、ヒトラーに対して、いったい何をしたのですか?

フリッツ・バウアーは、自分の両親がデンマークに避難することを希望していると請願したが、デンマーク当局はその許可を拒否した。彼が書いた請願書が実を結ぶことはなかった。デンマークでは、脅威を感じ取った人は誰一人としていなかった。一九三八年一一月九日の夜から一〇日にかけて、シュトゥットガルトのシナゴーグに炎が立ち上ったときでさえ、そうであった。[58] 火を放ったのは、シュトゥットガルト第二消防署の責任者で、「自然発生的な民族の怒り」を強調するのが目的であった。それに続いて、シュトゥットガルトのユダヤ人商店やその住居が破壊された。その夜には数百人を超えるユダヤ人が逮捕され、ヴェルツハイムとダッハウの強制収容所に連行された。そのなかには、フリッツ・バウアーの伯父で、チューービンゲンのシナゴーグの新しい管理責任者のレオポルト・ヒルシュも含まれていた。彼は一九三九年に南アフリカ方面に逃亡することができ、数人の教区のメンバーは彼の後を追いかけた。[59] レオポルト・ヒルシュは、チュービンゲンで衣料品店を経営し、フリッツ・バウアーは子どもの頃、そこでよく遊んだが、「アーリア化」のあおりを受けて、フリッツ・バウアーの父親が生地商店を失ったのと同じように、伯父もまた廃業した。

それにもかかわらず、六九才と五九才になるバウアーの両親は、最終的に数ヵ月かけて、一九三九年に、デンマークの側から北部の避難所に入所する許可をようやく得ることができた。ドイツ側からの同意を得るために、さらに数ヵ月を要した。「ルードヴィッヒ・イズラエル・バウアーおよびその妻（旧姓ヒルシュ）エラ・ザラ（現住所シュトゥットガルト＝W、グスタフ・ジーゲル通り九番地）は、現在のところ、税金、罰金、手数料および諸費用について滞納していないことを証明する」と、シュトゥットガルト北部財務局が確認したのは、一九三九年一二月一日のことであった。「ユダヤ人財産税および帝国離脱税は、完納ないし保全されている」[60]。フリッツ・バウアーが一九四〇年一月一日に両親をコペンハーゲン駅で出迎えたとき、すでに五年の歳月が流れていた。

「私自身と他の一連の亡命者は、ポーランドなどに流入した人々から聞いたのですが[61]」と、バウアーは後に当時のことを思い起こしながら、「デンマークで政治的なことを考える人であっても、このうわさ、情報などを信じてもらうのは困難でした。そのようなうわさは、基本的にありえないことであると見られていました」と述べた。そのわずか数週間後のことであった。ナチは、この家族を再び捕えた。一九四〇年四月九日、ドイツ軍がデンマークに侵入してきた。

ナチは、当初はデンマークを同盟国とすることを望んでいた。それゆえ、デンマーク政府は形式的には存続し続けた。しかし、新しい統治者は反ナチ勢力をすべて排除しようとした。ドイツ占領軍の兵士とデンマークの警察官が、共同してフリッツ・バウアーを捕えるために、ティーフェンタールの家のドアをノックしたとき、彼はすでに姿を消していた――彼は、何が彼を待ち受けていたかを知っていた。ティーフェンタールの四才になる息子は、大人たちの脇から飛び出てきて、制服姿の男の方に向かって、伯父のフリッツがどこにいるかを知っていると叫んだ。しかし、この子は、デンマーク語で話したため、ドイツ兵には理解できなかった。デンマーク人は、それを偶然にも聞きもらした。「彼らは、彼をコースアの通りで捕えました」[62]と、マルゴット・ティーフェンタールは述べた。そのため、フリッツ・バウアーは、一九四〇年九月に拘禁され、コペンハーゲン西部刑務所に収容された。その後、他のドイツ人の反ナチ勢力とともに、シュラン島の海岸から八キロ離れたところにあるホーセロ仮設兵舎に収容された。有刺鉄線の後ろには、二棟の粗末な仮設兵舎しかなく、その間を風が吹き抜ける音がした。中立国のスウェーデンは海の向こう側に見える距離にあったが、そこに入国することはできなかった。フリッツ・バウアーの家族は、ここにいる彼を毎週日曜日に訪ねることが許された[63]。この国では二度目の拘禁を受けた者は、ドイツの強制収容所に送り返されることになっていたため、バウアーは、二ヵ月半の間、すなわち一二月に釈放されるまで[64]、常にその恐怖にさいなまれなければならなかった。

一九四三年　スウェーデン――ヴィリー・ブラントと肩をならべて

いかにすればコペンハーゲンでの困難な状況に対処できるのか？　彼は、この問題について最終的な見解に行きついた。彼には、保育士のアンナ・マリア・ペーターセンというデンマーク人の友人がいた。その父親は、ホルシュタインの出身であった。妹のマルゴットが述べているように、彼は彼女と偽装結婚[65]をした。彼らは、一九四三年六月四日、コペンハーゲンの戸籍役場において、信仰する宗教はルーテル派のデンマーク国教であると申請した。[66]「愛するアンナ・マリア、君が手紙を書き、そして僕のためにしてくれたすべてのことに感謝する。リズは、君に僕のことを話すでしょう。そして君は僕にさらに聞くでしょう。では、さよなら。――フリッツより」[67]。一九四三年八月、彼がすでに再度の別れを告げたとき、このようなあっさりした言葉を使ったが、その言葉は、二人の関係がいかに希薄なものであったかを暗に示している。

決して一緒に暮らしていなかったし、家族であるとは思っていなかった。偽装結婚は、彼らの目的を実現したが、それは長く続かなかった。ナチは、一九四三年の秋にデンマークからすべてのユダヤ人を追放する計画を立てた。それによって、デンマーク外国人登録法の詳細な等級は、もはや重要な意味を持たなくなった。というのも、デンマーク人女性と結婚した場合であっても、もはや何ら助けにはならなくなったからである。したがって、助かる道はただ一つ、逃亡することだけであった。

ドイツの占領軍によって計画された奇襲攻撃があらかじめ明らかにされたため、フリッツ・バウアーとその家族は、一九四三年一〇月一三日の夜に、[68]デンマークの漁師のモーターボートに乗ってスウェーデンに渡った。地下室の隠れ家に着いたのは、八日後のことであった。フリッツ・バウアー、その両親、妹のマルゴット、その夫、そして二人の小さな男の子がいた。シュトゥットガルトに残してきた親戚は、殺人的な暴力の被害に見舞われた。それがフリッツらに襲い掛かるのを避けるためには、こうするしかなかった。フリッツ・バウアーの叔母のパウラ・ヒルシュと従弟のエーリク・ヒルシュは、一九四一年一二月に実施された最初の大規模な移送行動によって一〇一三人のユダヤ人とともにリガに移送され、そこで殺害された。[69]

「ここを支配していたのは、嫉妬心でした。この数年は、かつて存在し、いまなお存在する数少ない役職をめぐる毒づいた闘争でした」[70]。バウアーは、一九四三年にストックホルムに設立された社会主義亡命者の集まりをそのように見た。ストックホルムでは、社会民主党の元議員一二〇人とその活動家が暮らしていた。ヴィリー・ブラント、後にオーストリア首相になったブルーノ・クライスキーもこのなかにいた。無数の集団、グループ、そして「国際労働者同盟」があった。これらは絶えず分裂しては、新たに形成され、また部分的に重なっていた。これらの組織のなかで、ヒトラー以後の世界について、確たる体裁を欠いたままのミツバチの群れのように、白熱した議論が交わされ、そのための計画が立てられた。その中心にいたのがフリッツ・バウアーであった。彼は、家族とともにスウェーデンに到着した後、南スウェーデンのゲーテボリに家族を残したまま、この「闘争心むき出し」の議論を逃すまいとして、ストックホルムに移った[71]。

バウアーは、すぐさま様々なグループに関わった[72]。国際経済政策の研究グループ、自由ドイツ文化同盟、ドイツ反ナチ組織専門委員会などに関与した。ある同志は、経済状態を安定的なものにするために、バウアーが社会科学研究所の奨励金を受給できるよう手配した[73]。そしてこの雄弁な演説家は、たちまち名声を得た。一九四四年一二月、ストックホルムのミツバチの群れ全体で、初代の連合幹部会を選出した[74]。バウアーは九人の指導部の一人に選ばれた。彼は、社会民主党左派の若手党員ヴィリー・ブラントと共同して亡命誌『社会主義トリビューン』を創刊した。編集委員長にはバウアーが、二人の共同編集者のうち一人にブラントが就いた。バウアーは、一〇才年下のブラントのことを、好感の持てる有能な人物であるというだけでなく、並外れた才能の持ち主でもあると評価した。「彼は、国際的な集団のなかで、簡単に友人関係を作れる人物でした[75]」と、彼はかつての闘争仲間であったクルト・シューマッハーに手紙で書いた。「彼のことを『その日暮らしの楽天家』と評する同志がいます。なぜなら、時おりアメリカ人のようにあか抜けた感じになったからです」と、バウアーは書き、「この点については、まさにその通りです。彼は、亡命中に、西側諸国、とくにアメリカに順応したジャーナリストになりました。我々の同志は、そのような彼を批判しました。しかし、彼らの方こそ、役に立とうと希望しながらも、残念ながらそうならなかった二流、三流のジャーナリストでした」。戦後、バウアーは活動を前進させるべくデンマークに向かったとき、一九四六年の初めに[76]、ヴィリー・ブラントの方から彼を訪問してきた。そして後にブラントがベルリン議会議長のときに[77]、その友人を検事長としてベルリンに呼び寄せようとした。

フリッツ・バウアーはいかにして博士論文を反故にしたか

フリッツ・バウアーがかつて執筆した博士論文を手に取り、マックス・ホルクハイマーに宛てた手紙のなかで書いたように、「とっくの昔に、時代という歯によって食いちぎられた業績[78]」でしかないと告白したとき、それは無邪気な時代に舞い戻る旅の途中にいるかのようであった。フリッツ・バウアーは、経済の指導者に対して、一九二五年のときと同じように寛大な判決を言い渡すことはできなかった。あのときから、あまりにも多くのことがあった。

バウアーは、亡命中どちらかといえば必要であったために、再び経済学の研究に取り組んだ。彼がドイツの刑法家として専門教育を受けたことは、何の役にも立たなかった。彼が知的な労働を見つけようと思うのなら、それゆえ別の専門分野を探さなければならなかった。そして、この分野において、バウアーは何よりもまず自分自身を急いで正さなければならなかった——バウアーはそのことを徐々に明かした。

彼は、一九四一年にコペンハーゲンで学術的な日常生活に関する著作を公表した。『ペンゲ』（貨幣）というタイトルによって、彼が織物を取り寄せる商人であるということだけでなく、教育・研究もできる人物であることを示した。それは、デンマーク語で書かれた三〇〇頁の書物であった。貨幣政策がいかに国民経済の基礎をなしているかという問題について、この貨幣政策に関する教科書は、精緻でかつ幅広い知識に基づいて記述された。序文の響きは、まるで雷のようであった。ソクラテスからシェイクスピアを経て、ゲーテの『ファウスト』に至るまでの世界的な文献から、バウアーは膨大な量の文章を引用した。書き出しは、「貨幣は世界を支配する」[79]という文章から始まった。素晴らしい多くの詩人たちのことを「貨幣と貴金属」[80]によって論じようとしたが、どのようなことが意図されたかというと、それは貨幣に物象化された権力であった。貨幣はいかにして成立したのか——光り輝くものに決定的な意味があるのは、それが金属だからではなく、それに信用があるからであるが[81]、それはなぜか？ つまり、貨幣に価値があるのはどうしてか、そしてその価値をどのようにして失うのか？ バウアーは、これらのことを説明した[82]。彼は、これらの命題を検討するだけにして、それ以上のことは控えた。金貨を中心にしたメカニズムをやめて、別の体制を構築することを手短に提案しただけで、その書物は締めくくられた。そして、末尾に挙げられた文献一覧を参照すると、やや貧相な印象を残したのは確かである。努力を要する仕事の成果ではあったのだが、それによって語られたのは、様々な情報を提供することを望んでいる意思というよりは、むしろ職を求めたが、絶望的な状況に立たされているということのほうであった——バウアーは一九四三年にスウェーデンに到着した直後に、その著作をスウェーデン語にも翻訳した(83)。

バウアーが一九四五年にスウェーデンにおいて他の社会主義者に囲まれたときに感じた反応は、まったく異なるものであった。バウアーがその著書『経済の新たな方向』のなかで書いたように、一九三二年の末、ドイツの危機はすでにほとんど克服されつつあった。ナチは絶頂期を迎え、しかし同時に党財政は破綻寸前であった。「大地主、大企業家、銀行業界の代表者(84)」が、ついにナチ党を再建し、ヒトラーの首班指名を「強行した」。これによって、その男性はドイツが心置きなく戦争し、領土を拡張することを説く力を手に入れた」。当時、ＩＧファーベンが発起人となって、ナチ党とドイツ国家民族党の候補者に対して、一度に三〇〇万マルクの企業献金が流れていた。ＩＧファーベンが単独で行った献金の最高額は、四〇万マルクに達した。ヒトラーの産みの親はカルテルであり、戦争の産みの親はヒトラーであると、アメリカでは言われていた。つまり、カルテルがヒトラーに権力のイスを用意したために、ヒトラーは戦争を遂行することができたのである。フリッツ・バウアーは、振り返りながら、なぜそのような状況に行き着かざるを得なかったのかを説明した。

彼の理論は、彼が別の場所で公にしたように、マルクス主義理論である(85)。トラストとカルテルは、市場の一区画において価格を人為的に上昇させる権力を手に入れたが、遅かれ早かれ同じ問題に直面する。彼らがより多くの商品を販売したいと思うのなら(86)、そのために価格を下げるか、そうでなければ労働者の所得を上げなければならない。しかし、気分が乗らないわけではないだろうが、彼らに少しでもその気はあるのだろうか。その気がないのならば、新しい販売の可能性が見つけ出せるのは、ただ外国においてだけである。「彼らは、自国の外側において購買者を見つけ出さなければならない。この状況は、すべての資本主義国において発生する」。その結果、流入する領域をめぐる争いに帰結する。様々な国の経済連合が攻め入ってくる。「植民地、発展途上国、南アメリカ、中国、インド、近東とバルカン半島の諸国をめぐって争奪戦が繰り広げられる。そこでは、様々な国の資本家はいとも簡単に争い合い、一本の骨を引っ張り合う」[87]。ヒトラーが一九三九年に「生活圏」を要求したとき、それは「外国における販売市場と資本投資の代替語」[88]であったと、バウアーは記した。フリッツ・バウアーは、ヒトラーの台頭を後押しした経済界の代表格として、例えばテュッセン鉄鋼コンツェルンとライン＝ヴェストファーレン鉄鋼シンジゲート[89]の名前を挙げた。ブナ強制収容所は、アウシュヴィッツ強制収容所の附属収容所として、一九四二年一〇月末にモノヴィスにおいて設置され、IGファーベンのためだけに運営された。そこでは、一九四五年までに三万人を超えるユダヤ人被収容者が死に追いやられた。ただし、バウアーは、IGファーベンについては明示的に名前を挙げなかった。

ヒトラーとその集団を遠ざけることが十分に可能であるというのは、幻想であると考えねばならないと、バウアーは書いた。そのためにしなければならないのは、むしろナチを生み出した全体状況の変革であり、経済界の「平和主義化[90]」であり、それはドイツに限ったことではないが、ドイツでは大企業が抱えている問題を戦争によって解決する意思が最終的に確認されたと、バウアーは書いた。しかし、その問題は、ドイツ以外のヨーロッパ諸国にもあった[91]。「闘争対象は、資本家ではなく、資本主義体制である。その体制は、一つの装置に例えられる。それは満足に機能しない装置であり、改良された、より効率的な装置によって置き換えられると考えられている。社会主義に対して異議が申し立てられているが、そのなかでも最も重要なものは、社会主義が個人の自発性を圧殺し、自由を制約するというものである。自由が制約されるのは確かである。それは、道路交通規則による制約と同じである。右側通行と速度制限が取り入れられている一方通行の道路は、自分の好き勝手に馬車でうろうろると歩き回ることはできない。このような制約は、個々の自動車運転者や歩行者にとって不愉快であるかもしれないが、他の運転者や歩行者の利益になる[92]」。

一九四八年に刊行された著書『独占の独裁』(Diktatur der Monopole) のなかで、バウアーはさらにその論を展開した。経済的な権力集中は、どのような形態をとろうとも、それこそが諸悪の根源なのである。国際協定による形態であっても同じである。バウアーは、その思想を次のような方法で展開した。まず、事務机[93]の絵を描いて見せて、この机の上に全ての対象を並べて、一つずつ説明し、そのあと「独占資本主義」やカルテルの名を挙げ、生産と経営はそれを背景にして成立していることを示した。彼は、デンマークの出版協会が、価格協定を締結することによって商品の最低価格を取り決め、それを固定化する方法を用いて書籍市場を統制していることを公然と批判するために、アンダーウッド社製のタイプライターの横で本が山積みになっているのを描いた。バウアーの机の上の原稿用紙は、彼が描いたのを見れば、スカンジナヴィア諸国の製紙カルテルとつながっていることが分かる。電灯もまたカルテルの製品であった。それは、電線、電灯の黄銅色のねじ、電灯の芸術的な型、電灯のかさ、かさの素材の着色、そして電灯の白熱電球についても同じであった。事務机でさえ、木材の輸出枠を決める「国際木材カルテル」の一例にすぎない。そして、消しゴムでさえも、バウアーに市場の権力とその濫用の陰湿な歴史を思い出させる。一九三四年、イギリス、インド、オランダ、フランスの間で締結された国際生ゴム規制合意は、ゴムの生産に制限をかけ、ゴムの樹の新たな植樹を禁止し、また同じようにゴムの価格を決定した。バウアーは、さらに踏み込んで次のように述べた。「そんなに時間はかかりません。真珠湾へと向かった戦争は、自然ゴムと人工ゴムの不足を理由に、そのうち敗北に終わるでしょう(94)」。

「社会主義による回答は、すなわち計画経済です」と、彼は一九四七年に公言した。どこかにおいて経済的権力の集中があるとすれば、それは国家においてであるというのである。「許されないのは」と、バウアーは次のように記した。「自動車や自転車などの運転者が、彼らの都合の良いように通りを走ることです。従って、国の経済において労働する者は、かつては誰もが気の向くままに好き勝手に生産したり、任意に価格を決定したり、資本や商品を外国に移転したりしていましたが、もはやそれは望まれません(95)」。

バウアーは、ドイツ民主共和国において計画経済を確立しようとするソビエト政府の試みから積極的なものを得ようとした。「ドイツにおける諸関係は、長い年月をかけて、計画経済を必然的なものにするでしょう。計画経済の友人であるか、自由な自発性を好むかというのは問題ではありません(96)」。東ドイツの農業が、国家を通じて配給すべきバター、食用家畜や穀物の量が、需要と収穫量を勘案して決まることは「当然」であると、バウアーは戦後に瓦礫が取り除かれたときに書いた。「計画の領域における東ドイツの経験から、全ドイツは一つのことを学ぶことができるでしょう。ドイツ以外にも、そちらへと向かっている一連の国々があります」。

連合国が、ドイツのカルテルとトラストの解体に着手したとき、フリッツ・バウアーはそれへの支持を表明した。「国際的な独占的支配者」[97]――バウアーは彼らを「限定的にしか責任をとらない愛国者」とあざ笑う――は、「全面戦争が行われていたとき、協力関係にありました。第一次世界大戦、さらには第二次世界大戦が行われていたとき、（彼らは）他の中立国において会談していました」と、彼は一九四七年に亡命新聞『ドイツ・ニュース』に書いた。一九五二年、アデナウアー政権がアメリカの圧力を受けて、ほとんどのカルテルを禁止する態勢に入ったとき、バウアーは、政権がそれを徹底しようとしていないとだけ批判した。[98] 社会民主党左派の理論機関誌である雑誌『精神と行動』に書かれたバウアーの論文には、「カルテルの国」という表題が付けられた。

バウアーは、彼自身が若い頃に書いた著作、つまり一九二五年の博士論文から再び引用することはなかった。育ちの良い、産業に親和的であった学生の頃の意見は、今の彼には非常に疎遠なものになってしまった。

「時期尚早である」――一九四五年以降の政治と歓迎されざるユダヤ人

一九四五年五月八日、ナチが降伏したとき、バウアーは行動を起こす衝動に駆られた。亡命から九年後、彼はただちに亡命先の同志に別れを告げて、ドイツを目指して出発した。一九四五年八月九日、ストックホルム労働組合会館の本会議場に詰めかけた大勢の人々を前にして、彼は綱領宣言的な惜別講演を行った(99)。彼は、そのなかで、すでに述べたようにスウェーデンにおいて理論的にしか論じてこなかった民主政のドイツを断固として建設することを呼び掛けた。バウアーは、両親と妹を残したまま、スウェーデンを後にした。父親は白血病を患い、一九四五年一二月に亡くなった。最初に立ち寄ったデンマークで、バウアーはすぐさまアメリカの関係者のところに行き、再建に際しての課題を探し出した。彼は、特命を得てドイツに行くことを望んだのである。

しかし、コペンハーゲンでは、苦悩に満ちた四年の月日が流れた。その間、フリッツ・バウアーは、待機と単なる傍観を余儀なくされた——この間、この失われた十数年の歳月がいったい何であったのかを沈痛な面持ちで認識したのであった。

バウアーの周りでは、かつてのドイツ人の同僚たちが、今では再建に際して重要な任務を背負っていた。バウアーは、自由主義的で世渡り上手な指導教授のカール・ガイラーが、一九四五年一〇月、フランクフルト・アム・マインにおいて、アメリカによってヘッセン州首相に任命されたことを耳にした。チュービンゲンでは、フランス軍政府が、彼の旧友のカルロ・シュミートをヴュルテンベルク＝ホーエンツォーレルン連邦州の初代政府長官に任命した。シュトゥットガルトでは、バウアーと親交の深かった社会主義者の弁護士リヒャルト・シュミットが検事長に就任した。ハノーファーでは、クルト・シューマッハーが社会民主党連邦本部において指導にあたった。リューベックでは、弱冠三三歳の若手同志のヴィリー・ブラントが、連合国から故郷の市長に就任するよう要請を受けたと聞いた。しかし彼は、より大きな舞台に立ち、クルト・シューマッハーがいる連邦議会に進出するために、それを辞退した。それでは、フリッツ・バウアーには何の役職も提供されなかったのだろうか？

一九四六年五月、クルト・シューマッハーが社会民主党議長に選出されたとき、バウアーは、コペンハーゲンの待合室から彼宛てに手紙を書いた。「私には、ドイツの事態がどのようになっているのかを一度この目で確かめる強い意思がもちろんあります。私は、昨年の五月から六月にかけて」(つまりドイツ降伏の直後に)「シュトゥットガルトに戻ることについて、すでにアメリカ側と交渉しました。彼らは私に相当な数の質問項目を記入させました(彼らは法律家に興味がありました)。しかし、私は前向きな回答をもらうことができませんでした。その理由は私には分かりません。(管区の人々と一連の私的な会話をしましたが)彼らがユダヤ人を歓迎していなかったからか、——より正確に言いますと——ユダヤ人が多少なりとも公的な職務に就くのは時期尚早であると思われたからです。その職務のなかには、私自身が一度行ってみたい事柄も含まれていました」[100]。

バウアーは会話を求め、挙手し、自ら申し出た。彼は、「個人的な不安定状況に終止符を打とう」[101]と思い、「司法関係または省庁、つまり司法省または経済省において、何らかの地位を得ることを考えていました」[102]。しかし、敗戦を経験したドイツ人が、新たにユダヤ人政治家を考慮に入れることには無理があった。バウアーは連合国に相談を申し込んだが、連合国が危険を冒すことを望んでいないことは明らかであった。ドイツ人自身と新体制を獲得するうえで、そのような危険を冒すことは彼らにとって得策ではなかったのである。

それが彼に激しいショックを与えたことは間違いない。フリッツ・バウアーは、妖怪が立ち去る日が来るのを待ち焦がれた愛国者であった。学生時代のユダヤ人の学友に対して、「ドイツ的なものへの信仰告白」を求めた愛国者であった。一九四五年五月九日にストックホルムで行った演説の中で、

『偉大なる全ドイツを思う我ら』を歌い始めたのも彼であった。「ドイツの名の下に行われた戦争犯罪に関して、ドイツに損害を賠償する義務があることを私たちは認めます。……ドイツ民族に対して同情を求める者など、私たちのなかには誰一人としていません。私たちは知っています。ドイツ民族は、数年の、数十年の労働を経て、尊厳と共感を獲得するに違いないことを[103]」。この言葉は、一九四五年に破壊された故郷のハンブルクを徘徊し、ドイツ人に対して復讐を目論んでいた若き頃のラルフ・ジョルダーノのような怒れるドイツ人、つまり「過去という網の目に巻き込まれ、決して忘れることのできない無数の映像に巻き込まれた[104]」ドイツ人に向けられてはいなかった。そうではなかったのだ。バウアーの言う我々とは、そのようなドイツ人ではなかった。それが意味しているのは、「我々ドイツ人[105]」であった。

ドイツによって奇襲攻撃を受けたポーランド、オランダやソ連のような国々は、遥かに大きな瓦礫の山を除去しなければならないであろう。バウアーは、一九四五年九月号の『ドイツ・ニュース』の論説において、その国の読者を激励した。「これらの諸民族の楽観主義は、我々にとって一つの模範になるでしょう[106]」。ドイツが近隣諸国に対して領土を明け渡さなければならないならば、百年前にデンマーク人が同じような状況に遭遇しながら何とか凌いだときの言葉が思い出されるであろう。我々が対外的に失ったものを、我々は対内的に得なければならない。「これと同じ主張が今日のドイツ人にあてはまるにちがいありません。……新生ドイツは、社会正義の帝国にならなければなりません。……労働者と農民、技術者と建築者は、シラーの言葉を真実のものにすることができます。『没落から新しい生命が起こる！』」。

それにもかかわらず、である。そうであるには、あまりにもユダヤ的すぎた。

一九四九年の夏、ケルンのユダヤ人医師のレーヴィッヒ博士が、オッフェンバッハ市立産婦人科病院の院長に選ばれた。しかし、市長からの提案を受けて、そして社会民主党所属の上級市長の支持を得て、すぐに更迭された。それはなぜか。その家族がナチによって殺害され、自らも強制収容所から解放されたユダヤ人医師に医療を任せるなどということを、オッフェンバッハの女性たちはできなかったからである。[107] その医師は必ずや「その人種のルサンチマンを胸に、そして強制収容所の被収容者の復讐心を抱いて」その職務を遂行するであろうと、彼に対して抗議が向けられた。住民がそのように考える危険性は少なくともあった。クルト・シューマッハーは、直ちにオッフェンバッハの社会民主党の同志を非難した。「日和見主義のなかに新しい社会民主主義の人種学説が潜んでいますが、私たちはそれを許してはなりません」[108]。シューマッハーは、一九四九年に重大な危機を目の当たりにした。「行動的な人々は、選挙の際に、『ドイツ民族の政治的不勉強』をあてにして、ユダヤ出自の候補者の魅力を感じさせないようにしたい、つまり有権者をその候補者から遠ざけたいと考えています。そのような行動は間違っている――なぜならば、反セム主義を確信した人は、社会民主主義には絶対に投票しなくなるからです――このことが全く問題にされないなら、このようにすぐに信じてしまう人々の投票の動機がどのようなものかについて、しっかりと明らかにすることができなくなってしまいます[109]」。ユダヤ系のドイツ人と非ユダヤ系のドイツ人との間にある溝は、ヒトラーの時代の終焉とともに克服されるどころか、かつてないほど深くなった。過去の一二年間の出来事があったとはいえ、連邦共和国に生存していた数少ないユダヤ人が復讐を目論んでいるはずがないにもかかわらず、それでも非ユダヤ系国民とは異なる利害関係を持っているという見解が広がっていた。かつてドイツにはヴァルター・ラーテナウのようなユダヤ系の外務大臣がいたし、クルト・マイスナーのようなユダヤ系のバイエルン州首相がいたが、そのような政治家が現われることは当分の間は想像することもできなかった。

ケルンのレーヴィン博士とシュトゥットガルトのフリッツ・バウアーが拒絶され、不信を持たれるという苦い経験をしたが、それはこの二人だけの教訓となったわけではない。一九四九年、第一期ドイツ連邦議会には五〇〇人ほどの議員が集結したが、そのなかに三人のユダヤ系議員が含まれていた――しかも、その一人であるヤコブ・アルトマイヤーは、ユダヤ教区およびイスラエル国との間に立って仲介役として活動する任務を遂行するために、クルト・シューマッハーによって選挙戦に送り込まれた人物である。(110) もう一人のユダヤ系議員は、高い地位に就くことを望んでおり、自らがユダヤ人であることを語るべきでないことを心得ている人物であった。ハンブルクの社会民主党の政治家ペーター・ブラッハシュタインである。彼は、若い頃にユダヤ系の団体で積極的に活動したことがあるにもかかわらず、今では議会便覧に「無宗教」と記し、「政治的に迫害された者」とだけ記載した。(111) そして、三人目の社会民主党議員のルドルフ・カッツは、若いころにユダヤ教区に背を向け、一九四七年にはシュレースヴィッヒ＝ホルシュタイン州の司法大臣になり、さらに一九五一年には連邦憲法裁判所に派遣された人物である――彼は「カールスルーエの司法宮殿にいる天空のプリマドンナのもとで、護民官のように働いた(112)」と、『シュピーゲル』は書いている。「戦闘的に、愛想よく、強靭に」働いたと。現在ではプロテスタントと名乗っている。

フリッツ・バウアーもまた同じように「無宗教」と申告した。亡命中にユダヤ教区やドイツ系ユダヤ人の亡命組と連絡をとったことなど一度もないと、強調しさえした。[113] 彼は、ユダヤ系の『中央協会新聞』のスカンジナヴィア諸国の特派員として活動し、その新聞社と連絡を取り、それをユダヤ教徒としての生活に結びつけたにもかかわらず、それが話題にのぼらないようにした。ベルリン出身のユダヤ人弁護士エーリク・H・ヤコビは、ドイツ軍がデンマークに侵攻する直前に、ユダヤ教の伝統的な儀式のもとで婚約者と式を挙げることを計画していたが、[114] バウアーは亡命時代に彼と親交があったことも隠した。[115] 他のユダヤ人に対しては、冷ややかに距離を置いたのである。

ルドルフ・カッツは、フリッツ・バウアーに対して、シュレースヴィッヒ＝ホルシュタイン州の行政裁判所長官という政治的に控えめな役職に就くことを提案した。しかしバウアーは、「私はそのことについて、あまり詳しくありません[116]」と、ある友人に語った。「なぜならば、私には行政裁判所で勤務した経験がないからです。さらに言えば、多くの人々はその役職に長官として相応しい威厳を結びつけると思いますが、私にはそのような威厳はありません」。

ハノーファーでは、数人の同志が、検事長や刑事部長のような職を司法行政に応募することを彼に提案したこともあった。とはいえ、他方ではバウアーに対して留保条件がつけられたことも明らかであった。バウアーは、彼の同僚とともに連合国に対して好意的な態度をとって、自己を売り込もうとしたことがあった――そのため多くの党右派の人々から即座に怒りをかった。ある人は手紙のなかで、バウアーや彼と同じ政治的指向を持った者に関して、「損害賠償とポツダム宣言」を支持したと口汚く書いた。「彼らは、それによって最悪のナショナリズムのちょうちん持ちになった――全くの別人になった[117]」。今や、「ユダヤ人であろうともせず、ドイツ人であることもなく、そして公然とボルシェヴィキになろうともしない根なし草のドボトクード族（訳注：ブラジルの先住民族。唇や耳に木製の栓をする慣習がある）と……大ゲンカになった[118]」と、ブラウンシュヴァイクのドイツ国旗党の元党員のハンス・ライノフスキーは、元帝国議会議員のクルト・ハイニッヒに宛てた手紙の中で書いた。ハイニッツは、これに答えて、バウアーのことを「ロシアに奉仕するクヴィスリング[119]」、つまり売国的協力者と呼んだ。

バウアーは、敗戦の結果として、ドイツ領土の喪失を受け入れることを支持した。あるドイツ人同志が、彼に対して悪態をついた。「ロシア人に対して、このように永遠にこびへつらうとは」、「実に不愉快である[120]」。

バウアーが職を求めていることに対して、ハノーファーの社会民主党政府からは、最も影響力のあるハノーファー検事長の職はすでに他の人を予定しているということだけが伝えられてきた[121]。バウアーは推測した。「おそらく」、責任者は「私には、それより下位のポストを、それゆえより管理されたポストを提示する[122]」ことを目的としているのであろう。

第六章　七月二〇日の人々の名誉回復——フリッツ・バウアーの功績

亡命者とナチの亡霊の対決——一九五二年のレーマー裁判

一九五一年、春の日の夜、小さな会場に八〇〇人の人々が詰めかけた。[1] さらに四〇〇人が、その外で待っていた。彼らは、党章の付いた赤色の拡声器搭載車に乗っていた。会場の入口には、赤色の腕章、黒色のズボンと長靴のいでたちの社会主義帝国党（SRP）の警備担当者が立ち並んでいた。会場での乱闘に備えた警備担当の部隊は帝国戦線と名乗り、黄緑色のシャツと半ズボンを身に着けた青年団は帝国青年同盟と名乗った。分厚い層をなしたたばこの煙が、会場に詰めかけた大勢の人々をおおった。拡声器からは、バーデンヴァイラー行進曲が流された。それは、アドルフ・ヒトラーがかつて武装親衛隊にそれに合わせて行進させた曲であり、『プロイセンの栄光』から引き継がれたものであった。「ニーダーザクセンは、二〇世紀のプロイセンである」と、三九才のオットー・エルンスト・レーマーは会場で叫んだ。「救世主のローデ生地の衣服を身に着けている」と、拡声器からは大きな声が流れた。彼は、当時の『シュピーゲル』が記録しているように、[2] 緑色のフェルト帽をかぶり、ジャケットの裏地には三〇枚の翼を広げた帝国鷲紋章を付けていた。その後を身振りをしながら、演説家が続いて話した。「将来の全ドイツ帝国の結晶核がここにいる」。観衆は、解放されたときのような歓声をあげた。

「一九三一年から三二年に行われていたナチの集会のような雰囲気であった」と、『ディ・ヴェルト』の記者は感じた。一九五一年五月六日、投票日の日曜日、旧ナチ党員に対する「差別」に反対するために闘う社会主義帝国党の党員オットー・エルンスト・レーマーは、一一パーセントの投票率を獲得した。それによって、社会主義帝国党は四議席を直接的に得て、ニーダーザクセン州議会では一六の議席を獲得することができた。社会主義帝国党は、ニーダーザクセンの三五の地域において絶対的過半数を制した。

社会主義帝国党の連邦党首フリッツ・ドールズは、ガス室の「革命的技術」について妄言を吐いた人物である。彼は、遠く離れたボンで当選を果たした。彼は、第一期ドイツ連邦議会の社会主義帝国党の二人の議員のうちの一人であり、この時期はいわゆる五パーセント条項がなかったため、排除されずにすんだ。ただし、ナチの亡霊の正真正銘の拠点はニーダーザクセン州にあったので、それゆえ諸外国のマスメディアは社会主義帝国党のことを端的にレーマー党と呼んだ。

その党は、コンラート・アデナウアーを不安に陥れた真正な権力因子であった。アデナウアー政権は、連邦憲法裁判所に対して社会主義帝国党の禁止を申請し、それと同時にキリスト教民主同盟は連立を求めた。首相は、ニーダーザクセンでは、何としても社会主義帝国党の議員を仲間に入れようとしたのである――それは打算からの駆け引きあった。連邦憲法裁判所が一九五二年一〇月二三日に同時に社会主義帝国党を禁止し、それによって議員資格をも剥奪したため、その駆け引きも成功することなく終わった。

オットー・エルンスト・レーマーは、おでこが広く、背が高く、古い世代の人々の間では注目を集めた人物であった。彼は、一九四四年七月二〇日に一定の役割を果たした。東プロイセンの仮設兵舎に掘られた塹壕にいたヒトラーに対して爆弾による暗殺が企てられたという情報が広がったとき、レーマーは当時少佐としてベルリンの防衛部隊を指揮すべき立場にあった。レーマーは、中央官庁街を封鎖する任務を命ぜられた。その中心には、ヨーゼフ・ゲッペルスがいた。彼は、ヒトラーの生存を確かめた後、共謀関係がすでに崩壊したことをいち早く確認した。レーマーは、不安に感じて待機しているゲッペルスに良い情報を提供することだけに専念した。「部下のゲッペルスは、最も深い愛情を込めて最高の人物を抱きしめたいと思った」(3)と、この時期にナチの宣伝担当を務め、後に『シュピーゲル』の通信員になったヴィルフレート・フォン・オーフェンは、一九五〇年にブエノスアイレスで刊行した『最後までゲッペルスとともに』のなかで称賛した。虚弱体質のオットー・エルンスト・レーマーは、賛美歌風に称賛し、そのために「のっぽで、やせこけた、真っ黒に日焼けした将校に昇進し、戦闘服の上着の襟には樫の木の葉の型をした騎士十字勲章」が与えられた。ヒトラーは、レーマー少佐を時の人として褒めたたえた。彼は、感謝の意を込めて、レーマーを少将に昇進させ、彼に総統護衛班をまかせた。ゲッペルスの宣伝は、彼を週刊誌のスターにした。七月二〇日の顔は、シュタウフェンベルクではなく、生え抜きで昇進した少佐であった。

「彼は、百人に一人いるかいないかの人物、さらには数千の微塵の中の一粒のような存在でした」(4)と、ある観察者は、一九五二年に彼の経歴をこのように記した。「この一粒が目に見えたのは、一筋の光が刺したからです。ぼやっとしか見えなかった大勢のなかから、一人の少将として際立たせたのは、偶然の事情があったからです。ちょっとした出来事がきっかけとなって、彼は大きな歴史へと足を踏み入れたのです。だから、彼は光の中にい続けたいのです」。

戦後、レーマーは自分の行動を自慢した。彼は、一九四四年七月二〇日（訳註：一九四四年七月二〇日のヒトラー暗殺未遂事件）の共謀者に関して誹謗中傷し、かつての戦友に対して連帯を呼び掛けた。「共謀者のなかには、その意思が非常に強固なものがいました。そのことから考えれば、彼らが外国から資金を受けた国家反逆者であることは火を見るよりも明らかであります」。レーマーは、ニーダーザクセンでの選挙戦を華々しく勝利する前に満員の会場で、このように端的に呼び掛けた。「国家反逆者は、いつの日か、必ずドイツの裁判所で責任を負わなければなりません。それは絶対です(5)」と、レーマーは一九五一年五月三日、ブラウンシュヴァイク射撃協会の会館で断言した。

ブラウンシュヴァイク――すでに一九五〇年以降、ブラウンシュヴァイク州検事長の任に就いていたのは、フリッツ・バウアーであった。彼は、この問題に関わり始めた。

アデナウアー政権の内務大臣ローベルト・レール（キリスト教民主同盟）は、自らもレジスタンス運動に携わった経験がある。彼は、レーマーがレジスタンス運動家を「国家反逆者」と誹謗中傷したことを理由に、彼を検事局に告発した。そのとき、それを阻んだのは、あろうことか検事局の文書係官であった。「確実に勝てる見込みがない(6)」ので、告発を取り下げることをお勧めしますというのである。ニーダーザクセン州司法省は、念のためにレーマーに関する全ての事件を上級機関に報告するよう指示しただけであった。レールの告発が誰にも気づかれないまま、文書のなかに埋もれてしまう寸前に、バウアーは、その内容を聞き知ることができた。そして、バウアーはつかんだ。

彼は、興奮した動きのなかに、法律家の小さな指揮棒を振り向けた。フリッツ・バウアーが、ニーダーザクセン管区から中心地のフランクフルト・アム・マインに昇進した数年後、ブラウンシュヴァイク時代の彼の一人の助手が、ヘッセンにいる同僚に対して、嫌味たっぷりな手紙を書いて送ってきた(7)。さて、バウアー博士を辛抱強くお世話する番が、皆さんのところに回ってきました。バウアーは、法律家を急かす人です。彼は助手に求めました。レーマーは「できるだけ早く」起訴されるべきである。ブラウンシュヴァイクの年配の検察官もまた、後にヘルムート・クラマーという若手の司法修習生との会話のなかで、「フリッツ・バウアーのことを思うと、今でも虫唾が走る思いです」[8]と述べた。

最終的にフリッツ・バウアーは、起訴状を丸ごと口述筆記するよう上級検察官の一人に指示した。この検察官は、エーリク・ギュンター・トプフであり、突撃隊（SA）の元指導者であった。七月二〇日の人々が「国家反逆者」であるというレーマーの主張が、誹謗中傷であるだけでなく、客観的に虚偽でもあるという評価に反対して、それについて自己の反論を「異議」という表題のもとに手書きで文章を添えた[9]。バウアーは、クロークから法服を取り出した。この検事長は、「裁判の基本的意義ゆえに」、自分自身で起訴することにした。

一九五〇年　ブラウンシュヴァイクの検事長

フリッツ・バウアーが一九五二年に立った舞台は、どちらかというと小さく、見落とされがちな職務であった。彼がドイツに戻ってきた直後にレーマー裁判で注目を引き出したことは、それだけに彼が大いなる野心を抱いていたことを物語った。

バウアーは、再びドイツに足を踏み入れることが許されたとき、占領区域の境界線から遠く離れていない場所の管区の裁判所に配属され、投げやりな感じで、責任感を実感できないまま職務に従事していた。彼は、その職を皮肉にも「閑職」[10]と言い換えた。ブラウンシュヴァイクの市街地は、戦争で完全に焼け野原になっていた。いたるところに瓦礫の山があった。がらくたの山は、数年後ようやく取り除かれ、そこに洗い出しの人造石の箱が最初にそびえ立った。ブラウンシュヴァイク陪審裁判法廷である。一九五四年、バウアーはマックス・ホルクハイマーを招待して、そこで人間像の変遷について講演を行うよう依頼した手紙の中で、冗談めいたことを書いた。「あなたは、ブラウンシュヴァイクの美しい街を知ることができ、光栄なことであると書かれました。あなたに送られた中世の街を映したパンフレットを見れば、それは明らかです。私の知るところでは、ハインリッヒ・デル・ローヴェは数年前に亡くなりました[11]」。

「閑職」。フリッツ・バウアーは、生まれたばかりの連邦共和国の各地に配置されている検事長の一人であった。彼らが司法の場で用いているように「長」であった。彼の執務室の机は、ブラウンシュヴァイク上級州裁判所にあった。検事局は連邦制の組織であり、彼はその管区の責任者の一人であった。彼の職務は、管区の全ての裁判所における刑事訴追を監督することであった。彼の下で働く検察官は、独立した立場から自分たちの仕事に専念した。フリッツ・バウアーは、検事長としてそれに介入することもできたが、そうしなければならないわけではなかった。彼は、部下の検察官に対して、ある犯罪については厳しく処罰し、また他の犯罪については寛大に処罰するための基準を事前に与えた。さらに、管区の領域内の最も遠方にいる僻地の裁判所の検察官であっても、場合によっては彼の指示に従うことになっていた。司法の独立性は裁判官に妥当するのであって、それは検察官にはあてはまらない。検察官にあてはまるのは、厳格な官僚制であった。刑罰法規は常に解釈を施す必要があるため、その法規に対してどのような精神を吹き込むことが検察官として望ましいかということについて、彼は検察官に対して指示を出すことができた。また、司法政策上の利害が特に争いになる個別の事案については、直接的に自分で引き受け、検事長事案として自ら担当して解決にあたることができた。そうすることによって、部下に対して模範を示し、また州に対してメッセージを送ることができた。

フリッツ・バウアーの上司は、ニーダーザクセン州司法大臣オットー・クラップであった。彼はニーダーザクセン州首相ヒンリッヒ・ヴィルヘルム・コプフの社会民主党と連立する小政党の中央党の指導者であった。この司法大臣は、バウアーより三年遅れて司法修習を終え、その後弁護士になり、そして親衛隊（SS）の隊員になった人物である。彼は、帰国者であるバウアーに対して、やや変わったもてなしをして、歓迎して司法機関に迎え入れた。バウアーは、一九五一年四月一日、在職二五周年記念の賞状を受けた[12]。一九三三年の春にナチの法律によって解職されて以来、長い年月が過ぎ去ったが、この空白の期間を算定するにあたって、不屈に自己の経歴を継続させた同僚と比べてバウアーに不利にならないようにするために、その期間を含めて計算に入れるよう配慮がなされた。

とはいうものの、そこには大勢いた。一九四九年、ニーダーザクセン州司法省は、司法における人的な配置が本質的に「崩壊前と同じ」姿をしていることを認めた[13]。帰国者であるバウアーも全く幻想を抱いてはいなかった。「想像できるのは」と、バウアーはドイツの上級の裁判所を念頭に置きながら推測して述べた。「これらの裁判官の三分の二から四分の三は、ナチの不法国家においても司法で活躍していたこと、これらの裁判官のほとんどが党員であったか、そうでなくても軍事裁判所の判事であったということです[14]（軍事裁判所判事は、同時にナチ党に所属することはできなかった）」。バウアーは、一四年間、法律職に従事することができなかった。彼は、ブラウンシュヴァイクで検事長になることが許される前に、まずは一年間は刑事部の首席裁判官として専門的な能力があることを証明しなければならなかった。

「さしあたり」[15]と、バウアーはドイツに帰国して二週間後に友人のクルト・シューマッハーに手紙を書いて、「家に帰ったような気分です。予想していた以上にです。周囲には、親切で好意的な人ばかりです。同僚もまたそうです」。彼は「さしあたり」と限定を付けたことの詳細な説明を続けて書かなかった。フリッツ・バウアーは、シューマッハーがブラウンシュヴァイクの職務を仲介してくれたことに感謝した。その前の四年間は、職探しをしたが、すべて上手くはいかなかった。

バウアーは、一年経ってから、全く別の立場から付け足して述べた。「帰国者を拒否する動きは、大規模でした。一目見れば、それは分かりました。帰国者は、人が排除したがっている事柄を記憶していました。帰国した人々は、自分に向けられるかもしれない質問に怯えていました」[16]。

一九四九年五月二三日、基本法が施行されたとき、一瞬だけであったが喜びの瞬間があった。「今日、黒赤金の旗がはためくのを機に」[17]と、バウアーはシューマッハーに宛てて、「私は、かつて私たちが所属していたドイツ国旗党のことを思い出しました」と書いた。しかし、その瞬間を分かち合える人は、今や彼にはほとんどいなかった。バウアーの親戚関係のうちで、ドイツで生活している人はもはやいなかったのだ。本家はスカンジナヴィア半島に残ったままで、多くの伯父、叔母、甥は、アメリカ合衆国におり、何人かはラテンアメリカや南アメリカに移住し、そのうち数人はすでに死亡していた。

友人も同志たちも、似たような状況にあった。バウアーの裁判官時代の同僚で、シュトゥットガルト出身のユダヤ人ローベルト・ブロッホは、一九四二年七月一三日、誰一人として生還することのできないアウシュヴィッツの絶滅収容所へ輸送車両で移送された[18]。フリッツ・バウアーは、かつて自由主義的なユダヤ系の自由科学協会という学生連合に所属していたが、その構成員の多くはすでに死んでいた。亡命した者のうち、そのほとんどはドイツには戻ってこなかった。例えば、あの「真っ黒な山羊のひげをした産婦人科医[19]」のレーオ・ヘルツは、かつて平和主義作家のクルト・ヒラーの酒の飲み方に非常に怒りを覚えた人物であるが、今ではレーオ・ハートとしてロンドンに在住している。他の者は、ニューヨーク、ロサンゼルスやブエノスアイレスに渡った[20]。何人かはパレスチナに向かった。バウアーが彼らのことを聞き知ったのは、元会員のエルンスト・ローゼンタールが丁度ロンドンからネットワークを再構築することを試みたからであった[21]。

フリッツ・バウアーがローゼンタールから手紙を受け取ったとき、学友の多くが歩んだ道が、いかにしてテレジエンシュタット強制収容所で交わったかを知った。「突然……カール＝ヴォルフガング・フィリップ（「ハイフン」が付けられた）が彼の新妻とともにオランダからの輸送列車でやってきて、私たちと合流したときは、大騒ぎでした[22]」と会員のエーリク・ジーモンが報告した。カール＝ヴォルフガング・フィリップは、バウアーと同様に、一九二二年から二三年にかけてハイデルベルクで活動した会員であり[23]、フリッツ・バウアーは彼がそこの初代議長であることを知った。テレジエンシュタットでは定期的に会合が行われていたことを、彼はようやく「かつての自由科学協会の流儀に従って」知ることができた。「その場で私たちは、KCern に対して否定的に……という自由科学協会の立場を堅持しました」。KCern とは、「学生寮に住む協会員の過半数を制していた」、いわゆる学生連合組合に組織された決闘規約を持つユダヤ系学生連合のことである。

そのうえ、テレジエンシュタットでは、法学夜間学習会が開催されていた。「出席率は、常にほぼ百パーセントで、そこでは国際的な比較法学の複雑な問題が議論されていました」。空腹、疾病、そして抑留が原因で、ほとんどの会員が最終的には命を失った。あのとき、自由科学協会の一人の会員が、他の会員の棺のそばで静かに祈りを捧げた。「安らかに眠れ。年老いた、誠実で、あまりにも愚直であった友よ！」。彼らが「ハイフン」を付けた会員は、到着後すぐに絶滅収容所に輸送された。「再び大学の自由科学協会に戻るかどうかについては」と、報告書の執筆者のエーリク・ジーモンは、次のようにまとめた。「今日の時点において、まだ決まっていません。しかし、自由科学協会の思い出は生き続けるでしょう。自由科学協会テレジエンシュタット支部の思い出もまた同様です」。

ドイツの公務に復帰することに成功したのは、ハイデルベルク大学の元会員のうち一人だけであったと、バウアーは耳にした。会員のリヒャルト・ノイマンは、連合国によってベルリンの検事長[24]に任命された。

しかし、ベルリンは遠く離れたところにあった。フリッツ・バウアーが一九五〇年に検事長として仕事を始めたニーダーザクセンの南部は、爆撃で完全に破壊されたブラウンシュヴァイクの郊外にあり、そこはカブ畑と放牧用の干草のある田園地帯であった。そこには一つの世界があった。とくに一九四九年、社会主義帝国党がニーダーザクセンで有権者の支持を獲得しようとして、その演説のなかで描かれた世界、抜群の効果をあげたフレーズの世界があった。「亡命者が、一九四五年になって、アメリカやイギリスの顔色をうかがい、鼻で嗅ぎ分けて、彼らの制服を着さえすれば、反セム主義に打ち勝てるとでも思っているのでしょうか[25]？」。

この田園地帯のなかに、フリッツ・バウアーが「長」として担当した非常に小さな区域があった。連邦共和国のどの検事長も、上級州裁判所の管轄区域のうちの一部を担当したが、バイエルン、ノルトライン＝ヴェストファーレン、ニーダーザクセンのような平野地域の州については、その区域が広範であり、複数の上級州裁判所が分割して担当するため、バウアーはニーダーザクセンを二人の検事長で分担しなければならなかった。バウアーは、ブラウンシュヴァイクでは最も小さく、さらに最も過疎の地域を、しかも最も乏しい予算で担当した。

ナチ犯罪の克服は、バウアーがブラウンシュヴァイクに到着したときには、すでにその地の司法の現場では、一つの重要な課題になっていた。ちょうどディートリッヒ・クラッゲスが裁判所刑事部に起訴されていた[26]。ある冬の日の朝、大勢の報道陣が彼を一目見ようと、陪審法廷のネオン管の下に押し寄せてきた。制服を着た二人の職員に連れられたクラッゲスは、一九三三年から四五年までの間、ブラウンシュヴァイクで州首相を務めていた。二五〇人の証人尋問という贅沢に費用をかけた手続の後に、バウアーの三人の同僚裁判官は、一九五〇年に彼に対して終身刑を言い渡した。バウアーは、後に検事長として、上訴審においてこの明白な有罪判決を守り抜くためのありとあらゆる努力をすることになった。ナチ時代の小役人のなかには、初期段階から裁判にかけられた者もいたが、それはわずかであり、しかも常に偶然にかかっただけであった。つまり、西側諸国が圧力をかけるかどうか（圧力をかけたのは最初だけであった）、一般国民が個別の事件に怒りを覚えているかどうか、そして検事局がその方向で裁判を進めるために政治的意思を激しく燃え上がらせるかどうかにかかっていた。フリッツ・バウアーの前任のブラウンシュヴァイク検事長クルト・シュタッフは、確かにディートリッヒ・

クラッゲスを起訴したが、クラッゲスの部下たちは一九四五年の時点で連合国から訴追の対象とされていたために、シュタッフは彼らを正式に裁判に駆り立てなければならなかった。

静止する者は、解明する者よりも、どちらかといえば立身出世を望むことが許されたようである。それは、一九五八年に連邦通常裁判所というドイツ刑事司法の最高峰が、ある研究において次のことを示す一連の公的な意見を引用したときに示された[27]。引用された意見とは、連邦共和国は法学的にニュルンベルク裁判の有罪判決を一つも承認していない、そしてその当時連邦司法大臣（一九五六年から五七年まで）を務めた連邦議会議員のハンス＝ヨアヒム・フォン・メルカッツ（ドイツ党）はこの有罪判決を承認しないことの意義として「ドイツの尊厳[28]」の問題があると考えていたというものであった。メルカッツは一貫して戦争犯罪と「呼ばれている事柄[29]」について語った。連邦通常裁判所も、連合国の刑事判決に関して、戦争犯罪人と「言われている人々」のことを語っただけであった。突撃隊（ＳＡ）や元ゲシュタポの実行犯がドイツの裁判官の前に連れて行かれねばならない例外的な事案が、その当時わずかにあったが、観察者によれば、それらの事案は、そうこうするうちに、裁判官の前に連れて行かれなくてもよい原則的な事案になったと述べている。その結果、何千人もの人々が権力のある部署へと舞い戻った。警察へ、省庁へと。また、その後新たに設立された連邦国防軍へと。

フリッツ・バウアーは、後に次のように述べた。「官僚」は、「連邦通常裁判所の頂点に君臨する裁判官と検察官を含めて、自らを一連の現象における不動の静止極であると理解しています。そして、ドイツ史における自己の連続的存続が、その地位の安定性とその職の終身性において保障されていると見ています。カントの著名な格言によれば、どの法律家にも、今現在存在する憲法があり、それが高次のものに変更されたとき、先行するものの後に後続するものが最良のものであるような憲法が存在します。ドイツの官僚は、このような哲学によって、変化に順応する役人へと、確信もなければ良心もない法職人とへ貶められたのです。もしドイツの官僚が十分なほど長生きしたならば、彼は控え目な人生の遍歴をたどることができたでしょう。一九一八年までは皇帝と国王に、その後一九三三年までは外形的な共和国に、一九四五年までは悪党の体制に、そしてその崩壊後は人権に方向づけられた民主的で社会的な法治国家に、その都度、宣誓して良心に従って奉仕することができたでしょう[30]」。

「人々をすぐさま驚かせた質問」――レジスタンスを議論する国

一九五二年、フリッツ・バウアーは、ブラウンシュヴァイク裁判所でオットー・エルンスト・レーマーと対決することになった――それは、ユダヤ人帰国者とナチの亡霊の輝ける星との対決であった。ブラウンシュヴァイクのミュンツ通りにある州裁判所[31]の前には、毎朝、法廷が開廷する一時間前になると、すでに大勢の人々が長い行列をつくって並んだ。裁判所は、彼らのために入場券を印刷して配布した。社会主義帝国党は、二五人が傍聴することを事前に通告した。そのなかには、州議会議員一六人全員と連邦および州の党幹部が含まれていた。「オットー・エルンスト・レーマーは、額にしわを寄せて被告人席に座っていた[32]。少し微笑んで、口に手を当てながら弁護人と小声で話をしていた」と、裁判の傍聴者は記している。レーマーは、発言の機会が与えられたときは、常に座っている座席から立ち上がって発言した。そのとき、一方の手をさりげなく上着のポケットに入れ、他方の手で空を小刻みに切るしぐさをした。裁判所の建物の一部は、まだ瓦礫のなかにあり、金槌を打ち下ろす音が廊下中に響いていた[33]。裁判長は、法廷では静粛にするよう求め、拍手喝采などしないよう傍聴席の方に向かって警告した[34]。

法廷に立たされた理由は、七月二〇日の出来事に関してであった。連邦の新聞各紙は、このように差し迫った裁判の意味を理解して、それを報道した。レーマーを起訴したことは、形式的なきっかけに過ぎない。侮辱罪という法的に最も軽微な行為は、規模の大きさで言うと最下位に位置する違法行為でしかないが、それはブラウンシュヴァイク州裁判所の法廷において、文字通りの大規模な対決を展開するための背景事情を形成したと、各紙はそのように報じた。侮辱罪に該当するためには、（名誉毀損罪とは異なり）虚偽の事実を摘示したことが必要である。したがって、裁判所は、レーマーが七月二〇日の暗殺者は反逆罪の実行犯であると発言したのか、さらにそれが実際に真実を言い表しているのか、それとも虚偽であるのかということについても審理しなければならなかった。この点が重要な問題であったため、重大な裁判になったのである。

誕生したばかりの若い共和国は、アデナウアーの意思に基づいて再軍備に踏み切った。そのとき求められたのは、過去の歴史に対して責任を負う必要のない先駆的存在と伝統であった。そこで浮上したのが、七月二〇日の人々の姿をした軍人の良心であった。しかし、ヒトラーに対して行った宣誓に最後まで忠実であった元軍人もまだ数多く生存していた。それは数百万人にのぼった。シュタウフェンベルクという象徴的な人物が明るく描かれるならば、彼と一緒に造反を起こさなかったドイツの一般国民は暗く描かれざるを得なかった。連邦議会の社会民主党は、「確信に基づいて」実行されたレジスタンスの合法性を法律に即して明確にしようとした。これに対して、キリスト教民主同盟は計算によって答えを出そうとした[35]。そのために連立する小政党である自由民主党とドイツ党に対して、議会が勢力を誇る軍人協会を支持するように仕向けさせた。このような状況において、社会主義帝国党のオットー・エルンスト・レーマーを引きずり出した最初の法律家は、フリッツ・バウアーではなかった。裁判所において一九四四年七月二〇日の出来事を主題にした最初の法律家でもなかった[36]。しかし、彼は大がかりな方法でそれを実行し、国中を注目させ、法廷での議論に耳を傾けさせた最初の法律家であった。バウアーは、彼がブラウンシュヴァイクで仕事を始めた当初から、良好な関係を築いてきた報道関係者を招いて、ドイツの各要人に対する大きな呼びかけを組織した[37]——そこには連邦難民大臣、憲法擁護庁長官、宗教関係者および軍人が含まれていた。一週間ほどの裁判によって、実際にも幅広い作用が法廷から発せられるよう集中的に行った。

バウアーがブラウンシュバイク州裁判所で最終弁論を行い、それをメディアが全国に報じた直後、ベルリン上級市長であるエルンスト・ロイターが、ベントラーブロック（連邦国防省ドイツ抵抗運動記念館）にシュタウフェンベルクの記念碑を献納した。シュタウフェンベルクの未亡人は、将校寡婦年金を受けることができなかったが、これによって国の言い掛かりを払いのけ、夫の名誉を回復することができた。テオドール・ホイスは、ベルリン大学の学生を前にして、ドイツ人のレジスタンスを公式に述べた。「ヒトラーがドイツ人に押し付けた」「恥部を……流血によって……拭った」七月二〇日の人々の「勇士」について語った[38]。このようなことで、ベントラーブロックにおいて定期的に記念事業が開催され、それはヒトラー暗殺者であるシュタウフェンベルクの肖像画が初めて記念切手に描かれる一九六〇年代まで続けられた。[39] 分岐点となったのは、やはり一九五二年という年であった。裁判が開始された時点で、アンケート調査に答えたドイツ人のうち、ドイツのレジスタンス活動家の行為を支持したのは三八パーセントにすぎなかったが[40]、一九五二年、ブラウンシュバイク州裁判所の法廷で歴史政策をめぐって荒々しい論争が終わるころには、すでに五八パーセントになっていた。

裁判の傍聴者が記しているように、レーマー裁判に対して人々がいかなる反応を示したかは、法廷ではっきりと実感することができた。「兵士不足のため、前線が大きな打撃を受けていました。それにもかかわらず、七月二〇日の共謀者は、クーデターを実行するために師団を帰国させたのでしょうか。この問題が広く議論されました。一般国民は、この点に注目しました。法廷の警察官でさえ、戦時中の記憶について意見を交わしていました。人々をすぐさま驚かせたのは、『サボタージュ』が行われたのかという質問でした[41]」。それは、法の見地から丁寧に説明されねばならない問題であった。というのも、もしフリッツ・バウアー検事長が裁判において勝利したならば、軍人のなかにまだレジスタンス活動家が残っているのではないか、また「反逆者」であるにもかかわらず処罰されずにいる者がまだいるのではないかと言うことはもはや許されないと、ドイツ市民に警告を発することになるからであった。

それにもかかわらず、バウアーが手にしていた切り札は、法学的には脆弱なものでしかなかった。オットー・エルンスト・レーマーが行ったのは侮辱罪であるという非難は、根拠薄弱であった。それは、ヒトラーの暗殺者は反逆者であるという主張が、様々に理解されうるものであったからである。日常的な言葉のレベルで、また道徳のレベルで理解されたが、厳密な法学的レベルでは決して理解されることはなかった。そのレベルにおいて用意されていたのは、意見表明の自由が座るための座席であった。一九五〇年に連邦議会議員ヴォルフガング・ヘートラー（ドイツ党）は、レーマーと同じように、例えばレジスタンス運動の闘士は「ろくでなし」、「反逆者」であると発言し、それを理由にキールの裁判所に起訴された。[42] そのとき裁判官は、ヘートラーが礼儀感覚を欠いていることをとがめたが、問題にされているのは最終的には議員の政治的意見表明であり、裁判所はレジスタンス活動家がいかなる存在であったのかという点に関して判断を示す必要はないと決定したのである。結論的には無罪であった。なぜならば、民主政における刑法の峻厳な剣は、言論の争いにおいて方向を指し示すために存在するのではないからである。テオドール・ホイスもまた一九五二年に、裁判所には「事実に即して手続を行ってほしい、そのための努力を誠実に尽くしてほしい」[43]、歴史の判断は裁判所の判断ではない、裁判所の管轄でもないと述べた。

フリッツ・バウアーは、ブラウンシュヴァイクで鑑定人として証言するよう歴史家の一人であるハンス・ロートフェルスに求めたが、彼でさえ同じように述べた。ヒトラーの暗殺者は、「反逆罪」の実行を決意したというレーマーの主張は、客観的に見て虚偽であると無条件に言うことはできないというのである。ロートフェルスは、バウアーに対して、「私は、あなたと馴染み深い者として、レジスタンス活動家を思い起こすことが私にとってきわめて重要なことであり、そしてそれに対する偏向した侮辱が誠に遺憾であると表明することが許されるでしょう」[44] と書いた。「ただし、私は素人ゆえに法学的な事柄については判断しかねます。弁護側から事実関係について質問されることが確実に予想されます。そのような質問を受けた場合、実定法の意味においては」――つまり、指針としての行為時に存在した法律の意味においては――「七月二〇日の人々が内乱行為者であったこと、そのうちの若干の人々が……国家反逆者でもあったことについて、いかにすれば反駁できるのか。この反駁の根拠については、見当がつきません」。

レーマーは、レジスタンス活動家には「反逆罪」の責任があるという見解を主張し、さらにニーダーザクセンにおいて公式の確定訴訟記録を引き合いに出したが、そのことによって事態はフリッツ・バウアーにとってさらに困難な様相を呈した。ナチ海事裁判所判事のマンフレート・レーダーは、五六人のレジスタンス活動家に対して「死刑を言い渡した」が、「それが適法であった」ことは「否定しようがない[45]」と、リューネブルクの上級検察官は書いている。なぜならば軍部に反対した者には「重大な責任があるからである。……ドイツの兵士たち」は、「この反逆行為によって、何も知らないまま、無駄に、その血を流したのである」。これは、フリッツ・バウアーによってブランシュヴァイクからリューネブルクに左遷されたあの上級検事エーリク・ギュンター・トプフが最初に述べた言葉である。

存在するのはただ一つ、真理だけであり、ドイツのレジスタンスに対して形式的に受け入れられる見解もまたただ一つである――フリッツ・バウアー検事長は、この立場から起訴したが、一九五二年、ブラウンシュヴァイク裁判所第三刑事部の裁判官は、この見解には従わなかった（レジスタンス活動家は道徳に反する行動に出たのではないという反対意見がドイツでは有力であった。「戦時国家反逆罪」を理由に軍法会議によって処刑された多くの人々の名誉回復に対して、連邦議会の連立政権は反対した。しかし、二〇一〇年になってようやくそれが実現した。ただし、ノルベルト・ガイス議員〔キリスト教社会同盟〕は、その時に次のように説明した。「不正な戦争においても、法規定は妥当しなければなりません。人々が行った反逆を正当なものであったと一般的に支持することはできません」)。ブラウンシュヴァイクの裁判官は、侮辱罪に当たるという議論を先取りすることはしなかった。また、フリッツ・バウアーが主張したように、七月二〇日の人々は不可罰であるとの立場にも最初から立たなかった。七月二〇日の人々が行ったことが反逆罪に当たるのかどうか――裁判官は、その行為が該当する条文の問題だけでなく、根本的に各人に委ねられている道徳的価値の問題についても判断した。その判断とは、オットー・エルンスト・レーマーは、自分の意見を述べたのであり、ただ形式の面において彼はやりすぎただけである、とまとめることができる。彼は、三ヵ月の懲役刑に処せられたが、その理由は名誉毀損罪であって、侮辱罪(その成立には客観的な虚偽を述べたことが必要であった)ではなかった。後に連邦通常裁判所もまた、同様に注意深い判断を示した――逆に考えると、それは意見表明の自由に対して親和的な判断であったともいえるものであった[46]。

一九五二年に国民の多数派の意見が急激に変化したが、そのような変化を促すにあたって重要な役割を果たしたのは、裁判官が判断において侮辱罪の適用を保留したことではなく、一般国民の心理に刻み込まれた裁判の場面であった。それゆえ、三ヵ月の懲役刑という寛大な判断がくだされたことは、バウアーにとって決して敗北を意味するものではなかった。バウアーは、レジスタンス活動家の行為は正当であっただけでなく、法律にも適ったものであったという議論を推し進めるために貴重な代理人の役割をブラウンシュヴァイクで果たしたからである。そのおかげで、公的な議論が動き始めた。それは、第三刑事部の内部における法学的議論以上に大きな動きであった。フリッツ・バウアーは、すでに裁判を行う計画が始められた一九五一年の夏以降から、この議論を公的な論壇において行ってきた。

彼は、軍内部のレジスタンス活動家は軍人として行った宣誓に決して違反していないと述べた。なぜならば、ヒトラーに対する宣誓など、それがどうであれ「非倫理的」なものだという前提から出発することができるからである。「神、法律や法または祖国に対して無条件に従う責任はありますが、そのような責任が人間に対してもあるということはヒトラー以後のことであって、それ以前のドイツ法の歴史では知られていませんし、また倫理的でもありません[47]」と、フリッツ・バウアーは後に再びそれを定式化して、民法に違反した反倫理的な契約が無効であるのと同じように、ヒトラーに対する宣誓もまた効力はなく、誰もそれに拘束されていると感じる必要はないと述べた。その定式は、この国にいる数百万の「忠誠を誓った誠実な人々」が、後になってそれを破っても、その責任を軽くし、そのような人々に助け舟を出すことになった。しかしながら、それは誤解――憤怒の嵐――を招く結果となった。一九五一年一一月の『ノイエ・ツァイトゥング』は、「ドイツは宣誓への疑義を議論する[48]」という見出しを付けた。『南ドイツ新聞』は、そのわずか数日前に、「交わされた多くの言葉を受けて、ドイツの人々が先週末に関心を持ったのは、兵士たちが世間で就ける就職先がどこであるのかということだけであったと考えざるを得ない[49]」と報じた。

フリッツ・バウアーは、「嵐のように吹き荒れる手紙[50]」が執務室に送りつけられたことを知った。そのなかに、最初の殺害予告が書かれている手紙が発見されたが、それ以上の意味はないようであった。亡命時代が終わった後周囲の人々と別れて、対決することの厳しさは、本当の生命がいかなるものかということをひしひしと実感させた。バウアーは、機敏に法廷内を右に左に歩いた。報道関係者は、そんな彼が「活気あふれる検察官」、「弁護人から鋭い指摘を受けながらも、さらにその上を行こうとする検察官[51]」であることを知った。さらにバウアーは執務室で全ての手紙に目を通し、その多くに対して個人的に返事を書いた。送りつけられた手紙のなかには、公用文書の用紙に書かれ、「議員」とだけ署名が記されたものもあった。「宣誓した者は、それを破ってはなりません。さもなければ、偽証者、反逆者、民族に対する犯罪者になります。私は、神を証人として依頼して、最高位の国家君主に宣誓したならば、どのような状況にあろうとも、それを守り抜かなければならないと思います。さもなければ、偽証者、国家反逆者と言われてもしかたありません[52]」。

自分の息子が軍の系列組織に所属していたある父親は、フリッツ・バウアーは兵士の名誉を汚すつもりなのかと手紙に書いていた。それに対してバウアーは答えた。「ヒトラーが、そして兵士たちの宣誓が、若者をどのような紛争へと導いていったのでしょうか。私は、戦争で息子さんを失われた貴兄にそのことを伝えるために、一介の農夫が両親に宛てて書いた手紙を引用することが許されるでしょう。……一九四四年二月三日付けの手紙です。『お父さん、お母さん。私は、お二人に悲しい知らせを伝えねばなりません。私は死刑判決を受けました。私とグスタフ・Gに対する判決です。私たちは、親衛隊（SS）への入隊書に署名しなかったことを理由に、彼らは私たちに死刑を言い渡しました。……私たち二人は、その残虐な行為に加担して、自己の良心を汚すぐらいなら、むしろ死を望みます。親衛隊（SS）が何を実行しなければならない組織であるかを私たちは知っています。お父さん、お母さん。そのようなことを実行することは、私だけでなく、お二人にとっても辛すぎることです。……どうか私をお許しください。そして、私のためにお祈りください。邪悪な良心を持ったまま私が戦死するならば、それはお二人にとって悲しむべきことでしかないでしょう[53]」。

フリッツ・バウアーは、敬具と書き添えた。

別の手紙の主は、次のように訴えた。「検事長殿。私は、どのような判決がレーマー氏に言い渡されるのかは存じませんが、有罪判決だけは言い渡さないでいただきたい。なぜなら、レーマー氏は、兵士として一九四四年七月二〇日、民族と指導部のために自分の義務を全うしたからです。もし有罪判決が言い渡されるなら、その当時兵士として戦ったすべての人の理解を得ることはできないでしょう」[54]。

もちろんバウアーは、レーマーが任務を全うしなかったというようなことを主張するつもりはなかった。レーマーが一九四四年七月二〇日に命令に従ったことが訴えられているのではなかった。命令に従わなかったヒトラーの暗殺者の名誉がレーマーの誹謗中傷から守られることが重要だったからである。バウアーは、ナチ体制に対するレジスタンスの道徳的正しさをドイツ人に納得してもらうために、国民大衆に対して受容できる同一性のある人物を提案することによって、ようやく大衆を包み込むことができた。その人物とは、クラウス・シェンク・グラーフ・フォン・シュタウフェンベルクであった。ドイツ国家党の所属で、貴族の出身であり、長い間ヒトラーに忠誠を誓った人物である。

「級友のシュタウフェンベルク」――歴史を記述した最終弁論

「裁判官殿」[55]。最終弁論が始まった。『ディ・ツァイト』の記者が目を凝らして見ていた[56]。入廷の際、フリッツ・バウアーはレーマー被告が法廷にいることを失念していた。原則に基づく、老練な弁論が、特定の人物を標的にして慎重に行われた。ドイツの人々は、それを法廷の外で、ラジオの前で、新聞販売所で聞いていた。バウアーは、「私たち」という形式で多くを語った。祖国という言葉を用いたのは、五回だけであった。

「その時、少佐であったレーマーは、一九四四年七月二〇日のレジスタンス活動に献身することを拒否しましたが、そのことを理由に彼を裁判にかけることが、検事局の目的ではありません。社会主義帝国党幹部のレーマーが、七月二〇日のレジスタンス活動家を内乱者、国家反逆者呼ばわりして誹謗中傷し、侮辱したということが判断に付されているのです」。

「一九四四年七月二〇日の時点では、まだ多くの事柄があいまいであっても、それは今日でははっきりと見極めることができます。当時は善意からの勘違いであっても、今日の視点からは、それは度し難い無関心であり、悪意であり、私たちの民主政を意識的に骨抜きにする行為であると言わなければなりません」。

「この裁判の目的は、不和の種を撒くことではなく、橋を架け、和解することです。もちろん、実りのない妥協をするつもりはありません。民主的で独立した裁判によって、『七月二〇日の人々が内乱者、国家反逆者であったのか?』という疑問を解明することを通じて、和解をしたいと思います。連邦共和国とニーダーザクセン州は、ブラウンシュヴァイク裁判所の刑事部が、この問題を、独立して、正しく判断すると信じています」。

「七月二〇日のレジスタンスを戦った人々が内乱者、国家反逆者であるのかという問題に対して、すでに一度判断が下されたことがあります。ベルリンの民族裁判所のフライスラーが刑事手続の形式を濫用したために、その問題は肯定されてきました。次の言葉を使ってもよろしいでしょうか。それは、

『神の思し召し』が死刑執行人のフライスラーを打ち負かすまで続いていました」。バウアーは、ヒトラーの最高位の死刑執行人であったローラント・フライスラーがアメリカの空爆によって破壊された裁判所の建物の梁の下敷きになって死亡したことを「神の思し召し」という言葉によってほのめかした。

「今日、このような手続の『再審』が課題になっています。私たちに今日知られている事実に即して、その当時において妥当していた法、そして今日においても妥当する法、また永遠に妥当するであろう法に従って、七月二〇日の勇士の名誉を留保条件を付けることなしに、制限なしに回復することが検事局の任務であります」。

「検事局は、刑法一八六条および一八九条の意味において、被告人が死者の記憶に関して悪い風評を立てたこと、そしてその名誉を毀損したことのかどで、それに有罪を言い渡すことを求めるものです」。

バウアーが行った最初の議論は、人間を軽視する法律に服従しなくても、それはキリスト教の教えに沿うというものであった。バウアーは、「私は問題を単純化したいと思います」と、ブラウンシュヴァイクの裁判所の法廷を埋め尽くしている人々を前にして切り出した。「そして、早速ですが三人の神学者の鑑定意見書を提出したいと思います。彼らは一致して述べています。七月二〇日の人々には国家に反逆する意思ではなく、それを救う意思を有していました。であるがゆえに、彼らを国家反逆罪を理由に非難することはできないと述べています」。しかし問題は、バウアーが行ったようには、さほど簡単に単純化できなかった。彼は、三人の神学者を証人席に座らせるにあたり、彼らをかなりの長い時間をかけて探したに違いない。ハンス・ヨアヒム・イヴァント教授とエルンスト・ヴォルフ教授の二人は、告白教会の最高位の指導者であり、ルッパート・アンガーマイヤー教授はフライブルク・カトリック神学校の所属であった。この三人は、それぞれの教会では少数派であった。ハノーファー・ドイツ福音派教会の指導部は、ナチに造反しなかったことを、後に一九四六年になってから釈明した。ナチ国家は、帝国には神の帝国と世俗の帝国の二つがあるという教えの意味において最高位の位置にあり、それは教会によって尊重されるべきものであった。それは確かに非キリスト教的というより、むしろ反キリスト教的であった。「それにもかかわらず、私たちは世俗的な問題については、ナチ国家に対して罪深い服従の姿勢を示しました。……私たちは……そのような姿勢を取りましたが、それは聖書およびマルティン・ルターの教えと一致すると信じています」[57]。フリッツ・バウアーは、この言葉を意識的に無視した。舞台に立ったのは、このようなメッセージではなく、これとは真逆のメッセージであった。長い時間かけて虫眼鏡を使って探さなければならなかったとしても、舞台に立つべきは、そのような立場に立った神学者の真逆のメッセージであった。

バウアーが行った第二の議論は、不服従こそが愛国主義的であったというものである。一九四四年の時点において、国家反逆罪の構成要件は、実行行為者が「帝国の福祉を危うくする」とか、または「帝国に重大な不利益をもたらす」ことを目的としていることが成立要件であった。しかし、バウアーは次のように述べた。「裁判官殿。あなたは、一連の証人に対して尋問されました。レジスタンス活動家は祖国ドイツに奉仕するという神聖な目的に基づいて行動しなかったと、証人は証言したでしょうか。この法廷には、そのような証人はいなかったと思います。シュタウフェンベルクは、『神聖なるドイツよ、生きよ！』という言葉を叫びながら死んでいきました。七月二〇日に戦争の敗北が決定的になったのです。七月二〇日、ドイツ民族は完全に裏切られました。しかも、その政府によってです。完全に裏切られた民族である以上、それはもはや反逆罪の行為客体にはなりえません。それは、決して可罰的な不能未遂ではありません。戦争は、すでに相当前に敗北していたのです」と、バウアーは述べた。彼は、それを証明するために、ゲッティンゲン大学のパーシー・シュラム教授を証人として喚問した。彼は、一九四三年から一九四五年まで軍部の中枢において、最高幹部の戦争日誌を記録した人物であった。「レジスタンス活動家は、戦争の敗北を知っていたのです」。

バウアーは、「戦争を防止するあらゆる試みは」と、新聞販売所やラジオ視聴施設に集まっていたドイツの一般国民に向けて話しかけた。「戦争を短期のうちに終わらせるあらゆる試みは、ドイツ人の人間的な生活、ドイツ人の住居、さらにはドイツ人の世界的評価を堅持することを意味します」。戦争が早期に終わっていたなら、レジスタンス活動家は、現に妥当していた法に反して蜂起する必要はなかったであろう。ナチ政権は、授権法の制定に必要な帝国議会の三分の二の勢力を可能にしたが、それは憲法違反の方法で共産党議員の議席を無効と宣言したからである。それゆえ、一九三三年の授権法は憲法違反の法律であった。だからこそ、レジスタンス活動家は現に妥当する法に反対したのである。しかし、反対した理由はそれだけではなかった。「ナチ国家は、その内容上も、不法国家でした。そのことは、我が法治国家の法律家にとって目新しいことではありません。一九四五年以降、本裁判所の陪審裁判法廷、ケルン上級裁判所および連邦通常裁判所などのすべての裁判所は、第三帝国が暴力と専制の体制であったと述べています」。

「不幸なことに、ヒトラーは最悪の戦争王の地位の簒奪者《さんだつしゃ》であるだけではないと言わざるを得ません」。

違法な権力掌握者であるだけでなく、「最大の戦争犯罪人、我が国の刑法に設けられている最大級の犯罪人でもあります。私は、連邦通常裁判所民事判例集第三巻一〇七頁以下の判断を示したいと思います。それは、この問題について我が国の最高位の裁判所が最近になって示した判断です。そこでは次のように述べられています。『法律が普遍的に承認された国際法の規則や自然法に矛盾する場合には、または実定法規が正義に対して耐え難い程度に矛盾しているために、その法規が不法な法ゆえに正義に道を譲らなければならない場合には、その法律は限界に達している。実定法を制定する際に平等の原則が否認されている場合には、その法律は法の本質を欠き、およそ法ではないのである』。連邦通常裁判所のこの言葉は、第三帝国の立法全体にあてはまります。第三帝国のような不法国家に対しては、およそ内乱罪や国家反逆罪は行いえないのです」。

「不法国家では、毎日、数万人の殺害が行われていました。そのような国家では、刑法五三条に基づく正当防衛の権限が付与されます。脅迫されたユダヤ人や脅迫された他国の知識人に救済手段を与える権限が付与されます。その限りにおいて、抵抗のために行われたあらゆる行為は、刑法五三条によって正当化されるのです」。

ここで、バウアーは最終弁論の結びにおいて、第三の議論を行った。それは、専制君主に屈しないことは本来的にドイツ的であるというものであった。それはドイツの国民性のなかにある一つの傾向であり、とくにニーダーザクセンにおいて広がり、さらに強まりを見せていると述べた。「本法廷において先ほど弁護人の側から、我々はここでドイツ法を語っているのだという言葉を聞かされました。それゆえ、古いドイツ法、ゲルマン法とは、どのようなものであったのかということを指し示すことが私の責務であると考えます。私は、ザクセンシュピーゲルの誇りある言葉を思い出します。『不法をなすものがあれば、国王であっても抵抗しなければならない。その親族や封建領主であっても、あらゆる方法を用いて国王に逆らわなければならない。そのことをもって、忠誠義務に背いたことにはならない』」。

「七月二〇日の出来事を問題にするならば、そのときにはゲルマン時代の抵抗権を、古いドイツの民主主義を思い起こすべきです。私たちに言い伝えられてきたものの中に、スノッリ・ストゥルルソンの心温まる歴史があります。『オラフ国王よ。我ら農民は、貴殿が和平協定を結ぶことを望む。しかし、貴殿が我らの要求を無視し、和平を結ばないならば、我らは貴殿の命をいただく。これ以上、不和と不法に甘んじるつもりはない。我らの先祖は皆そうしてきた。先祖は、五人の国王をムラシングの井戸のなかに投げ入れた。貴殿が我らに対するのと同様に、その国王たちもまた自惚れが強かったからである』。これは、ドイツの過去のありのままの話です。ドイツの国法における家臣の誓いは、忠誠に基づいていますが、それに服すること、そう、無条件に服することは、ドイツ人には馴染みのないものであると理解されています。ゲルマンの人々は言いました。服従する者は奴隷とみなされる。自由な者が約束するのは忠誠を誓うことだけである。ただし、忠誠を誓うとしても、それが対立物に転化しうることを条件としたうえでの話である」。

「ドイツ法の思考過程は、我が国の神学者が神学の状況に関して述べている事柄と一致しています。抵抗権は、マグナ・カルタを通じて身分制国家へと至るまでの間に発展してきました。マグナ・カルタにおいては、人民の抵抗権は二五名の男爵のところに集約され、彼らに独占されていました。彼らは、身分制国家の、立憲君主の、そして議会制民主主義の先駆者でした。人民と個人の権利は、身分や議会によって守られていたので、抵抗権が行使されることはありませんでした。法治国家において人権が保障されている限り、抵抗権の行使はありえません。反対意見を表明することができ、議会においてそれを立法化する機会がある限りそうです。独立した裁判所が運営され、権力の分立が成立している限り、抵抗権は行使されません。しかし、この条件の一つでも欠ければ、抵抗権は再び目を覚まし、生々しい現実として現れます」。

「ドイツの立憲君主制と民主制は、抵抗権を行使させずにやってきました。この抵抗権をドイツ国民の意識に再びのぼらせたのが、アドルフ・ヒトラーの『わが闘争』であったというのは、運命の皮肉でした。証人のクレッフェルは、ゲルデラーがレジスタンス活動の権利について質問され、それに答えるために書棚に寄りかかり、『わが闘争』から言葉を引き合いに出したときのことを劇的に語りました。『国家の権威は、それ自体が目的であるように存立することはできない。そのようなことがあるならば、専制君主もこの世において批判を受けることなく、神格化されてしまうであろう』」。

「とはいえ、この最後の言葉を語らせることをヒトラーに委ねるのが私の目的ではありません。人民と人間の抵抗権について、シラーは『ウィリアム・テル』のなかで最も美しく述べています。

否。暴君の力にも限界があります。抑圧された人民が、どのような権利も手にすることができなければ、迫害には耐えられなくなります。……そうすれば、かえって勇敢に手を伸ばして、あの権利を奪い取ることができるでしょう。いままで永久不易の星のように高くかかっていた永遠の権利を。……太古の自然の状態が再び返ってきて、裸の人間と人間とが対立し合うのです。……ほかにとるべき手段がない場合、我々には最終手段として剣が与えられているではありませんか。我々には許されています。我々の最高の財を守ることを。それを暴力から守ることを。

このように述べています」。

「裁判官殿」と、フリッツ・バウアーは結んだ。「私は、長い年月を経て今日、貴方を前にして再び金紅石の場面を呼び起こすとき、私個人の思いは、シュトゥットガルトの人文主義ギムナジウムへと戻っていきます」。若かりし頃のフリッツ・バウアーは、その学校の校内演劇で『ウィリアム・テル』を演じた——四才年下のクラウス・シェンク・グラーフ・フォン・シュタウフェンベルクとともに。(58)「私は自分を彼の元級友に数え入れることが許されるでしょう」。まさにバウアーは、シラーのこの誇り高き精神において、なおも今日において自分を級友のシュタウフェンベルクと結びつけたのである——「我が古き良きドイツ法を心に刻んで」。

バウアーは、最終弁論を結んだとき、頼まれもしない様式を自分自身に与えた。シュトゥットガルトの「我ら級友」。それは、等しい者が互いに結びつき、そのなかに幼い頃のフリッツがいるかのようであった。貴族の級友シュタウフェンベルクもその後に独裁者に向けて歓喜の声を挙げなかったかのようであった。何よりも、それはアメリカが一九四五年にバウアーに控えるようにと警告したこととと正反対のことであった。公の場ではユダヤ人として論争しないようにとの警告に反していた。

バウアーは、オットー・エルンスト・レーマーに対して、最終的に求刑を行わなかった。彼の元々の関心にとって、そのような型通りの事柄は、あまり重要ではなかった。裁判所は名誉毀損罪のかどでレーマーに対して三ヵ月の懲役刑を言い渡したが、それがバウアーにとって重要なことを意味したとは思われない。いずれにせよレーマーは国外へ逃亡することによって刑を免れた。決定的に重要であったのは、それとは別の事柄にあった。バウアーがブラウンシュヴァイク州裁判所の小さな舞台に立って呼びかけた大きな論争は、国内において影響を及ぼすことなく終わらなかった。このことが重要であった。

第七章 「謀殺者は我々のそばにいる」

——検察官の心模様

何のために処罰するのか？

彼は、法学的理念の世界においては権威に反対する人であり、贖罪と応報から絶縁する改革とインクルージョンを擁護する人であった。ある実行犯がもはや危険な行為を行わないならば、彼に刑罰を科す必要はない。フリッツ・バウアーは、戦後のある時期の法政策に関する論争において、このように論じた。この発想は、ワイマールの時代にあっては、「甘やかし」であると罵られた。「理性人は理性が失われたがゆえに処罰されるのではない。理性が失われないようにするために処罰されるのである[1]」と、バウアーは一九五七年に公表した論争の書『犯罪と社会』のなかで答えた。彼がこの理念を問題提起した一九五〇年代と一九六〇年代は、若い法治国家の分岐点であった。第二世代の法律家のなかで、分岐した裂け目のなかに、この理念を激しく投げ入れた者は彼をおいて他にはいなかった。

彼は、甲高い声で話すことをはばからなかった。一九四五年以降、確かに司法は「予防」に取り組んできたが、それに伴って「応報」を放棄しようとはしなかった。それゆえ、バウアーは嘲笑する人々を前にして激しく訴えた。バウアーはかつて、連邦共和国の刑法典のいわゆる二元的性格――裁判官は犯罪人を処罰し、危険人物を保護する――は、「スフィンクス」のような「半人半獣[2]」であると書いたことがあるが、戦後数年間は、社会民主党内部の刑法改正作業部会を率い、最後まで急進的に行くところまで行くべきであると、過去のあらゆる応報から完全に決別することを求めた。刑務所において重要なことは、被収容者を改善することだけである。犯罪人が鉄格子の向こう側に行くかどうか、どのくらいの期間行くのかを決定する場合においても、裁判官は予防の観点に基づいてのみ決定すべきである。行為者には再犯の危険性がないがゆえに短期の収容で足りるとか、あるいはその危険性が大きいがゆえに長期の収容を要するといったことは重要ではない。刑事裁判官は、ただ将来のみを見据えるべきであって、それ以外のことをしてはならない。

しかしながら、バウアーが実務においてライフワークとしてきたのは、過去を見つめることであった。

それはいかに両立したのか？　フランクフルト・アウシュヴィッツ裁判のようなナチ裁判に、より深い意義があったというのならば、それはどのようなものなのか？　応報、贖罪ではないならば、それは——より現代的な同義語である——責任の相殺なのか？　当時のナチの実行犯からは、もはや危険は窺われない。順応した者は、古い体制と同様に新しい体制においても控え目に行動した。彼らの生活には多くのことが欠如していたが、規範に対する忠誠だけはあった。一九四五年以降、彼らがドイツ社会に再統合されること（「社会復帰」）についても何の心配もなかった。

連邦共和国は、文字通り、大勢の謀殺犯がいることを知っていた。彼らは、面倒な手続を経ることなく、薬剤師や郵便集配員としての生活に戻った。そして、再び何かの罪を犯すようなことはなかった。これらの人々は法律に従って生活しているといった評価に対して、確かに反論が出されることはあった。「実際には」と、例えば政治学者のヨアヒム・ペレルスが論じたように、「ナチの実行犯は連邦共和国において法忠誠的な市民になったという命題は、……彼らがアウシュヴィッツ裁判において示した態度——それはほとんど一貫していました——によって否定されました。大部分の被告人は、彼らが最も重大な大量犯罪を行い、また個人的にもサディスティックな行為を行ったことが証明されたにもかかわらず、最後の言葉として、無罪であると述べたのです」[3]。しかも、かつてのナチの実行犯が一九四五年以降に罪の意識を示したかというと、示さないこともしばしばあった。そういう最も重要な議論がすでに行われていたのである。法治国家の裁判においては、彼らは有罪であると証明されるまでは無罪であると推定されるが、もちろんそれは彼らの既得権でもあった。彼らがその権利を行使する限り、彼らが現在において、そして将来に渡っても法律に忠誠を誓うことを疑ってはならない。社会復帰とは、自己を外見的に見て法律に忠実な生活へと再編成することであると理解するならば――法治国家はそれ以外のことを求めてはならないのであるが――、一九六〇年代のドイツであれば、人は自分のことを誠実な市民であると認識したに違いない。それ以上のことは必要でなかったからである。それにもかかわらず、フリッツ・バウアーが、これらの人々から犯罪的な過去の情報を求めるための努力をするなら、つまり彼がそのために彼らを控え目な市民としての状態から引き離して、安定的な状態を否定するならば、彼はただ将来のみを見据えるという彼自身が説いた近代的な刑法哲学に矛盾するのではないだろうか？

多くの法律家が、この点に関して彼を非難した。それは必ずしも年配の法律家だけではなかった[4]。それに対しては、バウアーは非常に頑固な態度をとった。しかし彼は、一九六三年八月、強制収容所で片棒を担いだ人物の場合であっても、応報の視点は役に立たないと、報道関係者に述べたことがある。「多くの検察官が、数年来、この身の毛もよだつ課題に取り組んできました。彼らは応報とは無縁でした。なぜならば、復讐や応報によって数百万の人々を蘇らせることはできないからです。このような方法では涙を止めることができないことは、彼らも知っているからです」[5]。応報を本気で望んでいる人など誰一人としていない。というのも、この世にある刑罰のうち、どのような刑罰がアウシュヴィッツの民族謀殺を「相殺」するのかと考えるならば、応報を望むことなどできない。そのことは、すでに一九六二年にあるグループが掲げた挑発的なスローガン――「被害者一人あたり一〇分。被害数を掛けて加害者を刑務所に収容?[6]」――に表されていた。バウアーが問題にしたように、被害者が四〇人以上であれば、加害者を刑務所に行かせることになるのか、それとも行かせることにはならないのかを区別する基準などあるのか、あるとすればそれは何なのか?[7]

バウアーは、このように問題を立ちつつも、自分の言葉で結論を導き出さなかった。多くの人々が、このことに苛立ちを覚えた。バウアーに賛同する若者や支援者[8]、大学で助手として研究するヘルベルト・イェーガーなどは、バウアーの見解によれば、刑罰の目的が犯罪予防である場合にのみ、刑罰は合法的なのであるが、その見解は彼が実践において最も熱心に取り組んでいる事案に直面したときに破綻すると考えた。テオドール・W・アドルノもバウアーの見解には、根本的に修復しえない哲学的矛盾があると語った。アドルノが言うには、フリッツ・バウアーがその著作において文字通り称賛した「理論的に省察された司法[9]」は、それゆえにこの矛盾を「避けて通る」ことは許されない。

ここにおいてバウアーにとって首尾一貫しているのは何かというと、それは予防である――ただし、それは従来までの意味におけるものではない。バウアーは、強制収容所で片棒を担いだ個々の人々が行った犯罪の代償を払わせて、それを繰り返し行わないようにすることを考えていたわけではなかった。そうではなく、ナチの暗黒の過去を法廷に引きずり出して、そこに眩しいライトをあてたならば、そのような裁判から期待しうる最善のものが、将来のための、一般国民のための教訓になるであろうと考えていた。フリッツ・バウアーは、この刑事裁判の目的を情熱を込めて、裁判は「いったい何が起こったのか？　ドイツ民族は何を心に刻まなければならないのか？　そしていかなる行動を起こさなければならないのか？　ということに対して目を開かせることができるし、またできるに違いありません」[10]と、ときに厳しく強調した[11]。そして、民族謀殺の深い谷間に裁判の目を向けることによって、価値ある「歴史的な、法的な、そして道徳的な情報を提供する……ことが」[12]できるようになると、ときに優しく強調した。

フリッツ・バウアーは、このような情報の提供が非常に重要な意味があると考えていた。「皆さんは、条項を設けることができます、条文を記述することができます。最良の基本法規を制定することができます」[13]と、彼は一九六四年に学生の団体に対して述べた。「皆さんが必要としているものは、何でしょうか。それは、このような情況に生命を吹き込める正しい人間です」。バウアーはこのように述べて、ナチの片棒を担いだドイツ人を三つのグループに分類した。第一は義務ゆえに従い服従したグループ、第二は日和見的に歩調を合わせたグループ、そして第三に「非人道的」な世界観を自ら受け容れる気概に燃えた確信的なグループである。バウアーは、この第三のグループが「今日の議論において、忘れられようとしている最大のグループ」であると述べた。「私たちがこのような人々をどのように扱うのか。これが問題なのです。そして、その問題は、フランクフルトにおけるアウシュヴィッツ裁判の二二人の被告人の問題であるだけではありません。それは、五千万人のドイツ人にとっても問題なのです。より正確に言えば」――バウアーは、ドイツ民主共和国のドイツ人のことを念頭に置いて――「七千万人のドイツ人にとっても問題なのです」。具体的な刑事手続において問題になるのは、常に個別的な事案だけであるが、その手続は一つの契機にすぎず、このような情報提供のための話題でしかなく、それを聞いた傍聴者が十分な知識があれば、議論を繰り返し行う必要はあまりないと、バウアーは述べた。従って、彼はこの種の裁判をいくつか行うことで満足できたのである――イスラエルもまた、アドルフ・アイヒマンに対する裁判に神経を集中させ、その後は、それ以上の狩りを行うことはしなかった。「時効を延長する必要はありません」と、バウアーは言い切った。「ただし、私たちがこれまで行ってきたいくつかの裁判から、正しい教訓が導かれたならばの話ですが」。

彼は、多くの人々が非難した矛盾を、以上のようにして解決した。しかも、それによって、権威に反対する人物が他方で非常に厳しい側面を持っていることを明らかにした。つまり、フリッツ・バウアーが認めているように、結局のところアウシュヴィッツ裁判の二二人の被告人は「実は選び出された贖罪の羊でしかなかった[14]」のである。傍聴席に座っている人々に対して一つの教訓を伝えるために、どうしても彼らの何人かを被告人席に座らせる必要があった。というよりも、バウアーが告白したように、彼らには「目的を実現するための手段の役割だけ[15]」を果たしてもらったのである。

「私は、自分がどこに向かおうとしているのかを自覚していました」
――人道的な刑法を夢見て

全ての刑罰を原則として予防目的に従って新たに整序することは、二〇世紀の左翼刑法学者のもとで生み出された革命的思想である。バウアーの司法に対する情熱は、それを燃え上がらせた。かつてワイマールの初期において、それまでにないほど法制度をめぐる活発な議論が起こったことがある——議会においてはもちろんのこと、大学の法学部においてもそうであった。ドイツは、数十年間にわたって人口増加を経験し、小都市であった町が人口数百万の都市になり、新たに生まれた産業労働者がそこに住民として移り住んだ。貧困が深刻化すればするほど、犯罪の規模は重大性を増した。国家は、それに対応するために新しい監獄、刑務所、労役場を数多く増設した。それを「悪徳の温床」、「犯罪者養成学校」(16)などと軽蔑的に呼んだのは、フランツ・フォン・リストという同姓同名の作曲家の甥にあたるベルリン大学の刑法教授であった。リストは、世紀の転換期に声を大にして、注意を喚起した。「犯罪を促進する刑罰」——このように彼の批判は辛辣である——こそが、「応報的正義」の同伴者である伝統的なドイツ刑事司法の、究極的で、そして成熟しきった果実である。

リストは、かつてバウアーの学生連合に所属していた。彼は、若い会員に対して歓迎の式辞（「たゆみなく前進せよ」(17)—それが我々のスローガンでなければならない）を送るときに、そこに名誉会員に対して用意された「F.W.V.E.M.」という称号を好んで署名した。社会民主党の政治家であったグスタフ・ラートブルフ——バウアーの博士論文の指導教授がイラーと親交が深かった(18)——は、リストの弟子であった。バウアーが法学を学び始めたとき、ラートブルフは社会民主党に所属し、帝国司法省を指揮していた。リストが探求した急進的な発想の転換を実践的な政策に反映させるために、ラートブルフはいかに闘ったか。今では、それをほとんど毎日のように新聞で読むことができる。バウアーは学生のときに、それを追求し、それに熱中した。

バウアーは、学生のときにラートブルフの著作を貪るように読んだ。「ハイデルベルクの春の景色に携えて持ち歩くのには、六法全書は大きすぎた」と回想した。しかし、ラートブルフの著作のなかでも光り輝く一九一〇年の『法学入門』を「私は感動を覚えながら、夢中になって読みました。あたかも城を探し求めて、森の中を彷徨い歩くかのようにです」[19]。バウアーは、ラートブルフが最も力を込めて強調した命題に太い下線を引いた（バウアーが一生涯その書物とかかわったことについて、友人のマンフレート・アメントが後に「読書家にとって読み応えがあった」[20]と語った）。「私は、自分がどこに向かおうとしているのかを自覚していました」[21]と、バウアーは述べた。

ラートブルフとリストは、ドイツ法学における権力的な伝統に対して対抗した。哲学者イマヌエル・カント、ゲオルク・ヴィルヘルム・ヘーゲル、彼らに従う多くの保守的な法律家にとって、犯罪との関わりにおいて問題になるのは、責任に対する応報だけであった。それは、意義、目的または社会的効果をめぐる問題から距離を置き、可能な限り純化されうる儀式的・象徴的な行為によって行われるものであった。カントとヘーゲルは、この処罰するという行為を象徴的な法の「再定立」と呼んだ。それは明解で、論理的で、厳密であった。彼らが言うには、犯罪は法の否認であった。犯罪は刑罰によって象徴的に相殺された。ヘーゲルがそれに与えたのは、犯罪は法の「否定」であり、刑罰は「否定の否定」であるというかの有名な定式であった。国の刑務所は、確かに治癒しがたいほど過剰収容状態になりつつあった。また、刑罰制度も常に新しい破綻の物語を記録しつつあった。それにもかかわらず、裁判官は刑事政策のプラグマティックな考慮によって惑わされなかった。世論にも惑わされなかった。人を犯罪行為へと駆り立てたかもしれない、またその人の状態が変化しなければ、再びその人を犯罪行為へと駆り立てるかもしれない社会的または個人的な貧困にも惑わされなかった。刑罰が作用した結果、どのようになるのか？　将来行われるかもしれない犯罪行為が少なくなるのか？　それとも、刑罰が犯罪人をいっそう深い貧困へと追い込むために、犯罪行為が逆に多くなるのか？　責任の相殺という儀式的な行為が行われるにあたって、刑罰が何らかの役割を果たすようなことがあってはならない[22]。なぜならば、この処罰するという行為が最終的に奉仕するのは、より高次の、「形而上」のことがら、すなわちは法それ自体だからである——カントとヘーゲルはこのように考えたのである。

大学に入学した最初の年の一九二一年一一月[23]、フリッツ・バウアーは、数人の学友がイマヌエル・カントを擁護したので、学生連合の会員を前にしてカント批判をぶった。「形而上学の世界に身を投じたカント[24]」に従って、『観念論』として特徴づけられ、実在論を欠如したこと」を誇りにした保守的なドイツ刑事司法に対して、学生バウアーは怒りを燃やした。この点に関して、さらに彼の念頭に浮かんだのは、イギリスの随筆家G・K・チェスタートンの笑い話である。そのなかで裁判官が次のように話した。「私は、あなたに懲役三年を言い渡しますが、実際のところあなたに必要はことは、浜辺で三週間ほど休息をとることであると確信しています[25]」。

国家が市民の間で行われた不法行為に折り合いをつけることに意義があると言われたとき、リストとラートブルフは断固たる反対の立場を表明した[26]。ただし、そのような行為を将来において予防することには意義がある、つまり応報なき予防に意義があることについては、彼らもまた認めていた。刑法に対してフリッツ・バウアーを熱狂させたのは、この思想であった。「フランツ・フォン・リストは、最良の刑事政策は社会政策であるという言葉を刻み込みました[27]」とバウアーは記し、「そして、ラートブルフは、社会政策が犯罪人のためにしてこなかったことを、後になって彼らにしてあげることが刑法の怪しげな任務になっていると批判的に考察しました。それは、刑事手続に費やされる費用が、もしも犯行前に支出されていたならば、どれくらいの件数の犯罪を予防することができたであろうかという、いっそう辛辣な考えでした」。

ラートブルフが、帝国司法大臣として推し進めようとしたのは、犯罪行為の背景には人間がいることを見つめ、そのような方法によって行為者の「改善」または「保安」を可能にする裁判であった。それは処罰の峻厳さを無条件に緩和することを意味しなかったが、社会に対して一層の利益をもたらすことを約束するものであった。犯罪行為者は、落伍者でしかないのか？　それとも情動的に振舞う者なのか？　そうであったとしても、彼が危険であり続ける限り、隔離しておかなければならないのか？　リストは基礎的な犯罪統計を踏まえながら論じた。「犯罪的性癖は……新たな有罪判決が言い渡されることに伴って増大する。まさにこのことが明らかになりました。私は、それにさらに次の命題を付け加えることができます。……一度受けた刑罰の種類と程度が甚だしければ、その分だけ再犯が早まる。私は、それを次のように表現することができます。少年が、そして成人もまた同じように罪を犯したとします。我々が彼をそのままにします。そうすれば、彼はおそらく再び罪を犯すでしょう。ただし、その可能性は我々が彼を処罰したときよりも小さい。私が述べた事柄が正しければ（述べられた数値の幅を縮小しないとする）、それによって今日の我が国の刑事司法が完全に崩壊したこと、全体として破綻したことが、決定的に証明されることになるでしょう」[28]。学問的に言えば、リストによる数値の取り扱いは、確かに今日の視点から見れば支持できない。なぜならば、刑罰の峻厳さと再犯率の高さの相関関係は、より刑罰を科せば、それに比例して再犯が高くなるということを長いあいだ意味していなかったからである。逆に、犯罪行為者の再犯の危険性が特に高いために、裁判官がそのようなものとして認定し、あらかじめ厳しめの刑罰が科された可能性もあるからである。しかし、今日の犯罪学の視点から見るならば、リストが刑事司法の成果を経験的に検討することを呼び掛け、それを議論の中に取り入れたことは、依然として意義があったと言うことができる。

以上のような状況は、ラートブルフの死後、つまりドイツにおける立法の大部分において予防が優先される一九六〇年代に入るまで続いた。この時期に執筆活動を展開し、それに支持を表明する権威ある発言を行った検察官がフリッツ・バウアーであった。彼は、それまでリストとラートブルフという先駆的な思想家に独自の哲学的な論調を付け加えることはなかったが、時おり政治的に確信された先鋭な発想を雄弁に付け加えた。

どのような犯罪行為も自由——邪悪——な意思に基づいて行われるがゆえに、その行為者に対して怒りの報復で対抗する権限が与えられる、というのがカントとヘーゲルの伝統的な見解であったが、著述家フリッツ・バウアーには、このような見解は人間生活のいたるところで否定されていると見た。「偉大な悲劇と作品はすべて、年齢と性、出自と性格に通じています」(29)と、彼は書いた。「作品は、人間が持ち備えている内的情熱を、そして彼らが歩み行く外的世界を描いています。内的なもの、外的なもの、そのすべてが必然的に作用を及ぼし、また必然的に反作用を及ぼします。運命は、悲劇的にも無情であり、不可避であり、そして論理必然的です」。

彼は、ドイツ司法が余りにも軽率に運営されていると思った。ドイツ司法は、社会が個人の犯罪行為に対してどのような関心を抱いているのかを知ろうとしなかった。「人類は、過去数世紀の間、応報の衝動によって突き動かされてきましたが、それに提供されたのは自由意志という着想でした[30]」と、バウアーは書いた。「それは情熱的に取り上げられ、固く堅持されました。応報刑法を正当化し、人類の応報的衝動の攻撃性から生じた邪悪な良心に平静さの装いを与えるのに適した、決定的なイデオロギーでした」。フリッツ・バウアーは、自由意思の着想の全てを処罰欲求と有罪発見欲求の産物として描いたニーチェを引用した[31]。バウアーは挑発した。裁判官は、責任と贖罪を哲学的に考える必要はありません。刑法とは、究極的には治療法であって、「形而上学的な偽善でも、パリサイ的独善（訳註：ユダヤの律法の厳格な解釈）でもありません。道徳に関わる必要もなければ、人間を道徳化することに関わる必要もありません[32]」。「どのような犯罪行為も決定されているので、人間は無情な運命に支配されているわけではありません[33]」と、彼は書いた。「人間は、素質と環境によって、各々の行為へと駆り立てられます。人間はどのような場合においても犯罪へと運命づけられてはいません。というのも、環境は常に変化可能だからです。また環境は、相互に協力し合える人間から成り立っているのです」。

　バウアーが犯罪歴の要因として考えていたのは、どちらかと言えば、社会的不平等、欲求不満、破綻であった。「法律に違反した行為は、問題性の一層の進展を徴表し、その指標となります。海面の表面に出ている氷山の一角にすぎません[34]」。彼は、リヒテンベルクを引用して述べた。「私たちが謀殺犯を車折《くるまざき》きの刑に処しようとしたとき、謀殺犯を不快に感じた子供が拍手喝采したとします。私たちがそのような子どもっぽい過ちを犯さないかどうか。それが問題なのです[35]」。グスタフ・ラートブルは、良心に反することを厭わない法律家だけが、良き法律家たりうるという美辞麗句を残したが[36]、フリッツツ・バウアーは、この言葉の意味を考えた。このように良心に反してでも、とラートブルフが述べたのはなぜか。それは、ドイツの刑事法律家が目の前にいる窃盗犯、詐欺師、あるいは無銭飲食犯が、自由意思に基づいて実行したと考えるのは間違いであると認識していたにもかかわらず、それを仮定したからであった――それは「カントとヘーゲルの合理主義がもたらしたものであり、世の中と人間に疎く、それゆえ人間に敵対する合理主義[37]」の結果であった。

バウアーが記しているように、「サミュエル・バトラー」は、「スウィフトの『ガリバー』の表現様式を用いて書かれた小説『エレホン山脈を越えて』の中で、エレホン国（「Erehwon」――逆に読めば、「Nowhere」どこにもない国）を英米流の皮肉を込めて書きました。その国では、病人はその病気ゆえに有罪にされるそうです。例えば、若者は憔悴しているがゆえに裁判にかけられました。彼は、その数年前に気管支炎を患い、また以前に小児科病棟で闘病生活を送ったことがあったので、再犯であるとさえ認定されました。この行為者の弁護人は、彼が病気がちな両親の間に生まれ、最近でも重大な事故に見舞われたと主張しましたが、高等裁判所はその訴えを棄却しました。なぜならば、被告人がよく主張するこのような抗弁を裁判所が審理すると、本論から外れてしまい、もはや判決を言い渡すことができなくなるからです[38]」。

前進の最先端――一九二八年の若き裁判官

一九二〇年代末のシュトゥットガルト。この日、裁判所に出向いて、ある裁判官の前に出頭しなければならない成年がいた。面長な顔立ちをしていた。

「どうせ、上品な人なんか、ボクに構ってくれない」[39]と、彼は言った。

裁判官のフリッツ・バウアーは、答えた。「あなたは、私を上品な人間だと思っているのですか？」。

「はい、そうです」。

バウアーは、その青年と後でシュトゥットガルトにある最も綺麗な喫茶店に行く約束をした。

またある時、バウアーは、拘置所から未成年者を連れ出した。裁判官は、執務室に座って、フィルターの付いていないバーデン産のロート・ヘンドレかレファルの銘柄のきついたばこを吸った。「レファルを吸う者は、小さな子どもをも喰う」と、当時言われていた。その未成年者は、自分もたばこを吸ってもいいかと尋ねたところ、[40]バウアーはポケットに手を入れ、彼に一箱差し出した。「ただし、控え目に」。拘置所では喫煙が禁止されていたからである。

フリッツ・バウアーは、ある日この話を友人に話したとき、それは誇らしいことだと言われた。それは、一九二〇年代に少年法が制定されたことによって、人間における善なるものに対する信頼が刑事司法に取り入れられたことの誇りを意味した。少年法は、帝国司法大臣グスタフ・ラートブルフが一九二二年に初めて裁判所に提案した新しい発明であった。それ以来、社会民主党の関心事が司法において冷静に取り扱われるようになった。シュトゥットガルト区裁判所では、最も経験の浅い同僚がそれに取り組んだ。それがフリッツ・バウアーであった。彼は燃える情熱をもって、最初は少年担当検事として、[41]その後一九二八年末には薄給の少年担当判事補として取り組んだ。[42]

少年法は、あの革命の最初の成果であるが、もともとグスタフ・ラートブルフが刑事司法全体に対して提起しようとしていたものであった。それは、応報ではなく、予防を目的としていた。一九二二年、ラートブルフは、このような目的を設定することによって成人刑法をも改革しようと努めた（同時に死刑と懲役刑を廃止し、姦通罪を非犯罪化し、倫理刑法を自由化すべきであると主張した）。しかし、この計画は社会の中で潰された。一九二三年、全ての刑務所長宛てに「帝国原則[43]」が出され、刑務所には威嚇だけでなく、社会復帰をも行う義務があると、ラートブルフは試みたが、それもまた実務によって逆に攻撃にさらされた。これまでのところ、上手くいっているのは少年法だけであった。

それによって風穴が開けられた。ラートブルフの近代的理念に熱狂した若きフリッツ・バウアーにとって重要なことは、新しい予防論を指針にした刑法がどのようなものであるのかを、司法の中にいる疑心暗鬼な多数派に示すことであった。彼や予防刑法を主張していた他の人々がいうところの「年齢の枠に関係なく、行為者に対して得させようとしているもの[44]」が、すでに少年法において実現されたと、彼は感慨深く述べた。少年担当裁判官は、怒れる応報人として立ち現れるのではなく、医者のように診断書を作成し、それに基づいて作業時間数、作業課題、作業指示などについて、何が最良の治療法であるかを自由に判断する。少年担当裁判官は、判決の中で、彼が教育上必要と思われる事柄のほとんど全てを示すことができる。その任務は、「若者が抱える問題点を検討したり、論じたりすることであり、それ以上に彼らが行った問題に取り組むようなことはしない[45]」。バウアーは、このように記している。

古参の裁判官の多くは、このような議論は犯罪に対する臆病の表れであり——「軟骨症は現代病である[46]」と、ある退職裁判官が一九二八年にののしった——、それと同時に手製の劣悪な法学でもあると酷評した。刑法ほど明確性、予見可能性、論理的一貫性によって成立している法領域は他にはない。しかし、ここで突如として赤色のラートブルフとともに入り込んできたのが、柔軟性と創造性であった。専門誌において読まれているように、もはや法は、少年担当裁判官にとって無条件に従うべき指針ではなく、むしろ道具箱であった。少年担当裁判官は、自身の智恵と人生経験に従って、そしてラートブルフが主張してきた裁判官の理念像に忠実になって、その道具箱を用いるのである。その裁判官像に基づけば、「法学の上には、人間の認識と人生の認識という重石が置かれなければならない」[47]。その新しい法領域は、思いのままに柔軟であると思われたため、実務に従事することに喜びを感じる若い法律家に、法学の専門的な精密さの香りを楽しませなかった。その後だいぶたって、フリッツ・バウアーが一九四八年に戦後司法において就任すべき職を探し、熟練の裁判所長の地位を得ようとしたとき、彼は少年法という言葉を用いるのを避けた。彼は履歴書を書くときには、「刑事実務」[48]の項目についてあいまいにしか記述しなかったが、それでもその基礎理念を一生涯かけて擁護した。

少年法（少年刑法）は最初、あまり博愛主義の響きがない言葉を用いた――被告の少年は、そこでは「お利口」な少年と「落ちこぼれ」の少年に区別されたからである。[49]そのような言葉が最初に用いられたときも、バウアーは予防的な刑事司法の理念には何も付け加えさせなかった。また、後に一九三三年に少年法が解体され[50]、少年の教育から少年の隔離へと切れ目なく移行するであろうと推測されたときでも、同じであった。かつて一九六〇年代に彼が学生との討論会の場で、この理念の卓越した肯定的事例としてアメリカ合衆国を引き合いに出した。バウアーによれば、「有罪判決から行刑までに[51]」、アメリカの先進的な刑事施設においては「約三、四週間の期間があり、その間に徹底した調査を受けることになります。二五人の男女が病院のように白衣を着て、可能な限り全般的に検査が行われ、犯罪の原因がいったいどこにあるのかが特定されます。そこで問題にされているのは、人間に対する敵対性でした。実際には生来のサディズムのようなものです。それに相応しい治療は、もちろん行刑において行われます」。人間の未来像へと向かう全ての進歩的なものは、とっくの昔に堅持されなくなっていたのである。

予防思想は、両刃の剣である。フランスの哲学者ミシェル・フーコーは、一九七七年のドイツ語で出版された『監獄の誕生』において、社会復帰を目標にした刑務所がいかに権威的になりうるかについて書いた。受刑者は、社会復帰を求める声のもとで、根本的に抑圧されているというのである。肉体的な強制を経験するだけでなく、精神も人格も改造されるのである。

そのような指摘によって、左翼陣営の人々に対して、自己反省と自己批判の時代の始まりが告げられた[52]。ラートブルフの予防的で教育的な人間的親和性に対して一点の曇りもなかった信仰から決別するときがやってきた。フリッツ・バウアーは、その変革を共にすることはできなかった。展開を経験することもできなかった。刑事司法における予防の実現の最も有名な例は、保安拘禁である。それは、一九九〇年代から本格的な時代を迎えた。それによって、国家は受刑者が刑に服した後、その施設がその後も彼または彼女を危険な人物とみなす限り、鉄格子の向こう側につなぎ留めておくことができるようになった――それは一生涯続く可能性もあった。施設側が疑えば疑うほど、鑑定人が不安を抱けば抱くほど、被拘禁者の機会はますます劣悪なものになる。つまり、予防が純化されるのである。そのような行き過ぎがあったため、明確性と予見可能性によって限界づけられた責任刑法を求める要求が、今日では進歩的な左翼の側から提起されるようになった。一九六三年にフリッツ・バウアーがその幹部に就任した人道主義的な団体である市民権組織は、一九九〇年代以降、保安拘禁の実務に対して非常に批判的に取り組んできた。しかしながら、フリッツ・バウアーは、それを身をもって知ることはもはやできない。

一九四五年のニュルンベルク裁判——光り輝く模範であり、威嚇の実例でもある裁判

法廷がいかにすれば国民の教室になることができるかということについて、フリッツ・バウアーは一九四五年に多くを学んだ。それをして見せたのは、連合国であった。ヨーロッパは、一九四五年の秋に墓場と化し、数百万の人々は方々に逃げまどい、狼狽し、うろたえ、ようやく故郷に戻ってきた。乱立する組織や集団の宣伝行動が、四六時中、繰り返し行われた。連合国はこのような混沌とした状況の中で、ニュルンベルクの大法廷に一枚の壁をはめ込んだ。世界中からやってくる報道関係者のために場所を設け、個人の責任だけでなく、歴史的な規模の調査を行うための活動の場を準備したのである。

ニュルンベルク裁判では、二四人の被告人が起訴された。「被告人席は二個所に設けられていましたが、それが満員御礼になるほど、被告人の数は多かったですよ」と、ニュルンベルク継続裁判のアメリカ人検察官の一人ベンジャミン・B・フェレンツが、あれからしばらくしてニュルンベルクを一度訪ねたとき、そのような冗談交じりの口調で話した。三三人でもよかったのかもしれない。さらには

七七人でもかまわなかったのかもしれない。その数字は、必要に迫られた恣意的なものであったのかもしれない[53]。連合国は、ニュルンベルクにおいて、災い転じて福となすことを心得ていた。バウアーは、後にフランクフルトのアウシュヴィッツ裁判でそれを真似るつもりであった。連合国は、ヨーロッパで何が起こったのかについて明白で、分かり易い説明を――詳細な写真を活用して――世界中の人々に行うために、この機会を利用した。

連合国が訴追のために選んだ二四人の人々は、体制のエリートの一角を占めていた。訴追官の目から見れば、彼らはヨーロッパを奈落の底に陥れた勢力の代表であった[54]。その集団は、まさに合重連衡の上に成り立っていた。その中には、ナチだけでなく、ヒトラーの支援者であった古参の国家保守党も含まれていた。長期にわたる内部の議論を経て、米英ソ仏の訴追官は、ナチ体制を財政的に支援した者、また企業経営者もともに[55]、あの象徴的な被告人席に座らせるべきであると決定し、その代表格として銀行家と企業家を座らせた。しかし、企業家のグスタフ・クルップが病気になったため、彼の代わりに他の企業家――すなわち彼の息子のアルフリート――を被告人にすべきかどうかを検討することが、検察官にとって重要な問題となった[56]。検察官がこれを提案したとき、裁判官は形式的な理由からこれを拒否した。しかし、このような検察官の発想は、彼らがいかに使命感に燃えて物事を考えていたかを如実に示した。

ニュルンベルク裁判の二四人の被告人の写真は、小さいものであったが、その全体を見渡すのに十分であった。それを集団の意識と記憶に刻み込むのに十分であった。アメリカの国際法学者のマーク・ドランブルが記したように、「ニュルンベルクの判決が六〇年を経ても、それは私たちの子どもの教育のための確固たる拠り所である」[57]というのは、偶然ではなかった。それは、その後数十年を経過してユーゴスラヴィアが解体し、そこから広範囲に任意に選びだされた一六四人の戦争犯罪人に対してハーグで行われたマンモス裁判とは違うものであった。[58] ニュルンベルク裁判は、争点を一点に集中させることが可能であった。それゆえに、裁判が広範に及んだにもかかわらず、最初から一つのメッセージを正確かつ先鋭に送ることができたのである。

バウアーは、この裁判が開かれるのを切望していた。彼がスウェーデンに亡命していた一九四四年、[59]彼は連合国が戦争終結後にはナチ政権の幹部を裁判にかけることを決定したことを耳にした。その時点で彼は、『戦犯訴訟』(Krigsforbrytarna infor domstol)という基本政策を表題にした書物を執筆した。その著書は、法学的に綿密で、その評価としてはやや保守的であると見られたが、何よりこの種の裁判の正当性について懐疑的になっているヨーロッパの人々に確信を与えた。バウアーは、一九四五年一〇月[60]にそのドイツ語版を出版した。ニュルンベルク裁判の法廷で起訴状が朗読される直前であった。その中で彼は、連合国が何に関心を持っているかについて、広範な国民階層に対して分かり易くするために努力した。勝者の裁きであるという非難——「連合国は自分の事件では裁判官になり、訴訟を争うときには当事者になる」という言葉をよく耳にした[61]——に対して、バウアーは否定して答えた。その主張は、確かに正しい。しかし、決して異例ではない。窃盗犯に対して窃盗犯が有罪判決を言い渡すのではない。所有者が言い渡すのである。このように論じたのである。バウアーは様々な立場に立って国際法上の論点について検討したとき、連合国の法律専門家がもう意識しなくなった論点を白日のもとにさらすことはしなかったが、ドイツとスカンジナヴィア諸国の読者が理解できるように手助けした。それは、「人質を捕え、彼を殺害することが許されるのか？」[62]、あるいは軍隊が駐留場所から撤退するときに、食糧庫を破壊し、炉を手榴弾で爆破したことについて、「大地を焼き尽くす戦術が許されるのか？」[63]という論点であった。

しかし、ニュルンベルク裁判において、ホロコーストは二義的な役割しか果たさなかった。バウアーの著書を読んだ人は、それがいかに唖然とさせるものであったか、いかに狼狽《うろた》えさせるものであったかをすでに理解した。「このような大量殺戮よりも重大な犯罪で、戦争中に行われた犯罪は他にないでしょう。というのも、これこそが人間の生を最もシニカルに軽視した証拠だからです[64]」と、バウアーは書いた。彼は亡命中の一九四二年一月六日付けのソ連の外交文書によって、残虐行為について知ることができた。「キエフのユダヤ人墓地に、多くのユダヤ人があちらこちらから集められました。その中には、様々な年齢の女性と子どもが多く含まれていました。彼らは、墓穴に放り込まれねばなりませんでした。無残に撃ち殺される前に、裸にされ、残忍な方法で殴られました。ユダヤ人の第一のグループは、地面に仰向けに倒されて、撃ち殺されました。ドイツ人の機関銃の一斉射撃による不幸な犠牲者になったのです。その後、ドイツ人はショベルで土を掘って、死体に薄くかけました。死刑判決を言い渡された第二のグループを寝かせ、彼らに向かって機関銃の火を再び放ちました[65]」。フリッツ・バウアーは、モスクワの『デイリー・エクスプレス』の特派員アラリック・ヤコブの報道をきっかけにして、著書のドイツ語版を補充した。特派員は、一九四四年七月二三日に解放されたマイダネク絶滅収容所の周辺のことを書いた[66]。火葬場には、ドイツ人が撤退する前に燃やし尽くす予定の死体がまだ五〇体ほど放置されていたことが明らかであった。「そのうち何体かは、簡単に炉の中に投げ込めるように切断されていました。炉の近くには、流水に熊手が置かれていました。ここでは、死体から金歯が抜き取られていたのです」。

しかしながら、主要戦争犯罪人に対するニュルンベルク裁判では、強制収容所のことは、戦場ほどには問題にされなかった。連合国は、ドイツが侵略戦争を遂行したという点を集中的に非難した。つまり、第二次世界大戦は、第一次世界大戦のように競争関係にある国家間において継続的に遂行された戦争であるというだけでなく、ある国家によって実行され、他の国家の緊急救助によって停止された片面的な戦争でもあったと非難したのである。それが、訴追の核心部分を構成するメッセージであった。

それに対して、東欧のいくつかの国が真っ先に抗議した。アメリカの首席検察官ロバート・ジャクソンは、これらの国に対して、つぎのように説明した。「ナチの直接的な侵略のもとで生きてきた皆さんのいずれの方にも理解しがたいことかもしれませんが、アメリカ政府の側にいる私たちの誰もが関心を向けなければならない多様で公的な心理学があります。それは、ドイツは戦争という手段に訴えましたが、私たちはそれが違法であり、国際的な秩序と平和に対する違法な侵犯であると評価したということです[67]」。

連合国が一般にその種の法廷を設置したことには、重要な理由があった。ジャクソンの最高顧問のテルフォード・テイラーが一九四五年六月の記録の中で定式化したように、「対ドイツ戦を意義あるものにするため[68]」であった。つまり、「私たちが被った人的損失に意味があったことを、そして私たちがひき起こした人的・物的破壊にも意味があったことを宣言するために。……その戦争を連合国の人々にとって意義あるものにするために、願わくは、枢軸国の人々にとっても意義あるものにするために」法廷を設置したのである。アメリカの議論は要するに、アメリカ政府の高官マーレー・バーナイスが記したように、ナチの犯罪が短期間のうちに処罰されるならば[69]、「とにかくドイツはその後の戦争に敗北するであろう」というものであった。「ドイツ民族は、彼らが支援した野蛮人と知り合うこともなければ、野蛮人がとった態度の犯罪的性格に理解を示すこともないであろう。そうすれば、理解を示したことについて世界から断罪されることもないであろう」とも記した。この法廷は、将来の歴史認識が形成される場所となるであろう。この法廷の理念がそのような場所に相応しいものになるであろうと、スターリンもまた確信していたというが、それはイギリスの首相を大いに驚かせた。

しかし、ニュルンベルクで行われたのは歴史論争であった。それをイギリス、アメリカ、ソ連、そしてフランスの各政府[70]は特に必要としていた。イギリスは、イギリスの諸都市に対するドイツの戦争犯罪を議題にするために尽くした[71]。ソ連が確認したのは、ニュルンベルク裁判がヒトラー体制とスターリン体制を軍事・道義の面において対向的に描いたことであった[72]。そこでは、一九三八年八月のポーランド分割に関するヒトラー・スターリンの条約について一言も触れられなかった。アメリカとイギリスの公文書は、少なくともホロコーストが最終的に訴因の一覧表に盛り込まれたことを記載したが[73]、法廷では欄外以上の取り扱いはなされなかった[74]。後にフリッツ・バウアーが批判したように、「強制収容所の問題は発想にはなかった[75]」。

さらにバウアーは第二の批判点を挙げた。彼は、亡命新聞『ドイツ・ニュース』で、裁判の最新状況を「後悔するドイツの反ナチ[76]」と解説した。「ナチ犯罪の有罪判決を言い渡したのは連合国の裁判所であって、ドイツの裁判所ではありません。ドイツの反ナチはこのことを後悔していますが、彼らは連合国の裁判官が公平性と正当性を欠いていると考えているわけでも、またそのことがドイツの『威信』と両立しえないと考えているわけでもありません。国家的な威信問題よりも重要なことがあったのです。ドイツの裁判所は、新生ドイツが再び法治国家になり、無法な過去と縁を切り、そして権力こそが法であるというようなナチの観念を弾劾する姿を世界中の人々に対して明白に、きっぱりと示すための機会を今日持てたとはいえません。彼らが後悔しているのはそれなのです。法治国家とは、国家が法を持っているところの国家ではなく、法と権利が国家によって堅持されるところの国家のことです」。バウアーは、彼がその予防的で未来志向的な刑法構想に対していかに忠実であったかを、この立場からはっきりと示した。過去の清算は、古いドイツが過去を清算されるに相応しいからではなく、新生ドイツがそれを必要としているから行われるべきなのである。

「私たちは疑わない」[77]。一九四六年九月三〇日と一〇月一日に公表されたニュルンベルク裁判の有罪判決について、フリッツ・バウアーはこのように評釈した。「大量殺人という残酷な犯罪、ガス室、ゲシュタポの拷問、ヒトラー主義が行ったすべての残虐行為に対して、無条件に有罪判決を言い渡し、弾劾したのは、ドイツ民族の健全で、礼儀正しい階層であったことを。被告人のフランクとシーラッハの名前とともに」——占領下のポーランド総督ハンス・フランクと帝国青年同盟指導部・ウィーン大管区長官バルドゥーア・フォン・シーラッハ——「ドイツ民族のその階層は、ドイツと世界の歴史における最大の汚点をナチ時代に見出すでしょう」。バウアーが次の言葉を付け加えたとき、少し軽々しいお世辞のように聞こえた。「これによって、ドイツ民族がニュルンベルク裁判の判決および世界の判断と一致していることは確実です」。またバウアーは次のようにも述べた。「ドイツ民族自らが補償するならば、また多少の差はあっても成績のよい生徒のような存在であるだけでなく、自ら戦争の剣を正義の剣に取り替えることを行うならば、もっと良いに違いありません。ドイツが真摯に『告発』しても『自分の巣を汚すことにはならない』でしょう（巣はすでに汚されています。犯罪とつながり続けるならば、それ以上に汚されるでしょう）。それは逆に新しいドイツの社会の信仰を告白することになるでしょう……」[78]。

換言すれば、ここでは一つの課題が待ち受けていた。

「君たちは、否と言うべきであったのだ」――法律違反を求めた検察官

フリッツ・バウアーは、かつてラジオ番組の解説員に対して、ナチの犯罪人に対する刑事裁判は「もちろん考えるべきものです」[79]と話したことがある。「この裁判の最重要課題は、身の毛もよだつ事実関係の資料を提示するだけでなく、過去一〇〇年、私たちがドイツにおいて完全に忘れてきたのは何なのか、私たちを取り巻いている国家の法と道徳に対して対立してきたのは何なのかを、根本的に、もう一度学ぶことです。全ての歴史に一貫して語り継がれてきましたが、一九世紀と二〇世紀になってドイツから文字通り抹消された言葉、私たちがすでにソクラテスのところにおいて見出し、その後はまさに聖書において見出した言葉、汝、人間であるがゆえに神に従うべきであるという言葉をもう一度学ぶことです。それは要するに、あらゆる法のアルファであり、オメガです。その言葉には、次

の意味があります。あらゆる法律、あらゆる命令の上には、永遠に続くもの、破棄されることのないものがあります。この世には人にはなしえないある種の事柄があると、明白に認識されています。かつては十戒において禁止されていた事柄です。今では当然のようにあらゆる宗教と道徳に反する事柄です」。

被告人たちは法律に違反したに違いないと、検察官は彼らに対して請求するが、そのときもちろん一つの問題の前に立っていた。彼は刑法典を引き合いに出したが、それには無理があった。バウアーは、この問題を次のように認識していた。かつて帝国時代およびワイマール時代に制定された刑法は、たしかにナチ時代にも引き続き妥当していたが、一定の集団に対する謀殺は、国家によって命令され、合法化されていたからである。しかし、バウアーは、そのような議論を拒絶した。彼は一九四五年二月に『社会主義トリビューン』に寄稿した論文の中で次のように書いた[80]。民主的な刑事司法は、惑わされてはならない。ナチは法の世界を倒錯させるのに十分なほど権力を持っていた。民主的な刑事裁判は、行為時に妥当していたナチの法律による足枷を外すためには原則を曲げざるを得ない、犯罪は犯罪であると断言しなければならない。バウアーは書いた――必要とあれば、「革命的」遡及法を用いることもやむなし[81]。確かにそれは「(行為時に妥当する）法律なければ刑罰なし」の基本原則に反するが、バウアーはそれによって一定の成果がもたらされると考えた。「新生ドイツは、自ら生き続け、そして尊重されたいのであれば、裁判官が再び殺人集団の加担者になろうとしているのを黙認してはいけません。ここで妥当するのは『ファウスト』のゲーテのあの言葉である」と、バウアーは書いた。「処罰できない裁判官は、最終的には犯罪者の仲間になる[82]」。

一九四六年になって、法学的に洗練された道のりを彼に示したのは、老練な偶像であるグスタフ・ラートブルフであった。ラートブルフは、ある論文の中で次のように書いた。民族謀殺を合法化したナチの法律は、最初から無効である。「正義を求める意思」を一度も認識させず、それどころか全ての法の基礎としての全ての人の平等を否定した法律には、決して拘束力はない。それは、「『不正な法』であるがゆえに正義に道を譲るべきであった[83]」。そのような法律では、刑罰から身を守ることもできなかった。バウアーはこの思想を取り上げて、次のように述べた。「それは、まさに消極的な抵抗の要求を意味します。それはドイツ帝国において、中世において、近世において、そして近代において、全く自明のことでした。何かが命令された場合――それが法律によるものであれ、命令によるものであれ――、それが違法であり、鉄則に矛盾するならば、文字通り全ての人を支配する十戒に矛盾するならば、その命令に対して否と言わなければならないことを、私たちは学んできました。私は、それを以下のように、多少乱暴ですがまとめてみます。ドイツでは、前線の豪勇を祝賀しました。外敵に対して全方向に向かって挑んでいく勇気を祝賀しました。しかし、完全に見落とされていることがあります。市民的勇気――わが民族の内部にいる敵と闘う勇気――が偉大であること、おそらく外敵と闘う勇気より偉大であること、それが求められていることが見落とされています。自分たちの国家において法を獲得する義務が名誉であることも完全に忘れられています。それゆえ、この裁判のアルファとオメガを次のように述べることができます。君たちは、否と言うべきであったのだ[84]」。

第八章　偉大なるアウシュヴィッツ裁判　一九六三～一九六五年——その主要な成果

休廷中のコカ・コーラ

若手作家のホルスト・クリューガー(1)は、自動車のスライディング・ルーフを開けて、降りてきた。車は狭い通りに停められた。クラクションが鳴る音が聞こえた。大都会フランクフルト・アム・マインは、連邦共和国の中心的商業都市である。一九六〇年代以降、急成長し、その後やや速度は落ちたものの、安定した速度で成長を続けている。クリューガーが認めているように、「旧ザクセンハウゼンと小シカゴの混合」である。青空が広がり、銀色に輝く日に、フランクフルト市庁舎でアウシュヴィッツの苦悩が審理された。一九六四年二月二七日、木曜日であった。

市庁舎の建物の周囲には空いている駐車場はもうなかった。クリューガーが遅れてきたのはそのためである。その後、すでに上映が始まった暗い映画館のように、傍聴席の座席の列を横づたいに歩いた。公判中に入るのは気まずかった。

クリューガーが、一時的に閉鎖された安っぽい板張りの市議会の本会議場に立ち入ったとき、同じ背広を着て、同じメガネをかけ、同じ髪型の男たちが並んで座っていた。裁判長が一〇分間の休廷を宣言し、およそ一二〇人の人々が法廷の外に流れるように出てきた。男たちはたばこに火をつけ、塊りを作って一緒に立っていた。クリューガーは、劇場で休憩しているときのことを思い出した。印象深かったことを論じたり、クロークにコートを取りに行ったりした。クロークの受付嬢に小銭を渡し、コカ・コーラを買ったりもした。クリューガーは、休憩時間の終わりに一人の友人にたずねた。被告人はどこにいるのか？　友人は皮肉交じりに、笑いながら答えた。被告人はこの中にいるよ。

被告人のうちの一四人は、ある者はソファーに座ったり、また自由に歩き回ったりしていた。二四人の戦争犯罪人が裁かれたニュルンベルク裁判のときのように兵士に警護されたり、またイェルサレムのアドルフ・アイヒマンのようにガラスの箱に入れられることはなかった。彼らのうち数人は、ロビーの壁際にある大きな革製のソファーセットに座って、コカ・コーラや炭酸入りのレモネードを飲み、たばこを吸っていた。でっぷりと肥え太り、くつろいでいるようにさえ見えた。被告人の一人が何も知らないクリューガーのすぐ横にいた。被告人たちは法廷でも座っていたが、目立つことはなかった。裁判官の前には小さな証人席があったが、それはたいていの場合、裁判の争点について、その都度証人が陳述する場所でしかなかった。残りの被告人は、傍聴席の最前列に地味な感じで座っていた。見た目には控え目であり、何も知らずに傍聴に来た人が、彼らの一人の肩を背後から軽くたたいて、法学の難解な事柄について小声でたずねていた。

確かに事柄は詳細であった。それは偉大な法的対決のために必要であり、一九六三年一一月から一九六五年八月までにフランクフルトで決着を付け、そして工場の流れ作業のような人間殺害システムの全貌を──招待された多くの外国の報道陣の前で──解明する法的対決のために必要であった。被告人らが法廷のどの場所に座っていたのか、あるいは彼らが他の人たちと同じようにコカ・コーラを買い求めて行列に並んでいたことは重要なことではなかった。裁判所の強みは、被告人たちと超然と実務的に関わることであり、それが裁判所の権威に役立ったのであるが、そうすることで発生しうる小さな混乱は決して些細なことではなかった。それどころか、そのような混乱が生じたおかげで、問題の核心に迫ることができたと言うこともできる。被告人たちは、社会生活を営んでいる真最中に捉えられた。そのうちの最重要人物であるローベルト・ムルカは、日焼けした顔に真白な髪をし、申し分のない紺色の背広を着ていた。次回の公判期日までの間、彼の事業が右肩上がりに順調に進んでいるのを確認するために彼はハンブルクに行った。アウシュヴィッツ強制収容所の所長はルドルフ・ヘースであり、ムルカはその副所長であり、収容所の親衛隊序列のナンバー二であった。それがフランクフルトにおける争点であった。アウシュヴィッツ裁判は、知られざる東方のどこか遠くにある場所へとドイツ人を導いたのではない。それはドイツ人の足元にあったのである。一九六〇年代の高度経済成長の真っただ中であった。虫メガネを近づけてみよう。

もう一人の作家ローベルト・ノイマンは、フランクフルトの観客席で午前中を過ごした後、こう記した。「不気味である」[2]。「全員が座席に座っているわけではなかったので、もはや区別はつきませんでした。どの弁護士も被告人のように見えました。……どの被告人も郵便配達員、銀行員など、近所の普通の人のように見えました。薬局員、エンジニア、証人、集合住宅の管理人、本屋、銀行出納係──アウシュヴィッツの実行犯たちは、「ムルカその他の被告人に対する刑事事件」において陪審法廷に立たされたが、これらの職業は彼らが復職した際の実際の職業であった。判決文において述べられたように、オズヴァルト・カドゥークは、「アウシュヴィッツ強制収容所において最も残酷で、かつ最も品性を欠いた親衛隊員の一人」[3]であるが、彼はベルリンで看護師として働き、彼は患者を献身的に看護したので、患者たちは彼のことを「カドゥークのお父さん」と呼んでいた。

この裁判に重圧として圧し掛かったのは、それであった。この裁判は、ドイツ刑事司法史における最大のものであり、二〇ヵ月に渡ってフランクフルトで審理された被告人の数は、当初は二二名、後に二〇名になった。起訴状に列挙された残虐行為の一覧表だけでも七〇〇頁を超えた。延べ二万人がこの裁判を傍聴した。そのうちの多くが若者であった。この裁判によって、アウシュヴィッツはホロコースト全体の代名詞になった。しかも、とくにフランクフルトにおいては、看護師、集合住宅の管理人、銀行出納係などの職業に就いているようなドイツの人々が誰しも過去を背負って生きている現在の状況に注目が集まった。

「イェルサレムの裁判所のガラスケースの中に座っていたのは、アドルフ・アイヒマンだけではありません(4)」と、一九六二年にフリッツ・バウアーはあるエッセーで書いた。アウシュヴィッツ裁判の二二名の被告人もまた同じであった。バウアーが私的な手紙で書いたように、「この人々がこの裁判に強く抵抗したのは、自分の中に正義と倫理に反する行為を行ったことを見出したからではありません。リーシェン・ミュラー女史とその家族が、そして産業界、司法界などの人々が、被告人席にはアウシュヴィッツ裁判の二二名の被告人とともに、二千二百万人の人々が座っていることを知っていたからです(5)」。

公判中に一度、窓が外れたとき、外からフランクフルトの路面電車の騒音、電車のドアを開閉する音、車輪がガラガラ鳴る音が聞こえてきた。新聞記者のホルスト・クリューガーが記したように、「午後のひととき。プラウンハイムからリーダーヴァルトに向かっている人々は様々なことを考えていることでしょう。しかし、アウシュヴィッツのことだけは頭の中にないでしょう」。「買物用の布袋を提げた女性、黒い書類カバンを小脇に抱えた男性が歩いています。路面電車のブレーキの軋む音、チンチンと出発を知らせる音が聞こえます。その音が、毒ガスが少なくなったため生きたまま炎の中にくべられた子どもについて話す人の大声と混ざり合って奇妙な音になりました」[6]。

世界が未経験な出来事を演ずる舞台――バウアーの業績

そもそも、なぜフランクフルトなのか？　偶然であると、フリッツ・バウアーは述べた。そして、そのように述べることによって、政治の多くが取り上げるような本質的には美しくない真実をあっさりと引き受けた。

親衛隊（ＳＳ）が戦争の終結時にブレスラウの親衛隊裁判所および警察裁判所に火を放ったとき、その窓から炎が立ち上り、書類が通りに舞い落ちた。その一部は灰になり、また一部は粉々になった[7]。通りに落ちた書類のうち、まだ燃えていない書類があった。長い間、親衛隊によって苦しめられた男性の名はエミリ・ヴルカン。彼は、『ランクフルター・ルントシャウ』の記者を信頼し、黄色に変色した落し物を彼に示した。便箋の冒頭部分に印刷された住所、氏名は、まだ十分に読むことができた。全く普通の文書であり、文書番号と担当官の電話の直通番号の個所が空白のままであった。文書の冒頭部分には、「アウシュヴィッツ　〇月〇日」と日付が印刷されていた。一九五九年一月一五日、『ルントシャウ』の記者のトーマス・グニールカは、一九五六年の復活祭の日にブラウンシュヴァイクからフランクフルトへ配置転換され、田舎の検事長から大都会の検事長に就任した法律家にその文書を転送した。その法律家こそ、フリッツ・バウアーであった。バウアーは、その文書が議論を呼ぶ文書の原本であり、さらに歓迎すべき機会でもあると認識した。この小さな文書によって、法廷に立たされるアウシュヴィッツという大きなテーマが引き出された。

強制収容所にあった司令部の、一九四二年の署名が記載されていた。それは、「逃亡」した被収容者の殺害に関する文書であり、それは「証明書」であったと、フリッツ・バウアーは書いた。「それが作成されて以降、たとえ一般にはまだ知られていなくても。それは、あらかじめ印刷された公式の用紙でした——全くもって『千年王国』に相応しいものでした。文書の一頁目には、次のことが書かれていました。『看守XYは、逃亡した被収容者（その番号が挙げられていました）を射殺した』。二頁目には、次のように印刷されていました。『本文書は、故殺罪もしくは謀殺罪の手続を開始するために、ブレスラウの親衛隊裁判所および警察裁判所へ送付される』。三頁目には、次のように印刷されていました。『手続きを打ち切る』。法的証明書の外観を取り繕うのに相応しい特別の方法が採用されていたと、私は言及しました。手続きの打ち切りは、すでに決まっていました」[8]。

バウアーは、次のように述べた。「私たちのところに届けられたのは、この文書でした。これによって、私たちは、『逃亡』した人を射殺した大勢の看守の名前を、ここフランクフルトで手に入れたのです。私たちは、それをカールスルーエへ送付したところ」——その地にある連邦通常裁判所は、行為地が外国である場合、刑事訴訟法一三a条[9]に基づいて、管轄権を有する裁判所を自由に決定することが許されていた——、「カールスルーエはそれを返送してきました。フランクフルト検事局は、これでアウシュヴィッツを解明することができるようになりました」。

フリッツ・バウアーの手に入ったものは、他に例を見ないほどの幸運ではなかった。同じような拾得物は、その当時、望めば検察官でも得ることができた。強制収容所の周辺にいた直接的な関係者は、膨大な人数であった。今日知られている情報によれば、七千人を超える親衛隊（SS）がアウシュヴィッツで働いていた。その家族も、離れて暮らしていたのではなく、頻繁に近くの町や村に赴いて、宿泊していた。戦後の時点から振り返ってみれば、そこは東部のどこか遠く離れたところにある薄暗い所と表現されるようになった場所であるが、「第三帝国」の当時は交通のターミナル地点として知られた場所であった。歴史家のノーベルト・フライが強調しているように、「アウシュヴィッツは、オーバーシュレージエンの近くにあった」[10]。まだ生存していた元被収容者も一九五〇年代には、まだ相当数いた。生存者の全員が、それを忘れたがっていたわけではなかった。その多くは、話すことを希望した。人々がしなければならなかったのは、彼らの話に耳を傾けることだけであった。

例えば、シュトゥットガルト検事局は、一九五八年三月一日、一人のアウシュヴィッツの実行犯を示す手がかりを手に入れた。それは、ヴィルヘルム・ボーガーであった。彼は、かつてシュトゥットガルト＝ツッフェンハウゼンの自動車会社で働いていた。一九三三年の春、ヴュルテンベルク政治警察に配属された直後に、シュトゥットガルト区裁判所判事のフリッツ・バウアーを職務から引き離して、身柄を拘束したのがボーガーであった。ボーガーは、アウシュヴィッツでは収容所のゲシュタポに配属され、尋問によって被収容者の逃走を阻止し、被収容者の暴動を鎮圧する任務に就いた。尋問は、絶滅収容所では日常的な残虐行為によって行われた。ボーガーは、悪魔的な着想から拷問の方法を考案し、それを実行することで悪名高かった。被収容者は、彼が考案した最も有名な拷問方法をボーガー・ブランコと呼んだ。それは、無抵抗な被収容者の性器を繰り返し殴り続けるために、数珠つなぎで吊るし上げる棒のことであった。アウシュヴィッツの元被収容者のアドルフ・レークナーは、一九五八年にシュトゥットガルト検事局に手紙を書いて、ボーガーの居場所を伝えた[11]。しかし、捜査が勢いよく進められることはなかった。数ヵ月以上にわたって、捜査官と他のアウシュヴィッツの生存者との間で冷ややかな手紙のやり取りが続けられた。その生存者は、国際アウシュヴィッツ委員会事務局長のヘルマン・ランクバインであった。彼の目撃情報は、果たして役に立ったのだろうか？ランクバインは、様々な条件を付ける厄介な相手であった。同時に捜査官の側でも、あまり努力はなされなかった。彼らが元タイプライター係のアドルフ・レークナーを探し当てたのは、その半年後、すなわち一九五八年八月一九日になってからであった。

その間においても、全体的に見てバーデン＝ヴュルテンベルク司法省の反発がいかに強いのかが、小都市のウルムにおいても確認することができた。そこでは、秘密情報機関に所属していた一〇人の男性がいわゆる特別行動隊の構成員として一三万人の男女、子ども――それはリトアニアのユダヤ人の半数以上である――を殺害し、大規模な墓地に埋めた事件に関与したとして起訴されていた。一〇人の被告人は、リトアニアでの民族謀殺のほんの一部について起訴されただけであった。彼らは、五千五百人の被害者を殴りながら犯行現場に追い込み、自分が入る墓穴を掘ることを強制し、彼らを一〇のグループに分けて射殺した。そのとき、時おり次のように呼び掛けたという。「早くしろ。早くしろ。そうすれば仕事が早く終わるから」。犯行現場は「屠殺場のようであった[12]」と、ある目撃者はウルムで証言した[13]。しかし、その行為は起訴されなかった。ウルムの検察官は、すでに捜査の手続きを打ち切ることを考えていたからである。管轄権を有するシュトゥットガルトの検事長のエーリク・ネルマンは、事態の推移を知り、現地の検察官が事件に取り組む「熱意を欠いていた」ので、介入して、彼を解任した。ネルマンは、その事件を引き継ぐために、わざわざ助手のエルヴィン・シューレをウルムに派遣した。元逃亡者で、『南ドイツ新聞』の通信員が書いたように、この裁判は一九五八年においても非常に重要であったが、依然として「不幸な司法がもたらした不幸な産物[14]」であった。最終的には七人の被告人に対して三年から五年の刑が言い渡され、三人の被告人に一〇年から一五年の刑が言い渡された。

それでも、シュトゥットガルトにおいて、アウシュヴィッツ事件の捜査が完全に途絶えてしまうのを防ぐことができたのは、この裁判のおかげであった。ウルムに派遣された検察官のエルヴィン・シューレは、その後、ルードヴィッヒスブルクのナチ犯罪解明中央本部[15]の設立を依頼された――州の検察官全員の職務を援助する任務に就くよう依頼されたのである。ウルムで審理された殺人事件が一般国民を震撼させたことが、ナチ犯罪を制度的に解明するためには自由に使える予算が必要であることを、共和国の一一人の州司法大臣に強く認識させた。ただし、ルードヴィッヒスブルクの中央本部では、その職務権限を越えて、「逸脱」することがないよう、最大でも一一人の検察官しか配属されなかった。同時に中央本部は、ナチ犯罪を全体として捉えるだけでなく、捕虜や国外追放者に対する犯罪のすべてを取り扱った。「ここでは、二つの異なる事柄が結び付けられています[16]」と、フリッツ・バウアーは一九五八年に批判した。すなわち、「一つはナチの不法国家の行為であり、もう一つはそれから発生する効果です。この二つの関係によって、ある印象が呼び起こされます。それは、債権と債務を相殺する国内的および国際的な不法行為の貸借対照表の提示が求められているということです」。一九五八年一二月以降、シュトゥットガルトのアウシュヴィッツ捜査官は、ルードヴィッヒスブルクの新たな担当者の援助を受けたが、力を結集させて取り組んでも、小さな名簿しか得られなかった。それは、ヴィルヘルム・ボーガーと並んで、アウシュヴィッツで任務に就いた一八人の名簿であった。得られたのは、このような貧しい成果だけであった。

このような状況のもとで、フランクフルトではより大きな動きが見られた。フリッツ・バウアーは、ブレスラウの親衛隊裁判所の焼却文書を手掛かりにして、連邦通常裁判所からアウシュヴィッツという課題を引き受ける許可を受けた後、フランクフルト州裁判所から二人の若手の法律家を呼び寄せた。ヨアヒム・キューグラーとゲオルク・フリードリッヒ・フォーゲルである。二人とも三三才になったばかりの若い法律家であった。それ以降、彼らはもっぱらアウシュヴィッツに取り組むことになった。他の任務は免除された。フリッツ・バウアー検事長は、アウシュヴィッツという課題に最優先順位を与えたのである。フランクフルトの前任者は、証拠の保全状態が悪かったというだけでなく、「裁判所が、周知のように崩壊前の時代の政治犯罪の手続を打ち切るのを望んでいたために[17]」、有罪判決を得ることを期待できなかったので、ナチ犯罪の手続を打ち切ることに賛成した。これに対して、バウアーの野心は新しいものであった。彼は、刑事告発や内部告発がなされるまで待つつもりはなかった。

フリッツ・バウアーがブラウンシュヴァイクで検事長として仕事を始めたとき、彼はニーダーザクセンにいる三人の「長」の一人でしかなかった。しかし、フランクフルトでは、彼は連邦共和国の最大規模の刑事訴追機関の頂点にいた。ヘッセン州は領域国家として上級州裁判所を有する唯一の州であり、そこでは州裁判所付属の九つの検事局、一三の刑事施設（当時は検事長は行刑を管轄する権限を有していたが、現在では廃止されている）、そして総勢一九九人の検事と判事補がバウアーの指揮下にあった。

一九六一年に『フランクフルター・アルゲマイネ』が特徴づけたように、それは「補完部隊を伴った、さながら戦時下の大連隊のようであった」[18]。彼は、これらの人的資源をもとにして大いなる野望の準備に取り掛かった。彼がフランクフルトでアウシュヴィッツの捜査のために結集したチームは、確かに小規模であった。キュークラーとフォーゲルのもとには、彼らと同じ階級に属する警部と事務職員が配属されただけであった。後にようやく三人目の検察官としてゲアハルト・ヴィーゼが配置された。このようにして、ドイツ司法上、これまでにない大規模なチームが出来上がった。

バウアーは忙しく、時間に余裕がなかった。彼は、何よりもアウシュヴィッツについて、すでにどのような認識が持たれているのかについて、国内の同僚に対して組織的に調査するよう若手の検察官に指示を出した。これに対して回答を寄せた機関は、わずかしかなかった。しかし、アウシュヴィッツの捜査が行われている都市がシュトゥットガルトとフランクフルトだけではないことを示すには、すでに十分であった。同時に、彼はキュークラーとフォーゲルに対してポーランド国立アウシュヴィッツ博物館を訪問させ、そこで文書を閲覧するよう取り計らった――それは、冷戦期において若干の外交上の手腕を要する慎重な使命であった。

ヨアヒム・キュークラーとゲオルク・フリードリッヒ・フォーゲルは、新聞社、ラジオ局、ユダヤ人組織を通じて、生存者に証人として名乗り出るよう呼びかけた。彼らは、それに応えた人々から恐ろしい出来事に関するおびただしい情報の提供を受けた。その後、二年の歳月が過ぎたが、彼らが証言を聞き取れない日は一日もなかった。裁判開始までに、一五〇〇の証人が存在していることを突き止め、そのうち二五〇人を証人席に呼び寄せることができた。彼らは、進んで協力した。シュレージエン出身の被疑者の実際の居場所を確認するために、キュークラーとフォーゲルは、追放被害団体に対して、格別に丁寧な手紙を書いた。「その結果、私たちは一部の人から非常に親切な返事を受け取ることができました」[19]と、キュークラーは述べた。「その手紙には、該当する男性たちの連邦共和国にある住所が書かれていました」。このような方法によって、すでに半年後にはフランクフルトの捜査機関は、アウシュヴィッツの実行犯の可能性のある五九九人の名簿を揃えることができた。つまり、アウシュヴィッツで任務にあたった親衛隊（SS）の隊員の約一〇人に一人については、人物確認をすることができたのである。

アウシュヴィッツに関わらなければならないすべての捜査関係者は、フランクフルト検事局に結集することになった。それがフリッツ・バウアーの計画であった。シュトゥットガルトで発見されたヴィルヘルム・ボーガーとバーデン＝ヴュルテンベルクで確認された他の一八人のアウシュヴィッツの被疑者もまた、キュークラーとフォーゲルが作成した五九九人の名簿に加えられた。これに対して、フランクフルトの検事局においてナチの捜査を担当していた部局の責任者のハンス・グロースマンは反対であった。[20]彼は、フランクフルトにおいて、このようなマンモス裁判を行いたくはなかった。むしろ反対に、全てシュトゥットガルトで行うべきであると考えた。他人の仕事の後始末などご遠慮願いたいというのが役人の自然な発想であったが、フリッツ・バウアーは譲歩しなかった。アウシュヴィッツ委員会事務局長のヘルマン・ラングバインの側でも、シュトゥットガルトの同僚たちが行動にでないことを非難した。一九五八年以降、ラングバインが公的な場で対立的な姿勢をとったため、シュトゥットガルトの検事局では苛立ちを感じ始めていた。そのようなときに、バウアーがその事件の捜査をフランクフルトで引き受けたので、彼らは、バウアーに対して感謝の意を表して事にあたった。すでに一九五八年一〇月以降、ヴィルヘルム・ボーガーは未決勾留の状態にあった。しかも一九五九年四月末には、[21]三人のアウシュヴィッツの実行犯がシュトゥットガルトの検察官によって逮捕された。彼らの身柄は、その後、フランクフルトのやる気に満ちた同僚のところに移送された。

フランクフルトでは、模範となるべき巨大な裁判が着実に準備されていた。刑事告発によって検事局の机の上に偶然置かれた、個々に切り離された部分的な真実だけではなく、アウシュヴィッツの歴史的真実に対して全体として光があてられた。バウアーはこの計画を、ナチ時代の犯罪に対処するために一般化して推し進めた。裁判にかけられる実行犯の数が僅かであれば、実際の実例として行われる裁判の数も僅かになり、実現される真摯な解明も僅かなものになってしまう。バウアーは、その当時、ある論文のなかで、「恐ろしい事件から一五年、二〇年と月日が流れてしまったために、刑法による包括的な浄化作用は限界にぶち当たった」[22]と書いたが、「しかし、真実を確認し、それを可能な限り全面的に認識する作業には限界はなかった。それは、どのようなことがあろうとも追求されねばならない。国を挙げてご都合主義的に忘却へと向かおうとする高潮のような動きに対して防波堤を築き、何が法的に善であり、何が悪であるのかを解明し、そして――あら捜しをする酷評家とは無縁な立場から――この国において起こった政治的・人間的な出来事に対して、全ての市民が、過去と将来において責任を負わねばならないことを公的な意識に刻み込まなければならない」。

バウアーは、このような主張をナチの安楽死事件においても行った。彼は、この課題を自ら捜査の日程に乗せて、それを弱冠三三才の検察官ヨハネス・ヴァルロに任せ、ヴァルロに一つの目標を与えた。[23]それは、ナチの安楽死を計画した責任者のなかから最も重要な人物を選び出して、その代表格を被告人席に座らせることであった。それは、より大きな歴史的な関連にも光を当てる裁判になるものであった。『シュピーゲル』は、「ドイツ司法史上、最大規模の裁判」[24]になると予測した。バウアーからこのような任務を与えられたヴァルロは、安楽死の主要な四人の実行犯を裁判にかけることを計画した。この裁判において面倒なことがさほどないのであれば、アウシュヴィッツ裁判に匹敵する二番目に大きな規模の裁判になるかもしれないと予想された。最も重要な人物は、「慈悲深い博士」と呼ばれた医学界の指導者ヴェルナー・ハイデ教授であった。一九四七年、彼は連合国によって身柄を拘束され、ヴュルツブルクで囚人として移送されていた時、休憩中に逃亡に成功したので、連合国から逃れることができた。ヴュルツブルクは、彼が長年仕事をした土地であった。時間をかけて彼を追跡したが、徒労に終わった。しかし、数多くの通報が寄せられた。彼は「フリッツ・ザヴァデ博士」と自ら名乗り、キールで生活していた。州社会裁判所の法律家は、ザヴァデ博士の本当の身元を知っていたか、少なくとも薄々気が付いていたが、彼に対して年間で数千を超える鑑定を依頼した。彼もまたそれを受けた。キール大学の良識のある教授がこのことを公にしようとしたとき、ようやくヴェルナー・ハイデはフランクフルト検事局に自首してきた。[25]一九五九年一一月一二日のことであった。彼は、一九六四年二月、ブーツバッハの拘置所において、暖房器にベルトを巻き付けて首つり自殺した。彼は全容解明のために検察官が積み重ねてきた努力は、それにより全て水の泡となった。

裁判官たちもまた、最初からバウアーの捜査活動を快く思っていなかった。ナチの安楽死を計画した他の三人の指導者は、未決拘留のために重篤な疾患にかかり、裁判官はそれを理由に釈放した。そのため一人はアルゼンチンに逃れ、もう一人は事務所の八階から飛び降りた。三番目の人物は、「児童安楽死」を指揮したハンス・ヘーフェルマン博士であり、彼だけが唯一裁判にかけられた。しかし、六ヵ月後、ギーセン大学附属神経医学病院の院長は、ヘーフェルマンが裁判の継続が不可能なほど神経疾患を罹っているとする診断書を書いた。[26] 失望したヨハネス・ヴァルロが後に言葉数少なげに語ったように、鑑定人は被告人の余命はわずか二年ほどであり、かりに手続を打ち切ったならば、その一〇倍は生き続けることができるであろうと予後についても証明書を書いた。

フリッツ・バウアーは、若手のヴァルロに再び任務に着手するよう背中を押した。病者と障害者に対するシステマティックな謀殺は、戦後には行われなくなったものの、それはいかなる犠牲を払おうとも公にされるべきものであった。ナチ国家においては、施設における謀殺を意識的に無視した検事長や上級裁判所長官のうち、二〇人はまだ生存していた。彼らに対する裁判は行われたものの、シュトゥットガルト検事局は、すでに二度にわたって、すなわち一九六一年三月と一九六二年八月に、法的な理由をつけてそれを打ち切ることを試みた。しかし、バウアーはその事案をフランクフルトに移し、本腰を入れて彼らに対する起訴状を書いた。[27] その間にヴァルロは、全く別の安楽死裁判に着手した。それは、被疑者の数は以前に比べて少なかったが、より高い地位の医師が関与した事案であった。しかし、それは彼らを驚愕させただけに終わった。最終的にフランクフルトの裁判官によって無罪が言い渡されたのである。[28] 法廷には燃え上がるような「熱狂的な拍手喝采」が鳴り響いたと、『フランクフルター・アルゲマイネ』は唖然として書いた。裁判官は、医師たちが混じり気のない良心に基づいて、つまり「違法性の意識」なしに行動したのであると、彼らを免責した。ヴァルロは言葉を失った。

「清算が満足に行われることはありませんでした」[29]と、彼は後に書いた。「裁判をやることに何の意味があるのかといった状況でした」。

フリッツ・バウアーは、他の検事局に持ち込まれたナチの事案、あるいはそこで放置されたままになっている立証が難しい事案をフランクフルトに移すことを全般的に試みた。フランクフルトのヨーゼフ・メンゲレは医師であり、アウシュヴィッツで双生児に対して行った残虐な実験など様々な行為を行ったが、バウアーは彼を裁判にかけるために、ヘッセン州司法省と協定を締結して、二万マルクの費用をかけた。その金額は、アウシュヴィッツ強制収容所の最後の所長であるリヒャルト・ベールに費やした費用の二倍であった[30]——その額は、バウアーが被告人のメンゲレに対して認めた象徴的な価値がそれほどまでに高いものであったことを表している。メンゲレは、後に明らかにされたように、戦後は南米のパラグアイに逃亡した。シュヴァーベン地方のギュンツブルクに残された彼の家族は、その後も連絡をとっていたが、彼がどこにいるのかを話させるために、報酬として二万マルクを渡しても十分ではなかった。メンゲレの家族は、ギュンツブルクで企業を経営していた大規模な雇用者であったので、その地域全体を黙らせるには十分であった。

バウアーは、裁判が可能な限り高い啓蒙的な効果をもたらすことを期待した。ナチの大物であるマルティン・ボールマンの事案に対しても注目が集まった。彼は、戦争の最終段階において「総統の意思」のスポークスマンまたはその最上級の翻訳者になった人物である。この事案もまた若手検察官のヨハネス・ヴァルロに任された。ヒトラーの党官房長官マルティン・ボールマンは、一九四五年以降、失踪した。彼の居場所は、空想めいた作り話として伝えられた。ニュルンベルク裁判で彼が座るはずの被告人席は、空席のままであった。彼は、不在のまま有罪判決を言い渡された。フリッツ・バウアーは、このような判決が言い渡されたことから、この事件に対して関心を強めた。ドイツ司法は、ニュルンベルク裁判に関われなかったが、もしボールマンを探し出し、フランクフルトで訴追したならば、ニュルンベルクに対してある程度は関与することができたといえるかもしれない。しかし、事件の真相は解明されず、それによって歴史の教訓が覆い隠されようとしていた。バウアーは、どのような状況においても、その教訓に関心を向けた。「残念ながら、その事件はドイツでは知られていません」[31]と、バウアーは一九六四年のインタヴューで述べた。「ヒトラーは、戦争の最終段階において、かりに戦争に敗北した場合、ドイツ民族全体を抹殺する命令を出していました。……この命令を受けたのが、ボールマンでした。彼は、その命令を実行するために、国防軍の支援を必要としました。しかし、軍はその命令を履行せず、それを握りつぶしました」。人には誰にも故郷を懐かしく思うという気持ちがあるが、ボールマンに対する命令を聞いた人ならば、その思いを改めざるを得なくなるであろうと、フリッツ・バウアーは考えたようである。彼はその時、ボールマンの歴史的な役割を過大評価していたのかもしれない[32]。しかし、たとえ多くの労をさこうとも、彼を探し出すことによって、どのような目的が解明されるのかということを示して、その捜査を率先して行った。

アウシュヴィッツの捜査は、その最も重要な実例であった。フリッツ・バウアーは、法廷において行われることになっていたナチ訴追政策に関する歴史鑑定をミュンヘン現代史研究所に依頼した。バウアーは、生き生きと、広範な国民大衆に理解されるような表現で鑑定書を書いてくれるように歴史家に求め[33]、また鑑定書は朗読されるだけでなく、最新の技術を駆使して巨大なスクリーンに映し出されることについても述べた[34]。判事補のヴェルナー・フンマーリッヒは、裁判所という場所は「現代史」を取り扱うところではなく、「個人が行為を行うことによって、結果にどのように寄与したのかを具体的に評価する」ことを任務としているのであるから、歴史家の鑑定は裁判所にとって「基本的に……価値はない[35]」と批判したのであるが、バウアーはそのような批判に惑わされることはなかった。

バウアーは、計画されたアウシュヴィッツ裁判には、さらに深い意義があると考えたが、その意義を明らかにする上で、その鑑定書は決して価値のないものではなかった。「検事局は劇場型の裁判を行っているではないかと批判される危険を冒してでも、実際に行われた政治の全体的な事象がどのようなものであったのかということについて、裁判では一つの形象が与えられなければなりません[36]」と、彼はかつてある小さなサークルで述べたことがある。バウアーは個人的に歴史家に質問し、彼らが全体的な形象を描いた。若手検事のヨアヒム・キュークラーが後に述べたように、彼でさえも法廷では「唖然として口をポカンと開けたまま[37]」座っていた。「私が知らないことばかりでした」。例えば、アウシュヴィッツの看守は犯罪を行うことを強いられたという伝説は、鑑定人によって論駁《ろんばく》された。希望を出せば、アウシュヴィッツを去って、それに代えて通常の兵役に従事することができたというのである。

この裁判は、可能な限り多くの傍聴人が注目できるようにされた。そのために、フリッツ・バウアーは、可能な限り大きな舞台を確保するよう努めた[38]。州裁判所は、見本市のフェスティバルホールを借りることを試み、徒労に終わったが、市議会議員たちが譲歩したおかげで、市庁舎の本会議場の利用許可を得ることができた。その三ヵ月後には、裁判の場所は、完成されたばかりのガルス市民会館にあるより大きな劇場に移ることができた。バウアーと同志のヘンリー・オルモントは、同時並行でパウル教会でアウシュヴィッツの遺品の展示会を開催し、数千人のドイツ人が遺品を見つめていることを世に知らしめた。ズールカンプ出版のジークフリート・ウンゼルトは、裁判で審理されている事件から二、三の情報を得て、計画中の脚本を執筆するために、基礎資料として利用してもよいかとバウアーに照会した。彼はすぐさま返事の手紙を書いた。「検事局は、まずもって詩人と思想家に対して恩義を感じています」[39]。脚本家のペーター・ヴァイスの戯曲『追求』は、このようにして成り立ったものであり、一九六五年にはドイツの一二か所の劇場で同時上映された。裁判が始められたとき、裁判長の許可を得て、数分間、映画が上映された。様々な国から一二の映画撮影団体が来て、二二人の被告人にカメラと照明を向けた。世界中から二〇〇人を超えるジャーナリストが傍聴し、記録をとった。

一九六五年八月に出された九二〇頁の判決には、バウアーを失望させることが若干含まれていた。ただし、そのことがこの裁判を重要なものにしたのではなかった。アウシュヴィッツに関する九二〇頁の判決がようやく世に明らかにされ、今や誰もその内容を無視することができなくなった。それゆえに裁判は重要なものになったのである。一九六三年一二月二〇日、幕が開けたときにバウアーが取り組んだのは、まさしくこのことであった。

無神論者がイエス・キリストと議論する(が、モーセとは決して議論しない)理由

フリッツ・バウアーは、アウシュヴィッツ裁判の準備を始めたことで、自らが公の場に姿を現す機会を作った。ジャーナリストは、アウシュヴィッツの罪を裁判にかけようとする男性に関心を向けた。ナチを訴追するフリッツ・バウアーは、ユダヤ人であった。多くのドイツ人は、彼のことを極端に無慈悲な訴追官であり、六〇〇万人のために復讐する人物であると捉えていた。そのバウアーがインタヴューに応じ、エッセーと論文を公表し、一九五八年頃にキリスト教誌『教区の声』の読者に対して、死刑を明示的に拒絶する文章を示した（その当時の多くの連邦国務大臣とは対照的であった）。それは、彼があらゆる復讐思想を忌み嫌っていることを示す、考え得る限りでの最も明白な証拠となる文章であった。バウアーはプロテスタントの神学者フリードリッヒ・シュライエルマッハーを引用して、「国家をキリスト教的なものにする[40]」ことによって、死刑は不必要であり、かつ不相当であるだけでなく、「非倫理的でもある」という意識を呼び覚まさなければならないと述べた。

その際、バウアーは、ユダヤ教がドイツ国内において普及している教義と異なるからといって、復讐原理を是認するものではないことを念のため明確にするために、この機会を利用した。旧約聖書の冒頭には、まさしくカインとアベルの歴史[41]があるが、それは罪と罰の事例ではないと、バウアーは述べた。むしろそこにおいて本質的に重要なことは、しばしば見落とされがちではあるが、神が兄弟を殺害したカインを赦したということであった。バウアーは、さらに赦しを与えるという人間的な能力の例として、ワイマール共和国において謀殺の被害に遭ったヴァルター・ラーテナウの事例を引き合いに出した。ラーテナウが射殺された後、嘆き悲しむ彼の母親が、その手を差し伸べたことが象徴的であった。彼女は、謀殺犯の母親に宛てた手紙の中で赦しを伝えたのである[42]。バウアーが、ラーテナウの家系がユダヤ教徒であることに言及する必要はなかった。彼は、それを周知の事実として前提にすることができたからである。もしそれに言及していたなら、ユダヤ人は復讐心に燃えているというステロタイプの議論に対して有効に反論することができなかったことは明らかである。

際立っているのは、彼が明らかにその政治的な議論を、キリスト教に基づいて提起したことである。彼はイエスを引き合いに出して[43]、改革者のルター、カルヴァン、ツヴィングリの名前を挙げて[44]、彼の哲学的思想を保証する人物として紹介した。彼は、新約聖書の正確な知識を有していることを披露し、ローマの信徒への手紙と福音書から整然と引用を行った[45]。一九五七年に出版された彼の著書『犯罪と社会』において、「西洋的人間性[46]」の価値に訴え、赦しを単なる美徳であるというだけでなく、「キリスト教義の美徳[47]」として称賛した。

一九六一年一一月、すでにアウシュヴィッツ裁判のための予審手続が始まっていた。彼は、ヘッセンとナッサウの信心会の州会議において、報告を行ったことがあった[48]。バウアーは、ナチの行為が形式的に見て合法的であっても、それが犯罪的な性質を有していることに何ら変わりがないのは何故かというテーマで報告した。その報告を行うにあたって、この法律家が論を進めるために援用したのは、プロテスタント神学であった。バウアーは、福音派教会の聖職者の言葉だけを引用して報告を行った。彼の報告は、彼とならんで報告に立った二人の神学者のマルティン・ニーメラーとハンス＝ヴェルナー・バルチュの講演をつなぐ役割を果したが、その口調と姿勢の点において見事なものであった（「国家は親愛なる神ではない」）。そして、報告の最後にさしかかったとき、聴衆の誰かが、キリスト教徒が暴君を殺害した場合、第五の戒律に反しないかどうか、教えてほしいと願い出た。バウアーは、その質問に対して、私は適格性を持ち備えていませんと言って答えなかったが、「私はその点について十分に見解を表明したつもりです[49]」と言って答えた。

左翼の、何かと異論に事欠かない法律家が、一九五七年には、自ら論じている内容をプロテスタント教会大会の最新の決定[50]によって裏付けたり、一九六三年には、この間逝去した法王の回勅を放送局のインタヴューで称賛して取り上げ、法王の命日には当然のごとく自らも居合わせていたと仄めかしたり（「洗足木曜日[51]」）、あるいは同じく一九六三年には「ドイツ福音派教会の評議会の声明に対して、この上ない感謝の意[52]」を表明したので、彼の議論は常に調和のとれた、慎ましい響きをもたらした。しかも、ユダヤ的な響きがほとんどしなかったのは、ここで演説しているのがチュービンゲンのシナゴーグの管理責任者の甥ではなく、チュービンゲンの牧師の甥であったからである。

純粋な宗教的な性質は、背景事情にはなかったが、バウアーは、確かに他者の宗教性に対して尊重の念を欠くことはなかった。一九六五年に親しいマイヤー＝フェルデ夫妻を訪ねたときも、彼は生まれたばかりの娘エスターが眠るゆりかごに覆いかぶさるように身を屈めた。手には太い葉巻たばこを持って、うっとりして、ずっとそこにとどまり、赤ん坊は、彼の親指にしがみついていた。「たばこの灰が落ちてこないか、そのことばかり心配していました」と、若い母親は述べた。夫妻が彼に対して、生まれた子の洗礼の立会人[53]になる意思があるかどうか尋ねたとき、彼は光栄に感じ、すぐにそれを買って出た。カッセルの誰もいない教会で催された儀式を始めるにあたり、福音派の牧師がバウアーの宗教について尋ねたとき、バウアーはただ親しげに、「山上の垂訓に署名できます」と答えて牧師を満足させたが、真剣な表情をして、密かに打ち明けた。すると、バウアーは自分との「形而上の交際は禁止されました。道徳神学は、私に対して多くのことを述べました。……私は信じられませんでした。というのも、形而上学は、私にとっては、多かれ少なかれ美的で抒情的なものであったからです。私は、それによって心理学、社会学、叙情詩への関心を育みました[54]」。

ユダヤ教の教義の代わりに、改めてキリスト教の教義に共感したことも背景事情にはなかった。「私の関心をユダヤ教の道徳神学へと向かわせたものは[55]」と、バウアーはミュンヘンに住む文通友達のメリッタ・ヴィーデマン[56]に対して記した。それは、「預言者からマルクスを経てドイツ労働総同盟へと向かう道のりでした」。それは、ユダヤ教の教義の一風変わった表現だったのかもしれない（おそらく文通もまた同じように一風変わっていた。メリッタ・ヴィーデマンは、裕福なベルリンの女の子であった。彼女の証言によれば、一九三〇年にナチ党に入党し、一九三一年に離党する前に、アドルフ・ヒトラーが突撃隊〔ＳＡ〕に脅迫されたとき、彼を自分の家に三日間泊めたという。彼女は、ナチ時代には、宣伝省の許可を得て、学術月刊誌『反コミンテルン』の編集者を務めた）。しかし、引き合いに出すべきは、トーラからマルクスを経てドイツ労働総同盟へと向かう路線である。公然たる社会主義者のバウアーの口から、トーラの教えに共感していることの声明が発せられていたのである。バウアーはすでに学生時代に「カントのキリスト教精神[57]」を解明したが、それを信者を解放するためではなく、むしろ懲戒するための手段と見なした。彼がいうところの「忍耐強い服従（キリスト教精神）と旧約聖書の預言者が行った積極的な国家批判との間[58]」には差異があると記したとき、彼が個人的にどちらに優位性を認めたのかは、もはや疑問の余地はなかった。

しかし、バウアーが利用したのは、キリスト教の教義であった。彼はチュービンゲン大学の学生であったときに、自分と自身の関心事を受け入れてもらうために、二学期間、福音派神学の講義を受講して、それを修めた。彼はドイツ人の多数派を政治的に説得したいと考えていたが、彼らと自己とを分け隔てている決定的な点――それは彼がユダヤ人であること――を、ことさらにキリスト教の言葉を選んで覆い隠した。もっとも、その際、彼がこの点と全く無関係に行動しないというようなことは、もちろんありえなかったのであるが。

バウアーは、かつて子どもの頃に、イエスを殺したのは「ユダヤ人」であるという証言によって嘲弄されたことがあったが、今ではその証言を反駁したいと考えている。一九六〇年、オーバーアマガウで上演されるキリスト受難劇を目前に控えて、その地の村人がユダをイエスの暗殺者として描写する脚本に固執したため、アメリカ・ユダヤ人委員会がそれをボイコットするよう呼びかけたとき、バウアーは一つの機会を手に入れたようであった。彼は自ら公然と意見表明をしようとはしなかった。彼は、事態を騒動へと発展させるために、フランクフルト大学長のマックス・ホルクハイマーに説得を試みた[59]。イエスを殺したのはユダではなく、ローマ人である[60]――バウアーは、反セム主義と闘争する啓蒙誌（トリビューン―ユダヤ教の理解のための雑誌）に五年後に公表したエッセーでそのように論じた。

彼は、客観的な立場に立っているという印象を得る努力をし、それを無駄にしないために、自身がユダヤ教の教育を受けたことを感じさせなかった。イエスの裁判に関するバウアーの論証で重要なのはユダヤの法であったにもかかわらず、彼はもっぱらキリストの原典に依拠しながら論じた。ラビの言葉が用いられることはなかった。バウアーが一九六二年に十戒に関する書物に「あとがき」を寄稿したとき、彼は自らユダヤ教の指導者モーセの言葉を引用したが、それはユダヤ教の伝承からではなく、トーマス・マン[61]を参照したものであった。

バウアーは、一九六二年にソーシャルワーカーを前にして行ったスピーチのなかで、ドイツ人の多数派と彼を分け隔てる特殊なユダヤ的なつながりが自分にあるとは感じていないことを示すために、「シャイロックのように『目には目を、歯には歯を』という契約書に固執する」人々を批判した。(62) この言葉に含まれた反セム主義的な決まり文句から彼が逃れられるかというと、そんなことはほとんどありえなかった――このような批判に対して、彼がただ敏感に反応しないだけであると思われただけである。戦後時代の反セム主義に関して、彼はドイツで公に語ったことは一度もなかった。

強制収容所の一断面――バウアーの戦略

一九六四年、アウシュヴィッツ裁判の証拠調べが頂点を迎えた時期に放映されたテレビの討論番組で、一人の学生が彼に質問した。「第三帝国の犯罪のうち、それでも記録に残されているものについて、その一覧表を正確に作成できると考えているのですか？　また、その犯罪には一定のサディズムが作用していると考えですか？　それとも、そのようなものは作用していなくて、ここで話題になった実直な市民は一定の職務に就かされていただけ、また一定の職務を請け負っていただけ、交換可能な部品を取り扱う機械工場のような場所にいただけだとは考えないのですか？　あるいは、その人は人間をガス室に送るか、それとも他の場所に送るかどうかを決める駅のホームにいただけだとは考えないのですか？」。(63)

バウアーは、答えをはぐらかした。「そうですね。私が貴方に申し上げなければならないのは、一般化、単純化できないということです。そのようなことをすれば、誤ってしまうでしょう……」。

学生は言った。「いいえ、一般化や単純化などしていません。主要傾向を問題にしているのです」。

バウアーはうなった。彼が言うには、残念ながらドイツの刑事手続は、犯罪のさらに深い原因を研究するためのものではなく、裁判の終了後、ようやく心理学者が行刑においてその作業を開始するので、彼らに期待を賭けざるを得ず、サディズムに関する質問は、そのときまで未解決のままにならざるを得ないというのである。

学生は、固執した。「しかし、貴方は、一人も殺さなかったアイヒマンを捕えましたよね。それは、いったいどういうことなのでしょうか？　やはり、サディズムなどなかったに違いありません」。

一人も殺さなかったアイヒマン。それは、一つの命題のうちの半分であった。その部分命題は、バウアーとその部下の検察官がフランクフルトで格闘した全ての事柄を集約的に表現した。それは、また連邦共和国を快適な国へと様変わりさせた考え方でもあった。アイヒマンは、机に向かっていた。多くの部隊の前にいた。彼らは自分の手で殺したわけではない。だから、謀殺者ではない。そのような考え方である。しかし、このように個々の事柄を個別的に見るならば、ホロコーストを支えた全体的な装置の目標が、最終的には最小限の労力で最大限の謀殺を最速で行うこと（そして、それがアイヒマンによって調整されたこと）にあったことを見落としてしまうであろう。

アウシュヴィッツにおける大量抹殺が一九六三年に裁判にかけられたが、それは初めてのことではなかった。一九六一年、イスラエルにおいてアドルフ・アイヒマンに対して行われた裁判において、そのテーマが問題になった。しかし、フランクフルトで行われた裁判には、それとは区別される決定的な点があった。フランクフルトでは裁判にかけられた個々の行為者が問題にはされなかった。公判は、一定の人物に向けられて進められなかった。むしろ、社会的な現象に向けられたのである。それが、フリッツ・バウアーと彼の訴追官チームが重視した点であった。問題にされたのは、そのように迅速に殺害を行うために必要不可欠な分業体制がとられていたことであった――それは、後に歴史家によってホロコーストの中心的・構造的メルクマールと特徴づけられた。この機構のなかでガス室の扉の前に立っていた人々は、確かにわずかである。それどころか、アイヒマンはそこから遠く離れた場所にいたのである。しかし、謀殺は、まるで工場の中のように分業体制のもとで行われたために、悪魔のように効率的に実行されたのである。

フランクフルトのアウシュヴィッツ裁判において行われた証拠調べによって描写された場面は、このようなものであった。(64) 一九四二年春以降、アウシュヴィッツで死の列車の運行が開始されたとき、その列車を管理したのが、アドルフ・アイヒマン親衛隊（SS）上級大隊指導者（中佐）の指揮下にあった帝国保安本部の「ユダヤ人課」であった。合計で百万人以上の人間を乗せた六百台以上もの列車が、このようにしてそこに到着した。帝国保安本部の電信送信係と無線通信係は、アウシュヴィッツ強制収容所の司令官に対して、その都度、輸送列車が到着することを通告し、司令部はそれを受けて、怯える人々を駅のホームで出迎えるのがどこの部局であるのかを通知した――出迎えたのは、保護拘禁施設課、政策課、親衛隊現地医療課、列車管理課、看守突撃課、労働配置課であった。その際、各々の部局には厳密な業務計画があった。親衛隊員には駅のホームでの作業が割り当てられた。彼らが車両の扉を開ける。すし詰めにされた人々を車両から降ろす。機関士から輸送証明書を受領する。

到着した人々を男性、女性、子どもに分け、その後、「労働不能者」と「労働可能者」に分類する。その人々を五列に編成し、機関士に「輸送者数」が書かれた受領証明書を交付し、とくに駅のホームで受領されたユダヤ人の全財産を没収するための「清掃命令書」を交付する。死の決定が下された者を荷台に乗せて、ガス室に輸送し、または隊列を編成して、そこに向かって歩かせる。「シャワーを浴びるために」服を脱ぐよう指示を出し、裸の人々をガスが充満した部屋に押し込み、気密性の高い扉を閉める。救急車でチクロンBを死の工場に運び、球形状のガスを投入し、ガスが作用する過程と被害者が死と格闘する姿を覗き穴から見て観察し、人々が死亡したことを確認する。ガス室の扉を開けるよう命令し、火葬場で遺体を焼却するよう指示を出す。金歯を引き抜き、女性の毛髪を刈り取るのを監督し、財貨が盗難されないように監視する。帝国保安本部に待機している大量殺人の記録係に対して、輸送された人々を男女に分けて、その総数を電信で報告し、強制収容所に収容された被収容者の人数ならびに殺害された人の人数を記録する。「労働可能」と選別された男女――輸送された人の二五パーセントを超えることはなかった――を強制収容所に収容し、彼らに対してシャワーを浴びるよう命令し、髪を切り、服を着せ、体に入れ墨をする。平均して三ヵ月後には死に至るまで、彼らを労働奴隷として酷使する。このような厳密な業務計画があった。

フリッツ・バウアーは、部下の検察官に対して、「強制収容所の一断面」を被告人席に持って行くよう指示を出した。それは、「司令官から囚人監視係の囚人まで[65]」という資料であり、この全システムを象徴する一例として選び出されたものであった（それは、偶然なことにニュルンベルク裁判では注目されなかった）。この一断面は、下層と上層の両階層の人々を包括していた。下層の人たちとは、どのような人物であったかというと、それはアウシュヴィッツでその愚かな恣意を好き勝手に実行した報告責任者オズヴァルト・カドゥーク[66]のような人物であった。彼は酒に酔って強制収容所を歩き回りながら、被収容者を殺害した。上層の人たちは、どのような人物であったかというと、強い野心を持ってその任務を遂行した軍医ヨーゼフ・クレーア[67]のような人物であった。彼は、殺人日報の「端数を切り上げる」ために、日常的に病棟で必要以上に二、三人を殺害した。例えば、二八人を三〇人に、あるいは三七人を四〇人に切り上げるために殺人を行ったのである。

バウアーは、アウシュヴィッツの縞模様の囚人服を支給した責任者の親衛隊員を謀殺罪の共同正犯のかどで起訴しさえした。それは、バウアーが主張した法学的命題の中心的論点を明らかにするための一つの事例であった。

囚人服を支給することとは、それ自体として考えるならば、もちろん犯罪には当たらない。しかし、このように物事を個別的に分断して考察する方法――フリッツ・バウアーのテーゼはそのように言う――では、この種の高度に組織化され、実行された犯罪の場合には誤った議論しか導き出せない。なぜならば、そのような考察が誤りでないならば、強制収容所には、抹殺することを任務とする親衛隊員と保護服を支給することによって謀殺に歯止めをかけることを任務とする親衛隊員が存在することになってしまうからである。もちろん、個々の親衛隊員は、相互に連絡を取り合って作業に従事していたわけではなかった。しかし、彼らは、唯一の共通する目標に向かって分業化された役割を担って作業に従事した。親衛隊員は、この巨大な分業化された装置の中で様々な職域に配置され、そこにおいて彼らの任務も分業化され、そのあらゆる様々な任務は、ただこの目標に奉仕するだけであった。「強制収容所というところは、ずでに以前から存在していました」[68]と、このマンモス裁判を提起したバウアーの部下の検察官の一人ヨアヒム・キュークラーが後に述べた。「それは、世界の多くの国々にありました。そこに入れられ、拷問にかけられ、そして餓死させられました。私の目に映ったアウシュヴィッツの唯一無比なものは、ビルケナウですが」（それは正真正銘の絶滅収容所であった）、「それまでにはなかった工場のような殺人施設であり、……遺品を有効に活用していました。それは、まだ完成していませんでしたが」。

ガス室の扉の前に立っている親衛隊の手先は、親衛隊員と同様に、この目標の実現のために奉仕した。労働による抹殺が決定された労働奴隷の髪を切り、彼らに縞模様の制服を着させ、それによって実行犯の最後の逡巡を断ち切ったのである。これらの親衛隊員全員が、殺人工場の運営に分業体制で臨んだのであると、フリッツ・バウアーは論じた――そして、翻って考え、大きな装置から、あらゆる個々の歯車を分離して、それを個別的に考察して、その機能を装置の中に埋没させる歯車に対して好意な態度を示す考察方法をとるならば、アウシュヴィッツにおいて、いったい何が行われたのかを見誤ってしまうであろうと論じたのである。

それゆえに、強制収容所の看守が「X、YまたはZの謀殺を行ったこと」[69]をその都度、個別的に証明することは、歴史家のマティアス・モイシュが定式化したように、ナチに関しては相応しいものではない。このような伝統的な法学的思考方法――すなわち記録係のアイヒマンは誰に対しても暴力を振るっていないし、衣服部屋の親衛隊員は被収容者のために服を管理しただけである――の背景には、「身の毛もよだつ事象を個別化し、分割化して、集団的事象をいわば私的な事象へと変え、それによっ[70]

て問題を骨抜きにしたい」という願望があるだけである。バウアーは、このように述べたのである。

怯える大勢の人々を、可能な限り効率的に殺害して、焼却する。これが目的であった。それを実現するために、アウシュヴィッツ＝ビルケナウ強制収容所は、そのような人々を搬入するだけの場所であった。ハンナ・アーレントがアウシュヴィッツ裁判に関する解説の中で書いたように、そのような場所においては、看守は「そのどこにいようとも、死を余儀なくされた人々の尽きることのない流れに取り囲まれていた」[71]のである。それゆえ、フランクフルト裁判の起訴内容の立場から見れば、そこで作業に従事した人々にとって唯一ありえた道徳的選択肢は、拒否することだけであった。拒否せずに、謀殺にしか役立たないことを知りながら、機械を稼働し続けた人は、謀殺を共同して実行したも同然である。分業化された作業工程のうち、彼がどの部署において作業に従事したのか、ガス室であったのか、それとも衣服部屋であったのか、そのようなことは問題ではない。それがフランクフルト裁判の起訴内容の法学的核心[72]であった。フリッツ・バウアーは、部下の検察官に対して、議論するときには、このような意味のことを論ずるように指示した[73]。

「親衛隊の将校、下士官、医師・薬剤師、謀殺者の幇助者になった被収容者を、それぞれ分離して、グループ毎に裁判にかけていたなら、より容易に、より迅速に、そして刑事手続に設けられた制約に抵触することなく審理できたであろうに[74]」と自分の考えを表明したのは、『シュピーゲル』の裁判報道担当のゲアハルト・マウツであった。もしも、そのようしていたならば、法廷の裁判長ハンス・ホフマイヤーもまた、最も好ましく裁判を運営できたであろう[75]。しかし、実際にはそうはならなかった。フリッツ・バウアーは、そのような分離審判に一貫して異議を唱えた。マウツが考えたのは、「身の毛もよだつ話題が、もしも扱いやすい部分に分解されたならば[76]」、「今でも過去のことを信じていると言わせる場面など出てこなかったであろう」ということであった。

「ナチによって支配されたヨーロッパのユダヤ人を抹殺するということが命令でした。謀殺の道具となったのが、アウシュヴィッツ、トレブリンカなどの強制収容所でした[77]」と、フリッツ・バウアーはその考えを明らかにした。「この謀殺のための機械を操作した者には、たとえ何を行ったにせよ、謀殺に加巧したことの責任があります。その人が、その機械の目的を知っていたことは自明のことです。その絶滅収容所にいた人、そのことを知っていた人についてはもちろんです。看守から始まり幹部に至るまで、疑いを容れる余地はありません。シラーの群盗や『殺人株式会社』のギャング団に所属した者がいたことを疑う刑事法律家はいませんし、そのような団体に所属していた者は、謀殺に対して責任を負わなければなりません。彼が『首領』として机に座って謀殺命令を出したかどうか、自分で引金を引いたかどうか、それ以外の行為で、分業体制の枠内において任務として指示を受けた行為を行ったかどうか、というようなことは問題ではありません」。

もちろん、フランクフルトの裁判においては、最大規模のサディズムがうかがわれた個別事例、つまり元々アウシュヴィッツの計画には含まれていなかった個人の恣意的な行為にも光が当てられた。例えば、ヴィルヘルム・ボーガーについて言えば、児童輸送車両が到着した後、彼がリンゴを持った小さな子どもがいることに気づいたときの行為が明らかにされ、知られるようになった。ボーガーはその子どもに近づき、足をつかみ、その頭を仮設小屋に打ち付けた。そして、彼は平然とそのリンゴを拾い上げ、それを食べたのである[78]。オズヴァルト・カドゥークについて言えば、彼が被収容者が頭にかぶっている帽子を奪い取り、被収容者の立ち入りが禁止されている線を越えて、その先にある有刺鉄線の方に向かって投げ飛ばしたが、彼がそのような行為をどれほど楽しんで行ったかについても耳にすることができた[79]。被収容者が急いで帽子を取りに行くと、カドゥークが期待していたとおり、衛兵によって射殺された。

しかし、「生きたままの女性を炎へと追い込んだ」とか、「朝食の時間にとどめの一発を撃った」というような新聞の見出しを飾った個人の残虐行為に注目することは、争点をそらすだけである。一九六五年、マルティン・ヴァルザーはそのように論じたが、それはフリッツ・バウアーの主張と同じことを意味していた。「私たちは、このような出来事が起こったことを確かに認識しています。しかし、このような恐ろしい事柄に関心はありません。この裁判によって問題にされているのは、そのような事柄ではありません[80]」と、ヴァルザーは批判した。「そのように論ずるならば、私たちはアウシュヴィッツから遠ざけられてしまいます。……今ここで被告人たちの責めに帰されているのは、全体を支えた個々の道具や、その部分的な特徴でしかありません。そのようなものを抜きにして、死の工場を想像しなければなりません。……このような『着色』を施されていないアウシュヴィッツこそが、本当のアウシュヴィッツなのです」。アウシュヴィッツ＝ビルケナウの没個性的な工場的特徴とは、そのようなものであった。たとえ個々の看守のサディズムに行き過ぎがなくても、仮設小屋の壁を少年(アンドレアス・ラッパポート。享年一六才)の血で真っ赤に染め上げさせたのは、そのような特徴があったからである。自分が「一個の器に盛られた人間の群れ」であることは分かっているので、「もう学校に通って勉強することはないでしょう[81]」と九才の子どもに言わせたのも、このような特徴があったからである。

「それでも、私たちが一致していることは、アウシュヴィッツという問題です(82)」と、フリッツ・バウアーは、一九六四年にテレビの学生との討論番組で述べた。「それは、アウシュヴィッツとビルケナウの入口で初めて起こったことではありません。人々が運ばれてこざるを得なかったのは、大勢いたからです。大勢の実行犯がいたからです」。バウアーのテーゼによれば、絶滅収容所で働いていた者のいずれもが謀殺に対して共同責任があることになる。しかし、この裁判において審理対象にされた親衛隊所属医師フランツ・ルーカスの事案において、そのテーゼを貫くことがいかに困難であるかが示された。ルーカス博士が駅のホームでの選別作業に関与したことに、疑問の余地はなかった。しかし、元被収容者は、彼が「自分たちのことを人間として扱った唯一の医師(83)（であった）」と証言した。彼が被収容者にいかに救命医療を施したか、彼が個々の場面においても彼らにいかに振舞ったか、彼が「被収容者を優遇したこと」を理由に親衛隊の内部で処分されるまで、そのような態度をいかに取り続けたか、このような証言を聞くことができた。ある証人が、次のように述べた。「私たちは、ルーカス博士が去ったとき、希望を失いました。ルーカス博士が私たちの傍にいたとき、私たちはとても幸せでした。私たちが再び笑うことを思い出したのは本当のことです」。

親衛隊所属医師のルーカス博士は、非常に重要な立場から駅のホームでの選別作業に関与することによって、機械的に実行された謀殺を共同して推進したのは確かである。「しかし、私たちは今一度考えたいと思います(84)」と、ハンナ・アーレントは考えるよう促した。「彼は、収容されている人々に対して、自分が何をしたらよいのかを尋ねました。収容されている人々は、彼に対して、ここにとどまり、駅のホームでの選別作業――それは日常的な行動であり、いわば見慣れた恐怖であった――に関わるよう求めなかったのでしょうか。最も愚かで恐ろしい事柄を考案する別の者から、自分たちを守ってほしいと頼まなかったのでしょうか?」。

フランクフルトの裁判官たちは、バウアーの法学的議論に関して、首を横に振るしかなかった。「それが何だというのでしょうか?」[85]と、そのうちの一人が、裁判以外の場所で、若手検察官のゲアハルト・ヴィーゼに対して怒鳴りつけるように述べた。連邦通常裁判所であれば、このように自動的に責任を認めるような構成を絶対に非難するでしょうと。「有罪判決を言い渡すのは、軽率すぎます」。裁判官が親衛隊所属医師のルーカス博士に言い渡したのは、考え得る刑罰のうちで最も軽い三年三月の懲役刑であった。その後、連邦通常裁判所は、この判決を破棄して、州裁判所に差し戻した。州裁判所は、審理をやり直して、無罪を言い渡した。

裁判官は、衣服部屋に勤務していた親衛隊員に対しても、等しく無罪を言い渡した。被収容者の衣服を手渡すことは、それ自体として考えれば、犯罪にはあたらない。裁判官の目から見ても、それは同じである。

裁判官が述べたかったのは、謀殺工場の稼働に協力した全員に対して、その成果、すなわち大量殺人に責任があるとは限らないということであった。フリッツ・バウアーの議論は、後に連邦通常裁判所が批判したように、「決して主たる犯行を促進しなかった行為者であっても処罰されねばならない」[86]ということを意味したからである。裁判官がフリッツ・バウアーの議論の正しさを認めたのは、その後、かなり時間が経過した二〇一一年、ミュンヘン裁判所がウクライナ出身の絶滅収容所の看守ジョン・デムヤンユク[87]に対して言い渡した判決においてであった。

陪審裁判所は、被告人にとって有利に働く大胆な法学的構成に依拠したため、一九六五年にフランクフルトで言い渡された刑罰は、それゆえ軽いものになった。裁判官は、アウシュヴィッツで行われた謀殺の正犯を低く見積もって単なる謀殺の幇助犯にするために、謀殺を様々に定義した。彼らは、ホロコーストを命令権者であるヒトラー、ハイドリッヒ、そしてヒムラーの仕業であると説明した。命令を受けて彼らに仕えた者については、不本意であっても、またそうでなくても、その所為はしばしば内心においては他人の問題でしかなかった。その判断は、すでに一九五八年にウルムで行われた特別行動隊裁判において確立し、大胆に刑罰を減軽することを可能にした[88]──実行犯は、その行為を自己のものと認識していなかったと裁判所において証言すれば、それに応じて刑罰は減軽される。この裁判例は、アウシュヴィッツ裁判それ自体の最後の場面において、強制収容所の代表的な司令官であるローベルト・ムルカが、その収容所を強制収容所から絶滅収容所へと変質させたことに相当関わったにもかかわらず、彼は謀殺の単なる幇助にすぎないという結論へと導いた。

客観的に被害者ではない「被害者」としての対峙

雪解けのコペンハーゲンは、雨が降っていた。雪が解けて、水たまりができた。フリッツ・バウアーは、戦争の被害を受けることなく、その大部分が残った旧市街を風が吹き抜けたのを感じた。この地で亡命生活を送った数年間、その風は、穏やかに響くこの国の言葉と同じように聞こえた。彼が一九六三年二月二六日にデンマークの若いジャーナリストと会話したのは、この言葉であった。バウアーは、デンマーク最大手の大衆紙『B・T』に勤務する二五才の報道記者のハンス・ヘルマン・ペーターセンのインタヴューに応じた。「バウアー氏は、デンマーク語で分かり易く話をしました」と、この報道記者は後に話している。ドイツでは、すでに憤激の嵐[89]が吹き荒れていた。

デンマーク紙は、バウアーのインタヴューを次の見出しで報じた。「今日大成功を収める新生ヒトラー。ナチ指導者を追跡するドイツ人検事長フリッツ・バウアー。新生ヒトラーは退却しないと発言[90]」。大衆紙は、ドイツの状況に対する冷ややかな批判を込めてバウアーを引用した。確かにユダヤ人はもはや豚呼ばわりされることはないであろう。しかし、その代わりに、「私たちは君たちを毒ガスで殺したことなど忘れました」と現在では言われている。一九四九年以降、連邦共和国の基本法において確立した自由は、実際には生命は吹き込まれていない。とくに学校は依然として「最も権威主義の強い組織の一つであり、それは今日のドイツでは一目瞭然です」。希望を託せるのは、頼りになるのは若者だけであったにもかかわらず、このような状況である。それは彼らにとって、誠に残念極まりないものである。このようにバウアーは話した。

UPI通信は、そのインタヴューを世界中の人々のために翻訳し、配信した。アデナウアー政権がバウアーに関する疑惑を公表したのは、その直後であった。その当時、エーリク・オーレンハウアーの指導下にあった社会民主党連邦幹部会でさえ、この問題に対して距離を置くほどであった。ヘッセン州議会のキリスト教民主同盟は、バウアーを罷免するよう求めた。バウアーは、上司の州司法大臣を訪問しなければならなかった。彼は、大衆紙が省略し、しかも歪曲して引用したのだと釈明した。司法大臣のラウリッツ・ラウリッツェンはこれを受けて、一九六三年四月四日の州議会の質疑において、バウアーに対する指導を強化することは考えていない[91]と強調して、次のように述べた。公務員たるもの、常に慎んで行動しなければならないと考えている人がいるならば、その人は「近年のドイツ史において、公務員の全世代がそのように禁欲的に行動した結果、彼らにとっても、またドイツ民族にとっても、利益にならなかったという事実を無視しているでしょう[92]」と述べた。しかし、ラウリッツェンは、一般国民が問題視しているという印象を抱いたので、バウアーに自筆の説明書を書くように求めた。というより、「検事長の態度が処分対象になるかどうか[93]」ということについて判断していた。

バウアーがコペンハーゲンで述べたと言われている事柄は、そんなに言うほど目新しいものではなかった。彼は、すでに何年も前からメディアに出演して、自分の見解を述べていた。しばしば荒々しく話される言葉には、論争的な事柄が部分的に含まれていた。バウアーは、一九六二年の論説の中で、非難に値する「共同責任[94]」の一例として、第一にナチのテロを挙げ、第二に——ナチのテロからコンマで区別されただけの——当時の連邦共和国にいる非嫡出子の法的冷遇状態を挙げた。それも論争的な事柄の一つであった。彼はその論説のなかで、刑法上の贖罪思想の支持者として、ナチの法律家ローラント・フライスラーを引用して[95]、刑法委員会も連邦司法省も、今日、刑法改正をめぐる議論において、この贖罪思想を引き継いでいるにもかかわらず、一九四五年以降の新しい人間像を代表しているのは自分たちだと論じていることを嘲笑った。一九六二年にバウアーは、応報刑に対する郷愁が特に強いのはドイツであると記した。「ドイツ人は、壮大で、漠然とした言辞に惹かれ、それを好んで用います[96]」。バウアーを知る人なら、デンマーク紙で報道された彼の発言を読んでも、もはや驚かされることはなかった。

しかし、フリッツ・バウアーは亡命者であった。ドイツに対する批判を述べた場所は、かつての亡命先の国であり、外国語で、そしてある意味でドイツの有権者と納税者の知らないところで述べたのである。彼に政治的に対立している人々は、彼の批判的な言動をドイツ国民の間に広める絶好のチャンスであると、それをしたたかに利用することを忘れなかった。この時期の多くのドイツ人は、亡命者は国を見捨てた人であるがゆえに、たとえ帰還しても、その人にはドイツの名の下に話したり、その過去を述べる資格はないと考えていた。フリッツ・バウアーがアウシュヴィッツ裁判を舞台に押し出すことに着手したとき、彼が亡命者であるということが強く思い出された。

人々は激怒した。しかし、バウアーが個人的に被害者であることに言及しなかった人はほとんどいなかった——言及するときは、もちろん常に好意的に、かつ表向き寛容な言葉を用いた。バウアーと特に激しく対立した人物である『ライン・メルキュール新聞』の解説者は、次のような記事を書いた。「彼が人種を理由に迫害され、強制収容所と亡命生活を耐え忍ばねばならなかったことに免じて、彼を大目に見てあげたい」。さらに解説者は、再びバウアーに対抗してすぐさま彼の経歴を示し、バウアー自身が示した亡命の経歴に限定を加えた。「もっとも、彼がそこから戻ってきたのは、ようやく一九四八年になってからである」(97)。

「ようやく」一九四八年になってから——それは、つまり瓦礫の山の撤去作業を手伝うには遅すぎた、開始の時点からそこに居合わせるには遅すぎたということを意味した。さらにバウアーが外国とは通じていないことを主張するには遅すぎた（それどころか、実際にドイツに戻ってきたのは「ようやく」一九四九年になってからであるが）。ヘッセン州議会においても、キリスト教民主同盟のスポークスマンのエーリク・グロスコプフは、「バウアー博士は、第三帝国において辛酸を嘗めた一人です。私たちは今でも同情を、人間としての同情をいたしているところであります[98]」と述べて、攻めの態勢に入った。

誰かに対して、その人の立場はあいまいで分かりにくいが、個人的に被害を被った人なので、大目に見てあげなければならない――つまり、この問題を私情を交えずに話すことができないので、その分だけ「大目に見てあげなければならない」と、非難し始めた。情緒的であるがゆえに、知性の面で対向的な議論ができる状況にない討論者であると、彼を見下し始めたのである。

『フランクフルター・ルントシャウ』と『南ドイツ新聞』は、フリッツ・バウアーを支援したが、どのような支援を受けようとも、フリッツ・バウアーがこのイメージの問題を非常に意識していたことが、『シュピーゲル』との往復書簡から明らかにされた。この雑誌は、一九六四年のバウアーの次の言葉を引用した。「私がかつて収容されていた強制収容所の脇を通るとき、私はいつも停車し、車から降りて、思い出を注ぎ込みました」。また、バウアーが公の場で口にし、そのままの表現で編集部に伝えた次の言葉も引用した。「編集部としては、あの言葉を報道する必要はなかったのです。しかも、そこには何らかの誤解があると私は思っています。私は、『私が収容されていた』国内外の強制収容所や『私が収容されていた』刑務所を再び訪問したことは、実際には一度もありません。私は、ベルゲン＝ベルゼン、ダッハウに収容されていませんが、その近くに行ったときには、亡くなった親類や友人の眠っている墓地を訪れるために、そこに行きました[99]」。

舞台装置の背後に身を隠した舞台監督——バウアーの個人的役割

裁判を見守るために、何千人もの人々がフランクフルトに向かった。しかし、そこでフリッツ・バウアーを目にすることはできなかった。彼のことについて書かれたものを読み、独特の白い毛髪をした気性の荒い検事長を一度間近に見られると期待していた多くの人々は、法服を着た大勢の男性が彼の前にいたため彼を発見できず、呆気にとられた。彼は起訴状の朗読や論告のような象徴的なことも行わず、およそスポットライトを浴びることはなかった——彼は、スポットライトのもとで、この裁判を演出したり、公の場で従事するといったことを、深く考えずにしなかったわけではなかった。

ガルス市民会館の観客席からは、法的な出来事が、まるで演劇の舞台のように、高まりのなかで頂点に達し、燃え尽きるような象徴的な終わり方をするのを見ることができた。アウシュヴィッツ裁判の裁判長は、つばに細い銀色の縞模様の線がついた法帽をかぶっていた。州裁判所長官のハンス・ホフマイヤーであった。彼は、法廷では神経質に、そして超然と振舞った。それは、どこから見ても、そのように確認できるほど目立っていた。彼の自制的な態度は、ほとんど揺るぎなかった。ただ判決文を読み上げる間、一度声を詰まらせた。傍聴席にいる多くの人々は、彼が目に涙を浮かべているのではないかと思った。ホフマイヤーの左隣には、一九人の刑事弁護人が六つの座席に分かれて座っており、その多くがすでに白髪であった。弁護士としての長い経歴を誇りをもって振り返ることができる人たちであった。そのなかには、ニュルンベルク裁判で刑事弁護人を務めたハンス・ラテルンザーのような人も数人含まれていた。その右隣には、付帯私訴の代理人が決然とした表情で座っていた。フランクフルトの白髪の弁護士ヘンリー・オルモントであった。

フリッツ・バウアーは、三人の若い検察官の間に立っていた。それだけに、その三人がどれほど若いかが非常に目立った。物静かなゲオルク・フリードリッヒ・フォーゲル、カリスマ性のあるヨアヒム・キュークラー、謙虚なゲアハルト・ヴィーゼ――三〇代半ばの若手であった。被告人のほとんどは、彼らの父親と同年代であった。

それは、誰にも邪魔されずに、その影響力を行使するフリッツ・バウアーというイメージに相応しいものであった。彼は自ら身を引くにあたって、一つの簡潔な、しかしあまり信用できない理由を挙げた。「一種の慣習法」[100]。彼は友人に宛てた手紙で、検事長たるもの「裁判に深く入り込まない」（そして、自らそれを指揮しない）ものであると書いた。しかし、七月二〇日の人々の名誉回復が問題になったブラウンシュヴァイクのレーマー裁判において、彼は全く違ったふうに見えた。自ら裁判を指揮し、それどころか求められもしないのに、論告の中で自叙伝的な二、三の文章を共和国に対して紹介することさえした。その当時、バウアーは、一般国民に対して媚びるような表現を多用し、とくに「祖国」や「わが古き良きドイツ法」について語った。そして、クラウス・シェンク・グラーフ・フォン・シュタウフェンベルクとは同窓であり、その時以来、絆で結ばれていると実感してきたと語った。それが、バウアーが裁判を起こすことによって伝えたかったイメージであった。バウアーは裁判を起こすことによって、態度の決まらない一般国民が、可能な限り自らの存在を証明しうるように仕向けた。ここで彼が語ったのは、新生ドイツであった。バウアーは当時、亡命者、ユダヤ人という経歴を公の場から排除しようと考えた。しかし、それは長くは続かなかった。そうこうするうちに、バウアーのユダヤ人としての出自が公の場で話題になった――バウアーが裁判に関与することに反対した人々は、彼が関与するのは、たんに個人的な復讐を企んでいるからであるにすぎないと非難し、彼の信用を貶めようとしたため、バウアーの出自が話題になったが、それは彼にとって好ましいことではなかった。

ユダヤ人裁判官のハンス・フォレスターがアウシュヴィッツ裁判の裁判長に就くかもしれなくなったのは、フランクフルトの州裁判所の分掌分割計画による偶然であった。しかし、フォレスターは自ら偏見にとらわれていると説明して、その担当に就くのを回避した。一九六〇年代の初頭において、ユダヤ人である自分が「民族の名の下に」おいて判決を言い渡しても、一般国民の大部分は信用してくれないであろう。また、一般国民は、口に出さないまでも、個人的な復讐感情を抱いているに違いないとか、そのため判決を言い渡す能力が疑わしいと主張するであろう。彼は、このように説明した。

それ以上に偶然なことは、その分掌分割計画によって、陪席判事のヨハン・ハインリッヒ・ニーメラーが裁判官席に座る可能性が出てきたことである。彼は、一九三七年から一九四五年まで強制収容所に収容されていた牧師のマルティン・ニーメラーの息子であった。この裁判官は、自らが偏見にとらわれているとは考えていなかったにもかかわらず、裁判所事務局は、一般国民は彼が客観的な判断をするとは絶対に信じないであろうという理由から、彼をもこの裁判から忌避することを決定した――偏見にとらわれているのではないかという「外観が窺われた」ため、あらかじめ忌避したという理由づけて十分であった[101]。

アウシュヴィッツ裁判が開始された一九六三年の時点で、バウアーが中立的で先入観にとらわれていないと考えた人は、ドイツではわずかしかいなかった。フリッツ・バウアーは、何と言っても亡命者であった。彼は、キリスト教民主同盟によって、政治的スキャンダルの中心に引きずりこまれた。彼が裁判で被告人たちと対峙したとき——一方には顔に深いしわを寄せた白髪の強制収容所の生存者が、他方には社会の中枢を出自とする二二人のドイツ人男性がいた——、大部分のドイツ人は、どの人との間に自己の同一性を認識するであろうか。バウアーは、彼が公訴を提起する姿を以前とは違ったふうに外部に向かって映し出さなければならなかった。社会に対して政治的に影響力を行使するためには、彼の顔を表に出すべきではないと判断したのである。

彼が派遣した三人の若い検察官は、成人として自ら軍隊に服役しなければならなかった。彼らと彼らの家族は、ほとんどのドイツ人と同様に、ナチの人種主義的差別感によって脅されてはいなかった。彼らは復讐を企てる者であると、公の場所においてほとんど中傷されなかった。「新生ドイツは、ドイツの民主主義は、あらゆる人間の尊厳を守ることを決意しました。裁判は、それを世界に向かって発信するためのものです」[102]と、バウアーはアウシュヴィッツ裁判を目前に控えて、ジャーナリストに説明した。三人の若い検察官は、それを積極的に支持した。そのことは即座に、彼らが国の将来に関心がある——過去の未払いには関心がないという印象を一般国民に対して与えた。

三人のうちで、この役割の大部分を担ったのが、ブロンドの髪をし、優雅に振舞うヨアヒム・キュークラーであった。彼は、裁判の最終盤において、年長の刑事弁護人ハンス・ラテルンザーに対して雄弁な語り口調で対峙した。[103] ラテルンザーは、いつの間にか、雄弁な若い闘争相手を「キュークラー検事[104]」と肩書をつけて呼ぶことが習慣づいた。それだけに、彼は年長者に対して意識的に立ち向かった。

ヨアヒム・キュークラーは、課された任務が自己の責務であると非常に強く意識していたので、フリッツ・バウアーが訴追の本当の重鎮であったのではと指摘を受けたとき、彼はそれを何年もの間否定し続けた。彼は、二〇〇九年に『ディ・ツアイト』に宛てた手紙のなかで、「アウシュヴィッツの謀殺者に対する捜査は、バウアー機関ではなく、フランクフルト・アム・マイン州裁判所付属検事局のフォーゲルとキュークラーの二人の検察官だけによって進められました[105]」と、第三者を名乗って書いた。「バウアーは、一九六三年一二月から一九六五年八月まで開かれた公判には全く関わっていません」。

その当時、キュークラーとバウアーの間に確執があったことについては、多くの証言があった。キュークラーは、栄誉は検事長ではなく、法廷にいた若者に授与されるべきであったと主張した。なおも確執が続いていることが話題にのぼった。ジャーナリストの目から見れば、法廷に関わらないでいようと苦心したのはフリッツ・バウアーであった。キュークラーが後に、舞台装置の裏側の関係を正しく見ていたのは、法廷に向けられた視線であったと主張したとき、これほどまでにバウアーにとってありがたいことはなかった。

しかし、バウアーが手綱を握っていたことを隠し通すことはできなかった。彼は、俳優の演技指導をし、捜査と裁判が行われている間、毎週のように自分のところに来るよう呼びつけ、彼らに戦術と戦略を提示した[106]。七冊にまとめられた文書を携えて、裁判を劇的に開始し、研ぎ澄まされた法的責任追及に厳密な形式を与えた。三人の若い検察官は、自分たちでは牽引することができない、このニュルンベルク裁判級の大裁判を司法の妨害に抗してやりぬいた[107]。

バウアーの部下の若い訴追官たちは、立証という手間のかかる実務を確実にやりこなした。それゆえ、彼らは他の誰よりも事案について詳しかった。証人と関わる中で確認することができたのは、若い検察官の感受性であって、バウアーのそれではなかった。しかし、裁判の全期間を支配したのは、顔に深いしわを刻み込んだ白髪の強制収容所の生存者であり、亡命者であった。

第九章　私生活の防衛——フリッツ・バウアーの葛藤

自由に生きる人――バウアーのプライベート

アウシュヴィッツ裁判が行われている時期のある日の朝、フリッツ・バウアーは、フランクフルトにある自宅の正面玄関にハーケンクロイツのプラカードが掛けられているのを発見した。[1] それが撤去された後、犯人は同じプラカードを再度掲示すると冗談交じりに予告した。それは何度も行われた。彼は、家の中で、六・三五ミリ口径の拳銃[2]を携帯するようになったが、いざという時にそれを使用するかどうかは、ボディーガードとして仕えていた彼の運転手でさえ、半信半疑であった。[3] ある日の夜、バウアーは、気軽に話ができる年下の友人とおしゃべりを楽しんだ。「なんとも、彼は独特の声で話していましたよ」[4] と、その当時ようやく二〇才を過ぎたばかりのヴォルフガング・カーフェンが記者団に対して述べた。「彼はぶつぶつ言い、声を荒げて話しましたが、穏やかに話すこともありました。次から次へと速い速度で、ジャズのように」。

フリッツ・バウアーの住居は庶民的で、優雅な古い建物と値段の高い喫茶店の間に建っていた。近所には、毎日同じ時間に歩いて大学に行くテオドール・W・アドルノの姿が見られた。道沿いには他の教授たちの新車が長い列をなして駐車してあった。彼は、その脇を歩いた。近くの別の通りには、バウアーがその誕生日には決まって祝辞を送った学長のマックス・ホルクハイマー[5]が住んでいた。バウアーは、フェルトベルク通り四八番地の建物の二階に住んでいた。その建物はこの地域とは調和しなかったが――それは特異なほど飾り気がなく、色彩豊かな学生用住宅が長く続く棟の一番端にある精彩を欠いた灰色の箱のような家であった――、場所は申し分なかった。バルコニーからは、フランクフルト南洋植物園、手入れの行き届いた低木、色とりどりの花壇を直接見ることができた。

バウアーは、この界隈で一人で住んでいたわけではなかった。朝になると、運転手が彼が来るのを待ち、出迎える際には帽子をちょっと持ち上げ、この上司のために後部座席のドアを開けた。連邦会計検査院の参事官もまた同じ建物に住んでいた。権力志向の強い、厳格な男性であった。バウアーは、その息子のヴォルフガング・カーフェンと親しくなった。年齢的に息子と同年代の友人が多くいたが、彼はその最初であった。そのことは、フランクフルトで直ちに不快な噂を呼んだ。この種の問題について、戦後直後の時期ではまだ世間は厳しい目を向けていたため、バウアーは同性愛者の側に付くことを控えた。

階段部分が吹き抜けになっている住宅の建物のなかで初めて出会った、近くに住んでいる若者のヴォルフガング・カーフェンは、ジャーナリストの仕事に就くことを夢見ていた。バウアーは、彼を叱咤激励し、フランクフルトの新聞社に勤務する知人に問い合わせようかと提案することさえした。そうして、彼はバウアーの部屋でワインを飲みながら話しをするようになった。夜になると、部屋はたばこの煙で完全に覆われた。二人の話は、バウアーの発作のためにする咳の大きな音が会話の流れを止めるまで続いた。ひっきりなしにたばこを吸い続ける法律家は、大きな任務を背負っているように見えたと、[6]ヴォルフガング・カーフェンは述べたが、この近くに住む若者と一緒にいる時は、彼はいつも明るい声で話したようであった。よく政治の話をしたが、個人的なことを尋ねると、バウアーはすぐに口を閉ざした。「食事を採ることはありませんでした」[7]と、カーフェンは述べた。そして続けて、「奇妙なことに、私たちは事務机をはさんで座っていました」。バウアーの住宅のバルコニーからは、美しい景色が眺められ、さらにたばこの煙が自然に換気できるという特典があった。他方で、そのため近所の人々には、彼の話し声は筒抜けであった。彼は、どちらかといえば部屋に閉じこもるのが好きな方であった。

近くに住む若者と交際することを求めていたのは、バウアーであって、その逆ではなかった。その後間もなくして、彼が裁判所の建物の廊下で若い司法修習生のマンフレート・アメントに声を掛けたときも、同じであった。フリッツ・バウアーの自由主義的な闘争的論文「犯罪と社会」の熱狂的な講義を受けた後、検事長と個人的に知り合いになりたいと願い出て、最初の一歩を踏み出したのは、確かにアメントの方であった。だからバウアーはこの修習生と会う約束をし、彼を執務室に招き入れ、次のように述べたのである。「たばこをお吸いになりますか?」。しかし、二、三日してから、後ろから声を掛けたのはバウアーであった。[8] アメントの方から、再び会う約束を申し出なかったのは何故か?赤ワインを飲みながら会話を楽しむために、チャンスを逃さないようにすることをためらう理由はなかった。

ヴォルフガング・カーフェンは、ある友人をバウアーの部屋に一度連れて行ったことがあった。太った男性で、ひっきりなしにたばこを吸い続けるヴォルフラム・シュッテであった。彼は、周囲の人々と会話を楽しむことを心得ていた。後に『フランクフルター・ルントシャウ』の文芸欄を担当することになるが、それは随分と前の話であった。その友人は、印象的なバウアーの外観を、その「雄弁な才能と能力」[9] とリズミカルな議論展開に心酔した。バウアーは、別の機会に、さらに若手の検察官のハインツ・マイヤー゠フェルデを招いた。[10] 夜の催しは、カーフェンにとって刺激的な新しい世界に欠かせないものであった。アメリカ合衆国の領事館が角を曲がったすぐのところにあり、学生たちがシュプレヒコールを唱えて歩いていた。演説の声が通り過ぎていった。彼はお坊ちゃんであり、ここで闘争的な身振りをして話をするフランクフルトのアウシュヴィッツ裁判の訴追官と一緒に座っていた。そのことについて、アドルノは次のように話した。「フリッツ・バウアーが述べていましたが、全く当てにならない議論によってアウシュヴィッツの鬼軍曹を無罪にしようとする人々がいますが、そのような人々ほど死刑の再導入を支援しているのです(11)」。アドルノはこの講演のなかで、「私の友人のフリッツ・バウアー(12)」という表現を用いた。

「私を知っている人は(13)」と、バウアーはこの時期に学生を前にして話した。その人は「私が若者に対して無限の信頼を寄せていることを知っています」。彼は、チャイコフスキーを好んで聴いた。とくに聴いたのは『悲壮(14)』であった。それは、感傷的で情熱溢れる交響曲であり、愛情、苦悩、死、そしてティンパニの響きによって四五分にわたって奏でられる曲である。彼は、使い慣れたレコードプレーヤーで、その曲をカーフェンと一緒に密かに聴いた。フリッツ・バウアーは、「その中に溶け込んだ様子であった」と、カーフェンは述べた。顔に深い皺の刻まれた検事長は、思いに耽った――「感情のぬかるみ」を小馬鹿にしたのは、小さな銀縁めがねをかけたビートルズファンの若いヴォルフガング・カーフェンだけであった。ミュンヘンに住むバウアーの文通友だちのメリッタ・ヴィーデマンは、カーフェンほど「好きになった人はいませんでした(15)」と後に確信しながら述べた。カーフェンは、バウアーに励まされて、すぐさま演劇の分野に専門替えし、まずロルフ・ホーホフートの『代理人』のような政治的な戯曲に出演し、後に舞台俳優としてラジオ放送劇の連続番組『ＴＫＫＧの場合』のナレーターとして成功を収めた。バウアーは、カーフェンのかわいい妹が新しい上着を着ているのを見て、「光り輝く三色旗のようだ[16]」とお世辞を言った。

彼は若者に好意を持ち、彼らが世の中をどのように見ているのかということに興味を持った。それは、しばしば深夜にまで及んだ。そのため、隣人の多くから疑いの目で見られた[17]。彼らは、検事長の動向をカーテンの隙間から疑い深く見た。バウアーの住宅には元警察官で、今では年金生活をしている人が住んでいたが、その人はバウアーのところには「しばしば怪しげな連中が訪れてきた[18]」と語った。それは、別の警察官によって注意深く記録された。

そのようにして、噂は広まった。書類の上では、バウアーまだ婚姻関係にあった。一九四三年のデンマーク亡命中の最後の日にデンマーク人の女性同志アンナ・マリア・ペーターセンと彼との間で成立した婚姻関係は継続していた。バウアーの妹のマルゴットが述べたように、アンナ・マリア・ペーターセンは、戦争が終わった暁には「自由になる[19]」ことを、夫に対して提案した。その関係は、ようするに——フリッツ・バウアーを外国の警察から守るために——見せかけだけで結ばれたものであり、友情に基づいた連帯的な役割によるものであった。しかし、バウアーは、この偽装結婚を一九四五年以降に解消するという申し出を拒否した。彼は、既婚者としての立場を維持したかったのである。アンナ・マリア・ペーターセンとの友情は続いた。それどころか、時おり尋ねてくることさえあった。しかし、それは秘密裏に行われ、フランクフルトで誰一人としてアンナ・マリア・ペーターセンの顔を見た者はいなかった[20]。最初に彼女を見たのは、彼女が一九六八年七月にバウアーの葬儀に参列するために姿を現したときであった。彼女は、貴重品のように終始目立たなかった。バウアーの友人が彼女に対してバウアーのことを尋ねても、無言のままで、それ以上関わろうとはしなかった。

　彼の残された親戚たちも、遠く離れたスウェーデンにいた。バウアーの母親がまだ生きていた一九五五年までは(21)、毎年クリスマスの時期になるとスウェーデンの彼らのところに行くことは、バウアーにとって当然のことであった。夏期休暇のときにも(22)、スウェーデンの親戚を訪問することがしばしばあった。しかし、母親が癌で亡くなってからは、彼と家族との間には、あまり関係は残らなかった。バウアーの妹とその夫のヴァルター・ティーフェンタール(23)――彼はフリッツ・バウアーを全く敬っていなかった――は、彼が冬になればそれまでと同様に家族の元を訪れるのではと期待したが、バウアーにその気はあまりなかった。家族の元を訪れないうちに、彼の脳裏に浮かんできたのは、若い芸術家の人々と休暇を過ごすことであった。彼は、フランクフルトで上演される講演の初日の劇場やオペラ座のカフェやクラブ「ヴォルテール」のような喫茶店(24)で、そのような人と一緒にいるところをよく見かけられた。若いトーマス・ハーランと一緒にいることもあった。

　バウアーの交友関係で、これほどまでに頭を悩ますものはなかった。若いハーランは、その当時ある人が書いたように、「横柄でかつ穏やかで、ハンサムでかつ真面目な男性(25)」であった。ハーランは、ぼさぼさの茶色の髪を伸ばした演劇兼映画監督であり、俳優のクラウス・キンスキーと共にイスラエルに旅行したときに自意識に目覚めた。彼は、あるテレビ・ジャーナリストが述べたように、「まさにオリエントを彷彿とさせる物語芸術(26)」の経験が豊富であった。その芸術は、「雑談やためらいとは無縁であった」。トーマス・ハーランは、元ナチ宣伝映画制作担当者のファイト・ハーランの息子であり、彼が八才の時、両親とともにアドルフ・ヒトラーのところを訪れたが、三〇代の半ばになって、ナチ狩りとしての特命を自負するようになった。ハーランは、一九五八年、ワルシャワのゲットーにおける蜂起を題材にした演劇をベルリンで上演した。後に彼は一般国民を前にして、ナチ時代に罪を犯し、今日のドイツ連邦共和国において再び立派に社会の一員となった人々の名簿を読み上げた。その中には、自由民主党連邦議会議員エルンスト・アッヘンバッハとその党友で、後にポルシェの幹部になったフランツ・アルフレート・ジックスが含まれていた。ハーランは、誹謗中傷をしたとして告発され、ポーランドへ逃れた。彼は、その地から、フリッツ・バウアーに連絡をとった。

それでも若い芸術家に友情の手をさしのべてきた白髪の検事長は、心変わりはしなかった。バウアーは、自分のところに手紙を書くときに、「バウアー博士」という表現を使わないでほしいと求めた。ハーランに対して、「貴兄は、余計なものが降りかかってきたとき、それに尻込みすべきではありません」[27]と書いたが、すぐに親しく君と呼び合う表現方法に戻って、「親愛なるトーマス！」と記した。彼は、ハーランに寄り添っている時々の夫人に対して、「私は今日、何度も君に連絡をとろうとしました。最後に電話を掛けたとき、一人の女性が電話に出ました（また『出産間近』なのですか？　産科に行っていたのですか？）」[28]。フリッツ・バウアーは、ヤシ科の植物とラクダをモチーフにした異国情緒溢れる便箋が最近まで滞在していたホテルから拝借してきたものであることを悪戯っぽく手紙に書き添えた。それは、小さな逃避であった。バウアーは、日々の仕事が同時に彼を疲弊させているということを隠そうとはしなかった。

「死ぬほど疲れている」[29]と、バウアーは書いた。彼は、太陽と睡眠を求めているとも書いた。偉大なアウシュヴィッツ裁判が始まる数ヶ月前に、「私は仕事に追われているので、神経過敏になっています」と若い友人に打ち明け、「私は、ロボットしか行えないことを、辛抱強く、事務的にこなしています」。その当時、彼は夜遅くまで仕事をして、週末になると講演旅行に行ったり、執筆企画に従って原稿を書くという状態が長く続いていた。「本を出版しないかと、私に対して数社から問い合わせがありました。若い頃に願っていたことが、年老いてから実現しました！」[30]。その後、若い友人のマンフレート・アメントとヴォルフガング・カーフェンもまた彼から聴いた哀愁の声が、バウアーの手紙には綴られていた。「午後に皆さんとトルコ式のコーヒーやチュニジア式の紅茶を飲むことができるだけで幸せです」[31]と、バウアーはハーランに書いたことがある。彼は、テネリファ、ローマ、ロードス島で講演旅行を計画していた。「そこで心身ともに健康になれることを願っています」[32]。

ヴォルフガング・カーフェンが記したように、バウアーは働きづめであった。夜遅い時間になると、目の回りにくまができた。ある日の夜、バウアーはカーフェンに真剣に願い出た[33]。休暇を一緒に過ごしてくれないかということであった。しかし、カーフェンはこれを断った。トーマス・ハーランは非常に興奮して、彼だけはその申し出を了承した。歴史的なアウシュヴィッツ裁判において訴追を指揮するフランクフルトの六〇才の検事長と気紛れな若い映画監督は、共に連れ立って海辺に行った。

計画された旅行に行く直前になって、突然トーマスの父親のファイト・ハーランが死んだ。一九六四年四月一三日のことであった。旅行に行けるかどうか、危ぶまれた。バウアーは、トーマス・ハーランが休暇を共にすることを、ぎりぎりになって断るのではないかと懸念せざるを得なかった。もちろん、このような場合、あらかじめ気を利かせて、事情はよく理解できると話をした。しかし、同時にバウアーは、それでもトーマス・ハーランを旅行に行かせるために、一風変わったことを述べた。

「私たちは皆、父親の世代との間に軋轢がないといったことはありません」[34]と、フリッツ・バウアーは書いた。少なくとも、ゲッペルスの反セム主義的な煽動的映画を作成した映画監督の息子に対して、そのように書いたのである。「貴兄の場合、とくにそのようなことを経験し、また苦悩したのではないかとお察しします。息子の怒りと悩める真実の愛は、父親によって埋め合わされることはなかったのかも知れませんが、とうの昔に本当は埋め合わされたのではないでしょうか。父親は何よりの自分の息子を愛し、その振る舞いを理解していました。しかし、息子と悩みを共にするということはありませんでした。私たちのことを記憶し、そして思い出に変えて、自分の居場所を見つけただけでした。ファイト・ハーランとトーマスの親子は、歴史的に一体の存在になりました。彼らの友人たちは、彼らが一体であることを知っていますし、彼らに感謝しています」。このようにして、二人は共にチュニジア旅行をすることになった。

この一九六四年の夏の旅行がバウアーにとってどれほど多くのことを意味したかということについて、トーマス・ハーランは、後に鮮やかに語った（ここで知っておかなければならないことは、ハーランが誠実に真実を述べることを書面によって確約するにあたって、あまり悩まなかったということである。それは、詩の力によって突き動かされるのと同じくらいに悩む必要のないことであった——彼は、フリッツ・バウアーと長い親交を重ねた後、よりによって人道に対する罪のかどで父親を裁判にかけたのがバウアーであったことをようやく知るに至った劇的な歴史を語った。[35]この裁判が一九四九年に始まった時には、バウアーは実際には亡命先のデンマークから帰国していなかった）。[36]ハーランは、前のめりになって話した。「バウアーは、ジェルバ島の砂漠の砂に植えられたクローバーの花束を持って私を迎え、一緒に海に泳ぎに行こうと誘いました。海岸から三キロメートル離れたところで、私たちは二人とも溺れてしまいましたが、溺れて死ななかったのは、バウアーが溺れながらも、私を救助するために、私を海底から引き上げたからでした。そこが水深一・五メートルの場所であったことが不幸中の幸いでした。要するに浅瀬だったということです。私たちは、親切な漁師が現われるのを期待しながら、その場から動かずに、七時間ほどのあいだ照り付ける太陽のもとにいました。翌朝、バウアーには口が聞けなくなるほどの苦痛が待っていました。彼は背中の日焼けのため、憔悴していました。私は幸いアフリカ式の応急措置の仕方を知っていたので、彼の背中に塗るために新鮮なトマトを注文しました。フリッツ・バウアーは、人に触れられるのはこれで三回目だと言いました。彼が五歳の時、彼にとても好意を抱いていた女の子とキスをしたのが最初ですが、それは数から除きましょう。コペンハーゲンの市街地にある刑務所の独房で肩を押さえつけられたのが二回目です。大男が独房に入り込んできましたが、それは看守でした。彼は、バウアーがドイツから逃れ、スウェーデンに行くのを可能にした人物でした。三回目は、私が彼の背中を触ったときのことです[37]」。

ハーランとバウアーの関係は、プラトニックなものであったが、それが徐々に変化しつつあるとフランクフルトで囁かれるようになった。それがいつ頃からなのかは明らかではないが、とにかく相当前のことであった。自由奔放なトーマス・ハーランは、フリッツ・バウアーとの関係について、彼の死後数年経って、たんなる「父親と息子のようなもの[38]」であったと称した。実際にも二人が意見交換したのは、特に政治的な事柄に関してであり、その際バウアーは、短気な若い友人をなだめ、文字通り事実に基づいて話をすることに努めた。

トーマス・ハーランは、ナチの過去に関する映画の制作を計画したが、フリッツ・バウアーは、それに「一般国民の精神的浄化効果」を期待した。だからこそ、彼はハーランに対して、その映画が検察官の毎日の仕事と同じくらいに重要な意味を持っていると明言したのである。「観客席にいる若い人々は、自分自身が若い反ナチ勢力であることを確認することになるでしょう。そして、『古い世代』の正体を暴くだけでなく、それを認識し、可能な限り元の状態に戻そうとするでしょう」[39]。バウアーは、テレビ番組のディレクターのところに訪問し、ハーランが計画した企画について、なるほどと納得させようとさえした。そして、ハーランの燃えるような情熱的な思いに大いに共感を示した。ハーランは自分の手で逃亡中のナチの大物を裁判にかけようと試みていたが、バウアーはそれを余所余所しく見ていただけであった。かつて作家のローベルト・ノイマンは、彼らに対して次のような手紙を書いたことがあった。「美と真が私の中で同居し、それが身の毛もよだつナチの犯罪人を暴露することを、それを世界に向けて著書として公表するために出版契約を結ぶことを持ちかけています。美と真は、明後日にワルシャワから数万枚の文書のコピーが届けられるのを待っています。私と出版社と検察官は、それが届くのだろうかと、もう信じられなくなるほど、『明後日』は長く感じます[40]」。

ハーランは、フリッツ・バウアーと一緒に様々な専門家のところへ行き、話をしたいと強い気持ちを伝えたことが時おりあったが、バウアーはその若い友人に対して考え直すよう促した。そうした上で、彼は友人を叱った。「ジャーナリストや作家が法を認識していることを、彼らに期待することはできません。私は、貴兄の代わりに、法律（法）について論争するつもりはありません。ただ意味があり、理性的なのは、判例について論争することだけです。というのは、判例は、それが実際にあるように、そうあらねばならないものではないからです[41]」。また別の機会に、バウアーはハーランに対して、君の本来的な仕事は芸術であって、法学ではないと注意した。「君は詩人であって、事実の収集家ではないでしょう[42]」。ハーランがその手が全く及ばない司法上の些事に埋没することなど無意味なことであると述べたのである。「私のところで働いているドイツの検察官がそのような無意味なことをすれば、私は彼を更迭するでしょう」。ハーランは、自身の周辺で起こっている政治的な出来事を仄めかすことがあったが、バウアーは時おりそれを陰謀説でしかないと見なした。「貴兄とカフカ社の衣服を着た人々（「革コートの人々」）に何が起こったのか、私はまだ把握していません[43]」。『シュピーゲル』の編集者のルドルフ・アウグシュタインが一九六二年に内乱罪のかどで未決勾留された後、若いハーランは、それと同様の闇の権力がすでに自分に襲い掛かりつつあるのではないかと察した。「それは、馬鹿げた話ですよ[44]」と、バウアーは対応した。「もし貴兄がアウグシュタインに匹敵するとしてもです。親愛なるトーマス、誇大妄想の気があるのですか？　そうではなくて、本当のところは、何か別のことが問題なのでは？　それとも、シュトラウス氏が貴兄を訴追すると信じているのですか？」。

刑法典に残留している反動的なカビと検事長の義務

フランクフルトには、舞台となった一連の飲食店があった。「塔前の賭博場」、「カルーセル」、「ビンゲンの早瀬」、または「確かにそうだが？」といった名前の店であった。それ以外にも、不可解に響く「野蛮娘」、「ワニ」、「かりそめの恋」という店があった。その中の様子を観察した人が印象深く記しているように、束ねられたカーテンの後ろにある薄暗い場所で、人々は酒を飲んでいた。シャンデリアの下で飲むこともしばしばあった。「人々はここに出会いを求めてやって来ます。店内にある多くの鏡がその時とても役立つことは、皆が認めていることです」[45]。それゆえ、人は恐怖に怯えたのである。

一九五〇年代から一九六〇年代にかけて、男性の同性愛者に対する国家的な抑圧が特に厳しかった都市がフランクフルトであった。フリッツ・バウアーは一九五六年にこの地に赴任したとき、共和国でセンセーションを巻き起こした同性愛者に対する逮捕、勾留、そして訴追の波が押し寄せた。それが静まったのは、五年経ってからであった。フランクフルトには、オットー・ブランケンシュタインという名の男娼がいた。彼は、警察の風俗部局に対して王冠証人（訳註：司法取引により訴追を免除された代わりに刑事裁判において証言する証人）として協力し、多くの市民を刑法一七五条に該当する「男性間のわいせつ罪」にかけた。男たちは、昼間に勤務先で逮捕され、その多くは職を失った。人々は、そのうち六人の自殺者が出たことを後で知った。

男たちは、「職務質問やその他の警察の措置」[46]に際して、慌てずに対応する方法の秘訣について、その分野の雑誌で意見交換した。「警察の組織が、同性愛の被疑者に対して峻厳に、または許されない手段を用いて対処しようとする場合、……供述は裁判官の保護のもとで行いたいと要求することができます」と、一九五〇年代に、ある匿名の筆者が雑誌『道』に書いている。

風俗部局の警察は、しばしば「ファイルに管理された同性愛者」[47]を話題にして語り、被疑者を監視した。彼らは、フランクフルトの舞台となる飲食店に定期的に立ち寄って、単なる戯れ以上の度外れたことが行われていないことを、――そして、それ以外にも男性同性愛者が薄暗い駐車場やトイレの中でことを行っていないかを確認して回った。これは、フランクフルト警察の計略であり、比較的リベラルなベルリンで取られた方法とは異なるものであった。フランクフルトでその舞台となった場所は、絶望に駆られた。大都市の四分の一を占める富裕層には影響しなかったものの、誰一人として無視できない状況であった。市の西部地区にあるフリッツ・バウアーの家のバルコニーのすぐ前は、手入れされた南洋植物園が広がっていた。その隣接しているところに、あまり手入れされていない市民緑地公園があった。

この場所では夜になると、警察官が懐中電灯を照らして、男性同性愛者が暗闇に隠れているのを暴くといったことがまれに行われた。しかし、警察がひとたび集団を作って近づいて、荒っぽい行動に出ることもあった。そのようなときは、一般の人々に厄介な相談や聞き込みをするといった危険をほとんど冒すことなく、被疑者を逮捕できるという確信があった。フランクフルトで事情に通じている男性同性愛者[48]は、このような警察の手入れがあったときは、自らすすんで両手を挙げて警察の方に歩み寄った。少なくとも有形力を行使されるのを避けられると期待したからである。

フリッツ・バウアーは、検事長として、全ての起訴案件に責任を負っていた。しかも、検事局を補佐する司法警察の強制処分に対しても責任を負っていた。とくに彼は、市民としての信念を非常に強く求めてきたこともあって、難しい試練に立たされた。

刑法には、過去の時代から残るカビのようなものがなおも広範囲に生きていたが、フリッツ・バウアーには、職務ゆえにそれを適用することが求められた。その法は、姦通、堕胎、とくに同性愛に対して刑罰を科し、道徳的に曝し者にした。市民の私的領域に介入し、このように峻厳な制裁を課すことは、ヨーロッパの大部分の国においては、すでに過去のものとなっていた。フランスやイタリアのようなロマン語系の諸国では、同性間の関係は非犯罪化されて久しかった。一八一〇年のナポレオン法典は、フランス革命の成果として、倫理的非難と法的非難とを区別した。オランダ、スイス、スウェーデン、デンマークでは、男性間の同性愛はすでに不可罰とされていた。その後を追いかけるべきか、追いかけるべきでないのかをめぐって、ドイツではすでにワイマール時代以降、ひとつの論争があった。しかし、フリッツ・バウアーが今ヘッセン州において立法者の先回りをして、なおも妥当しているドイツの刑罰規定を男性の同性愛者に対してもはや適用すべきではないという指示を出したならば、彼の行為は枉法《おうほう》罪（訳注：ドイツ刑法三三六条は、裁判官などが誤った法解釈を故意に行い、それによって裁判の当事者に利益または不利益を与えた行為を処罰する）に該当すると解され、失職を余儀なくされた。

　このような時に現れたのは、実用主義者の姿であった。それは、法服を着続けることを心得ている現実主義者の姿であった。ヘッセン州では、フリッツ・バウアーの後ろ盾もあって、評判の良くない一七五条の男性間同性愛条項による有罪判決は、あまりなかった。彼が就任する以前は、ヘッセン州の検察官は、合意に基づく同性愛行為を理由に一四一人の男性を有罪へと導いた。それから一〇年経って、アウシュヴィッツ裁判の最終盤に諸外国の報道陣をフランクフルトに招いたとき、ヘッセン州では、なおも一二三人の男性に対して同様の屈辱が加えられていた[49]。バウアーは、司法の進行に直接介入し、同性愛者の訴追装置にブレーキを掛けるといった危険は冒さなかったのである。立法者が、まずは軌道に乗せるべきである——三権分立原則では、そのように想定されていたからである。そのために、バウアーは政治の舞台へと向かい、刑法の自由化を実現するために、それを声を大にして主張した。

同性愛の友人――一七五条をめぐって論争するバウアー

「全ての同性愛の形態は……動物界における類似行為が……示しているように、性的態度の高度の変化可能性の表現様式である」[50]。フリッツ・バウアーは、ドイツ刑法における近代化の推進を支援する著書『犯罪と社会』において、このように書いている。彼は、その二年前に刊行された『キンゼー報告書』を参照しながら、この報告書によって、非常に大勢の人々がこの種の問題が公然と語られたことを知ったに違いないと解説した。評判の良くないドイツ刑法一七五条の同性愛条項は、自由主義者がドイツ刑法の反動的なカビを除去するために換気することに努力したにもかかわらず、一九五〇年代および一九六〇年代において、最も目立った条項であった。それは、一つの原理の象徴――成人が自己決定に基づいて行動し、誰をも侵害していなくても、道徳を強調して介入するために不当に行使されるドイツ刑法の象徴であった。

一七五条は、その当時、その反動的なカビを徹底的に支える条項であった。「その実行が私たちにとって耐え難いと思われる社会倫理的に特別に非難に値する態度に対して刑罰を科すこと」[51]に異論を唱えるべきではないと、保守的な法政策家たちは論じた。その議論において彼らが特に指摘したのが、動物虐待と獣姦の可罰性であった。それらの位置づけは、アデナウアー時代にさらに徹底したものにさえなった。論争は、公式の法学的文化闘争へと移り、数十年にわたって続いたが、その方向はすでに路線が決められていた。

一七五条の同性愛条項の条文は、連邦共和国では、一九六九年まで適用された。それは、ニュルンベルク人種法と並んで、ナチの「刑法改正」が可決された一九三五年に端を発する。同性愛行為は、すでにそれ以前から可罰的であったが、法定刑の有期懲役の上限を六ヶ月から五年に引き上げたのはナチであった。その改正規定は、「他の男性とわいせつな行為を行い、またはその人にわいせつな行為をさせるために自己を濫用した者は軽懲役に処せられる」と定式化した――それによって裁判所には、新たな、考え得る限り幅の広い裁量の余地が与えられた。わいせつ行為の概念については、帝国裁判所はあいまいに定義するだけであった。それに従えば、「客観的に見て、一般人の羞恥心を害し、両者のうちの一人または第三者の性的興奮をかき立てる快楽的な目的が主観的にある場合には[52]」、処罰することができる。検察官は、そのために身体的接触があったことを証明する必要は全くなかった。同時にナチは、新たに一七五a条を設け、特別の場合には、例えば強制的な行為、二一才以下の男性との性的な行為または男性による売春には刑を加重することを定めた。

一九四五年にドイツが無条件降伏した後、連合国の管理委員会は、「裁判官に対する一般指令」を公布し、ナチ党の権力掌握後に刑罰加重的な方向で施行された法規を適用することを禁止した。管理委員会は、一九四六年に起草された新刑法典の草案を作成して、ナチの条項に比べて自由主義的なワイマール時代の同性愛条項に戻ることを求めた。しかし、何も変更されなかった。

「一九四五年から連邦議会が開催されるまで西側の占領地区で支配的であったのは、一七五条と一七五a条は、自由な民主的法治国家においてその妥当性を否定されねばならないほど『ナチによって鋳造された法』であるとまではいえないという一致した見解であった」[53]。連邦憲法裁判所の裁判官は、一九五五年にこのように判断を示し、それによって二人の男性が訴えた憲法違反の主張を斥けた。それと同時に連邦通常裁判所は、帝国裁判所が示したわいせつ行為の定義を継承した[54]。その定義によれば、同性愛行為を理由に処罰するにあたって、相互に身体的な接触が行われることまでは要件ではなかった。構成要件というものは、とにかく文言に改めて着目すれば限定することができた。連邦通常裁判所は、わいせつな行為を「行う」というのは、法律上の意味において、行為に一定の継続性があり、また一定の強度がある場合だけであると論じた[55]。

一七五条は男性だけを名宛人とし、それは男女平等の原則（基本法三条二項[56]）に反する。カールスルーエにおいて、このように憲法違反の訴えが起こされたとき、連邦憲法裁判所は、一九五七年に生物学的な議論を行って、その訴えを斥けた。「男女平等の原則」は、「男性の同性愛と女性の同性愛を立法において取り扱うに際して、そのための基準」を提供するものではない。なぜならば、「生物学的に異なるということは、性別上異なる扱いをすることを正当化し、それは同性愛の領域においても妥当するからである。……すでに身体的な生殖組織が形成されることによって、男性の場合、積極的に働きかけ、要求する機能があることを示している。これに対して、女性の場合、より受容的で、受け容れの準備が整っている機能があることを示している」。さらに連邦憲法裁判所は、男性とは異なり、「女性は、性生活が負担と結びつくことを、すでに無意識のうちに注意喚起されているが」、そのことは「一方で女性の場合、身体的な欲求（性的本能）と情愛の感受性（性的愛情）がほとんど常に相互に融合しているが、他方で男性、とくに男性同性愛者の場合、この二つはしばしば分離することがある」

という点に表れていると述べたのである。女性の同性愛者に関して言えば、「母性に基礎づけられている女性のオルガニズムは、女性が生物学的に母親でなくても、女性・母性という伝統的な社会的意味において作用する……方向」を無意識のうちに指示しているというのである。このような問題に対して、カールスルーエの裁判官が人格の自由な発展を追求する権利（基本法二条一項）を適用したかというと、それはしなかった。この権利は「人倫法則」に限界づけられ、それを超える適用は認められないからであった。この「人倫法則」は条文に記述されていないが、裁判所がその意味として挙げたのは、「民族の健全で自然の生活秩序」、具体的にはキリスト教の二つの宗派の信条であった。

アデナウアー時代には、厳格な離婚規制が行われ、避妊薬の普及が国家的に管理され、中絶の禁止措置がとられていたが、一連の同性愛条項はそれらと共に成り立っていた。コンラート・アデナウアーが一九五三年一〇月二〇日の政府声明において家族政策の目的として挙げたのは、「出産の恒常的な増加」[57]であった。連邦共和国家庭省の初代大臣フランツ＝ヨーゼフ・ヴュルメリンク（キリスト教民主同盟）は、「十分に教育を受けた子どもを持つ健全な家庭が数百万あれば、それは東側の子沢山の国民から身を守るための重要な保障になります。それは、少なくともあらゆる軍事的な保障と同じくらいの保障です」と、付け加えて述べた。「人口科学の知見によれば、およそ出産可能な全ての夫婦が三人の子どもを持ったときに、その子どもの世代はようやく親の世代と同じ規模を維持できます」。

一九六二年は、アデナウアー政権が全面的に時代遅れの刑法典の改正草案を提起した年であった。[58]それは、一八七一年以来、初めての改正であった――そして、全ての近代化論者に対する宣戦布告であった。ボンにある司法省の改正委員会は、その改正草案において、一七五条をワイマール時代の比較的寛大な条文に戻すことを提案した。今なお同性愛を国家的に非とすることに対して疑問が広がりつつあったが、それにもかかわらず公式の理由書では、次のような理由から退けられた。「なぜならば、その処罰の可能性を除去するならば」、同性愛者たちの「次の課題」は、「同性間の行為に対する社会的な承認を求めることになると思われるからである。その際彼らは、新しい刑法典が彼らに対して付与するあらゆる可能性を利用し尽くすであろうことは疑いない。それに加えて、彼らは法律が変更されたという事実を、法律は成人男性間の性交を承認しているという意味において解釈し、そのように主張するために利用するであろう」[59]。

同性愛者たちのこの努力は、非常に現実的であるとして承認されていたが、アデナウアー政権の草案は、この努力に対抗して、「刑法の倫理形成効」を強く訴えた。「ここ十数年にわたって利害関係のある集団によって繰り返されてきた主張は、同性間の性交に関して重要なのは自然の欲求であって、それゆえ卑猥な欲望ではないというものであった。しかし、そのような主張は、目的を実現するためのものでしかなく、斥けるほかない。同性間のわいせつな行為が蔓延し、大胆に行われたところでは、民族の堕落とその倫理力の衰退がもたらされている」。

ボン政府は、一九六二年、宗教、婚姻または倫理に関する全ての犯罪構成要件を「倫理秩序に対する罪」という新しい章のもとに一括して定め、それまで二八ヶ条あった個々の構成要件を分割して、四七ヶ条を超えるまで増やすことを計画した。計画された新しい倫理刑法は、その章のもとで、神への冒瀆罪から始まり、姦通罪、避妊薬の譲渡罪、そしてわいせつ行為という文言を伴う一七ヶ条の様々な構成要件に加え、合計五ヶ条の売春あっせん罪条項、さらに獣姦罪にまで及んだ。自分の夫の精子が用いられない場合の「人工授精」にも、刑罰を科すことにしたのは、ヨーロッパにおいて初めてのことであった。

フリッツ・バウアーは、その翌年に、それに反論するために、比較的長い最初の意見書を発表した(60)。彼は、性研究者のハンス・ビュルガー＝プリンツおよびハンス・ギーゼと共同して、様々な分野の著名な執筆者を集めて、『性と犯罪』という表題の新刊を出版した。その中には、テオドール・W・アドルノも含まれていた。ヘルベルト・イェーガーという名の若手の大学助手が編集作業を引き受けた。バウアーは、その労に対して、彼がナチの暴力犯罪に関する教授資格請求論文を執筆するのを支援した。性刑法の自由化を支持する彼の意見表明は、出版の初年に五万部を売り上げた(61)——大きな反響を呼んだということである（その六年後に出版されたバウアー著『犯罪と社会』は、第一版でたったの三千部しか出なかった(62)）。それによってバウアーは、意見表明をしたのであるが、そこは自由主義的な小さな合唱団でしかなかった。彼の主張は、その中で最も響かなかったし、また彼の名が最も通っていたわけでもなかった。しかし、司法において実際に権力的な地位を有していたのは、彼だけであった。

フリッツ・バウアーは、彼が執筆を始めたエッセー『性と犯罪』のなかで、男性間の同性愛を刑罰によって威嚇しているのは、ドイツと「非共産主義ヨーロッパ」では四ヵ国だけであり、それ以外の一五ヵ国はそれを平穏に見守っていると指摘した。そして、デンマークの刑法学者のシュテファン・フルヴィッツの言葉を引用して、「デンマークの法では尊重に値する」同胞男性が、連邦共和国では「犯罪学上の課題(63)」として扱われていると述べた。「『権威主義的パーソナリティー』の最も明白な表れの一つは(64)」と、テオドール・W・アドルノがその論文の中で付言して述べたように、「自らをして全体主義への順応者たらしめるあの性格構造を有した人々が、彼らの見解によれば性的に逸脱したと思われる人々に向けられた迫害幻想によって、つまり総じて彼らを自分たちから遠ざけ、部外者集団として描き出す乱暴な性的観念によって、かなり苛まれていたことである」。

それと同時に、キリスト教民主同盟の陣営の考え方に対する対案として、特色のある法案を作成する作業を開始した一人の自由主義的な刑法学者がいた。その法案は、一九六六年以降、少しずつ公表された。一九六八年に公表された性刑法の章において、保護の必要性のある法益と見なされたのは、依然として個人の自由と青少年の保護だけであった。「刑法の社会政策の非常手段としての機能を誤って理解しない限り、また憂慮すべき方法で市民を後見するようなことをしない限り、刑法は性の領域において、普遍的・道徳的な状態をそれ自体として保護することはできない(65)」と、ドイツの大学教授が着用するガウンを着た一六名の学者たちが、そのように明解に述べた。フリッツ・バウアーは、法服を着た政治家であり、その中には含まれていなかった。

バウアーは、一九六八年六月三〇日に逝去した。そのため、一九六八年九月にニュルンベルクで開催された性刑法の改正をめぐる法曹会議において、議論がいかなる方法へ展開したかについて、彼はもはや見聞きすることはできなかった。その会議では、司法省を代表してカール・ラクナーが「単一の社会道徳の前提」として「社会の両性的構造(66)」を示したときには、すでに防禦の態勢に入っていた。なぜこの構造が維持されなければならないのか、そのもとにおいて何が想定されるべきなのかという疑問に対して、ラクナーは、社会の両性的構造が追求するに値するとか、それが維持されねばならないということを述べたわけではないと説明し、それどころか同性愛を「異端視」することを非難しさえした。「しかし、個々の未成年者が可能な限り同性愛者になる運命を免れるという点に、社会の利益があるということは明らかなことです」。

それは、断末魔のあがきのようであった。一九六六年に社会民主党のグスタフ・ハイネマンが大連立政権の司法大臣に就任して以来、キリスト教民主同盟と社会民主党の間で妥協的な法案のバランスをとることだけが重要な課題になっていた。成人間の同性愛行為の可罰性が実際に取り除かれたのは、最終的な法案が出来上がった一九六九年であった。

「成人」の要件のもとにおいて、何が理解されているのかは、もちろん定義の問題であった。まず立法者は、同性間の行為が処罰される年齢基準の上限を二一才に設定し、それによって異性間の行為が処罰される年齢基準よりもはるかに高くし、処罰範囲を広くした。その後、一九七三年に年齢基準の上限が引き下げられたが、それでも一八才が基準とされた――それに対して、未成年者が一六才になれば、異性間の性交は自己決定に基づいて行うことが許された。評判のよくない一七五条の同性愛条項という最後の残りかすが刑法典から削除されたのは、一九九四年になって、二つのドイツ国家の間で行われた一連の法の調整作業においてであった。

以上の点に関して、執筆活動において最盛期を迎えていたバウアー検事長に相応の功績が認められてしかるべきであった――一九六九年に変更されたのは、法律の文言だけではなかった。それは、広く国民の間で実感されてきた意思の表れでもあった。反動的な倫理刑法は、その支柱を失った。バウアーは、フランクフルト・アム・マインの倫理部局の責任者が、「塔前の賭博場」、「かりそめの恋」、市民緑地公園などの公園や舞台となった飲食店から、いかにして彼の部下を引き上げさせたかを、なおも見聞きすることができた[67]。倫理部局の責任者は、一九六八年のインタビューで、成人間の合意に基づく同性愛はドイツの近隣諸国においては「ごく限られた範囲において処罰されている」だけであり、連邦共和国においてもその非犯罪化はすぐにでも考慮されなければならないと述べた。

第十章　孤独への道——フリッツ・バウアーの悲劇的な運命

同胞に対する恐怖――法律家とユダヤ人

一九六四年八月のことであった。フランクフルトに住んでいる一七才のユダヤ人の少女は、父親へルス・クーゲルマンがアウシュヴィッツ裁判で証人として証言したこと[1]を新聞報道で初めて知った。アウシュヴィッツ＝ビルケナウの駅のホームで、親衛隊員は大声で話しながら、手を小さく左右に振ってユダヤ人たちを選別し、両親と九才と六才になる二人の姉はガス室に送られて殺された。彼は、裁判において、自分が見たその経過を、きっぱりとした声で、そして彼が育ったポーランド南部のビェンツィンの穏やかな訛りで述べた。その後、フランクフルトに移り住んだが[2]、戦後に生まれた娘のシリーに、そのことを話していなかった。

「私たちは、両親から何も聞いていません[3]」と、シリー・クーゲルマンは述べた。「私たちは事実を知りません。しかし、強い不快感、歴史の汚点を感じていました。私たちの感情を述べることは、私には困難です。話をする雰囲気としては、重苦しく、深刻な状況であると言っていいでしょう。楽しいことや気楽なことがなければ、家で笑うことはあまりありませんでした。私にとって、この時期を象徴する最大のものは何かというと、それは両親が肉体と精神の病を治すために吸っていた薬です」。

シリー・クーゲルマンは、その当時すでに他のユダヤ人の若者と相互に協力しあっていた。彼らを取り巻くドイツの環境は、依然として抑圧的であり、通学する学校の雰囲気は陰湿であり、家族に対しては迫害が加えられた。彼らは、このようなことを身をもって経験した。一九五八年に設立されたドイツ・ユダヤ復興主義青年同盟に当時加盟していたフランクフルト在住のミカ・ブルムリクが述べているように、アルコール、たばこ、ロックンロールなど、戦後の復興期のあらゆる現実逃避主義は、同盟の中では蔑視された。「私たちは、高校を卒業した後にはドイツを去り、イスラエルに移住することを、燃え上がる炎の前で誓いました」[4]。この同盟は、旧ナチ勢力と闘っていたユダヤ人法律家のフリッツ・バウアーを尊敬した。彼らは、「星」を意味する校内新聞『メオロト』を共同編集した。そして、二人の一〇代の少女のシリーとミカは、フリッツ・バウアーが『メオロト』のインタヴューを受ける準備ができていると返事をよこしたことを知ったとき、「私たちは、心の底から彼のことを尊敬しました」[5]。

検事長は、二人の若いユダヤ復興主義者が執務室の机の前に座ったとき、好意的に接した。彼は、彼女たちの話をじっと聞いた――彼女たちに対して、大人がそのような態度で接したことがなかったので、バウアーの態度は彼女たちには慣れないものであった。シリー・クーゲルマンが述べたように、彼女たちはナチ裁判について質問したが、彼は「最も愚かな質問」[6]に答えた。最終的には、呆れて物が言えなくなるほど不可解な出会いのまま終わった。

バウアーがこの時期に知り合いになったユダヤ人以外の若者は、バウアーが温かく接してくれたこと、彼と討論することが喜びであったことを、それから十数年経った後でも熱く語った。バウアーは、一九六〇年代、ありとあらゆるパネルディスカッションに出るために講演旅行に出かけた。身振り手振りを交えて行う話し方は、挑発的であった。彼はいつも若者の政治的な観念と思い描いている夢を知ろうと努め、そのため常に正反対の事柄を提示して、彼らを刺激した。フランクフルトの作家ハンス・フリックの息子が、「バウアーさん。あなたは共産主義者なのですか？」と質問したとき、バウアーは深く息を吸い込んで、咳払いをし、――一〇才の少年の前で――ソファーに座ったまま、どれほど長い時間をかけて説明してくれたかと、フリックは熱く語った。[7] 少年は、そのあとで父親に言った。「僕は大きくなって、政治のことが理解できるようになったら、バウアーさんと議論してみたい。あの人は、僕が言ったことを真剣に受け止めてくれました。ほかの人とはまったく違います」。

それに対して、シリー・クーゲルマンは、その法律家は父親のようなそぶりや温かさなど全く見せなかったと述べた。[8]『メオロト』の編集者は、ユダヤやイスラエルに関する話題を正面切って取り上げたにもかかわらず、バウアーはそれに一言も触れなかった。彼はその時期にすでにイスラエルに何度も出張していたにもかかわらず、すでに若い頃からユダヤ復興主義の理念と格闘してきたにもかかわらず、彼は無言を貫いた。バウアーはハイデルベルク大学に在籍していたとき、ユダヤ復興主義に関する討論会に参加し、その後は一九六七年の第三次中東（六日間）戦争[9]が勃発した際には、どのようにすればフランクフルト・ユダヤ教区がイスラエルのために寄付を集めることができるかと、教区に対して内密に問い合わせた最初の人物であった――つまり、フリッツ・バウアー自身が望めば、多くのことを話すことができたにもかかわらず、すべての話題に対して一言も話さなかったのである。

彼は、強制収容所の生存者であり、かつ亡命者であった。彼は、ドイツ人の圧倒的多数を政治的に説得しようと思っていた。バウアーは、すでに帰国して以来、彼と彼らとの間にはある人間的な違いは大きいものではないと、過小評価していた。とくに公的な討論会やインタヴューでは、そうであった。彼は、できることならユダヤ人であることを確認されたくなかったのである。彼にはユダヤ人の友人はいなかった。司法の仕事に日常的に従事していても、昼の間は仕事の面で他のユダヤ人帰国者と接することはあまりなく、夜になって会うことなど全くなかった。フランクフルトの司法において魔女狩りを行ったのは「ユダヤ人一派」であるという妄想は、フリッツ・バウアーが受け取った誹謗中傷の手紙や脅迫状の中では、まだまだ信じられていた。フランクフルトは、この時期、ドイツのユダヤ人社会の拠点であった。[10] より正確に言えば、バウアーが住む住宅街、シナゴーグもあった西部地区は、その拠点でさえあった。ユダヤ教区には、バウアーより四才年上で、よく似た経歴を持つ法律家のパウル・アルンスベルクが役員として名を連ねていた。一九三三年に公職から追放されて亡命し、ジャーナリストとして仕事をした知識人であった。ドイツのユダヤ人中央評議会事務総長のヘントリーク・ゲオルク・ファン・ダームがフランクフルトに住んでいたが、彼もまた法律家であった。戦後、バウアーがブラウンシュヴァイクで勤務していたとき、彼はオルデンブルクで司法の再建に協力した。しかし、バウアーはやや距離を置いた。彼は、確かに一九六〇年代にウィーンに行って、その地のユダヤ教区民を前に講演を行ったことがあった。[11] しかしそれは、バウアーが純粋に職業の上で懇意な関係にあった著名な「ナチ狩人」のジーモン・ヴィーゼンタールから招待されたからであった。彼は講演終了後にヴィーゼンタールと内密に、いくつかの情報を交換できるのではないかと期待したから、講演を引き受けたのである。様々な点において一致していることは重要ではなかった。仕事が共通しているということだけが重要であった。

かつてあった話である。バウアーは、一九六〇年代、ハンブルクで『ディ・ツァイト』の編集部のゲアト・ブセリウスのところで開かれた夜の催しに招待された。席順は、その当時週刊誌の編集を担当していたマルセル・ライヒ=ラニッキと彼とを引き合わせるような配置になっていた。[12] バウアーは、あろうことか編集部にいた唯一のユダヤ人の隣に座らされた（そして、プロテスタントのレジスタンス活動家のマリオン・グレフィン・デーンホフの隣に座らせなかった）ことに苛立った。ライヒ＝ラニッキと知り合いになることは、不幸以外の何物でもなかったからである（主催者は間違ったことをしたとは全く考えていなかったに違いない）。しかしながら、よくよく考えてみると、ライヒ＝ラニッキは、バウアーの仕事に大いに共感していると表明していた一人である。一九六四年五月二二日、彼は『ディ・ツァイト』の文芸欄において、ドイツの作家に対して、アウシュヴィッツ裁判を傍聴して、真実を「閉ざす」のではなく、それを光に「かざす」人々の話を聞き、それを記すことを呼び掛けたほどであった。[13] ハンブルクのこの日の夜、多くの人々の視線が彼ら二人に向けられていたに違いない。ユダヤ人とユダヤ人——彼らは、どのようにすれば互いに理解し合えるのだろうか？　そのことはともかく、バウアーがライヒ＝ラニッキのことを最初から我慢できないと感じるほど身勝手な人間であったことは確かである。このことを強調することは、後のバウアーを知るうえで決して意味のないことではないと言えよう。

アウシュヴィッツ裁判が行われている間、二〇〇人を超える強制収容所の生存者が証人として証言席に立つために、フランクフルトにやってきた。彼らは、フリッツ・バウアー自身が強制収容所の被収容者であり、亡命者であったことを聞いた。そのうちの若干の人々は、アウシュヴィッツの実行犯に対する捜査が開始された一九五九年、彼に対して心のこもった手紙を送った。[14] フランクフルトにあるバウアーの執務室には、彼らから送られたアウシュヴィッツの石が保管されていた。[15] しかし、このような証人に対しても、彼は個人的に距離を置いた。この時期、バウアーは繰り返しメディアに登場して、アウシュビッツの生存者がよく話しているように、「右腕」に押された焼印の入れ墨について語った――しかしながら、被収容者の番号が押されていたのは、実際には右腕ではなく、左腕であった。彼はまた、「屠殺場に送られる動物に押されてあったのと同じように」その番号を見たと、一九六三年八月、北ドイツ放送局のインタヴューで述べた。それは、フランクフルトの喫茶店で隣の席に座っていた若い女性のことであった。「彼女がコーヒーを飲んだとき、着ていたセーターの袖がめくれ、その右腕にアウシュヴィッツの番号が押されているのが見えました。……青い色でした」[16]。バウアーは勘違いをしているのが明らかになったのであるが、その後アウシュヴィッツ裁判が進められ、最初の証人尋問が間近に迫ってきたとき、バウアーは、それに加えて、さらに印象の残る光景をもう一度繰り返した。数百人の生存者が法廷に入り、宣誓のために右手を挙げたときに、そこに入れ墨があったのを見たと述べた[17]。その数年後、アウシュヴィッツ裁判が結審したとき、バウアーは三度目の間違いを繰り返し犯した[18]。それは、些細なことでしかなかった。しかし、バウアーがこの時期に生存者と手紙のやり取りを続けていたならば、誤りに容易に気づくことができたであろう。

バウアーは、国際アウシュビッツ委員会事務局長のヘルマン・ランクバインとフランクフルトで個人的に数回会って、証拠の収集にあたって協力してもらうことを確認した。しかし、その時バウアーは、ランクバインに証拠の収集に協力していることを絶対に口外してほしくないと特別に願い出た。それは、保険をかける意味があった。フランクフルトの被害弁護団のヘンリー・オルモントは、アウシュヴィッツ裁判において付帯訴訟の原告の代理人を務めていたが、彼はその意味を即座に悟った。オルモントもまた同委員会に対して、フリッツ・バウアーの捜査の進捗状況に関して記者会見を開かないよう警告した。「あなたは、裁判全体の背後には東側諸国によって操られた宣伝活動があるという仮説を裏付ける議論を弁護人の側に提供することになるだけです[19]」。

国際アウシュヴィッツ委員会事務局長ヘルマン・ランクバインは、一九五九年八月一日にフリッツ・バウアーに手紙を送り、その中で、クラウス・ダイレフスキー被疑者が釈放されたこと、バウアーの指揮下にいる検察官がうかつにもそれを受け入れたことに怒りを露にして非難した[20]。そのとき、バウアーはランクバインの横柄な調子の言葉に憤慨した。アウシュヴィッツ裁判において活躍した若手検察官の一人であるヨアヒム・キューグラーは、「ランクバイン氏は、私たちに協力してくれました。私は氏のことを非常に尊敬し、高く評価しています[21]」と後に述べた。「ランクバイン氏は、事態がどこに向かおうとしているのかを私たちに指し示そうと試みていますが、私たち二人（フォーゲルと私）は、基本的にそれに歯止めをかけました。……それは、ある新聞社のジャーナリストであるメイヤーがやってきて、『検察官の皆さん。お聞きください。皆さんは、今ならもっと上手にやれますよ』と言ったときと同じでした」。それでもやはり、ただ一般国民の関心が証拠収集への協力に向かわないようにするために、バウアーは、人々に対して戦術的に控え目に行動するよう促したのである[22]。

そうこうするうちに、彼は自ら完全に身を引いた。フリッツ・バウアーは、自身とランクバインとの間に安定した距離感を獲得した。ただバウアーは、ある事情から、友好関係を表す手紙を手短な形で書き、アウシュヴィッツ委員会事務局長宛てに送った。バウアーは、ランクバインとの話し合いをするために、部下の検察官だけを派遣した。バウアーは、どんな場合であっても、被害者と直接会うのを拒んだ。彼らが、バウアーに対してどんなに大きな共感を示そうとも、そうすることを拒んだ。なぜなら、彼は訴追が政治的に客観的なものであり、偏見に囚われていないことを一般国民に示し、その信頼性を保障しなければならなかったからである。彼はそのために、高い代償を払ったのである。

アウシュヴィッツ裁判が結審した直後の一九六五年、ランクバインは裁判に関する著作を公表した。その中で、彼は裁判官と付帯訴訟代理人を、それどころか弁護人さえをも称賛した。しかし、検察官の功績に対しては、彼は辛辣な批判の余韻を残した。ランクバインは、当初は希望に満ちた手紙の中で、アウシュヴィッツ裁判のことを「我らの」アウシュヴィッツ裁判と書いていた。[23]しかし、公表された著作では、ジャーナリズムによる処罰という最も厳しい形式が採用された――交友関係があったこと、憤慨したこと、そして失望したことを露にした。バウアーの名前は、二巻セットの著作の中で見られることはなかった。「全体的に描写すると[24]」、ランクバインの評伝作家のカタリーナ・シュテンゲルは、「彼はその場に存在しない人物であった」と書いた。生存者の組織は、フリッツ・バウアーと自然な絆で結びついていると当初は思っていたが、今では彼のことを期待はずれの人として扱った。彼がユダヤの出自であることが、状況をさらに悪化させた。バウアーは、それによって悲劇に巻き込まれた。ランクバインは、バウアーがそのように振舞ったのは、彼がユダヤ運命共同体の一員であることを冷ややかに見ていたからだと評価した。彼の振る舞いは、実際にはランクバインに向けられた冷ややかさでしかなかった。

十代の少女のシリーとミカの二人は、一九六四年九月、フランクフルトにあるバウアーの執務室で机をはさんで座り、質問をした。最後に出され唯一つの質問は、ドイツのユダヤ人の現在の生活に向けられたものであった。[25]ナチの実行犯に対する裁判は、今日のユダヤ人をも傷つけるのではないかというのである。その時バウアーは、話をはぐらかして、別の話をした。若きユダヤ復興主義者たちは、遠慮したため、話をさえぎって聞き直すことができなかった[26]。

それが彼の悲劇であった。バウアーは、あろうことか、彼を実際に構成員として迎え入れた唯一の集団から離脱したのである。彼は、自分自身を人間的に一つの状況へと追い込んでいった。それは、彼の両親や祖父母がワイマール時代に置かれた状況よりも孤独なものであった。バウアーの祖先は、ユダヤ的であり、かつドイツ的でもあるという選択を最終的には希望しなかった。彼らに対してドイツ的なものが否認されても、彼らには常に第二の集団との、つまりユダヤ集団との結びつきがあった。それに対して、フリッツ・バウアーは、一九四五年以降、ユダヤとのつながりを断ち切り、その代わりに少なくともドイツ人として正式に認めてもらうための決断をした。彼は、フィヒテ、ゲーテ、そしてシラーを引用することを習慣にし、ヒトラーの暗殺計画者であるシュタウフェンベルクと同窓であることを強調し、そして彼が求めた抵抗権をこれ見よがしに「ゲルマン的」なものと例えた。彼は、一九六七年の大晦日、つまり死去する半年前に、火葬を希望する内容の遺言状を書いた――「遺骨は埋葬してはならない[27]」。それは、葬儀の様式としては非常に非ユダヤ的であって、ユダヤ社会においては許されないものであった。ただし、彼が残した遺言は、わずかしか実現されなかった。死の間際になって、そのような遺言を残すことは、彼には許されなかったからである。一九六七年にフランクフルトで開催された書籍市で、ドイツ民主共和国の国営出版社がナチの法律家の氏名が記載された褐色の表紙の『外交文書記録集』を出展した。バウアーは、私信で次のように書いて、その書籍を押収させようとはしなかった。共和国には、それに憤慨した政治家が数多くいた。「そのことが引き金になって、いかに国中の褐色の人々が一体化し、そして集中的な攻撃へと突き進んでいくことか、それを見るのは恐ろしいことです[28]」。

「フリッツ・バウアーは他の人々が年金生活に入る年齢に達していました。驚くほど活力があり、休むことなく働き、危ない状況に陥っていました[29]」と、フランクフルトの作家ホルスト・クリューガーは述べている。バウアーは、アウシュヴィッツ裁判が行われているとき、クリューガーを訪ねた。そのとき、すぐにクリューガーと親しくなった。「彼は、いつも怒っていました。彼は、この社会だけでなく、自分とも争っていました。彼は、最近になって子どもの頃の話、いつも感じていた青年期の苦悩を語るようになりました。彼の死の直前に、精神分析医のところへ行くかどうかという質問をしたとき、彼は動揺していました。六四才の彼は、粗雑な方法で自らに質問しました。ドイツの法律家で、そんなところへ行く者がいるのか？　彼らは皆、『完璧』な人ばかりだ——また、ほとんどの者は完璧ではない、と」。

フリッツ・バウアーが死去して数年経って、スイスの豪華なホテルの張り詰めた雰囲気の中で、ある会話が行われた。その中で、バウアーの妹のマルゴットが兄について、「兄をセイバーズに例えることができるでしょう。彼は、どんなに暑くても、それを感じていることを表そうとはしませんでした[30]」と話した。セイバーズ——マルゴットは、ここであえてユダヤの言葉を用いた。それは、イディッシュ語で団扇サボテンの実を意味した。それは柔らかくて甘いが、刺に覆われているため、イスラエル生まれの人々のように刺々しく思われている果実である。それは、イスラエルで用いる皮肉たっぷりの例えであった。バウアーの妹は、七〇才になろうとしていた。スカンジナヴィア半島からもう戻らなかった。彼女は、このような言葉を選んで用いて、楽しそうにしていた。それが唯一の平穏さであること、ユダヤ世界が温かさから形成されていることが語られた。政治的なことを実践するために、戦後のドイツに戻った兄のフリッツのところで、そのような軽快さを想像することはもはやできなかった。

「彼と話ができる人などいませんよ」――フリッツ・バウアー率いる若き検察チーム

二人の白髪のナチの実行犯に対して、法廷でこっそりと耳打ちした若者は、この町では知られた顔であった。ブロンドの髪は流行のスタイルで整えられ、小太りの体型はいつものようにピッタリ合ったスーツで包まれ、その声は不快に感じる人もなく、聞き取りやすい高いトーンで法廷全体に届いた。心のこもった、柔らかいヘッセン訛りで、力の入った、明瞭な表現で話をした。各国の報道関係者が押し寄せるなか、三年前のフランクフルトのアウシュヴィッツ裁判の論告のときに掛けていたのと同じ特徴の黒いべっ甲メガネをその時にも掛けていた。当時は検察官として職務に就いていた。それは、法廷での立ち位置を変えるために、検察官を辞職して、弁護士登録する前のことであった。

今、この若者は同じ裁判所の建物の中で声を発したが、それは刑事弁護人としてであった。ヨアヒム・キュークラーである。フリッツ・バウアーもまた、法廷にいなかっただけで、一つの役割を果たした裁判でのことであった。一九六七年一一月の公判初日、二人の被告人のうちの一人アドルフ・ハインツ・ベッケルレは、検事長に対して強い非難を向けた。彼、被告人は、検事長の「残酷な訴追措置」によって、その存在を奪われた。執務室の中で高位に就いているフリッツ・バウアーが、あらゆるものの背後にいて、物事を動かしている力になっている。法廷にいて、公訴を代表している小物の検察官は、実際のところ、彼の道具でしかない。このように主張した。

元検察官のヨアヒム・キュークラーは、ベッケルレの良き助言者であった。その裁判は、フランクフルト外交官裁判(31)として歴史に刻まれた。一九六八年八月、最終弁論において、ヨアヒム・キュークラーもまた原則的な立場に立った。彼は、戦後から四半世紀を経た今日において、裁判によって真相を明らかにするにあたり、どうしても感じざるを得ない不快感について語った。ナチのもとにおいて人間はもはや自立性を持っていなかった。適切に行動するか、不適切に行動するかを選択する前に、たんなる「人的資源」として存在していただけであった。このことは明白であると、キュークラーは考えを述べた。それは、原則的に議論すべき問題であった。彼は、たった三年前にフリッツ・バウアーに仕えて取り組んだアウシュヴィッツ裁判に光を当てさえした。キュークラーは、この路線をさらに推し進め、そしてナチの犯罪人を裁く裁判は、今日、本当に「公共の福祉」に奉仕していると言えるのかという問題を提起した。このような裁判は害悪を振りまいていると、キュークラーは主張したのである。ドイツ国家民主党（NPD）は、一九六六年、「もう一度、選ぶことができる」をスローガンに掲げて、ヘッセンとバイエルンの州議会に進出し、一九六七年にはブレーメン、ラインラント＝ファルツ、ニーダーザクセン、シュレースヴィッヒ＝ホルシュタインにも進出した。もしもナチの実行犯が裁判にかけられていなかったならば、このような右翼急進主義は、この時期にこれほどまでの勢力を獲得することはできていなかったであろう。

それは、フリッツ・バウアーにとって、耳の痛い言葉であったが、一九六八年六月三〇日に死去した彼がそれを聞くことはもはやなかった。しかし、かつての部下のヨアヒム・キュークラーとの関係が悪かったことは、そのときすでに一般国民の間に広まっていた。バウアーは、キュークラーが弁護士登録をしたことを知っていたし、アウシュヴィッツ裁判の時の攻勢的な刑事弁護人のハンス・ラテルンザーが、若いキュークラーの弁護士会への入会をどれほど歓迎して受け入れたかを知っていた。キュークラーほどナチ問題について「包括的な知見を持った検察官」はいないと、どれほど称賛したかも知っていた。一九六一年の時点では、フリッツ・バウアーは、「この種の裁判が必要であることは、一般国民の間で」認識されているし、「全体として若者の世代、年配の世代の大部分」は、支援してくれると、楽観的な見解を公言していた。しかし、アウシュヴィッツ裁判は、彼の目を覚まさせた。この裁判が行われていることについて、おおよそ耳にしたことがあるとアンケートで答えたドイツ人は、六割しかいなかった。バウアーは、アウシュヴィッツ裁判の判決を受けて、イスラエルのジャーナリストに対して述べた。「この裁判の教育的な効果は、かりにあるとしても、ごくわずかです」。男性の六三パーセント、女性の七六パーセントが、ナチ犯罪の訴追を終了することを支持した。そして、バウアーに期待されたかつての相棒のヨアヒム・キュークラーは、今ではナチ犯罪に利する王冠証人になった。

バウアーは、検事局の選び抜かれた若い部下たちの忠誠を常に必要としていた。しかし、彼が数年にわたって、部下たちに対して選び抜かれたことの代償を求めたため、この忠誠を厳しい試練に立たせる結果となった。バウアーは、アウシュヴィッツ裁判が行われた一九六三年から一九六五年まで、検事この部下たちを、検事局の建物の脇にわざわざ借りた住居に住まわせた。その気の配りようは、検事局の他の職員が捜査の手を抜くことができるほど大がかりなものであった。「孤独で、孤立している」(38)と感じたと、ヨアヒム・キュークラーは述べた。アウシュヴィッツ裁判の若き訴追官に与えられた最前線の任務は、華やかさも、安らぎもなく、彼がいたところは、広間ほどの大きさのバウアーの執務室から遠く離れたところであった。その場所で任務についていた検察官たちは、自らを「武装した中立的存在(39)」であると表明する裁判官と私的に会話することがあった。アウシュヴィッツ裁判以外の司法の現場において、そのような裁判官と出会い、彼らと自分たちとを比較対照した。フリッツ・バウアーのナチ裁判のために働く者は、敵意を持つことを覚悟しなければならなかった。

司法の世界において、苦労を重ねて出世した年配の法律家の多くは、バウアーが、まだ十分な経験を積んでいない検察官を、どのようにして責任者を務める自分の部署に集めたのかと、疑念を抱いていた。その検察官には、一つだけ共通する有利な点があった。彼らは、ナチ時代が終わって、ようやく大学に入学した——様々な疑いが払拭されない大学教師のところで学んだのであるが、それでも少なくとも司法修習生をナチの教育施設で合宿させる制度のもとにおいて学ぶことはもはやなかった。ヨアヒム・キュークラーのような若い検察官たちがバウアーのところで研修を受けることによって積み重ねられる経験は、非常に魅力があった。

三三才の年齢で、フリッツ・バウアーによって招かれたヨハネス・ヴァルロもまた、その一人であった。当時の写真では、より若く見えた(40)。ウェーブのかかったブロンドの髪が滑らかにとかされ、見た目は真面目そうに見えた。その当時は、まだ認められるために努力をしていた時期であったので、訝《いぶか》しそうな視線であった。ヴァルロには、それまではわずかな経歴しかなかった。フリッツ・バウアーが執務室のある階に彼を配転させたとき、彼を経済事犯の訴追官としてしか見ていなかった。バウアーは、すぐさま若いヴァルロに、繊細で大がかりな事案を任せた。安楽死事案の捜査とマルティン・ボールマンに対する手続であった。ヴァルロは、古くから勤務している二人の検察官と同じ執務室を割り当てられ、そこに一台の机を得た。彼らに対して即座に不信感を抱いたことは明白であった。ヴァルロがトイレで用を足して戻ってくると、その二人の同僚は慌てて彼の机から離れた。そこにはナチの機密文書が置かれていた。バウアーは、即座にヴァルロに対して個室の執務室を用意した。ヴァルロに与えられた執務室は、小さくて、薄暗かったが、誰にも邪魔されずに仕事ができた。ヴァルロが裁判所の建物の中で、体制寄りの同僚の小さな集団の横を歩くと、彼らは会話をピタッと中断した[41]。

バウアーは、若いヴァルロの偽りのない態度に好印象を持っていた。バウアーの執務室には、最新の革製のチェス盤があった。バウアーは、ヴァルロがそれをどう思うかと一度尋ねたことがあった。そのチェス盤を見ていると、霊安室の壁を思い出すと、ヴァルロがいうと、バウアーはそれを聞いて大笑いした。バウアーは、媚びへつらいが嫌いであった。かつて、裁判官が判例において確定した要件を正確に記入しただけの法律文書をヴァルロが作成したことがあった。バウアーは、荒っぽく彼を叱責して言った。「貴方もまた、いつも裁判所の刑事部の方ばかりを見ている連中と同じなのですか?」。バウアーは、部下の検察官に対して、自分の意見を主張し、裁判官の顔色ばかりをうかがわないよう求めた。「彼は、対立的な見解を表明することを期待したのです[42]」と、ヴァルロは述べた。「自分に対してもそうであってほしい」と。一九五六年に若い司法修習生と面談した際に、バウアーは、この後継者となる法律家たちに対して、ある議論をするよう指示を出した[43]。その当時、ベルリンでは、戦争によって破壊された記念教会を修復すべきか、それとも取り壊して完全に撤去すべきかという問題をめぐって争いがあった。バウアーは、撤去に賛成であった。第四世代のベルリン市民である司法修習生のゲアハルト・ヴィーゼと激しく対立した。一致点を見ることはなかったが、バウアーは、重要なことはアウシュヴィッツ裁判のためにチームを作ることであると伝えるために、後からこの若者を呼び戻した。

フリッツ・バウアーの「護衛部隊」――彼らは裁判所では、そのように呼ばれていた――は、検事長が年配の法律家世代と一悶着起こしたとき、その間に割って入った。ドイツ民主共和国によって公表された文書『昨日までヒトラーの血塗られた裁判官であった人々は、今日ではボンの司法エリートである』がヘッセンの六八人の裁判官の過去のヴェールを剥ぎ取った後、バウアーは、彼らに対してナチ犯罪と枉法罪のかどで公訴を提起した[44]。これほどの規模で行われた訴追は、連邦レベルでは一度限りであった。連邦共和国の刑事訴追官が、自分の同業者のことで、これほどまでに怒りをかったのは、この時を除いて他になかった。バウアーは息もつけないほどの勢いで、自らが所属する検事局にナチ犯罪の捜査本部を立ち上げ[45]、それによって故殺罪が時効にかかる一九六〇年よりも前までに捜査に着手した。捜査は最終的には、確かに法的な面での進展はあまりなかった。裁判所で出されたのは無罪判決だけであった[46]。同僚に対して有罪判決を言い渡すことを望む裁判官は、誰一人としていなかった。同僚たちは、ナチ時代に行った行為の違法性を認識していなかったと、裁判官は彼らを免責した。しかし、それでも政治的な効果はあった。一九六二年には、連邦検事総長のヴォルフガング・フレンケルを含めて、多くの法律家が背負っていたナチの過去は、このようにして白日の下にさらされた。その結果、彼は辞任へと追い込まれた。その後、バウアーは、かつてないほど孤立した。「執務室から一歩外へ出れば、敵地にいるかのようである(47)」という言葉がしばしば引用されることがあるが、それはこの時期のものである。

バウアーは、司法に対抗して広範な十字軍を編成し、すでに安定した地位を手に入れていたが、とはいえ敵対する勢力は、彼の陣地に進出することができた。若い部下たちは、自分たちが直接捜査したのが、より高位の地位にいる内部関係者であったにもかかわらず、彼らにはまだ出世が約束されていた。一九六〇年代のある時期に、刑法学会が開催されたとき、フリッツ・バウアーは、朝食が準備されている食堂に大勢の人々がいたにもかかわらず、テーブルに一人で座っていた。彼のところに行って、座る人はいなかった。朝食が終わる頃に、一人の若手研究者が来て、テーブルに座ったので、バウアーは大喜びであった。「検事長は、孤立しているように見受けられた(48)」と、エルンスト＝ヴァルター・ハナックは述べた。あの時の若手研究者は、彼であった。バウアーがフランクフルトで追及している困難な事件の裁判を若い検察官たちが推し進めているが、彼らはどのような状況にあるのかと、尋ねた人はほとんどいなかった。検察官たちは、積み重ねてきた経歴がその表面から崩れ落ちるのを見た。そして、バウアーがそのことに対して、いかに関心を払っていないかを、身をもって知り、唖然とした。

彼らの状況は一変した。それは、フリッツ・バウアーのチームのメンバーが人的に入れ替えられたからである。一九六三年一〇月、司法省はバウアーに対して一人の検事長代行を付けた。その人は、バウアーとは真逆の性格であると言っても、言い尽くせないほどの人物であった。運動で鍛え上げた筋骨隆々の体格で、背も高く、喉仏が出っ張っていて、輪郭のはっきりした鷲鼻をしたこの男性は、五六才のウーリッヒ・クリューガーであり、極端なまでに正確さを求めることで有名な官僚であった(49)。彼の部下が作成した草案に少しでも間違いがあると、すぐに突き返したほどであった。一九四五年以前、ウーリッヒ・クリューガーは、フランクフルト特別裁判所付属の検察官であり、政治犯を管轄していた(50)。その後、彼のことについて、非常に熱心に職務に励んでいたと嫌みな陰口を言う人などいなかった。また、一九三三年当時、フランクフルト上級州裁判所長官が、司法修習生全員に対して、ナチ機関の構成員になることを求めたがゆえに、クリューガーもまた騎馬・突撃隊に入隊しただけであったとして、彼は非ナチ化手続に際して免責された。同じ方法により、ウーリッヒ・クリューガーは、一九三七年にナチ党に入党したことの責任をも免除された。検事長室の頂点につながる新たな進入路が開かれた一九六三年の秋から、彼には司法省の期待が託され、激情家のフリッツ・バウアーとの間で上手くバランスをとるよう求められた。バウアーは、それに対して対抗的な対応はせずに、実用的に対処した。彼は、彼自身にとって負担であった行政上の職務を些事にこだわる検事長代行に任せた。例えば、上級職の人事事務、休暇の申請手続、勤務評定のような事務であり、さらには昇級手続さえも任せた。彼は、そのような権限は政治とはあまり関係がないと考えていたようである。しかし、それは大きな誤算であった。

フリッツ・バウアーは、それによって、わずかしかいない彼の腹心に対してさほど好意を持っていない人物に彼らの去就を委ねてしまった。バウアーが特に自分のところに呼び集めたこの若い法律家たちは、司法の世界においては、頑固な性格の検事長の支援のおかげで、旧世代に対抗して、さっそうとデビューするという快挙を成し遂げ、光り輝く成功を収めたのであるが、司法界においては軽蔑され、そのような評価をやむなく受け入れた。そして、その後はどうなったかというと、彼らに対するこの支援は続けられなかったようである。バウアーの「若き護衛部隊」は、昇進の希望を持ち、次の部署の希望を申し出たが、それが実現するためには、検事長代行の判子が必要であった。そのため、もはやどうにもならなかった。ヨハネス・ヴァルロが勤務する検事長室においても、アウシュヴィッツ裁判の訴追官ヨアヒム・キューゲラー、フリードリッヒ・フォーゲル、ゲアハルト・ヴィーゼが勤務する州裁判所の下級検事局においても、ナチの捜査に熱心に取り組もうとしないウーリッヒ・クリューガーのせいで、捜査に従事している若い法律家の仕事は、暗礁に乗り上げた。政治的にあまり危険のない事案に取り組んでいる他の法律家は、彼らの出世を導く検事長代行の後についていったおかげで、より高位の、より俸給の高い職位へと昇進していった。若き護衛部隊は、その場にとどまったままであった。

ヨアヒム・キューゲラーは、バウアーの新代行を「常に避けた」[51]。彼は、最終的に同僚のヨハネス・ヴァルロのところに助言を求めた[52]。ヴァルロは、話の中で、フリッツ・バウアーがかつて二人の若い法律家にした約束について述べた。バウアーは、彼らに責任を負っていること、彼らのために全力を尽くすことを忘れたことがない。そのことを述べた。ヨアヒム・キューゲラーは、過去二年間、アウシュヴィッツ裁判において最前線の法律家が果たすべき任務を遂行した——しかし、初任給ほどの俸給しか得られなかった。裁判の全体を通して、彼が手取りで受け取って、家へ持ち帰ったのは、たったの千三百マルクであった[53]。そうでなくても、ヘッセン州の検察官と裁判官は、俸給が少ないことに激しく抗議していた。「例えば、行政職の領域には、比較対照できる法律家の職位があるが、それは裁判官の目線よりも上位に浮上し、その上を漂っているような感じを受ける[54]」と、『ディ・ツァイト』は一九六五年に裁判官と検察官の主張を支持する記事を掲載した。キュークラーは、少なくともアウシュヴィッツ裁判が成功裏に終わった後は、より高い俸給が得られる職位に昇進することを希望した。彼は、検事局の中でも比較的落ち着いた部署に配置転換してもらえないかと、論告の後にフリッツ・バウアーに願い出た。それは、機嫌の悪い副・検事長のウーリッヒ・クリューガーの厳しい非難から逃れて、今度は逆に彼から出世のための指示を受けることを意味した。しかし、バウアーはそれを拒んだ。「私たちは、マッチ棒の幅程度しか物事を前進させられませんでしたが、それでも私たちの生活は充実していたではないですか[55]」と、バウアーは彼に言った。キュークラーは、後にこのように述べた。

　強制収容所の生存者である六〇才の男性は、真剣な誠実さを示した。自分の個人的な成功を気にしていた若いヨアヒム・キュークラーに対して、彼は返事を求めなかった。二人は、違う世界に住んでいた。フリッツ・バウアーは、これまでの人生の歩みから、政治ほど重要なものはなく、そのために犠牲はつきものであるということを学んだのであろう。しかし、若いキュークラーには、賢く生きたいという希望もあったのである。「貴兄は、もう専門家ですよ[56]」と、フリッツ・バウアーは、ただ彼に言った。キュークラーは、引き続きナチ裁判に取り組むよう指示を受けた。彼は指示通りに行動した。しかし、それはバウアーが考えていた行動とは異なったものであった。

フリッツ・バウアーは気配りを見せたりしたが、それは決して他人のために行っているのではなかった。そのことが明らかになったため、「若き護衛部隊」は、人間的な失望感を味わった。あまり専門に通じていない人々との社交の場では、彼はゆったりと落ち着いた態度をとることさえあった――法学を専門とする身近な部下との間で、そのような態度をとることはなかった。フリッツ・バウアーには、彼がフランクフルトに来るときに一緒に連れてきたハインツ・アイヒヴァルトという運転手がいた。裁判所にいる多くの人々は、そのがっしりとした体格と単調な付き合い方を見て、荒々しい印象を持った。バウアーの公用車は、黒と銀のオペル・キャプテン[57]であり、全景を見渡せる幅広いガラス窓が前方と後方にあり、その間にはアメリカの大型高級乗用車にあるようなクロムの装飾が施されていた。車両にはたばこの煙が充満していたので、そこは若い検査官にとって気分の悪いところであり、それを煩わしく思わなかったのは、運転手だけであった。フリッツ・バウアーは、この若者を「息子のように可愛がったのではないか」と、妹のマルゴットは後に推測した。彼は、運転手とその妻にイスラエル旅行の費用を工面し[58]、また特に公の場において相性に良いところを見せた。

一九六二年一二月、バウアーと運転手がゲッティンゲンに向かっていたとき、車両が凍結した道路をスリップして横転し、樹木の生い茂る中に突っ込んだことがあった。バウアーは、ゲッティンゲン大学で講演をすることになっていた。アイヒヴァルトは、その週末の土曜日に負傷のため病院に入院した[59]。バウアーは、無傷であったが、『フランクフルト新報』に死亡広告を出さざるを得なくなった。さらに、細やかな感情を示した文章の中で、誠実な人々に愛される、三つの詩節からなる荒々しく、名高き軍歌を引用した。『私には同志がいた[60]』の一節であった。死亡広告の中央には、第二節が書かれていた。「一発の弾丸が飛んできた。／僕に当たるのか、それとも君にか。／吹き飛ばされたのは彼であった。／彼は私の手前にいた。／彼は私の体の一部のようなものであった」。上司が冷静に振舞ったことに苦慮したのは、とくに「若き護衛部隊」であった(61)。ここでバウアーが部下に対して思いやりのある同志として自己を演出したことに言葉を失った。

彼は、ナチ裁判のために努力することに反対した若い検察官の面倒を実際に見なかったのか？ヨハネス・ヴァルロは、昇進が遅れているグループの一人であり、今回も昇進が見送られることがないようにするために、一九六七年に職員協議会（訳注：公務員の昇格・昇任を検討・協議する組織）に働きかけなければならなかった(62)。検事局において個人として行動を起こして、ウールッヒ・クリューガーの政策に対してすでにはっきりと抗議も行った。ただ、バウアーからは何も聞かされなかった。ひそかに検事長代行と対立したが、そのことから何ももたらされなかった。バウアーは若い部下の忠誠に報いなかったのではという印象が残ったが、それはこのようにして訂正されることはなかった。

アウシュヴィッツ裁判の訴追官ヨアヒム・キューグラーは、裁判が終了した後、配転の機会をうかがったが、体面上、二、三週間の期間を開けただけであった。「協調性がない者は(63)」と、キューグラーはあるジャーナリストに述べた。そのような者は、「この組織の中では、よそ者扱いされるのです」。別のジャーナリストには、次のように述べた。「私たちが、どのように過ごしているのかって？お互い共通の時間を持つことはありませんよ。例えば、刑事法律家のところでは、対立しながら仕事をしていることをはっきりと確認することができます(64)」。数十年経っても、彼はまだ不満をもらしていた。「このような人々が、祖国から感謝されることを期待することはできません(65)」。

ヨアヒム・キュークラーは、州裁判所の斜め向かいに小さな事務所を借りた。彼は、刑事弁護士として開業した。そして、高収入を得た。キュークラーの知見は、まさに彼をナチ裁判における打って付けの相談者にした。彼は、バウアーとは二度と口を聞かなかった。「彼と話ができる人などいませんよ」[66]と、彼は言った。バウアーと彼が裁判所で出くわしたとき、彼らの目線は、言葉で述べる以上のことを語った。「その人は、私のそばを通り過ぎました。こんにちは。それが全てでした」。

「左翼はいつも理想社会の話をする」——人生最後の失望

彼は、学生や若い芸術家の好意をいつも信頼することができた。フランクフルト大学学生新聞『論争』は、すでに一九六一年に「検事長フリッツ・バウアー博士」という論説を第一面に掲載した。[67]バウアーは、一九六八年四月、州裁判所長官のハンス・G・ヨアヒムと共同して、保守的な主流派に対抗して新しい法学専門誌『批判的司法』の編集を構想した。編集会議のテーブルには、社会主義ドイツ学生同盟（SDS）の代表も座っていた。試験に合格したばかりの溌剌としたヨアヒム・ペレルスであった。新しい雑誌の名称について、ペレルスともう一人の参加者である司法修習生のヤン・ゲールセンからも提案が出された。彼らは、新しい雑誌が一九二〇年代の共和主義裁判官同盟の雑誌『司法』の伝統を継承することを希望した。それは、バウアーに深い感銘を与えた。[68]

このことの持つ意味は明らかであった。その当時、フランクフルトでは投石とモロトフ・カクテルという火炎瓶が飛び交っていた。シュプリンガー社の新聞は、さっそく非難を始めた。左翼で、権威に対抗するバウアー検事長は、「ＳＤＳの職業革命家[69]」に対して断固たる措置を講じていないと。確かに、フランクフルト以外のところでは裁判が徹底して行われていた。彼らに対して特別に寛容な措置がとられることはなかった。しかし、誤った寛容な措置がとられたのはドイツの司法機関の責任者のせいであると、新聞がその責任をなすりつけたとき、司法機関の関係者の脳裏に浮かんだのは、彼の名前だけであった。「フリッツ・バウアー氏は、まさに法治国家であることを放棄した[70]」と、一九六八年四月の『ディ・ヴェルト』日曜版は、嘆き悲しんだ。

一九六七年、フリッツ・トイフェルとライナー・ランクハンスという共産主義組織の二人の構成員がベルリン検事局に身柄を拘束された。彼らはビラを撒いた。それには、先日ブリュッセルで起こった三〇〇人以上の死者を出したデパートの火災[71]をほのめかして、次のように書かれていた。「人々を炎で包んで燃えるデパート。それがヨーロッパの大都市において初めて伝えたのは何であったか？　それは、音を立てて燃え上がるあのベトナム人民の感情である（その感情は炎とともにあり、炎とともに燃えた）。ベルリンにおいて我々がこれまで持つことができなかったのは、まさにあのベトナム人民の感情である。……燃えろよ、燃えろ。デパートよ、燃えろ」。暴力的な行動を呼び掛けているのだろうか。いや、そうではない。ただ、比喩的に表現しているだけだ。フリッツ・バウアーと交友のある若手法律家のマンフレート・アメントは、そのように評価した。

共産主義組織のメンバーは比喩的表現を用いていると、彼はバウアーに述べた。それは、アイルランド出身の作家ジョナサン・スウィフトが一七二九年に著した『穏健なる提案』に匹敵すると。スウィフトはそこで、貧しいアイルランドの農民が、子沢山に恵まれすぎたために生まれてきた赤ん坊を、裕福なイギリス人紳士と淑女に対して、調理済みの食品のように売ろうと思えば売ることができるのかという問題を投げかけた。バウアーは、そのスウィフトの比喩[72]にあまり賛同はしなかったが、後に行われたベルリン検事長との会談においてもそれに言及した。ベルリンの裁判官は、自由主義的な観点に賛同した。共産主義組織のメンバーは、処罰されることなく釈放された。

しかし、ベルリンの判決が話題になることは、ほとんどなかった。よりによってフランクフルトでは実際にデパートが炎上したのである。一九六八年四月二日、アンドレアス・バーダー、グドゥルン・エンスリン、トーヴァルト・プロールは、フリッツ・バウアーが勤務する検事局の建物の並びの、そこから歩いて数分程度のさほど遠くない場所に二個の爆発物を取り付けた。それは、閉店後に炎が燃え上がるため、誰も傷を負わないよう設計されていた。それにもかかわらず、国中を恐怖に陥れた。フリッツ・バウアーは、自由を尊重した。そのため、笑いものにされた。彼は、反骨精神のある若者のことを信じたいと考えてきた。それだけに、彼に対して厳しい声が浴びせられた。ナチに巻き込まれた父親の世代の人々は、若者の世代に対して、これこそがフリッツ・バウアーが長年待ち望んできたものなのだと、呼び掛けた。このようにして社会的な議論が行われることによって、ようやく何かが覆ったようであった。反抗的な若者が暴力行為を選択すること、社会に対して恐怖を分からせようと試みること――バウアーは、それを戦略上の重大な誤りであると評価した[73]。

彼は、抗議活動を行っている人々に対して、現実を直視せよと非難した[74]。バウアーは、かつて若者の友人のマンフレート・アメントに対して、次のように述べたことがある。学生たちは、自分自身の実存不安を意識しているがゆえに、いっそう急進主義的になるのでしょう。まさに大学に集まっている大勢の社会学者や政治学者は、およそ合わせる顔がないでしょう。私のところにいる若手たちの間においても現実に対する無知があり、それは取り返しのつかない重大なものでしたと。そして彼は次のように告白した。「私たち、亡命者は、極端な誤解をしていました。その当時、ヴィリー・ブラントと共同して亡命雑誌を編集していました。ドイツが伝動ベルトの車間部分に位置していることは良いことであると、私たちは考えていました。ゴミくずがなくなれば、私たちはそこに未来都市を建設するのです。明るく、広く、そして人権に優しい都市を。バウハウスがそうです。グロピウス、ミース・ファン・デア・ローエもそうです。私たちは、その当時このように考えていました。すべてが全く新しく、大規模になるであろうと。その後やってきたのは別の人々でした。彼らは、このように言いました。瓦礫の下にある下水道施設は、まだ使えるぞって。このようにして、下部にある下水道が求めるように、その上部にドイツの都市が再建されたのです」。軽率であり、現実を知らないと、バウアーは不機嫌そうな声で、現在の左翼勢力について書き留めた。「左翼はいつも理想社会の話をする」。彼は、若手作家のゲアハルト・ツヴェレンツに会ったときに表現した。「下水道が求めるように都市が再建されたとしても、それが理想社会だとでもいうのですか？」[75]。

国内において過激な武装闘争を展開した六八年の運動に対して、国家がどのように対応したか？　バウアーは、それを身をもって知った。そして、彼は不安で悲観的な表情を示した。「首都がボンに移った初期の時期を思い起こしてみましょう。国防軍などありませんでした。力の政治もありませんでした。ところで、現在の政治を、そして緊急事態法を考えてみましょう。それは、どこへ向かっているのでしょうか？　右傾化しているのではないでしょうか？　さらにそれを伸ばしていくことによって、そこからどのような結果が出てくるのでしょうか？　せいぜいのところ、消極的な理想社会ではないですか？　幸いになことに、私たちは年老いています。それを共に体験することは、もうないでしょう」。彼はプライベートにおいて、よく若手芸術家ぶった生活をしていた。その生活領域において、あるものが壊れた。若手劇作家トーマス・ハーランは、長い間バウアーの親愛なる友人であった。彼は、真夜中に切ない思いを手紙に書いた。「時おり、私は考えることがあります。スイスにあるアスコナとトーマス・ハーランを足したものを超える太陽があるならば、それほど良い医療、心理療法はないでしょう(76)」。それならばと、トーマス・ハーランは、一九六七年にともに過ごせる住居をスイスに購入するようバウアーを説得しようと試みた。アスコナには、小さな芸術家村があり、同時にフリッツ・バウアーにとって終の棲家にもなる――支払いは、もちろんバウアーもちで。

バウアーは、これまでにも支払い能力があるところを見せることがしばしばあった。不動産の購入は、今となっては負担が重すぎた。「要するに……高すぎます(77)」と、彼はハーランに説明し、そして現在の計画によると（バウアーはナチ犯罪の訴追官として勤務してきたので、定年を三年延長する権利があった）、一九七一年まで仕事をするつもりであえると伝えた。南の地方に対する郷愁は、とバウアーは書いた。それは「ありません。しかし、現在のところ、そこに喜びあふれる別荘を購入しても、私は当分の間は数週間しか訪れることしかできません。そして、将来は」――バウアーは、悪化し始めていた健康状態を念頭に置きながら、陰気にほのめかした――「あれこれのウイルスに見舞われているかもしれません（これは象徴的に言ったまでです(78)）」。

ハーランは、諦めずに食い下がった。バウアーは、彼を払いのけ、追い返さなければならなかった。

最後には、手に入る予定の財産を自由にできないからと、弁解しさえした。バウアーは、自分の金払いの良さが利用されようとしているのではないかと告白するのを明らかにためらっていた。彼は悩みながら長いあいだ文通を続け、最終的に勇気を出して、交際を止めることを申し出た。それは、彼にとって計り知れないほどの負担であった。交際を止めようと申し出たことについて、彼は謝罪の言葉を書いたが、それは手紙の最後の行に書かれただけであった。今それを読むと、「不愛想」[79]に聞こえる。

第十一章　一九六八年の浴槽での死

小さな霊園の礼拝所にいる弔問客は、厚い葉をつけた油菜で装飾が施された棺[1]を疑うような目で見つめていた。彼らが抱いた疑問は、無理からぬものであった。生前、殺人予告や政治的攻撃などの恨みを買った人が、突然、この世からいなくなることがあるのだろうか？　しかも、誰にも怪しまれずに。

ベートーベンの弦楽四重奏曲[2]を選曲したのはテオドール・W・アドルノであった。彼に依頼し、費用の負担をしたのは、ヘッセン州政府であった。そのとき棺の周りに座っていたのは、親しい人だけであった。トーマス・ハーランが述べているように、その人々は、つい先ほど州政府がフランクフルトで大勢の市民を集めて、華々しい儀式に基づいて、大規模に執り行った葬儀が終わった後でも残っていた人々であった。「告白教会警備員、民間鉄道公安警察官、デンマーク人、その隣にはデンマーク人、そのまた隣にはデンマーク人、多くのスウェーデン社会民主党員、元ドイツ国旗党の労働闘士、スペイン共和国義勇兵同盟、成人映画館の経営者、進歩思想家、法的に差別・迫害を受けた人、男娼、アレクサンダー・クルーゲ、ヘーベルト・シュナイダー、遺言執行者のアメント、バレイ振付師とその夫人、画商[3]」。ベートーベンの弦楽四重奏曲の演奏は終わり、静まり返った状態であった。バウアーは棺の中で、友人、親戚などの近親者と最後の別れをした。その後、火葬に付され、一九六八年七月二〇日[4]、両親が眠る墓に埋葬されるべく、イェーテボリに向かって移送された。

バウアーの検事長代行を勤めた上級検察官ウーリッッヒ・クリューガーは、どのような質問を受けるのか、すぐに感じ取った。一九六八年七月一日、遺体となって発見された浴室には何もなく、暴漢による殺害や自殺をほのめかすものはなかったにもかかわらず、彼は万一のために検死の手続をとった。

心臓は、熱い浴槽の中で止まっていた。少なくとも二四時間が経過していた。月曜日の朝、運転手がクラクションを鳴らしたが、反応がなかった。そのため、ある時点で検事局の関係者が不審に思い、扉を突き破って部屋の中に入ったのである。

彼の隣に住んでいた女性が供述した記録によると、六月二九日の土曜日の夜は、彼はまだ機嫌が良く、バルコニーで彼女と長いあいだ座っていた。それどころか、彼は蓄えが尽きたので、来週中に新しいビスケットを補充してほしいと頼んだほどであった。[5] 意気消沈していたとか、自殺する理由があったとか、そのようなことを窺わせる手がかりはなかった。彼が風呂に入ったのは、六月三〇日の日曜日の早朝であるに違いない。

バウアーの周辺からは、死因を探る手掛かりになるものは見つからなかった。落胆した彼の芸術家の友人トーマス・ハーランは、余りの辛さから、バウアーの自殺について、ナチの残党による仕業ではないかと、いきなりドラマのような話をしはじめた。[6] バウアーと馴染みのあるアレクサンダー・クルーゲは、自分の著書を未改定のまま二〇〇〇年に増刷し、その中で遺体が浮いていた浴槽の水は文字通り真っ赤に染まっていたと勝手なことを書いた。[7]

フリッツ・バウアーを敬愛してやまなかった映画監督は、自殺説があいまいなまま説かれてきたので、それに若干のそれらしきものを付け加えて、謀殺説へと発展させた。そして最終的に、その説をバウアーに関する記録映画の前提に据えることが理に適っていると判断した。[8] しかしながら、バウアーの検事長代行であったウーリッヒ・クリューガーは、遺体を発見した当日にフランクフルトの法医学者ヨアヒム・ゲルチョフ教授の研究室に検死を依頼したところ、記録映画の前提を裏付ける手がかりは全く発見されなかった。

法医学者は、一九六九年一月二四日、検死の結果をタイプライターで九頁の報告書としてまとめた。報告書は現在、毒物学および医学鑑定書と共に、ヘッセン州司法省に保管されている。一九九五年にフランクフルトに設立されたフリッツ・バウアー研究所には、そのコピーが置かれている。バウアーは風呂に入る前に、レヴォナール[9]という鎮痛剤を五錠服用したことが判明したと、ゲルチョフ教授は報告書において明らかにした。それは、一回分の服用量としては医師が勧めない量であった。いずれにせよ、バウアーが中毒を惹き起こしたことは確認されなかった。バウアーがバルコニーで隣人の女性に告白したように、彼は「薬」なしでは[10]、夜ゆっくりと眠ることができなくなっていた。バウアーの血液を鑑定して明らかになったアルコール濃度[11]――一・〇から一・一パーミル――もまた特に問題はないようであった。ゲルチョフ教授は、基本的な検査を行い、それに基づいて、警察の鑑識官が一九六八年七月一日にバウアーの住居を最初に捜索した際に出したのと同じ結論、「自殺を裏付ける証拠は存在しない」という結論に到達した。「それ以外の死亡原因、場合によっては犯罪の可能性を窺わせる証拠[12]」もまた存在しなかった。

浴槽で死んだ人にもう少し冷静になって近づいてみよう。何が確認できるだろうか。恐怖映画が終了したことか。いや違う。そこには、この人物の生命の値打ちについて多くを語る静かなドラマがあったことが確認できる。「最終的に肉体的な生命力を燃え尽くした[13]」太く短い人生であったと、元連邦刑事警察庁の犯罪捜査官のディーター・シェンクは適切に表現した。

バウアーの様子は、一九六〇年代末頃には、以前にもまして悪化の一途を辿っていた。彼は二人の若い芸術家友達に宛てた手紙の中で、次のように書いた。「刑事告発が雨あられのように出されてきます。君たちも新聞から察していると思いますが、それらは全て私に対する陰謀以外のなにものでもありません。私は一日一六時間も働いています。私の妻はここにいます。しかし、私には相手をする時間的余裕はありません。私がどのように映っているのか、私には分かりません」[14]。バウアーに向けられた厳しい敵意は、彼の受け止めとしては、原動力になったが「時おり、すべてを投げ出したくなることがあります」[15]と、彼は告白した。そして、「しかしながら、そちらに一歩でも踏み外してしまうと、彼らを喜ばせることにしかなりません。自分で自分の首を絞めるようなものです」。しかし、投げ出さずに仕事を続けたため、彼の体はボロボロになった。「彼らは、私たちが自ら犠牲になることをどのくらい望んでいるのでしょうか。戦争中に特別裁判所の判事を務めた同業者は、はっきりと望んでいると言っています。そのような人々に対して、もはや言い返す言葉はありません」[16]。バウアーの部屋に一本の電話がかかってきた。夜も遅かったので、迷惑であったが、朗らかに装って受話器を取った。「今でも分かっていないのは、ナチの皆さんだけのようです。真夜中に電話をかけても、私の安眠を妨害することはできませんよ」[17]。いや、そうではなかった。彼はむしろ悩まされていたのである。そうでなくても、彼はぐっすりと眠れなかったし、すでに日常的にそのような状況にあった。しかも脅迫電話は、散発的にかけられる段階から、徐々に変化し、深夜に時間的間隔を置きながら、夜中じゅう行われるようになった。「まさしく魔女狩りでした」[18]と、バウアーが信頼を寄せていた若い友人のヴォルフガング・カーフェンは述べた。バウアーは、何かに取り付かれたかのように見えた。

「私どものところでは、『過去の克服』に対する嫌悪感が広がっています。それは大きく、巨大に、危険なものになりつつあります」[19]と、バウアーは一九六七年一月三一日に友人のトーマス・ハーランに宛てた手紙に書いた。その数日前に、ハンブルクのホテルでドイツ国家民主党（ＮＰＤ）の設立メンバーで、後に党首を務めたアドルフ・フォン・タッデン（バウアーは「アドルフ二世」と書いた）と会談したことも書かれていた。「私たちは、そこで三時間ほど話をしました。薄気味悪く、奇妙でした。最も警戒すべきことは、少なくとも彼がただならぬほど知的で、かつ血統主義政策を主張する政治家であったことです。彼が私に嘘をつかなかったならば、『私は政党の枠組を維持することを望んでいます』とのことです。このことから、少なくとも彼自身がパンドラの箱が開くのを恐れていることを察することができるでしょう。しかし、奇跡的な経済復興が成し遂げられなかったならば、この党は驚くほどの勢いで、二〇ないし三〇パーセントの票を獲得していたでしょう。落選した候補者はわずかで、それでも次の選挙で当選を果たしたでしょう」。一九六八年四月、バウアーが死去する直前、ドイツ国家民主党は選挙戦で一連の勝利を収め、バウアーの故郷のバーデン＝ヴュルテンベルクでは九・八パーセントの得票率を記録した――多くのジャーナリストは、来るべき連邦議会選挙の結果を暗示していると予想した。

一九六〇年代末、フランクフルトの検事局で話されていたことによると、医師は「検事長」に対して、心臓に気を付けなければならないと指示を出していた。しかし、バウアーは相変わらずたばこを吸い、食事の後には、「きまってブラックコーヒーとたばこがありました」[20]と、部下のヨハネス・ヴァルロは述べた。バウアーの執務室には、もうすでに午前中からたばこの煙が充満していた。一九六三年に、ある報道関係者がフリッツ・バウアーに対して、一日のたばこの量をたずねたことがあった。

「私がたばこを一本吸うのにどれくらいの時間を使っていると思いますか？[21]」。報道関係者はが「五分くらいでしょうか」と答えると、バウアーは「それでは、一八時間を五分で割算してください。そうすれば、私が吸うたばこの一日の本数が分かるでしょう」。

ナチの解明に対して政治的に敵対する勢力がますます勢いを強めていた一九六六年九月末、法曹大会が開催されたときのことであった。「ナチ裁判が進められているところでは、この裁判（と私）に対して、明らかに不快感が示されています[22]」と、バウアーは書いて、ますます強化された行動主義へと入り込んでいった。つまり、ひっきりなしに講演旅行に出かけ、徹底した執筆作業に怒りをぶつけたのであった。フリッツ・バウアーは、存命中、すなわち在職中、ドイツで最年長の現職検察官であった[23]。彼は、一九六七年に司法大臣会議から、東ベルリン公文書館にあるナチ犯罪関連の全文書を、新設の委員会の責任者として精査・評価し、それを活用することを任された——それは新しい裁判の波を起こす可能性を秘めていた[24]。バウアーの闘争心は、不屈であるかに見えた。しかし、「彼も年を取った[25]」と、フランクフルトの身近な部下がそう言い添えた。彼の「火山のような気性は、懲戒規程を理解していることによって、かろうじて爆発することなく、ブレーキが掛けられていますが、燃え上がることがまれにありました[26]」と、差し迫る破滅の予兆を暗示しながら述べた。フリッツ・バウアーは、怒り、共感し、常に高速回転で動き回った。力強い期待が何年にもわたって彼の体に圧し掛かった。彼は精神力を維持して、何とか肉体を保つことができた。それが災いのもとになった。

激情家のフリッツ・バウアーは、どのようにして亡くなったのか？「どのようにして火口は爆発し、燃え尽きたのでしょうか[27]？」と、かつての側近で、今では彼に背を向けたヨアヒム・キュークラーは述べた。
「彼を知る者は、彼の中で炎が燃えていることを知っている」[28]と、『フランクフルター・アルゲマイネ』は表現した。それは、送られた多くの追悼文の中でも、最も美しい文章の一つであった。「彼を疲弊させたのは、その炎であった」。フリッツ・バウアーが生きていれば、六五才を迎える一九六八年七月一六日の記事は、そのように報じた。

バウアーの後任は、体の大きな、縁の太いメガネをかけた男性であった。休日には、トランジスタの集積回路をいじり、防犯ベルを組み立てる日曜大工に精を出しているという。一九六九年の初頭、フリッツ・バウアーが座っていた熱のこもった検事長席に座ったこの新しい男性は、知り合いになった報道関係者に述べた。「私は、法律学にしようか、物理学にしようか、しばらく迷ったんですよ」[29]。新任の検事長ホルスト・ガウフは、四四才の社会民主党員であり、高名な前任者を称賛した。確かに「体格の良い模範的な人物であり、百年に一人でるかどうかの逸材」[30]であった。しかし、彼はバウアーの路線を継承するつもりはないことを明らかにした。「私は、早々と心筋梗塞にかかろうとは考えていません」。

ドイツでは、ナチ犯罪を刑法によって克服するための努力が短期集中的に取り組まれてきた。しかし、バウアーが死去した一九六八年は、またもやその努力の大部分が挫折する画期となった。それをもたらしたのは、とくにバウアーの死後、数週間で施行された小さく、目立たない改正法であった[31]。バウアーがことの成り行きを分かっていたならば、それに絶対抗議したであろう[32]。しかし、改正規定は、足音を立てずにやってきた。それは、秩序違反法施行法という目立たない法律の細則の中に盛り込まれていた。その法律は、一九六八年の春に大騒ぎになることもなく、連邦議会で可決され、一九六八年九月早々に施行されることになった。ナチの過去を背負った数千の人々は、安堵で胸を撫で下ろした――その課題を取り扱った法律家でさえ、目を擦って見入り、いったい何が起こったのかと尋ねたほどであった。

この小さな法改正は、ビリヤード台の縁を越えて飛び出した球のように動き出した。この目立たない新法は、差し当たり刑法五〇条二項の幇助犯処罰の一般規定を修正しただけであった。その規定では、正犯の幇助には正犯の刑を減軽したものを科すことができると、長いあいだ定められていたが、今では幇助犯が正犯に対して一定の距離を保っている限り、減軽しなければならなくなった。この距離とは、幇助犯に正犯の「特別の一身的要素」[33]が欠如している場合に認められる。例えば、正犯の低劣な動機がそれである（訳注：正犯とは犯罪を実行する者、幇助犯とは物理的・心理的に協力する者。殺人的嗜好、性的満足、低劣な動機などから行う殺人が謀殺罪、それ以外の殺人は故殺罪）。

判例によれば、数多くのナチの実行犯は、ホロコーストの幇助として位置付けられ、謀殺罪の刑を減軽したものを科すことができたがゆえに、すでに長いあいだ、そのような刑が科されてきた。しかし、今では減軽した刑を科さなければならなくなった。新法は小さな音しか鳴らさなかった。たんなる技術上の変更のようにしか聞こえなかった。確かにそう聞こえた――ここからビリヤードの球が跳ね返り、それ本来の目標に向かって飛び続けるのである。幇助犯の刑の上限が引き下げられたために、そこから「幇助犯」の行為の公訴時効もまた短縮されるという副次的な効果がもたらされたのである。この小さな法改正は大きな作用を及ぼしたのである。

突然のことであった。すでに一九六〇年の時点において、幇助犯の行為は時効にかかっていたと見なされたのである。時効の期間は一五年であり、それはすでに過ぎていた。これは、まだ起訴されていない事案に対しても遡及的に適用された。「特別の一身的要素」を欠いていたことを盾に取ることができれば、時効にかかったことになるのである。しかし、ナチの実行犯は、例えば自ら残酷な殺害を行ったので、「特別の一身的要素」を欠いていたことを盾に取るという幸運には恵まれなかった。わずかではあったが、まだ起訴されていない実行犯が残っていた。それゆえ、彼らに対しては、将来的にも手続を遂行することができた。しかし、今や一九六八年一〇月一日に施行された改正法によって、それ以外の全員が刑事訴追の対象から除外されたのである。このことは、ルードヴィッヒスブルクのナチ捜査中央本部の本部長アダルベルト・リュッケールが一九六九年初頭に報道関係者に対して、両肩を落として述べたように、決定的な意味を持っていた。「あまりにも遅すぎました。時効にかかった事案については、もう起訴することはできません」(34)。

このような法改正の背後にあったのは何か？　大胆な法学の狡智か、それとも予期せぬ立法の産物か？　それは明らかにされていない。この法改正を後押ししたのは、ボンの司法省のエドゥアルト・ドレーアーという名の高級官僚であった。彼はナチ時代にインスブルックの特別裁判所付属の検察官であった。エドゥアルト・ドレーアーは、フランスからユダヤ人を追放することに関与し、その後はナチの実行犯の弁護人として専門的に活躍した。その法律顧問であるヴェルナー・ベストは、占領下のデンマークにおいて――フリッツ・バウアーがその地でゲシュタポによって身柄拘束を受けた当時――ヒトラーの代わりを務めていた。そして、その後は法学的戦略を練りながら、かつての同志たちの恩赦を求めた。

元々、司法大臣は、重大犯罪に対する時効期間に関わるものではないことを明らかにした。官僚のエドゥアルト・ドレーアーは、その責任を果たすために、刑法五〇条二項を改正する際に、それに但し書きをつけた[35]。しかし、その但し書きは法案から削除されてしまった。司法省の議事録を見ても、その理由は明らかではなかった。経過の成り行きに関して情報を提供しうるあらゆる資料を見ても、その理由を発見することはできなかった。歴史家のミヒャエル・グレーフェは、「消された[36]」と推測した。

一九六八年、二〇人のナチの実行犯に対して軽懲役が言い渡された。それよりも遥かに多くの手続が打ち切られていた。その年、二八二人の被疑者には、彼らの手続が新しい時効規則のおかげで停止されたというニュースが伝えられた[37]。ベルリンでは、帝国保安省の多くの関係者に対して、長期にわたる捜査が続けられてきたが、たった七、八行の通知書によって、一九六九年に停止させられた。一九七〇年、フランクフルトでは、フリッツ・バウアーの後任のホルスト・ガウフがナチ国家の司法省の高級官僚に対する捜査を続けていたが、彼らが安楽死殺人について黙秘し続けたことを理由に、誰にも気づかれないうちに捜査を打ち切った——それはフリッツ・バウアーが闘っていた事件であった[38]。

フリッツ・バウアーはもうフランクフルトの検事局にはいなくなった。その廊下には静けさが戻ってきた。異常なほどの静けさではない。この国の他のどの検事局にもある普通の静けさであった。フランクフルトは、再び他の検事局と横並びの状況になったのである。一九六八年以降、まだいくつかの小規模のナチ裁判が続いていた。個別の実行犯に対する裁判であり、アウシュヴィッツの実行犯に対して様々に裁判が行われていたのは確かである。しかし、検察官は、もう大勢の国民に訴えかけ、関心を呼び起こすことはしなかった。バウアーの席に座っている新しい検事長のホルスト・ガウフは、国民に対して言うべきことはなかった。

「バウアーは火薬庫のような人でした[39]」。フランクフルトの検察官ヨハネス・ヴァルロはこのように述べた。「ガウフは、盛り土でした」。ナチ時代の犯罪に対してガウフが取り組んだ姿勢は消極的であったが、ドイツの検事局においては、いたって普通であった。その限りにおいて、ヴァルロの指摘は的外れである。ただ、フランクフルトではガウフの姿勢は非常に奇異な印象を与えた。ドイツの検察官が望めば、あらゆることが可能であった。そのことを一九六八年まで身をもって示した一人の検察官がいたからである。

謝辞

フランクフルトのフリッツ・バウアー研究所に感謝の意を表します。同研究所は、私を客員研究員として受け入れ、専門研究の面だけでなく、施設利用の技術面においても温かく支援してくれました。なかでもヴェルナー・レンツ氏、ドロテー・ベッカー氏、ドミトリー・ベルキン氏、ラファエル・グロース氏、ヴェルナー・ロット氏、カタリーナ・ラウシェンベルガー氏から、専門知識の面で惜しみない指導をいただいたことは誠に幸運でした。二〇一四年春にフランクフルト・ユダヤ博物館において、フリッツ・バウアーの生涯と業績に関する展示会が企画され、同博物館理事のモニカ・ボール氏と史料を取り交わすことができました。そのおかげで、バウアーが若手裁判官として勤務していた時代のこと、亡命先のデンマークで警察当局による扱いに不愉快な感情を抱いていたこと、その地で同性愛を理由に迫害を受けていたことなどについて、新しい史実を発見することができました。それらについては、第四章、五章、九章で言及し、それを公にするにあたって、一定の評価を加えています。

資料収集にあたって、マルセル・ベーレス氏、ミヒャエル・ブーフホルツ氏、パトリック・シュヴェントケ氏から協力をいただきました。とりわけフリッツ・バウアーの学生連合時代、ドイツ国旗党時代に関して新たな史料を発見できたのも、この人たちのおかげです。フリッツ・バウアーの甥にあたるロフル・ティーフェンタール氏からは、親族が保管している未公開の写真を見せていただきました。誠にありがとうございました。また、イルムトゥルード・ヴォヤーク氏からは、これらの写真のスキャナーによるデータを自由に利用させていただきました。レナ・フォリアンティ氏は、二〇一五年にフリッツ・バウアーの論文と随筆を著作集にまとめ、それに解題を添えることを計画し、私はフリッツ・バウアーが刊行したものについて、フォリアンティ氏と議論する機会に恵まれました。さらに、デンマーク語で執筆された著作の大部分のドイツ語訳をエレーナ・レフェヴレ・ジョルジェスク氏が引き受けていただいたおかげで、亡命中にバウアーが公表した書物の内容をより正確に知ることができました。

ピーパー社の皆さまにも多大なるご支援をいただき、心から感謝します。とりわけ、企画部のクリティン・ロッター氏、直接担当していただいた編集部のヘイコ・ヴォルター氏、ベルリンのヴェンナ代理店のバーバラ・ヴェンナー氏、そしてヨアヒム・ケップナー氏からは、時間を割いて貴重な助言をいただくことができました。

しかし、ウルリケがいなければ、何もできなかったでしょう。最大の人間愛は、最終的に一個の人間に対する愛情へと結実することを、あなたは私に毎日のように話してくれました。その忍耐強さと多大なる支援に感謝し、本書をあなたに捧げます。

解説　戦闘的法律家フリッツ・バウアー——その法的実践の現代的意義

一　不法と闘う法律家

一九八八年にノモス出版社から刊行された『戦闘的法律家』には、一九世紀から二〇世紀にかけて活躍したドイツの法律家が紹介されている。そこには、法学研究者だけでなく、弁護士や政治家などの名前も挙げられている。ドイツ帝国時代に活躍した法律家としては、カール・マルクスやカール・リープクネヒトの名前が、ワイマール共和国時代の代表格としては、グスタフ・ラートブルフの名前が見られる。戦後西ドイツで活躍した法律家としては、ハンス・ケルゼンやオットー・キルヒハイマーなどナチに迫害された法理論家の名前が挙げられている。

彼らは学生時代に法律学を修めたがゆえに法律家であり、それぞれが生きた社会的・歴史的状況を変革するために理論的課題を探り、その実践のために生涯を捧げたがゆえに戦闘的であった。フリッツ・バウアーもまたナチスによって迫害を受けた「戦闘的法律家」の一人である。しかし、彼が他の法律家と区別されるのは、自らの手で過去の不法——ナチの犯罪的不法——を追及した点にある。

ナチは、共産主義者を弾圧するために、ユダヤ人・ポーランド人を絶滅するために、そしてホロコーストと戦争をヨーロッパ全域に拡大するために、司法制度を最大限に利用した。バウアーは、戦後西ドイツの司法制度を民主的に再生するために、司法界に残留していた旧ナチ勢力を徹底追及する闘いを挑んだ。様々な妨害に遭いながら、刑法と刑事訴訟法の理論的障壁に阻まれながら、それを打ち破り、前進するための努力を続けた。

二　ナチの過去の不法

ナチは、一九三三年から一九四五年までドイツとヨーロッパを支配するために様々な方法を用いたが、そのなかでも重視されたのが法律であった。法律は、ドイツが法治国家であることを諸外国の外交機関や報道機関に印象づけ、不法な支配を法的にカムフラージュするのに最適であった。また、帝政からワイマール共和国にかけて養成された司法官僚をナチによる統治と支配のメカニズムに組み込むのに有効な役割を果たした。戦後、その法律の多くは、戦勝国である米・英・仏・ソの連合国による戦後処理の過程において廃止された。また、ナチの犯罪的な過去もニュルンベルク国際軍事裁判などで明らかにされた。

克服されるべき過去の不法は筆舌に尽くしがたく、その数も想像を絶する。それを概観することさえ困難である。ただし、その本質と特徴を、一つの事例を手がかりにしながら考えることは許されるであろう。その事例とは、「レオ・カッツェンベルガー事件」である。その内容は、おおよそ次のようなものであった。

一九四二年、ニュルンベルク＝フュルト特別裁判所は、ユダヤ人商人のレオ・カッツェンベルガーがドイツ人女性のイレーネ・ザイラーにキスをしたり、抱擁したことが、血統保護法二条の「婚外性交罪」に該当し、また第二次世界大戦開始以降、同じ行為を戦争状態のさなかに繰り返したことが、民族敵対者令二条の「灯火管制を利用した犯罪」および同四条の「戦争状態を利用した犯罪」に該当すると認定し、カッツェンベルガーを死刑に処した。ザイラーに対しては、彼女が裁判で行った虚偽の証言を理由に二年の懲役刑を言い渡した。人と人が愛情で結ばれるという人間固有の自由を禁止し、それに刑罰を科す。しかも、ユダヤ人であるということだけで差別的に刑罰を加重し、その反射的効果としてドイツ人の自由をも制限する。現代の法的価値観に基づけば、信じられないような法律を、ナチはユダヤ人だけでなく、ドイツ人にも適用していた。

この裁判で判決を言い渡したのは、オズヴァルト・ロートハウク裁判長で、ナチ党員である。一九四七年のニュルンベルクの法律家裁判において、カッツェンベルガーを死刑に処したことは「人道に対する罪」にあたるとして、彼は終身刑の判決を受けた。ロートハウク裁判長を支えた陪席裁判官のカール・フェーバーとハインツ・フーゴ・ホフマンは、ロートハウクの有罪立証のために証言することを引き換えに、法律家裁判にかけられることを免れたが、後に起訴され、一九六八年四月、ニュルンベルク州裁判所において「謀殺罪」に問われ、「故殺罪」の成立が認められ、数年の懲役刑が言い渡された。カッツェンベルガーに対する死刑判決から二六年も経過し、遅きに失したと思われるが、不法な過去はいかに時間が経とうとも克服されるべきことを証明した実例である。

戦前・戦中に行われた不法を戦後の法的見地から断罪できるとしても、過去の不法はその当時の法律に基づいて行われたのであり、その限りで言えば法律上の根拠があり、それゆえ適法であったと言うこともできる。カッツェンベルガーとザイラーがいかに愛情で結ばれていようとも、彼らの行為は、その当時妥当していた血統保護法の解釈に従うならば、ドイツ人の血統と名誉を汚す婚外性交にあたる。ドイツが連合国の空襲と闘っているさなかに、灯火管制による暗闇を利用して、カッツェンベルガーがザイラーと性交したとするならば、それは死刑相当な行為であるというのが、当時妥当していた法的規範である。ロートハウク、フェーバー、ホフマンがカッツェンベルガーを死刑に処した最大の理由は当時妥当していた法律にあったのである。それを戦後の法的価値観に基づいて、「人道に対する罪」や「故殺罪」として断罪できるのか？　ナチの過去の不法を克服するためには、この問いに対して「イエス」と答えなければならない。

三　不法を克服する法理

問いに対する答えは、冷静で理論的でなければならない。被疑者・被告人に対して説得的でなければならない。その答えは、ありうるのか。その答えに一つの理論的指針を与えたのが、グスタフ・ラートブルフであった。一九四六年に『南ドイツ法律家新聞』に掲載された彼の論文「法律の形をした不法と法律を超える法」は、ナチの過去の不法を司法によって克服するための重要な手がかりを与えた。その内容は、次のようなものであった。

法律学とは、いかなる学問か――それは、法律の意味を明らかにし、その適用の対象と範囲、その判断基準を明確にする学問である。その前提には、解釈・適用すべき法律がある。法律が存在することが法律学が成り立つための前提条件である。国王であれ、国民議会であれ、人民評議会であれかまわない。資本家でも、労働者階級の英雄でも、たとえ独裁者であってもよい。彼ら立法者によって制定された法律が存在することが前提である。もちろん、それと異なる法律がありうるかもしれない。しかし、そのような架空の法律を前提とすることは許されない。現に目の前にある法律だけが法律学の対象である。従って、法律とは立法者が制定した法律であり、それだけである。たとえ悪法であっても、立法者が制定した以上、それもまた法律であるといわなければならない。

「法律は法律なり。悪法であろうとも、法律である以上、それもまた法律なり」。法律家は、いつの時代でも、このような法律実正主義の思想によって縛られてきた。法律家が安楽死やホロコーストなどの不法に協力・加担したのは、彼の信念がそうさせたのではなかった。それを許容する法律があったからである。法律家は法律実証主義の思想に支配されていたために、それを拒否できなかったのである。しかし、ホロコーストを組織した法律が崩壊した後で、なおも「悪法もまた法律なり」と言い続けることが許されるのか？　これまでと同様に、法律実正主義に従ってさえいれば、自己の職責を全うできるのか？　戦後の法律家にとって、ナチの不法の経験は些細なものなのか（アウシュヴィッツの後でも人間愛に満ちた詩を書けるのか）？　そうではないであろう。戦後の法律家は、法律の形をしたものの中に不法なものが紛れ込むことがあることを知っている。それを見極める眼力を持たなかったがゆえに、ナチの法律を拒否できなかった苦い経験がある。法律家の関心を法律の形式にのみ向けさせ、彼らから不法に対する洞察力と抵抗力を奪い去ってきた法律実証主義を批判する理論の必要性を痛感している。目の前にある法律が果たして法の名に値するのかを明らかにしうる理論が必要である。人間の自由を侵害するためだけの法律、人間の間に優劣を設け、平等を害するような法律は法律の形をしているが、その内容が耐え難いほど人権侵害的であるならば、そのような法律はもはや法ではなく、不法であると言い切れる批判理論が必要である。我々が「法律の形をした不法」を喝破するために求めているのは、「法律を超える法」である。この法律を超える法だけがナチの法律を不法として断罪できるのである。

ラートブルフの「法律の形をした不法と法律を超える法」の内容は、このようなものである。ロートハウク、フェーバー、ホフマンは、血統保護法と民族敵対者令に基づいてカッツェンベルガーを死刑に処した。その判決は法律に基づいているので、一見すると適法な裁判行為であるかのように見える。しかし、その法律が不法であるならば、裁判行為もまた不法であるといわなければならない。そうであるならば、彼らはカッツェンベルガーに死刑を科したのではなく、彼を殺害したと言わなければならない。一九四七年の法律家裁判においてロートハウクに終身刑を言い渡し、また一九六八年にニュルンベルク州裁判所においてフェーバーとホフマンに懲役刑を言い渡すことができたのは、このラートブルフの理論的指針があったからである。フリッツ・バウアーが、アルゼンチンにいるアイヒマンをドイツの裁判所で裁こうとしたのも、一九六三年以降、アウシュヴィッツ強制収容所の所長や看守を国家的・組織的な謀殺者として裁くことができたのも、この法思想があったからである。二〇一一年にミュンヘン州裁判所が、アウシュビッツの元看守ジョン・デムヤンユク（ウクライナ出身の旧ソ連兵で、一九四二年にドイツの捕虜となり、その後はドイツの親衛隊に入隊）を謀殺の補助犯として禁錮五年の刑に処したのも、この思想が背景にあったからである。

四　過去の克服を阻むもの

第二次世界大戦後のドイツの社会には、様々な課題があった。そのなかでもナチの過去の克服は、最重要課題の一つであった。ラートブルフの法思想が、その課題の解決に重要な指針を与えたことは確かである。しかし、それはあくまでも一つの指針でしかなかった。その思想に法律学の体系を動かし、司法省の人的構成をも変革する力があったかというと――限界があったと言わざるをえない。ラートブルフの法思想は、ニュルンベルクの国際軍事裁判やその後のナチ裁判に正当性を付与できても、それ以外の問題に対して十分な影響力を持ちえなかった。

ラートブルフの法思想は、一定の歴史的背景があって生み出された。したがって、その背景が変われば、その法思想の果たす役割も変わらざるを得なかった。米ソの冷戦、東西ドイツの分裂、西ドイツの再軍備、西ドイツ資本主義の復活強化と西ヨーロッパにおける拡大などを考慮にいれると、元ナチの司法官僚や法律家であっても、西ドイツではまだ使える人材であった。裁きを受ける被告人の側から、司法行政面において活用される役人の側へと変わっていった。

そのような代表的人物として、一九三五年の血統保護法の制定に関わったハンス・グロプケの名前を挙げなければならない。彼は、戦前のドイツ帝国司法省の法学官僚であった。ナチの人種政策を立法面から支え、その法律の注釈書を書きあげるほどの豊富な法学的知識と理論的才能に恵まれた秀才であった。彼は戦後どこにいたのか？　彼は、アデナウアー内閣の官房席に座っていたのである。

終身刑を言い渡されたロートハウクは、その後どうなったのか？　彼はその後、二〇年の禁錮刑に減軽され、さらに一九五六年に釈放された。そして、一九六七年にケルンで七〇年の人生を終えた。一九六八年にニュルンベルク州裁判所で「故殺罪」で懲役刑を言い渡されたフェーバーとホフマンはどうであったか？　彼らは無罪を求めて、上級の裁判所で争い続けた。二人は、次のように主張した――あの当時は法律実証主義の思想が支配的であった。自分たちもまたナチの法律に従わざるを得なかった。責任は自分たちにではなく、悪法にある。自らの無罪を主張するために、あろうことかラートブルフの思想を盾にしたのである。それどころか、彼らもまたナチの被害者だというのである。この裁判では、二人の被告人が謀殺罪の要件である「低劣な動機」に基づいてカッツェンベルガーに死刑を言い渡したのかどうかが争点であったが、一九七六年までに被告人らに訴訟能力がないことを理由に打ち切られた。そのため、謀殺罪にあたるか否かが判断される前に裁判は終了してしまった。

確かに、フリッツ・バウアーは、アウシュヴィッツの犯罪人を裁判にかけることができた。しかし、法律実証主義の思想を盾にして、自らもナチの法律に拘束されていたために、それを不本意に適用せざるを得なかったのだという主張が通ると、彼らに「低劣な動機」があったと認定することは困難になってしまう。そうすると、例えばフェーバーやホフマンがカッツェンベルガーを死刑に処した行為は「謀殺罪」ではなく、せいぜい「故殺罪」にしかならない。謀殺罪の公許時効は、当時は二〇年、故殺罪は一五年であった。ボン基本法が制定された一九四九年から数え始めても、謀殺罪は一九六九年（故殺罪の起算点は一九四五年であるため一九六〇年）までには時効が完成してしまう。バウアーが、一九六三年からアウシュビッツ裁判に着手したのは、時間的にはタイムリミットであった。当時起訴されなかった元ナチの故殺罪は、すでに裁判を免れることができた。たとえ一九六九年までに謀殺罪で起訴されても、故殺罪と認定されれば、時効の完成を理由に手続は打ち切られた。

また、一九六八年に大規模な刑法改正が行われ、謀殺罪の時効は一〇年延長されたが（一九七九年に再延長され、後に謀殺罪の時効は廃止）、謀殺罪に関わった幇助犯については減軽されるという規定が盛り込まれた。強制収容所でガス室のボタンを押した直接の行為者であっても、ホロコーストの全体計画の中に位置付けて評価すれば、サポートをしただけであると認定され（故意ある幇助的道具）、「低劣な動機」を欠いていれば刑が減軽されることになった。刑が減軽されれば、時効期間も故殺罪と同様の一五年に短縮される。このような刑法改正に理論を提供し、それを指導したのが戦前の帝国司法省時代からの司法官僚であり、戦後の司法省において刑法改正作業を指導した法学エリートたちであった。

フリッツ・バウアーは、ナチを司法の場で裁くために、司法省や裁判所にいる元ナチと闘わなければならなかった。また、刑法や刑事訴訟法の規定と理論とも闘わなければならなかった。とりわけ、共犯理論と時効理論は、結果的に戦闘的法律家の法的実践を妨げる障壁となった。その闘いは、彼の死後も続けられている。

五　フリッツ・バウアーの法的実践の意義

フリッツ・バウアーは、ユダヤ人の家庭に生まれ、優秀な成績を修め、史上最年少の区裁判所判事になった。その後ナチの時代に迫害され、北欧で亡命生活を余儀なくされたが、戦後ドイツに戻り、ヘッセン州検事長として、ドイツ司法の民主的再生のためにナチを追及した。フリッツ・バウアーの生涯をこのように歴史的に回顧すれば、そこにはまるで独裁政治に迫害された殉教者が、その不法の克服のために人生を賭けて闘った法律家像が浮かび上がってくる。それは、様々な妨害と障害ゆえに挫折を余儀なくされた悲劇の英雄の姿、巨悪に立ち向かう正義の勇士の姿である。これまで書かれたフリッツ・バウアーの評伝には、そのような観点から書かれてきたものが多かった。それは決して間違いではない。しかし、それだけではバウアーの実像に迫ることはできない。

フリッツ・バウアーは、同性愛者と見られていた。亡命先のコペンハーゲンで「買春」の嫌疑で警察から事情聴取を受けたこともあった（デンマーク刑法では同性愛は不可罰。ただし売買春は犯罪）。一九三三年にナチに迫害され、強制収容所に収容された後、ほどなくして転向声明書に署名した。非転向を貫いたクルト・シューマッハーと比べて、自分が小さな人間であることに苛まれた。また、敬虔なユダヤ教徒の母に宛てた手紙では、ユダヤの教えの深遠さへの感動を綴ったが、実際には若い頃からユダヤ教への信仰は厚くはなかった。戦後のドイツ社会にはユダヤ人差別の名残りが強かったため、バウアーは経歴書には「無宗教」と書いた。またアメリカ軍政府に自己アピールして、就任できる職務を積極的に探したこともあった。ブラウンシュヴァイクの検事長の職に就任したものの、社会民主党のかつての同志が高位の要職に就いていることに嫉妬した。部下の検察官に「八つ当たり」しているのではと思うほど、怒鳴り、周囲と常に衝突した。これまでの評伝では、バウアーの英雄的な姿が強調され、このような凡庸な側面、人間臭さに着目されることはあまりなかった。ローネン・シュタインケは、フリッツ・バウアーをナチの不法な過去と闘った戦闘的な法律家として描きながら、政治的野心や出世欲を持ち、他人に嫉妬し、孤独に悩む等身大のバウアーにも焦点をあてた。宗教や性の問題についてプライベートな悩みを抱え、また実績があまり評価されず、他の同僚よりも「冷遇」されていると嫉《ねた》んだ生身のバウアーに着目することによって、司法機関に巣作っている旧ナチの巨悪と闘っているのが、このような普通のドイツ人であることを明らかにした。

フリッツ・バウアーは、決して特別な存在ではない。一人の普通の人間である。過去の歴史と向き合い、その不法と闘っているのは、そんな普通の人間なのである。そのことがとても重要である。彼の姿に自分自身を重ね合わせるとき、等身大のフリッツ・バウアーが立ち現れる。そのときに、過去の不法が等身大で語られ、それが一人一人の課題であることが自覚される。その瞬間、過去の克服の本当の意味が明らかになる。フリッツ・バウアーは、現代に生きる我々が過去の歴史に向き合い、それを克服する意義を教えている。

＊　＊　＊

本書は、ローネン・シュタインケ『フリッツ・バウアー　アイヒマンを追いつめた検事長』（原題は Ronen Steinke, FRITZ BAUER oder Auschwitz vor Gericht, 3., Auflage, 2016）の全訳である。このような形で翻訳が世に出せたのは、ひとえにアルファベータブックスの社長茂山和也氏、編集部の春日俊一氏のおかげである。春日氏からは、編集、校正、訳語の調整など様々なアドバイスを受けることができた。この場をかりて、心からお礼を申し上げたい。

二〇一七年七月

本田　稔

bundesdeutsche Strafjustiz, München 1995.
Annette Weinke, *Eine Gesellschaft ermittelt gegen sich selbst. Die Geschichte der Zentralen Stelle Ludwigsburg 1958-2008*, 2. Auflage Darmstadt 2009.
Irmtrud Wojak, *Fritz Bauer (1903-1968). Eine Biographie*, München 2009.

【インタヴュー（対象者と実施日）】
マンフレート・アメント(弁護士・元公証人) ——2012年11月14日・15日
ミカ・ブルムリク(教授・博士) ——2012年10月17日
デトレフ・クラウセン(教授・博士) ——2012年10月22日
ハインツ・ドュックス(元州裁判所長官) ——2012年10月9日
ハンス・ゲオルゲ・ヒルシュ（博士) ——2013年3月16日
ヴォルフガング・カーフェン——2012年10月14日
ヘルムート・クラマー（博士・元上級州裁判所判事) ——2013年3月11日
シリー・クーゲルマン——2012年10月17日
レナーテ・ラスカー＝ハープレヒト——2013年1月5日
ハインツ・マイヤー＝フェルデとギーゼラ・マイヤー＝フェルデ(弁護士) ——2012年11月22日
ヨアヒム・ペレルス(教授・博士) ——2013年2月20日
クリスティアン・ゼッツェファント(市会議員) ——2012年10月11日
ヨハネス・ヴァルロ(元上級検察官) ——2012年10月9日
ギュンター・ヴェールハイム(元上級警備官？) ——2012年10月11日
ゲアハルト・ヴィーゼ(元上級検察官) ——2012年10月17日

フリッツ・バウアーの妹のマルゴットは数年前に死去したため、インタヴューすることはできなかった。ただし、これまで知られていなかった詳細なインタヴューの記録があったことが判明し、幸いにもそれを利用することができた。1973年、ヴァルター・ファビアンがフリッツ・バウアーの評伝の執筆のために資料収集の一環として行ったインタヴューである。しかし、その評伝は刊行されなかった。その記録は、ドイツ亡命者公文書館(フランクフルト・アム・マイン)E B 87/112（ヴァルター・ファビアン遺稿)にあり、閲覧可能である。ヨアヒム・キュークラー（元検察官)に対しても、残念ながらインタヴューすることはできなかった。彼は2012年12月25日に死去した。ただし、1998年5月5日、キュークラーは3時間にわたるインタヴューを受け、その録音記録が残っていた。今回、ヴェルナー・レンツ氏のご配慮により、それをお借りすることができた。また、ヴェルナー・レンツ氏は1998年7月29日ハンス・グロースマン(元上級検察官)に行ったインタヴューの記録も同じように利用することができた。

出典・参考文献

※邦訳のあるものは、〔　〕に示した。

【伝記・評伝】

Hannah Arendt, » Der Auschwitz-Prozeß «, in Eike Geisel/Klaus Bittermann(Hrsg.), *Nach Auschwitz, Essays & Kommentare 1*, Berlin 1989.

Fritz Bauer, *Die Kriegsverbrecher vor Gericht*, Zürich/New York 1945.

Fritz Bauer, *Das Verbrechen und die Gesellschaft*, München/Basel 1957.

Fritz Bauer/Hans Bürger-Prinz/Hans Giese/Herbert Jäger(Hrsg.), *Sexualität und Verbrechen. Beiträge zur Strafrechtsreform*, Frankfurt am Main 1963.

Fritz Bauer, *Die Humanität der Rechtsordnung. Ausgewählte Schriften*, hrsg. von Joachim Perels und Irmtrud Wojak, Frankfurt am Main 1998.

Michael Brenner, *Jüdische Kultur in der Weimarer Republik*, München 2000.

Michael Brenner(Hrsg.), *Geschichte der Juden in Deutschland. Von 1945 bis zur Gegenwart,* München 2012.

Andreas Eichmüller, *Keine Generalamnestie. Die Strafverfolgung von NS-Verbrechen in der frühen Bundesrepublik*, München 2012.

Amos Elon, *The Pity of it all. A Portrait of Jews in Germany 1743-1933*, London 2004. 〔アモス・エロン『ドイツに生きたユダヤ人の歴史―フリードリヒ大王の時代からナチズム勃興まで』滝川義人訳,（世界歴史叢書）明石書店, 2013〕

Norbert Frei, *1945 und wir. Das Dritte Reich im Bewußtsein der Deutschen*, München 2005.

Claudia Fröhlich, *≫Wider die Tabuisierung des Ungehorsams≪. Fritz Bauers Widerstandsbegriff und die Aufarbeitung von NS-Verbrechen*, Frankfurt am Main 2006.

Michael Greve, *Der justizielle und rechtspolitische Umgang mit den NS-Gewaltverbrechen in den sechziger Jahren*, Frankfurt am Main 2001.

Olivier Guez, *Heimkehr der Unerwünschten. Eine Geschichte der Juden in Deutschland nach 1945*, München 2011.

Matthias Meusch, *Von der Diktatur zur Demokratie. Fritz Bauer und die Aufarbeitung der NS-Verbrechen in Hessen(1956-1968)*, Wiesbaden 2001.

Dieter Schenk, *Auf dem rechten Auge blind. Die braunen Wurzeln des BKA*, Köln 2001.

Tom Segev, *Simon Wiesenthal. Die Biographie*, München 2010.

Bettina Stangneth, *Eichmann vor Jerusalem. Das unbehelligte Leben eines Massenmörders*, Zürich/Hamburg 2011.

Katharina Stengel, *Hermann Langbein. Ein AuschwitzÜberlebender in den erinnerungspolitischen Konflikten der Nachkriegszeit*, Frankfurt am Main 2012.

Gerhard Werle/Thomas Wandres, *Auschwitz vor Gericht. Völkermord und*

従って、謀殺罪の正犯の時効は20年、謀殺罪の共犯の時効は、共犯に謀殺罪を構成するメルクマールがないときは15年となる。1949年ドイツ基本法の施行の翌年から時効の計算をすると、謀殺罪の時効は1970年に完成する。ただし、その共犯の時効の起算点は1945年であるため1960年で完成する)。

34. Zit. nach Annette Weinke, *Eine Gesellschaft ermittelt gegen sich selbst*, S. 136.
35. Vgl. ebd., S. 137.
36. Greve, »Amnestie von NS-Gehilfen«, *Einsicht 04. Bulletin des Fritz-Bauer-Instituts* (Herbst 2010), S. 54-57 (56, Fußnote 12).
37. Vgl. Michael Greve, *Der justitielle und rechtspolitische Umgang mit den NS-Gewaltverbrechen in den sechziger Jahren*, S. 387-393.
38. Hanno Loewy/Bettina Winter (Hrsg.), *NS-»Euthanasie« vor Gericht.*
39. ヴァルロへのインタヴューによる。

ター・シェンクは、そのために法医学および犯罪学的な検査結果をレントゲン線にかけて透視した。しかも、今日的な知見に基づいて行った。それにより、彼もまた自殺や他者による犯行であることを認める証拠が存在しないと強調した。

14. バウアーがハーランに宛てた手紙(日付は1967年と推定される)。
15. バウアーが1965年春にハーランに宛てた手紙。
16. Zit. nach Gerhard Zwerenz, »Gespräche mit Fritz Bauer«, *Streit-Zeit-Schrift*, September 1968, S. 89-113 (89).
17. バウアーがハーランに宛てた手紙(日付は不詳。1967年秋と推定される)。便箋は、ホテル「バーデン＝バーデン・ヨーロッパ館」のもの。
18. カーフェンへのインタヴューによる。
19. バウアーが1967年1月31日にハーランに宛てた手紙。
20. ヴァルロへのインタヴューによる。
21. Zit. nach »Personalien«, *Der Spiegel*, 13. November 1963.
22. バウアーが1966年10月にハーランに宛てた手紙。
23. Vgl. Personalakte, Trauerrede von Generalstaatsanwalt Mützelburg im Haus Dornbusch, 6. Juli 1968.
24. Vgl. »Bauer soll NS-Material sichten«, *Frankfurter Rundschau*, 20. Oktober 1967.
25. ヴァルロへのインタヴューによる。
26. Eckard Wiemers, »Heilen statt Strafen«, *Vorwarts*, 18. Juli 1968.
27. Zit. nach Jürgen Serke, »Der Moralist«, Stern, 18. A pril 1974.
28. »Nachruf auf Fritz Bauer«, *Frankfurter Allgemeine Zeitung*, 2. Juli 1968.
29. Zit. nach »Register«, *Der Spiegel*, 13. Januar 1969.
30. Zit. nach Gerhard Ziegler, »Name ohne Glanz. Der neue Generalstaatsanwalt in Hessen«, *Die Zeit*, 7. Februar 1969.
31. 1968年10月1日に施行された刑法50条2項の効力は、1968年の末、公共圏へと浸透し始めた。Vgl. Michael Greve, »Amnestie von NS-Gehilfen. Die Novellierung des § 50 Abs. 2 StGB und dessen Auswirkungen auf die NS-Strafverfolgung«, *Einsicht 04. Bulletin des Fritz-Bauer-Instituts* (Herbst 2010), S. 54-57 (57).
32. Greve, ebd.
33. その当時の刑法50条2項(現在は28条)は、「正犯の可罰性を基礎づける特別の一身的要素、関係又は状態(特別の一身的メルクマール)が共犯にないときは、その刑は未遂処罰規定に従って減軽する」と規定していた(訳注:必要的減軽規定。謀殺罪の共犯に謀殺罪を構成する特別の一身的メルクマールがないときは、共犯には謀殺罪の未遂の刑、つまり謀殺罪の刑＝終身刑を減軽した刑＝3年以上15年以下の有期刑が適用される。当時の刑法67条は、終身刑が科される罪の時効を20年、刑の長期が10年を超える罪の時効を15年としていた。

74. アメントへのインタヴューによる。
75. Zit. nach Gerhard Zwerenz, »Gespräche mit Fritz Bauer«, *Streit-Zeit-Schrift*, September 1968, S. 89-113 (92 f.).
76. バウアーがハーランに宛てた手紙(1964年の日付)。Kopien des Briefwechsels 1962-1968 aus dem Nachlass Thomas Harlans liegen im Archiv Fritz-Bauer-Institut.
77. バウアーがハーランに宛てた手紙(日付は1967年6月30日と推定される)
78. Ebd.
79. バウアーがハーランに宛てた手紙(日付は1967年10月20日と推定される)

第十一章

1. Vgl. Alexander Kluge, *Chronik der Gefühle. Bd. II Lebensläufe*, Frankfurt am Main 2000, S. 239.
2. Ebd.
3. Thomas Harlan, *Heldenfriedhof.* Roman, Frankfurt am Main 2006, S. 405 f.
4. Zit. nach Dieter Schenk, »Die Todesumstände von Generalstaatsanwalt Fritz Bauer (1903-1968)«, *Einsicht 08. Bulletin des Fritz-Bauer-Instituts*, Herbst 2012, S. 38-43 (40).
5. Aktenvermerk Oberstaatsanwalt Krüger, Generalstaatsanwaltschaft Frankfurt am Main, 26. Juli 1968, Archiv Fritz-Bauer-Institut.
6. Vgl. Jean-Pierre Stephan, *Thomas Harlan. Das Gesicht deines Feindes*, S. 141.
7. Vgl. Kluge, *Chronik der Gefühle*, S. 240.
8. »Fritz Bauer. Tod auf Raten«, Deutschland 2010, CV Films Berlin, Regie : Ilona Ziok.
9. ゲルチョフの鑑定書には、レヴォナールについて次のように記されている。後に実施された第2次鑑定からヴェロナール(睡眠薬)が検出され、それがレヴォナール(鎮痛剤)と同じものであると判断したならば、第1次鑑定が検出したものを誤って評価していた可能性がある。
10. Aktenvermerk Oberstaatsanwalt Krüger, Generalstaatsanwaltschaft Frankfurt am Main, 26. Juli 1968, Archiv Fritz-Bauer-Institut, S. 1-2.
11. Prof. Joachim Gerchow, »Abschließendes Gutachten über das Ergebnis der Obduktion und die weiteren Untersuchungen, 24. Januar 1969«, Archiv Fritz-Bauer-Institut.
12. Kriminalhauptmeister Schmitt, Bericht betr. Leichensache z. N. des Generalstaatsanwalts, Frankfurt am Main, 1. Juli 1968, S. 2, Archiv Fritz-Bauer-Institut.
13. Schenk, »Die Todesumstände von Generalstaatsanwalt Fritz Bauer (1903-1968)«, *Einsicht 08. Bulletin des Fritz-Bauer-Instituts*, Herbst 2012, S. 38-43(43). ディー

46. Vgl. Meusch, *Von der Diktatur zur Demokratie*, S. 245, 250 f.
47. Zit. nach Helga Einsele, »Worte der Erinnerung«, in: Hessisches Ministerium der Justiz (Hrsg.), *Fritz Bauer. Eine Denkschrift*, Wiesbaden 1993, S. 19-22 (21).
48. Zit. nach Thomas Horstmann/Heike Litzinger, *An den Grenzen des Rechts*, S. 80.
49. ヴァルロへのインタヴューによる。なお写真はヴァルロ個人のものである。
50. Vgl. Spruchkammerakte Ulrich Krüger, Hessisches Hauptstaatsarchiv, Abt. 520 F-Z Nr. 6441.
51. キュークラーへのインタヴューによる(ヴェルナー・レンツ実施)。
52. ヴァルロへのインタヴューによる。
53. キュークラーへのインタヴューによる(ヴェルナー・レンツ実施)。
54. Gerhard Ziegler, »Das karge Brot des Richters. Für 1300 Mark Gehalt Ankläger im Auschwitz-Prozeß«, *Die Zeit*, 24. Dezember 1965.
55. Zit. nach Jürgen Serke, »Der Moralist«, *Stern*, 18. A pril 1974.
56. キュークラーへのインタヴューによる(ヴェルナー・レンツ実施)。
57. ヴェールハイムへのインタヴューによる。
58. ティーフェンタールへのインタヴューによる(ヴァルター・ファビアン実施)
59. Vgl. »Den Unfallfolgen erlegen«, *Frankfurter Rundschau*, 12. Dezember 1962.
60. Todesanzeige, *Frankfurter Neue Presse*, 12. Dezember 1962.
61. ヴァルロへのインタヴュー、キュークラーへのインタヴューによる。
62. ヴァルロへのインタヴューによる。
63. Zit. nach Gerhard Ziegler, »Das karge Brot des Richters«, *Die Zeit*, 24. Dezember 1965.
64. Zit. nach Jürgen Serke, »Der Moralist«, *Stern*, 18. April 1974.
65. キュークラーへのインタヴューによる(ヴェルナー・レンツ実施)。
66. Ebd.
67. Vgl. »Generalstaatsanwalt Dr. Fritz Bauer, Im Gleichschritt marsch? Widerstandspflicht aus Nächstenliebe«, *Diskus. Frankfurter Studentenzeitung*, 11. Jahrgang, Dezember 1961.
68. ペレルスへのインタヴューによる。フリッツ・バウアーは、雑誌のタイトルには『法のための闘争』(Kampf ums Recht)という別の名称を付けたいと考えていた。
69. William S. Schlamm, »Suspendierte Justiz«, *Welt am Sonntag*, 21. A pril 1968.
70. Ebd.
71. Kommune I : Flugblatt Nr. 7 »Warum brennst du, Konsument?«, 24. Mai 1967, siehe http ://www.historicum.net/typo3temp/pics/4682d61f15.jpg [10. Mai 2013].
72. アメントへのインタヴューによる。
73. ペレルスへのインタヴューによる。

22. Vgl. Gesprächsvermerk Staatsanwalt Vogel, 4. A ugust 1959, 4 Js 444/59, Handakte Bl. 54.
23. Langbein an Bauer, 31. März 1961, Österreichisches Staatsarchiv, N1 HL E/1797 : 96, zit. nach Stengel, *Hermann Langbein*, S. 438.
24. Stengel, *Hermann Langbein*, S. 438.
25. Vgl. Fritz Bauer, »Interview mit der Zeitschrift der Zionistischen Jugend Deutschlands«, *Me' orot*, Oktober/November 1964.
26. ブルムリクへのインタヴューによる。
27. Handschriftliches Testament Bauers, 31. Dezember 1967, Privatarchiv Manfred Amend.
28. バウアーが1967年末にハーランに宛てた手紙。
29. Horst Krüger, » Fremdling in der Stadt. Gedenkblatt für Fritz Bauer «, *Die Zeit*, 12. Juli 1968.
30. テーフェンタールへのインタヴューによる(ヴァルター・ファビアン実施)。
31. Vgl. »Verteidiger bezweifelt den Sinn der NS-Verfahren«, *Frankfurter Allgemeine Zeitung*, 8. August 1968.
32. Hans Laternser, *Die andere Seite im Auschwitz-Prozess 1963/1965*, Stuttgart-Degerloch 1966.
33. Bauer, »Der SS-Staat in Person«, *Weltbild*, 13. Januar 1961, S. 2-4 (4).
34. Vgl. Bauer, »Im Namen des Volkes. Die strafrechtliche Bewältigung der Vergangenheit« (1965), nachgedruckt in: Perels/Wojak (Hrsg.), *Die Humanität der Rechtsordnung*, S. 77-90 (78).
35. Amos Elon, *In einem heimgesuchten Land. Reise eines israelischen Journalisten in beide deutsche Staaten*, München 1966, S. 376.
36. Vgl. Bauer, »Im Namen des Volkes. Die strafrechtliche Bewältigung der Vergangenheit« (1965), nachgedruckt in: Perels/Wojak (Hrsg.), *Die Humanität der Rechtsordnung*, S. 77-90 (78).
37. ヴィーゼへのインタヴューによる。
38. キュークラーへのインタヴューによる(ヴェルナー・レンツ実施)。
39. ヴァルロへのインタヴューによる。
40. ヴァルロの個人の書斎で確認。
41. ヴァルロへのインタヴューによる。
42. ヴァルロへのインタヴューによる。
43. ヴィーゼへのインタヴューによる。
44. Vgl. Matthias Meusch, *Von der Diktatur zur Demokratie. Fritz Bauer und die Aufarbeitung der NS-Verbrechen in Hessen (1956-68)*, Wiesbaden 2001, S. 246 ff., 251.
45. Vgl. Claudia Fröhlich, *»Wider die Tabuisierung des Ungehorsams«*, S. 287.

Protokolle und Dokumente« (DVD-ROM), 3. Auflage, Berlin 2007, S. 15481.

2. クーゲルマンへのインタヴューによる。
3. Zit. nach Olivier Guez, *Heimkehr der Unerwünschten*, S. 133.
4. Zit. nach Elke Wittich, »Mit 17 hat man noch Träume. Die Zionistische Jugend Deutschlands wird 50 – viele Aktivisten blicken wehmütig zurück«, *Jüdische Allgemeine*, 23. Juli 2009.
5. ブルムリクへのインタヴューによる。
6. クーゲルマンへのインタヴューによる。
7. Vgl. Hans Frick, Henri, Reinbek 1970, S. 42 f.
8. クーゲルマンへのインタヴューによる。
9. Vgl. P. A. (Paul Arnsberg), »Nachrufe : Generalstaatsanwalt Dr. Fritz Bauer«, *Frankfurter Jüdisches Gemeindeblatt*, Juli/August 1968, S. 15.
10. Vgl. Dan Diner, »Im Zeichen des Banns«, in: Michael Brenner (Hrsg.), *Geschichte der Juden in Deutschland von 1945 bis zur Gegenwart*, S. 15-66 (55-58).
11. Vgl. Tom Segev, *Simon Wiesenthal. Die Biographie*, München 2010, S. 222.
12. アメントへのインタヴューによる。
13. Vgl. Stephan Braese, » ›In einer deutschen Angelegenheit‹ - Der Frankfurter Auschwitz-Prozess in der westdeutschen Nachkriegsliteratur«, in: Irmtrud Wojak (Hrsg.), *»Gerichtstag halten über uns selbst...«*, S. 217-243 (217-219).
14. Vgl. Werner Renz, »(Un-)Begründete Selbstkritik. Überlegungen zu einer skeptischen Bilanz Fritz Bauers. In memoriam Fritz Bauer (1903-1968)«, *Tribüne. Zeitschrift zum Verständnis des Judentums*, Heft 190/2. Quartal 2009, S. 124-132 (129, Fußnote 19).
15. テーフェンタールへのインタヴューによる(ヴァルター・ファビアン実施)。
16. 北ドイツ放送局のラジオインタヴュー番組「ナチ犯罪人訴訟に関する政治的対話」(1963年8月25日)。Nachgedruckt in: Perels/Wojak (Hrsg.), *Die Humanität der Rechtsordnung*, S. 101-117 (116).
17. Bauer, »Nach den Wurzeln des Bösen fragen«, *Die Tat*, Nr. 10 vom 7. März 1964, S. 12.
18. Vgl. Bauer, »Antinazistische Prozesse und politisches Bewußtsein. Dienen NS-Prozesse der politischen Aufklärung?«, in: Hermann Huss/Andreas Schröder (Hrsg.), *Antisemitismus. Zur Pathologie der bürgerlichen Gesellschaft*, Frankfurt am Main 1965, S. 172.
19. Ormond an Langbein, 11. A pril 1960, zit. nach Katharina Stengel, *Hermann Langbein. Ein Auschwitz-Überlebender in den erinnerungspolitischen Konflikten der Nachkriegszeit*, Frankfurt am Main 2012, S. 435.
20. Vgl. ebd., S. 419.
21. キュークラーへのインタヴューによる(ヴェルナー・レンツ実施)。

ファント市会議員は、フランクフルトの男性同性愛者の記録を作成している)。

49. Hessisches Statistisches Landesamt, Akte des Hessischen Justizministeriums (Abteilung 505 Nr. 2530). ヘッセン州では、1955年から1965年まで、倫理違反の重罪および軽罪を犯したことを理由に多くの人々に有罪判決が言い渡された。Aktenzeichen 4044 Bd. 2, Aktentitel »Unzucht«.
50. Fritz Bauer, *Das Verbrechen und die Gesellschaft*, S. 58.
51. Zit. nach Jürgen Baumann, *Paragraph 175.* 成人による行為で、簡素で、青少年に有害ではなく、非公然の男性同性愛行為は不可罰にされる可能性があった(同時に刑法の世俗化にも役立った)。Berlin/Neuwied 1968.
52. Vgl. Entscheidung des Reichsgerichts in Strafsachen, 73. Bd., S. 78, 80 f.
53. Entscheidung des Bundesverfassungsgerichts, 6. Bd., S. 389 ff.
54. Vgl. Entscheidung des Bundesgerichtshofs in Strafsachen, 4. Bd., S. 323 f., nachgedruckt in: *Neue Juristische Wochenschrift* 1954, S. 519.
55. Entscheidung des Bundesgerichtshofs in Strafsachen, 1. Bd., S. 293.
56. Entscheidung des Bundesverfassungsgerichts, 6. Bd., S. 389 ff.
57. Zit. nach Hans-Georg Stümke, *Homosexuelle in Deutschland. Eine politische Geschichte*, München 1989, S. 140.
58. Entwurf eines StGB 1962 mit Begründung, Deutscher Bundestag, 4. Wahlperiode, Drucksache IV/650.
59. Entwurf eines StGB E 1962 mit Begründung, Deutscher Bundestag, 4. Wahlperiode, Drucksache IV/650.
60. Fritz Bauer/Hans Bürger-Prinz/Hans Giese/Herbert Jäger (Hrsg.), *Sexualität und Verbrechen*, Frankfurt am Main 1963.
61. ヘルベルト・イェーガーによる。Vgl. Thomas Horstmann/Heike Litzinger, *An den Grenzen des Rechts*, S. 51.
62. Vgl. Herstellungsunterlagen des Ernst Reinhardt Verlags München, Archiv Reinhardt Verlag. Dank an Bettina Hölzl.
63. Bauer, »Sexualstrafrecht heute«, in: Bauer/Bürger-Prinz/Giese/Jäger (Hrsg.), *Sexualität und Verbrechen*, nachgedruckt in: Perels/Wojak (Hrsg.), *Die Humanität der Rechtsordnung*, S. 297-315 (303).
64. Theodor W. Adorno, »Sexualtabus und Recht heute«, in: Bauer/Bürger-Prinz/Giese/Jäger (Hrsg.), *Sexualität und Verbrechen*, S. 299-317 (301).
65. Alternativentwurf eines StGB, Besonderer Teil, Sexualdelikte, S. 9.
66. Sitzungsbericht K des 47. DJT, S. 102.
67. Grein, »Der Homosexuelle in Frankfurt am Main«, S. 107.

第十章

1. Fritz-Bauer-Institut (Hrsg.), »Der Auschwitz-Prozess. Tonbandmitschnitte,

am Main, 26. Juli 1968, S. 1. Archiv Fritz-Bauer-Institut.

19. ティーフェンタールへのインタヴューによる(ヴァルター・ファビアン実施)による。
20. Ebd.
21. Ebd.
22. Ebd.
23. バウアーがトーマス・ハーランに宛てた手紙(日付不詳。1963年頃と推定される)。トーマス・ハーランの遺品のうち、1962年から1968年までの往復書簡の複写がフリッツ・バウアー研究所の文書資料室に保管されている。
24. カーフェン、アメントへのインタヴューによる。
25. Robert Neumann, *Vielleicht das Heitere*, S. 15.
26. Jean-Pierre Stephan, *Thomas Harlan. Das Gesicht deines Feindes. Ein deutsches Leben*, Frankfurt am Main 2007, S. 7.
27. バウアーが1965年5月10日にハーランに宛てた手紙。
28. バウアーが1965年4月5日にハーランに宛てた手紙。
29. バウアーが1963年7月7日にハーランに宛てた手紙。
30. バウアーが1964年12月31日にハーランに宛てた手紙。
31. バウアーが「復活祭前日の土曜日」にハーランに宛てた手紙。
32. バウアーがハーランに宛てた手紙(日付不詳)。
33. カーフェンへのインタヴューによる。
34. バウアーがハーランに宛てた手紙(内容から1964年4月と推測される)。
35. Vgl. Stephan, *Thomas Harlan. Das Gesicht deines Feindes*, S. 94 f.
36. Vgl. Wojak, *Fritz Bauer*, S. 439.
37. Zit. nach Stephan, *Thomas Harlan. Das Gesicht deines Feindes*, S. 140 f.
38. Ebd., S. 103.
39. バウアーが1965年3月18日にハーランに宛てた手紙。
40. Neumann, *Vielleicht das Heitere*, S. 15.
41. バウアーがハーランに宛てた手紙(7月13日付)。Klammereinschub im Original.
42. バウアーが「復活祭前日の土曜日」にハーランに宛てた手紙。
43. バウアーがハーランに宛てた手紙(日付不詳)。
44. バウアーがハーランに宛てた手紙(1964年の日付)。
45. Gerd Jürgen Grein, »Der Homosexuelle in Frankfurt am Main«, Magisterarbeit Universität Frankfurt 1968, S. 82.
46. »Die Rechte des Beschuldigten und Angeklagten«, *Der Weg zu Freundschaft und Toleranz*, 3. Jahrgang, Juli 1953, S. 23-27 (23 f.).
47. Kriminalinspektor Herbert Kosyra, »Die Homosexualität – ein immer aktuelles Problem«, *Kriminalistik* 1962, S. 113.
48. ゼッツェプファントへのインタヴューによる(クリスティアン・ゼッツェプ

von Auschwitz 24/2009, S. 191-299 (216).
102. Zit. nach Werle/Wandres, *Auschwitz vor Gericht*, S. 43.
103. グロースマンへのインタヴューによる(ヴェルナー・レンツ実施)。
104. キュークラーへのインタヴューによる(ヴェルナー・レンツ実施)。
105. Zitat : Leserbrief, unterzeichnet von Joachim Kügler, *Die Zeit*, 2. Juli 2009, in Reaktion auf eine Rezension von Irmtrud Wojaks Bauer-Biografie.
106. ヴィーゼへのインタヴューによる。
107. Werle/Wandres, *Auschwitz vor Gericht*, S. 48 f.

第九章

1. Vgl. Irmtrud Wojak, *Fritz Bauer*, S. 441.
2. Kriminalhauptmeister Schmitt, Bericht betr. Leichensache z. N. des Generalstaatsanwalts, Frankfurt am Main, 1. Juli 1968, S. 2, Archiv Fritz-Bauer-Institut.
3. ヴェールハイムへのインタヴューによる。
4. カーフェンへのインタヴューによる。
5. ホルクハイマーに宛てたバウアーの手紙「遅きに失したが、変わらない友情を込めて」(1965年2月15日)、ホルクハイマー祝辞に対する感謝状(1963年7月17日)参照。Max-Horkheimer-Archiv in der Stadt- und Universitätsbibliothek Frankfurt am Main, I/2 230.
6. カーフェンへのインタヴューによる。
7. カーフェンへのインタヴューによる。
8. アメントへのインタヴューによる。
9. Wolfram Schütte, »Schopenhauers präventive Kriminalpolitik. Generalstaatsanwalt Dr. Fritz Bauer in der Schopenhauer-Gesellschaft«, *Frankfurter Rundschau*, 16. Dezember 1966.
10. マイヤー=フェルデへのインタヴューによる。
11. Theodor W. Adorno, *Negative Dialektik*, S. 282.
12. クラウセンへのインタヴューによる。
13. ヘッセン放送局のバウアーへのテレビインタヴュー番組「今晩の地下室クラブ　フリッツ・バウアーと若者との対話」(1964年12月8日)。
14. カーフェンへのインタヴューによる。バウアーの死後、カーフェンは、遺品の中からレコードプレーヤーをもらってよいかと尋ねた。
15. ヴィーデマンが1973年7月23日付でヴァルターに宛てた手紙。Nachlass Fabian, Deutsches Exilarchiv, EB 87/112.
16. マイヤー=フェルデへのインタヴューによる。
17. カーフェンへのインタヴューによる。
18. Aktenvermerk Oberstaatsanwalt Krüger, Generalstaatsanwaltschaft Frankfurt

86. Entscheidung des Bundesgerichtshofs, abgedruckt in: *Neue Juristische Wochenschrift* 1969, S. 2056 f.
87. Vgl. den Aufsatz des an die Zentrale Stelle Ludwigsburg abgeordneten Staatsanwalts Thilo Kurz, »Paradigmenwechsel bei der Strafverfolgung des Personals in den deutschen Vernichtungslagern?«, *Zeitschrift für Internationale Strafrechtsdogmatik* 3/2013, S. 122-129.
88. Vgl. Michael Greve, *Der justitielle und rechtspolitische Umgang mit den NS-Gewaltverbrechen in den sechziger Jahren*, Frankfurt am Main 2001, S. 145 ff.
89. このエピソードと、その注目すべき再現について、2年後にほとんど同じ事件が起こった。Vgl. auch Ronen Steinke, »Nestbeschmutzungen. Fritz Bauer in den Interview-Affären 1963 und 1965« , in: Katharina Rauschenberger (Hrsg.), *Rückkehr ins Feindesland ? Fritz Bauer in der deutsch-jüdischen Nachkriegsgeschichte*, Frankfurt am Main 2013 (im Erscheinen).
90. Vgl. das vollständige Interview in deutscher Übersetzung abgedruckt im *Darmstadter Echo*, 8. A pril 1963.
91. それはキリスト教民主同盟の明らかな目的であった。それは、「1つないし2つの指針によって」バウアーの常軌を逸した発言を封じ込めるように司法大臣にさせるというものである。Vgl. Stenographische Protokolle des Hessischen Landtags, V. Wahlperiode, 9. Sitzung vom 4. A pril 1963, S. 273.
92. Vgl. Stenographische Protokolle des Hessischen Landtags, V. Wahlperiode, 9. Sitzung vom 4. A pril 1963, S. 278.
93. »Zeitung bleibt bei Bauer-Interview«, *Frankfurter Allgemeine Zeitung*, 2. März 1963.
94. Bauer, »Die Schuld im Strafrecht« (1962), nachgedruckt in: Perels/Wojak (Hrsg.), *Die Humanität der Rechtsordnung*, S. 249-278 (252).
95. Vgl. ebd., S. 274.
96. Ebd., S. 249.
97. Paul Weingärtner, »Dr. Bauer und die Deutschen«, *Rheinischer Merkur*, 8. März 1963.
98. Stenographische Protokolle des Hessischen Landtags, V.Wahlperiode, 9. Sitzung vom 4. April 1963, S. 286.
99. Brief Bauers an Herrn Thelen, Spiegel-Verlag, datiert auf den 18. Februar 1964. Handakte des Hessischen Ministeriums der Justiz betr. Dr. Werner Heyde, Az. III/4-1834/59, Bd. IV, Bl. 321, zit. nach Wojak, *Fritz Bauer*, S. 388.
100. Bauer an Harlan, undatiert. Kopien des Briefwechsels 1962 – 1968 aus dem Nachlass Thomas Harlans liegen im Archiv Fritz-Bauer-Institut. Klammereinschub im Original.
101. Vgl. Werner Renz, »Die Frankfurter Auschwitz-Prozesse (1963-1981)«, *Hefte*

70. Bauer, »Im Namen des Volkes. Die strafrechtliche Bewältigung der Vergangenheit« (1965), nachgedruckt in: Perels/Wojak (Hrsg.), *Die Humanität der Rechtsordnung*, S. 77-90 (84).
71. Hannah Arendt, »Der Auschwitz-Prozeß«, in: Eike Geisel/Klaus Bittermann (Hrsg.), *Nach Auschwitz. Essays & Kommentare 1*, Berlin 1989, S. 99-139 (133).
72. Vgl. Bauer, »Ideal- und Realkonkurrenz bei nationalsozialistischen Verbrechen ?«, *Juristen Zeitung* 1967, S. 625-628.
73. ヴィーゼへのインタヴューによる。
74. Gerhard Mauz, »Ein Gedränge ohne Ausweg«, *Der Spiegel*, 24. Februar 1969.
75. Meusch, »Gerichtstag halten über uns selbst«, in: Requate (Hrsg.), *Recht und Justiz im gesellschaftlichen Aufbruch (1960-1975)*, S. 131-148 (136). アウシュヴィッツの起訴が認められる前に、検事局の捜査の結果を詳細に審理する任務(そうすることによってドイツの刑事手続から合理的に除外する機能)を負っている予審判事ハインツ・ドュックスは、この事案に関与していない2人の同僚裁判官が彼に干渉するよういかに働きかけたかということについても後に報告した。裁判官のヴュッフェル博士とフォン・グラーゼナップは、すでに1961年8月にドュックスのところに行き、若干の被疑者について裁判の管轄権を否定すれば、バウアーによって計画されているマンモス裁判を最小のものにすることができると説得を試みた。»Geheimvermerk Nr. 1«, 17. August 1961, Privatarchiv Düx.
76. Gerhard Mauz, »Ein Gedränge ohne Ausweg«, *Der Spiegel*, 24. Februar 1969.
77. Ebd.
78. Vgl. Werle/Wandres, *Auschwitz vor Gericht*, S. 66 f.
79. Vgl. ebd., S. 169 f.
80. Vgl. Martin Walser, »Unser Auschwitz«, *Kursbuch* 1/1965, S. 190, Zit. nach Stephan Braese, » ›In einer deutschen Angelegenheit‹ - Der Frankfurter Auschwitz-Prozess in der westdeutschen Nachkriegsliteratur«, in: Irmtrud Wojak (Hrsg.), *»Gerichtstag halten über uns selbst...«*, S. 217-243 (220 f.). ヨルク・フリードリッヒもまた同様の考えを表明している。Vgl.Claudia Fröhlich, *»Wider die Tabuisierung des Ungehorsams«* ,S. 317.
81. Zit. nach Arendt, »Der Auschwitz-Prozeß«, in: Geisel/Bittermann (Hrsg.), *Nach Auschwitz*, S. 99-139 (135).
82. ヘッセン放送局のバウアーへのテレビインタヴュー番組「今晩の地下室クラブ フリッツ・バウアーと若者との対話」(1964年12月8日放送)。
83. Zit. nach Arendt, »Der Auschwitz-Prozeß«, in: Geisel/Bittermann (Hrsg.), *Nach Auschwitz*, S. 99-139 (127).
84. Ebd., S. 128.
85. ヴィーゼへのインタヴューによる。

1922, S. 5. Archiv Leo Baeck Institute New York, MF B78.

58. バウアーがヴィーデマンに宛てた手紙からの抜粋。*Gewerkschaftliche Monatshefte*, 19. Jahrgang, August 1968, S. 490-492. Klammereinschub im Original.

59. Briefwechsel Bauer/Horkheimer 1960, Max-Horkheimer-Archiv in der Stadt- und Universitätsbibliothek Frankfurt am Main, I/2 230.

60. Bauer, »Der Prozeß Jesu« (1965), nachgedruckt in: Perels/Wojak (Hrsg.), *Die Humanität der Rechtsordnung*, S. 411-426. バウアーはそれを新約聖書とローマ法から得た。彼は、イエスは当時妥当していたローマ法によれば神への冒涜の罪の構成要件に該当する行為をしたということを理解するよう真っ先に求めた。なぜならば、ユダヤ人がヨハネによる福音書第19章7節に従って、「私たちには律法がある。それによれば、彼は死ななければならない」とピラトゥスに述べたとき、イエスの行為の評価は誤っていないからである。そのような律法は、確かに不法である。しかし、その不法は妥当していた。それは、後のキリスト教やイスラム教の教会の類似の律法と全く同様である。ユダヤ司法の判決を決して執行しなかったのは、ローマの占領者だけであった。ローマ人は、自己の占領法をもっていればよかったのである。そして、このローマ法によれば、イエスは国王の地位を尊大に扱ったことについて非難されるべきであった。全くの独自の非難、固有の非難、固有の法、固有の判決——つまり、もはやユダヤの司法とは関わりのない固有のローマ的な死刑が執行されるべきであった。

61. Vgl. Bauer, »Nachwort« zu Hermann Schreiber, *Die Zehn Gebote*, Düsseldorf 1962, S. 383 f. (384). バウアーはここで1944年の「法律」というマンの説明から引用している。その説明は、モーセがつながりの薄いヘブライ族を民族からいかに遠ざけようとしていたかについて問題にしている。

62. Bauer, »Forderungen der Gesellschaft an die Strafrechtsreform«, Vortrag gehalten auf dem Arbeiterwohlfahrt-Sozialarbeitertreffen 30. Mai bis 3. Juni 1962 in Bad Godesberg, *Schriften der Arbeiterwohlfahrt* 14 (Eigenverlag), S. 5-20 (17).

63. ヘッセン放送局のバウアーへのテレビインタヴュー番組「今晩の地下室クラブ　フリッツ・バウアーと若者との対話」(1964年12月8日放送)。

64. この点に関しては、ヴェルナー・レンツによる。

65. ヴィーゼへのインタヴューによる。

66. Vgl. Werle/Wandres, *Auschwitz vor Gericht*, S. 166-170.

67. Ebd., S. 192.

68. キュークラーへのインタヴュー (1998年5月1日ヴェルナー・レンツ実施)ならびにイローナ・ツィオークへのインタヴューによる。» Fritz Bauer. Tod auf Raten «, Deutschland 2010, CV Films Berlin.

69. Meusch, »Gerichtstag halten über uns selbst«, in: Requate (Hrsg.), *Recht und Justiz im gesellschaftlichen Aufbruch (1960-1975)*, S. 131-148 (144).

2000, S. 11-48 (30).

39. バウアーがウンゼルトに宛てた1964年7月15日付け手紙。Zit. nach Irmtrud Wojak, Fritz Bauer, S. 354.
40. Bauer, »Gegen die Todesstrafe« (1958), nachgedruckt in: Perels/Wojak (Hrsg.), *Die Humanität der Rechtsordnung*, S. 393-397 (397).
41. Vgl. ebd., S. 393.
42. Vgl. ebd., S. 394.
43. Bauer, »Die Schuld im Strafrecht« (1962), nachgedruckt in: Perels/Wojak (Hrsg.), *Die Humanität der Rechtsordnung*, S. 249-278 (254).
44. Vgl. ebd., S. 268.
45. Bauer, »Der Prozeß Jesu« (1965), nachgedruckt in: Perels/Wojak (Hrsg.), *Die Humanität der Rechtsordnung*, S. 411-426 (415).
46. Bauer, *Das Verbrechen und die Gesellschaft*, S. 205.
47. Ebd., S. 193.
48. 個々の論説は、1962年に出版社「フランクフルトの声」から小冊子として刊行された。バウアーの報告書「公民の抵抗権と抵抗義務」は後に次の文献に掲載された。Perels/Wojak (Hrsg.), *Die Humanität der Rechtsordnung*, S. 181-205.
49. Ebd., S. 204. 一般国民の疑問とそれへの回答は、報告書とあわせて掲載されている。
50. Bauer, »Straffälligenhilfe nach der Entlassung« (1957), nachgedruckt in: Perels/Wojak (Hrsg.), *Die Humanität der Rechtsordnung*, S. 315-339 (322).
51. 北ドイツ放送局のラジオインタヴュー番組「ナチ犯罪人訴訟に関する政治的対話」(1963年8月25日)。Nachgedruckt in: Perels/Wojak (Hrsg.), *Die Humanität der Rechtsordnung*, S. 101-117 (115).
52. Ebd., S. 116.
53. マイヤー＝ヴェルデへのインタヴューによる。
54. フリッツ・バウアーの死後復刻されたバウアーがメリッタ・ヴィーデマンへ宛てた手紙からの抜粋。*Gewerkschaftliche Monatshefte*, 19. Jahrgang, August 1968, S. 490–492. この手紙の名宛人がメリッタ・ヴィーデマンであるということは言及されていないが、バウアーの友人で遺言の執行人のマンフレート・アメントによって後に暴露された。ヴィーデマンは、ヴァルター・ファビアンへの手紙の中でも文通について言及した。Vgl. Deutsches Exilarchiv, Frankfurt am Main, EB 87/112 (Nachlass Walter Fabian). 手紙の原本は、今日まで発見されていない。
55. Ebd.
56. Vgl. Auskunft Wiedemanns an Walter Fabian, 9. Juli 1964, Nachlass Walter Fabian, Deutsches Exilarchiv, EB 87/112.
57. Vgl. *Monatsberichte des Bundes Freier Wissenschaftlicher Vereinigungen*, Juli

(Hrsg.), *Ein Jahrhundert Frankfurter Justiz*, S. 167 f.

27. Vgl. Helmut Kramer, » ›Gerichtstag halten über uns selbst.‹ Das Verfahren Fritz Bauers zur Beteiligung am Anstaltsmord«, in: Loewy/Winter (Hrsg.), *NS-»Euthanasie« vor Gericht*, S. 81-131 (91).
28. Vgl. ebd., S. 169.
29. Ebd., S. 175 f.
30. Vgl. Werner Renz, »Der 1. Frankfurter Auschwitz-Prozeß. Zwei Vorgeschichten«, *Zeitschrift für Geschichtswissenschaft* 2002, S. 622-641 (633).
31. バウアーへのインタヴューによる。Die Zeitschrift der Zionistischen Jugend Deutschlands, *Me' orot*, Oktober/November 1964, S. 4-6 (5).
32. ボールマンは、戦争終結の直前まで、疑わしい者はどんな者でも容赦なく摘発することを求める好戦的なスローガンを発していたと、ペーター・ロンゲリッヒは書いている。Peter Longerich, *Hitlers Stellvertreter. Führung der Partei und Kontrolle des Staatsapparates durch den Stab Heß und die Partei-Kanzlei Bormann*, München 1992, S. 202, sowie Jochen von Lang, *Der Sekretär. Martin Bormann : Der Mann, der Hitler beherrschte*, 2. Auflage Frankfurt am Main 1980, S. 322, 324. その中で、「全ドイツ民族の抹殺」には言及されていない。とはいうものの、その精神が肯定されていたことが1年後に明らかにされた。ボールマンは、すでに1945年にベルリンで死亡した。その遺骨は1972年にベルリンで発見された。それは、依然として捜査を打ち切ろうとしなかったフランクフルト検事局の死体安置所の厚紙の箱に26年間置かれた後、ようやく1998年にＤＮＡ型鑑定が実施され、あらゆる憶測に終止符が打たれた。それを踏まえて、フランクフルトのバウアーの後任の検事長は、残された遺体を消却し、その灰を東海に散布した。
33. 1962年11月7日のフランクフルト・アム・マインおよびヴィースバーデン上級州裁判所および検事局の旧政策担当者(バウアー博士)の審議メモ。Hessisches Hauptstaatsarchiv, Abt. 631a, Nr. 1800, Bd. 84, Bl. 89.
34. Protokoll der 4. Arbeitstagung der Leiter der Sonderkommissionen zur Bearbeitung von NS-Gewaltverbrechen vom 21. Oktober 1963, S. 22 f. Hessisches Hauptstaatsarchiv, Abt. 503, Nr. 1161.
35. Zit. nach Werner Renz, » 40 Jahre Auschwitz-Prozess. Ein unerwünschtes Verfahren «, *Newsletter Nr. 26 des Fritz-Bauer-Instituts*, Herbst 2004, S. 13-16 (16).
36. Protokoll der 4. A rbeitstagung der Leiter der Sonderkommissionen zur Bearbeitung von NS-Gewaltverbrechen vom 21. Oktober 1963, S. 22 f., Hessisches Hauptstaatsarchiv, Abt. 503, Nr. 1161.
37. キュークラーへのインタヴュー（ヴェルナー・レンツ実施)による。
38. Vgl. Renz, » Der erste Frankfurter Auschwitz-Prozeß. Völkermord als Strafsache «, *1999 : Zeitschrift für Sozialgeschichte des 20. und 21. Jahrhunderts*, September

10. Norbert Frei, *1945 und wir*, S. 174 f.
11. Vgl. Gerhard Werle/Thomas Wandres, Auschwitz vor Gericht, S. 146.
12. Zit. nach ebd., S. 22 f.
13. Vgl. Annette Weinke, *Eine Gesellschaft ermittelt gegen sich selbst*, S. 14 f.
14. Ernst Müller-Meiningen Jr., »Gespenstische Vergangenheit vor Gericht zitiert«, *Süddeutsche Zeitung*, 30. A ugust 1958.
15. Vgl. Marc von Miquel, » ›Wir müssen mit den Mördern zusammenleben !‹ NS-Prozesse und politische Öffentlichkeit in den sechziger Jahren« , in: Irmtrud Wojak (Hrsg.), *» Gerichtstag halten über uns selbst…« Geschichte und Wirkung des ersten Frankfurter Auschwitz-Prozesses*, Frankfurt am Main 2001, S. 97-116 (102).
16. Bauer, »Mörder unter uns« (1958), nachgedruckt in: Perels/Wojak (Hrsg.), *Die Humanität der Rechtsordnung*, S. 97-100 (98).
17. Bericht Generalstaatsanwalt Frankfurt, 3. September 1953, Hessisches Justizministerium, Az. IV-1574/48, Bd. 2, zit. nach Matthias Meusch, »Gerichtstag halten über uns selbst«. Der Hessische Generalstaatsanwalt Fritz Bauer und die Verfolgung von NS-Verbrechen«, in: Jörg Requate (Hrsg.), *Recht und Justiz im gesellschaftlichen Aufbruch (1960-1975). Bundesrepublik Deutschland, Italien und Frankreich im Vergleich*, Baden-Baden 2003, S. 131-148 (132).
18. »Frankfurter Gesichter : Fritz Bauer«, *Frankfurter Allgemeine Zeitung*, 13. Juli 1963.
19. キュークラーへのインタヴューによる(ヴェルナー・レンツ実施)。
20. Vgl. Staatsanwaltschaft beim Landgericht Frankfurt am Main, 4 Ks 2/63, Handakten Bd. 1, Bl. 20.
21. Vgl. Werner Renz, »Der 1. Frankfurter Auschwitz-Prozeß. Zwei Vorgeschichten«, *Zeitschrift für Geschichtswissenschaft* 2002, S. 622-641 (624-630).
22. Bauer, »Mörder unter uns« (1958), nachgedruckt in: Perels/Wojak (Hrsg.), *Die Humanität der Rechtsordnung*, S. 97-100 (100).
23. バウアーのこの戦略に関しては、次のものを見よ。Willi Dreßen, »NS-›Euthanasie‹-Prozesse in der Bundesrepublik Deutschland im Wandel der Zeit«, in: Hanno Loewy/Bettina Winter (Hrsg.), *NS-»Euthanasie« vor Gericht. Fritz Bauer und die Grenzen juristischer Bewältigung*, Frankfurt am Main 1996, S. 35-58.
24. Zit. nach Claudia Fröhlich, *»Wider die Tabuisierung des Ungehorsams«*, S. 288.
25. Vgl. Johannes Warlo, »NSG-Verfahren in Frankfurt am Main. Versuch einer justiziellen Aufarbeitung der Vergangenheit«, in: Horst Henrichs/Karl Stephan (Hrsg.), *Ein Jahrhundert Frankfurter Justiz. Gerichtsgebäude A : 1889-1989, Frankfurt am Main 1989*, S. 155-183 (164 f.). この事案に対する管轄権はフランクフルトにあるというフリッツ・バウアーの提案については、Fröhlich, *»Wider die Tabuisierung des Ungehorsams«*, S. 308 f.
26. Vgl. Warlo, »NSG-Verfahren in Frankfurt am Main«, in: Henrichs/Stephan

83 Radbruch, »Gesetzliches Unrecht und übergesetzliches Recht«, *Süddeutsche Juristenzeitung* 1946, S. 105-108 (107).

84 北ドイツ放送局のラジオインタヴュー番組「ナチ犯罪人訴訟に関する政治的対話」(1963年8月25日)。Nachgedruckt in: Perels/Wojak (Hrsg.), *Die Humanität der Rechtsordnung*, S. 113 f.

第八章

1 Vgl. Krüger, »Im Labyrinth der Schuld. Ein Tag im Frankfurter Auschwitz-Prozeß«, *Der Monat*, Mai 1964, S. 19-29 (25).

2 Robert Neumann, *Vielleicht das Heitere*, S. 269 f.

3 Gerhar Werle/Thomas Wandres, *Auschwitz vor Gericht, Völkermord und bundesdeutsche Strafjustiz*, München 1995, S. 166.

4 Bauer, »Widerstandsrecht und Widerstandspflicht des Staatsbürgers« (1962), nachgedruckt in: Joachim Perels/Irmtrud Wojak (Hrsg.), *Die Humanität der Rechtsordnung*, S. 181-205 (197).

5 バウアーの死を契機にして活字化されたメリッタ・ヴィーデマン宛ての手紙からの抜粋(日付不詳)。*Gewerkschaftliche Monatshefte*, 19. Jahrgang, August 1968, S. 490-492.

6. Horst Krüger, »Im Labyrinth der Schuld. Ein Tag im Frankfurter Auschwitz-Prozeß«, *Der Monat*, Mai 1964, S. 19-29 (23 f.).

7. Vgl. Werner Renz, »Der erste Frankfurter Auschwitz-Prozeß. Völkermord als Strafsache«, *1999 : Zeitschrift für Sozialgeschichte des 20. und 21. Jahrhunderts*, September 2000, S. 11-48 (14).

8. 北ドイツ放送局のラジオインタヴュー番組「ナチ犯罪人訴訟に関する政治的対話」(1963年8月25日)。Nachgedruckt in Perels/Wojak (Hrsg.), *Die Humanität der Rechtsordnung*, S. 101-117 (104). ヴェルナー・レンツが関係書類に基づいて説明しているように、バウアーはこのインタヴューにおいて、その過程を全ての部分において正確に述べていない。»Der 1. Frankfurter Auschwitz-Prozeß 1963-1965 und die deutsche Öffentlichkeit. Anmerkungen zur Entmythologisierung eines NSG-Verfahrens«, in: Jörg Osterloh/Clemens Vollnhals (Hrsg.), *NS-Prozesse und deutsche Öffentlichkeit. Besatzungszeit, frühe Bundesrepublik und DDR*, Göttingen 2011, S. 349-362 (352). それゆえ、ここで引用されているのは。裏付けがとれた過程だけである。

9. ドイツ刑事訴訟法第13条aは、「連邦法の適用領域内において、管轄権を有する裁判所がないとき、又はこれが明らかでないときは、連邦通常裁判所が管轄権を有する裁判所を決定する」と定めている。1959年4月17日の連邦通常裁判所の決定(2 Ars 60/59.)によって、フランクフルトの裁判所に管轄権が認められた。

58. Vgl. Ronen Steinke, »Aus Schwarz und Weiß wird Grau. Die letzte Anklage vor dem Jugoslawien-Tribunal ist auch das letzte Kapital einer Wahrheitssuche«, *Süddeutsche Zeitung*, 30. Juli 2011.
59. Bauer, *Krigsförbrytarna infor domstol*, Stockholm 1944.
60. Bauer, *Die Kriegsverbrecher vor Gericht.*
61. Ebd., S. 84.
62. Ebd., S. 115.
63. Ebd., S. 132.
64. Ebd., S. 212.
65. Ebd., S. 126.
66. Ebd., Anhang.
67. Zit. nach Gary J. Bass, *Stay the Hand of Vengeance. The Politics of War Crimes Tribunals*, Princeton 2000, S. 176.
68. Vgl. Taylor, *The Anatomy of the Nuremberg Trials*, S. 50.
69. Memorandum Murray Bernays, Colonel in the US War Department, 15. September 1944, Zit. nach Bradley F. Smith, *The American Road to Nuremberg*, Stanford 1982, S. 23.
70. Vgl. Ronen Steinke, *The Politics of International Criminal Justice. German Perspectives from Nuremberg to The Hague*, Oxford 2012, S. 40 ff.
71. Vgl. ebd., S. 191-194.
72. Vgl. ebd., S. 200.
73. Vgl. ebd., S. 178-180.
74. Annette Weinke, »Von Nürnberg nach Den Haag?«, in Helia-Verena Daubach (Hrsg.), *Leipzig - Nürnberg - Den Haag. Neue Fragestellungen und Forschungen zum Verhältnis von Menschenrechtsverbrechen, justizieller Säuberung und Völkerstrafrecht*, Düsseldorf 2007, S. 28.

75 Interview mit Bauer in *Weltbild*, 13. Januar 1961, S. 3f. (3).

76 Bauer, »Recht oder Unrecht...mein Vaterland«, *Deutsche Nachrichten*, 24. Juni 1946.

77 Bauer, »Nürnberg«, *Deutsche Nachrichten*, 14. Oktober 1946.

78 Bauer, *Die Kriegsverbrecher vor Gericht*, S. 211. Klammereinschub im Original.

79 北ドイツ放送局のラジオインタヴュー番組「ナチ犯罪人訴訟に関する政治的対話」(1963年8月25日)。Nachgedruckt in: Perels/Wojak (Hrsg.), *Die Humanität der Rechtsordnung*, S. 101-117 (113f.).

80 Vgl. Bauer, »Die Abrechnung mit den Kriegsverbrechern«, *Sozialistische Tribüne*, Februar 1945, S. 11-13 (12).

81 Ebd.

82 Bauer, »Mörder unter uns«, *Deutsche Nachrichten*, 20. Januar 1947.

いだ検察官として勤務したことがある」と述べた。Lebenslauf, Kopenhagen, 3. September 1948, Justiz-Personalakte Fritz Bauer, Archiv des Fritz-Bauer-Instituts, NL-08/03. バウアーがその当時、少年担当検察官として勤務していたことを、彼はアメントに話した。アメントへのインタヴューによる。

42. バウアーは、かつて少年担当裁判官として勤務したことがあることをアメントに話した。さらに、リヒャルト・シュミットはバウアーの葬儀で述べた弔辞の中で、そのことに言及した。 Vgl. Richard Schmid, »Fritz Bauer 1903-1968«, *Kritische Justiz* 1968, Heft 1, S. 60 f. 彼が1930年に区裁判所判事の地位を得たとき、公式に就いた役職は判事補でしかなかった。
43. Vgl. Ralph Angermund, *Deutsche Richterschaft 1919-1945*, S. 36.
44. Bauer, *Das Verbrechen und die Gesellschaft*, S. 155.
45. Ebd., S. 27.
46. Dr. Baumbach, »Der Bankrott der Strafjustiz«, *Deutsche Juristen-Zeitung* 1928, Heft 1, S. 38-43 (42).
47. Radbruch, *Einführung in die Rechtswissenschaft*, 7./8. Auflage 1929, nachgedruckt in: Arthur Kaufmann (Hrsg.), *Gustav Radbruch Gesamtausgabe*, Bd. 1, Heidelberg 1987, S. 317.
48. Bauer, Lebenslauf, Kopenhagen, 3. September 1948. Justiz-Personalakte Fritz Bauer, Archiv des Fritz-Bauer-Instituts, NL-08/03.
49. Vgl. Bernd-Dieter Meier/Dieter Rössner/Heinz Schöch, *Jugendstrafrecht*, München 2007, S. 39.
50. Vgl. ebd., S. 38-40, sowie Klaus Laubenthal/Helmut Baier, *Jugendstrafrecht*, Berlin 2006, S. 17.
51. ヘッセン放送局のテレビインタヴュー番組「今晩の地下室クラブ　フリッツ・バウアーと若者との対話」(1964年12月8日)。
52. 近時のものとして、Tobias Singelnstein/Peer Stolle, *Die Sicherheitsgesellschaft. Soziale Kontrolle im 21. Jahrhundert*, 3. Auflage Wiesbaden 2011, und Peter-Alexis Albrecht, *Der Weg in die Sicherheitsgesellschaft. Auf der Suche nach staatskritischen Absolutheitsregeln*, Berlin 2010.
53. 北ドイツ放送局のラジオインタヴュー番組「ナチ犯罪人訴訟に関する政治的対話」(1963年8月25日)。Nachgedruckt in: Perels/Wojak (Hrsg.), *Die Humanität der Rechtsordnung*, S. 101-117 (105).
54. Vgl. Telford Taylor, *The Anatomy of the Nuremberg Trials*, Boston 1992, S. 85, 89 f.
55. Vgl. ebd., S. 81.
56. Vgl. ebd., S. 151-161. Sowie Walter T. Schonfeld, *Nazi Madness*, London 2000, S. 24.
57. Mark A. Drumbl, *Atrocitiy, Punishment, and International Law*, Cambridge 2007, S. 175.

く、正当化されえないことが明らかであっても、それにもかかわらず、カントによれば、個人の処罰は、法のためであることだけで意味を持つのである。

23. Vgl. *Monatsberichte des Bundes Freier Wissenschaftlicher Vereinigungen*, Dezember 1921/Januar 1922, S. 7.
24. Bauer, *Das Verbrechen und die Gesellschaft*, S. 21.
25. Ebd., S. 147.
26. いわゆる学派の争いに関して明快に概観するものとして、Arnd Koch, »Binding vs. v. Liszt. Klassische und moderne Strafrechtsschule«, in: Eric Hilgendorf/Jürgen Weitzel (Hrsg.), *Der Strafgedanke in seiner historischen Entwicklung*, Berlin 2007, S. 127-145. 簡略的にまとめるものとして、Hinrich Rüping/Günter Jerouschek, *Grundrisse der Strafrechtsgeschichte*, 5. Auflage München 2007, S. 109 . 112.
27. Bauer, *Das Verbrechen und die Gesellschaft*, S. 134.
28. Olaf Miehe, »Die Anfänge der Diskussion über eine strafrechtliche Sonderbehandlung junger Täter« (1966), nachgedruckt in: Friedrich Schaffstein/Olaf Miehe (Hrsg.), *Weg und Aufgabe des Jugendstrafrechts*, Darmstadt 1968, S. 1-30 (2).
29. Bauer, *Das Verbrechen und die Gesellschaft*, S. 27.
30. Bauer, »Die Schuld im Strafrecht« (1962), nachgedruckt in: Perels/Wojak (Hrsg.), *Die Humanität der Rechtsordnung*, S. 249-278 (252).
31. Ebd., S. 254 f.
32. Bauer, »Straffälligenhilfe nach der Entlassung« (1957), nachgedruckt in: Perels/Wojak (Hrsg.), *Die Humanität der Rechtsordnung*, S. 315-340 (324).
33. Bauer, *Das Verbrechen und die Gesellschaft*, S. 193.
34. Bauer, »Straffälligenhilfe nach der Entlassung« (1957), nachgedruckt in: Perels/Wojak (Hrsg.), *Die Humanität der Rechtsordnung*, S. 315-340 (320).
35. Bauer, *Das Verbrechen und die Gesellschaft*, S. 23.
36. Vgl. Bauer, »Die Schuld im Strafrecht« (1962), nachgedruckt in: Perels/Wojak (Hrsg.), *Die Humanität der Rechtsordnung*, S. 249-278 (268). 自由意思に関しては、264頁以下を見よ。
37. Bauer, *Das Verbrechen und die Gesellschaft*, S. 235.
38. Ebd., S. 173. Klammereinschub im Original.
39. アメントへのインタヴューによる。バウアーは、そのような逸話を友人のアメントに語った。
40. ヘッセン放送局のジャーナリストで、個人的にもバウアーと親交の深かったカール・ブリンガーは、この話を映画制作者のイローナ・ツィーオクに話した。
41. バウアーは、その経歴について話したときに、1928年にシュトゥットガルト第一区裁判所判事補に就任する前に「シュトゥットガルトで数ヵ月のあ

Annette Weinke, *Eine Gesellschaft ermittelt gegen sich selbst*, S. 63. から引用。

9. Theodor W. Adorno, *Negative Dialektik. Jargon der Eigentlichkeit. Dritter Teil : Modelle. Gesammelte Schriften*, Bd. 6, hrsg. von Rolf Tiedemann, Frankfurt am Main 1986, S. 282.
10. Ebd., S. 211.
11. Vgl. Bauer, *Die Kriegsverbrecher vor Gericht*, Zürich/New York 1945, S. 21.
12. Bauer, »Im Namen des Volkes. Die strafrechtliche Bewältigung der Vergangenheit« (1965), nachgedruckt in: Perels/Wojak (Hrsg.), *Die Humanität der Rechtsordnung*, S. 77-90 (78). その全体に関しては、Werner Renz, »Fritz Bauer zum Zweck der NS-Prozesse. Eine Rekonstruktion«, *Einsicht 07. Bulletin des Fritz-Bauer-Instituts*, Frühjahr 2012, S. 40-46.
13. ヘッセン放送局のインタヴュー番組「今夜の地下室のクラブ　フリッツ・バウアーと若者との対話」(1964年12月8日)。
14. Ebd. また、バウアーの死後、復刻されたメリッタ・ヴィーデマンへのインタヴュー参照。*Gewerkschaftliche Monatshefte*, 19. Jahrgang, August 1968, S. 490 - 492.
15. Bauer, *Die Kriegsverbrecher vor Gericht*, S. 205.
16. Franz von Liszt, *Zeitschrift für die gesamte Strafrechtswissenschaft* Bd. 9 (1889), S. 743, 749.
17. Franz von Liszt, »Organisation und Organisationsformen im studentischen Leben« (1908), nachgedruckt in: Manfred Voigts (Hrsg.), *Freie Wissenschaftliche Vereinigung*, S. 29-30 (30).
18. Vgl. Stefanie Weis, Leben und Werk des Juristen Karl Hermann Friederich Julius Geiler (1878-1953), S. 133.
19. Bauer, »Im Kampf um des Menschen Rechte« (1955), nachgedruckt in: Perels/Wojak (Hrsg.), *Die Humanität der Rechtsordnung*, S. 37-49 (41).
20. アメントへのインタヴューによる。
21. Bauer, »Im Kampf um des Menschen Rechte« (1955), nachgedruckt in: Perels/Wojak, *Die Humanität der Rechtsordnung*, S. 37-49 (41).
22. 責任の相殺という儀式的な行為が行なわれるあたって、刑罰が何らかの役割を果たしてはならない。カントは痛烈な例をもとに彼の命題を厳格に解した。それは、次のように響いた。「市民社会が構成員の全員が賛成することによって解体しようとも(例えば、島の住人が解散し、世界中に散らばることを決定した)、刑務所に収容されている最後の謀殺囚はその前に死刑に処せられねばならない。自分の行為が価値あることを誰もが体験するために」。Vgl. Immanuel Kant, *Die Metaphysik der Sitten*. Werkausgabe von Wilhelm Weischedel Bd. VIII, 1. Auflage, Frankfurt am Main 1977, S. 455 (Rechtslehre A.199/B 229). すなわち、個人を処罰することが国民大衆にとって有益ではな

Widerstandskämpfer - Der Remer-Prozeß in Braunschweig«, *Die Zeit*, 13. März 1952.

57. Zit. nach Fröhlich, »*Wider die Tabuisierung des Ungehorsams*«, S. 89.
58. クラウス・シェンク・グラーフ・フォン・シュタウフェンベルクとともに校内演劇を開催した。シュタウフェンベルクが子どものころ演じた事柄については、入手可能な全ての伝記で確認されている。彼が『ウィリアム・テル』のシュタウファハーの役を演じたことに言及しているのは、Wolfgang Venohr, *Stauffenberg. Symbol des Widerstands. Eine politische Biographie*, 3. Auflage München 2000, S. 29 f., sowie Eberhard Zeller, *Oberst Claus Graf Stauffenberg*, S. 6.

第七章

1. Fritz Bauer, *Das Verbrechen und die Gesellschaft*, München/Basel 1957, S. 135.
2. Ebd., S. 251 f.
3. Joachim Perels, »Zur rechtlichen Bedeutung des Auschwitz-Prozesses. Eine kritische Intervention«, in: Matthias Mahlmann (Hrsg.), *Gesellschaft und Gerechtigkeit. Festschrift für Hubert Rottleuthner*, Baden-Baden 2011, S. 492-498 (494).
4. その非難に関しては、刑法教授のパウル・ボッケルマン「もう危険な重大犯罪人ではない人を無罪に？」(『フランクフルター・アルゲマイネ』1964年1月23日)、さらにそれに続いて紙上読者欄において他の討論の参加者を含めて数週間にわたって行われたボッケルマンとバウアーとの論争(Archiv Fritz-Bauer-Institut)を参照。学術研究者を含めて行われたこの論争において、バウアーは時おり明らかに防禦的な姿勢をとり、インタヴューのときほど過激に自説を披歴しなかった。バウアーが犯していると非難された矛盾については、例えば最近の法哲学者ゲルト・ローレッケを参照。「君たちが自己を改善していないなら、それは重大な問題だ。刑法劇場によって民族を啓蒙せよ。フリッツ・バウアーは百年も前に生まれていた」(『フランクフルター・アルゲマイネ』2003年7月16日)。「国家刑罰は法益保護と行為者の社会への再統合化に奉仕するというバウアーのテーゼは、自らが関与した事案において、最も効果を発揮しなかった」。
5. 北ドイツ放送局のラジオインタヴュー番組「ナチ犯罪人訴訟に関する政治的対話」(1963年8月25日)。Nachgedruckt in: Joachim Perels/Irmtrud Wojak (Hrsg.), *Die Humanität der Rechtsordnung*, S. 101-117 (116).
6. Dieter Strothmann, »Ein Toter gleich 10 Minuten Gefängnis«, *Die Zeit*, 25. Mai 1962.
7. バウアーへのインタヴューによる(『フランクフルト新報』1964年12月22日)。
8. 1962年8月9日のイェーガーとユスト＝ダールマンへのインタヴュー参照。

45. Zit nach Fröhlich, *»Wider die Tabuisierung des Ungehorsams«*, S. 56-61.
46. Vgl. Urteil des Bundesgerichtshofs vom 8. Mai 1952, nachgedruckt in *Neue Juristische Wochenschrift* 1953, S. 1183.「今日、ナチに対するレジスタンス活動家のことを『国家への反逆者』であるとか、『祖国への裏切り者』であると呼ぶ者がいるが、それが事実の主張という意味において行われているとは考えられない」。1958年5月6日、連邦通常裁判所もまた同様の判断を示した(Entscheidungsband Ⅱ, S. 329)。「抵抗運動家のことを『国家への反逆者』であるとか、『祖国への裏切り者』であると呼ぶ者は、侮辱罪ではなく、名誉毀損罪で処罰される」。1959年5月22日、連邦通常裁判所は、「国家への反逆者」と呼ぶことが誹謗中傷にあたるとして同じ判断を示した(AZ : 1 StE 3/58)。この自由主義的な立場は、その十数年後、左翼陣営の主張にも対応した。「兵士は謀殺者である」という有名なトゥホルスキー引用の事件がそれである。1994年、連邦憲法裁判所は、「反対意見によく見られる日常用語的意味を考慮せずに、ポスターに記載された発言をもっぱら「刑法」の理解に引き寄せて判断することによって、名誉毀損および民族扇動にあたると認定するならば」、言論の自由が侵害されることになると判断した。Kammerbeschluss des Bundesverfassungsgericht vom 25. A ugust 1994, AZ : 1 BvR 1423/92.
47. Bauer, »Eine Grenze hat Tyrannenmacht. Plädoyer im Remer-Prozess« (1952), nachgedruckt in: Perels/Wojak (Hrsg.), *Die Humanität der Rechtsordnung*, S. 169-179 (176).
48. Fröhlich, *» Wider die Tabuisierung des Ungehorsams «*, S. 78.
49. Zit. nach ebd.
50. 1952年3月21日付けのマルガレーテ・フォン・ハーゼ宛ての手紙による。Niedersächsisches Staatsarchiv, 61 Nds. Fb. 1, Nr. 24/4.
51. Michael Freund, »Der Angeklagte aus Versehen«, *Die Gegenwart*, 15. März 1951, S. 166-169 (168).
52. 1952年2月6日付けのマルガレーテ・フォン・ハーゼ宛ての手紙による。Zit. nach Fröhlich, *»Wider die Tabuisierung des Ungehorsams«*, S. 79.
53. 1952年3月19日付けヴァルター5世に宛てた手紙による。Niedersächsisches Staatsarchiv, 61 Nds. Fb. 1, Nr. 24/3, zit. nach ebd., S. 80.
54. パウル・Aが1952年3月15日付けでバウアーに宛てた手紙による。Zit. nach ebd.
55. 最終弁論は、次の表題で復刻されている。»Eine Grenze hat Tyrannenmacht. Plädoyer im Remer-Prozess« (1952), in: Perels/Wojak (Hrsg.), *Die Humanität der Rechtsordnung*, S. 169-179. ここで挙げられた引用は、最終弁論の最も重要な内容を大まかに示しているが、欠落が数か所ある。
56. Vgl. Jan Molitor (Pseudonym des späteren *Zeit*-Chefredakteurs Josef Müller-Marein), »Die Schatten der Toten vom 20. Juli. Ehrenrettung der

Dezember 1951, Akten 1 Bv 1/51-H6-Urkunde Nr. 237.

26. Vgl. Hans-Ulrich Ludewig, »Nazi-Verbrecher Klagges ohne Einsicht. Der ehemalige Braunschweiger Ministerpräsident erhielt - nach vorzeitiger Haftentlassung - 600 DM Rente monatlich«, *Braunschweiger Zeitung*, 8. Mai 2012.
27. Vgl. Entscheidungen des Bundesgerichtshofs in Strafsachen, Bd. 12, S. 36, 40 f.
28. Ebd., S. 41 f.
29. Ebd., S. 40 f.
30. Bauer, »Justiz als Symptom« (1962), nachgedruckt in Perels/Wojak (Hrsg.), *Die Humanität der Rechtsordnung*, S. 365-376 (367 f.).
31. Vgl. Fröhlich, *»Wider die Tabuisierung des Ungehorsams«*, S. 104.
32. Michael Freund, »Der Angeklagte aus Versehen«, *Die Gegenwart*, 15. März 1951, S. 166-169 (168).
33. Guido Zöller, »Rehabilitierung der Widerstandskämpfer«, *Rhein-Neckar-Zeitung*, 14. März 1952.
34. Vgl. Fröhlich, *»Wider die Tabuisierung des Ungehorsams«*, S. 105.
35. Vgl. Frei, *1945 und wir*, S. 135 f.
36. レーマーは、戦争の事態に備えて、「ロンドンに避難施設」を設けたとして、連邦政府に言いがかりをつけたため、1951年、フェアデン検事局もまた——ニーダーザクセン州検事局にいる2人の検事長のうち1人で、そこは彼の管轄地域であった——レーマーを起訴し、4ヵ月の禁錮刑に処した。Vgl. Frei, *1945 und wir*, S. 135.
37. マイヤー＝フェルデへのインタヴューによる。
38. 連邦大統領テオドール・ホイスが1954年7月19日に行ったベルリン自由大学での挨拶。Zit. nach Olivier Guez, *Heimkehr der Unerwünschten. Eine Geschichte der Juden in Deutschland nach 1945*, München 2011, S. 131.
39. Vgl. Peter Steinbach, »Vorwort« zu Eberhard Zeller, *Oberst Claus Graf Stauffenberg. Ein Lebensbild*, S. XVIII.
40. Vgl. Report No. 114, 5. Dezember 1951, in Anna Merrit/Richard Merrit (Hrsg.), *Public Opinion in semisovereign Germany. The HICOG Surveys, 1949-1955*, Illinois 1980, S. 147 ; Report No. 167, 12. Januar 1953, S. 198.
41. Michael Freund, »Der Angeklagte aus Versehen«, *Die Gegenwart*, 15. März 1951, S. 166-169 (168).
42. Vgl. Frei, *1945 und wir*, S. 135, sowie Fröhlich, *»Wider die Tabuisierung des Ungehorsams«*, S. 49 f.
43. Theodor Heuss, »Zum 20. Juli 1944«, *Bulletin des Presse- und Informationsamtes der Bundesregierung*, 19. Juli 1952, S. 927.
44. ロートフェルスが1951年12月13日にバウアーに宛てた手紙による。Zit nach Fröhlich, *»Wider die Tabuisierung des Ungehorsams«*, S. 48.

Justiz-Personalakte Fritz Bauer, Archiv des Fritz-Bauer-Instituts, NL-08/03.

13. 1949年1月28日の司法省会見の速記を参照。Fröhlich, *»Wider die Tabuisierung des Ungehorsams«*, S. 61.
14. Bauer, »Justiz als Symptom« (1962), nachgedruckt in Perels/Wojak, *Die Humanität der Rechtsordnung*, S. 365-376 (366). Klammereinschub im Original.
15. 1949年4月24日付けシューマッハー宛ての手紙による。AdsD, Nachlass Kurt Schumacher, Mappe 165. バウアーによれば、彼が帰国して2週間ほどしたときの手紙である。
16. Sender Freies Berlin (Hrsg.), *Um uns die Fremde. Die Vertreibung des Geistes 1933-45*, Berlin 1968, S. 69.
17. 1949年5月23日付けシューマッハー宛ての手紙による。AdsD, Nachlass Schumacher, Mappe 71.
18. Vgl. Alfred Marx, *Das Schicksal der jüdischen Juristen in Württemberg und Hohenzollern 1933 .1945*, S. 3 f. ならびにhttp ://www.stolpersteine-stuttgart.de/index.php ?docid=251 [10. Mai 2013].
19. Kurt Hiller, *Leben gegen die Zeit*, 1. Bd., Reinbek 1969, S. 61-63.
20. 1948年にタイプライターで作成された名簿を参照。ニューヨークのレオ・ベック研究所のホームページ「自由科学協会会員ルドルフ・ツィーレンツィンガー遺品」で閲覧可能。http ://archive.org/details/rudolfzielenziger [10. Mai 2013].
21. レオ・ベック研究所の連邦自由科学協会1948年8月通達を参照。ローゼンタールは、「再建された連邦協会のA・H初代議長」として「自由科学協会を代表して心から歓迎します」と署名した（A・H [Alte Herren] は、旧正会員の意味）。タイプライターで書かれた名簿の作成者はすでに1948年の時点で、「フリッツ・バウアー（1903年7月16日生れ）」がスウェーデンから帰国した後、「コペンハーゲン・マルタガーデ15番地」に住んでいたこと、つまり活発に連絡をとっていたことも知っていた。1945年以降、自由科学協会はもはや大学を拠点に活動することはなかった。
22. »Erich Simon, F.W.V. Theresienstadt. Zum Gedächtnis der Toten, Rundschreiben des Bundes der Freien Wissenschaftlichen Vereinigungen, August 1948 «. Leo Baeck Instutute, a.a.O. エーリク・ジーモンはベルリン大学で学んだ。バウアーと彼は、学生時代に自由科学協会の全国集会で会っているが、それは確認されていない。
23. Vgl. *Monatsbericht des Bundes Freier Wissenschaftlicher Vereinigungen*, Mai/Juni 1923, S. 6.
24. タイプライターで書かれた1948年の名簿（注20）が当時の職業についても記載していたので、バウアーはリヒャルト・ノイマンの職務を知ることができた。
25. Zit. nach Landesinformationsdienst des Landes Schleswig-Holstein von 28.

0-27/13-5.

114. Vgl. Corinna Waffender, »Porträt einer erfolgreichen Weltbürgerin. Ruth Jacoby, Schwedens Botschafterin in Berlin«, *Jüdische Zeitung*, April 2007. (ルート・ヤコビーはエーリク・H・ヤコビーの実の娘である)。
115. Vgl. Wojak, *Fritz Bauer*, S. 133.
116. この言葉は、1948年9月14日付けのシューマッハー宛ての手紙にある。AdsD, Mappe 165.
117. この言葉は、1945年11月22日付けの2人の氏名不詳の同志からの手紙にある。Wojak, *Fritz Bauer*, S. 201.
118. ライノウスキーが1946年5月26日付けハイニッヒ宛ての手紙よる。ebd., S. 211.
119. Ebd., S. 205.
120. 1946年8月21日付けの氏名不詳の同志からの手紙による。ebd., S. 201.
121. 1948年10月12日付けのシェットレ宛ての手紙による。AdsD, Nachlass Erwin Schöttle, Mappe 15.
122. 1948年9月14日付けシューマッハー宛ての手紙による。Nachlass Kurt Schumacher, Mappe 165.

第六章

1. Vgl. »Remer-Partei. Schickt deutsche Maurer«, *Der Spiegel*, 2. Mai 1951. Sowie Ernst Riggert, »Das letzte Aufgebot«, *Die Welt*, 26. A pril 1951.
2. Vgl. Norbert Frei, *1945 und wir. Das Dritte Reich im Bewußtsein der Deutschen*, München 2005, S. 137.
3. Zit. nach Michael Freund, »Der Angeklagte aus Versehen. Der Prozess gegen Remer«, *Die Gegenwart*, 15. März 1951, S. 166-169 (166).
4. Ebd., S. 167.
5. Frei, *1945 und wir*, S. 138.
6. Vgl. ebd.
7. ヴァルロへのインタヴューによる。
8. クラマーへのインタヴューによる。
9. Vgl. Claudia Fröhlich, *»Wider die Tabuisierung des Ungehorsams«. Fritz Bauers Widerstandsbegriff und die Aufarbeitung von NS-Verbrechen*, Frankfurt am Main 2006, S. 37 f.
10. 1948年10月12日付けエルヴィン・シェットレ宛ての手紙による。Archiv der sozialen Demokratie (AdsD), Nachlass Erwin Schöttle, Mappe 15.
11. 1954年3月2日付けホルクハイマー宛ての手紙による。Max-Horkheimer-Archiv in der Stadt- und Universitätsbibliothek Frankfurt am Main, I/2 230.
12. Vgl. Dank- und Glückwunschurkunde, Abschrift, Hannover, 24. März 1950,

14. April 1947.

97. Bauer, »Ein bisschen Arsenik. Blick hinter die Kulissen der Wirtschaft«, *Deutsche Nachrichten*, 28. A pril 1947.

98. Bauer, »Das Land der Kartelle«, *Geist und Tat. Monatsschrift für Recht, Freiheit und Kultur*, Juni 1952, S. 167-171.

99 Vgl. Redetext abgedruckt in: *Politische Information*, 15. Mai 1945, S. 11 f., Archiv Fritz-Bauer-Institut.

100. この言葉は、1946年5月23日付けのシューマッハー宛ての手紙にある。Archiv der sozialen Demokratie (A dsD), Nachlass Fritz Bauer, 1/FBAB 000001.

101. この言葉は、1948年10月12日付けのシェットレ宛ての手紙にある。AdsD, Nachlass Erwin Schöttle, Mappe 15.

102. Ebd.

103. Redetext abgedruckt in: *Politische Information*, 15. Mai 1945, S. 11 f.

104. Ralph Giordano, *Die Bertinis*, Frankfurt am Main 1982, S. 712.

105. Bauer, » Wiedergutmachung und Neuaufbau«, *Deutsche Nachrichten*, 4. September 1945.

106. Ebd.

107. Vgl. *Neuer Vorwärts*, 24. September 1949, S. 10.

108. シューマッハーは、このことを1949年11月26日付けのペーター・ブラッハシュタイン宛ての手紙で書いている。nachgedruckt in Willy Albrecht (Hrsg.), *Kurt Schumacher. Reden - Schriften - Korrespondenzen, 1949-1952*, Bonn 1985, S. 990-992.

109. Ebd.

110. Vgl. Willy Albrecht : »Jeanette Wolff, Jakob Altmaier und Peter Blachstein. Die drei jüdischen Abgeordneten des Bundestags bis zum Beginn der sechziger Jahre«, in: Julius H. Schoeps (Hrsg.), *Leben im Land der Täter. Juden im Nachkriegsdeutschland (1945-1952)*, Berlin 2001, S. 236-253 (243).

111. Ebd., S. 246.

112. Nachruf auf Rudolf Katz (30. September 1895 – 23. Juli 1961) «, *Der Spiegel*, 2. A ugust 1961. ヴァルター・シュトラウスについては、戦後ベルリンでキリスト教民主同盟を設立し、1950年から1963年まで連邦司法省の事務次官として職務に就いた人物であることが指摘されている。Thomas Horstmann/Heike Litzinger, *An den Grenzen des Rechts*, S. 166. ただし、シュトラウスはすでに生まれたときからプロテスタントであった。ユダヤであるというのは、ナチの基準に照らした場合だけである。2003年、フリードマン・ウッツの評伝『プロイセン人、プロテスタント、プラグマティックな人』が刊行された。

113. バウアーへのインタヴューによる(レニ・ヤヒル実施)。バウアーによって手書きの訂正が施され、1962年3月9日に複写されたものる。Archiv Yad Vashem,

ルフ・ティーフェンタールの個人の書斎で閲覧することができた。

68. Ebd.
69. Vgl. Wojak, *Fritz Bauer*, S. 539.
70. その発言については、1946年5月23日付けのシューマッハー宛ての手紙による。Archiv der sozialen Demokratie, Nachlass Fritz Bauer, 1/FBAB 000001.
71. ティーフェンタールへのインタビューによる(ヴァルター・ファビアン実施)。
72. Vgl. Wojak, *Fritz Bauer*, S. 166, 169.
73. Vgl. ebd., S. 166.
74. Vgl. ebd., S. 177.
75. その発言については、1946年5月23日付けのシューマッハー宛ての手紙による。Archiv der sozialen Demokratie, Nachlass Fritz Bauer, 1/FBAB 000001.
76. それについては、1946年1月13日付けのブラント宛ての手紙による。Archiv der sozialen Demokratie, Nachlass Kurt Schumacher, Mappe 64.
77. Vgl. Wojak, *Fritz Bauer*, S. 280 f.
78. その言葉は、1938年2月1日付けのマックス・ホルクハイマー宛ての手紙による。Max-Horkheimer-Archiv in der Stadt- und Universitätsbibliothek Frankfurt am Main, I/2 230.
79. Bauer, *Penge*, Kopenhagen 1941, S. 5.
80. Ebd., S. 5.
81. Vgl. ebd., S. 9 – 23.
82. Ebd., S. 24-39
83. Fritz Bauer, *Pengar i gar, i dag och i morgon* (Geld gestern, heute und morgen), Stockholm 1944.
84. Fritz Bauer, *Ökonomisk Nyorientering*, Kopenhagen 1945, S. 28.
85. Vgl. Bauer, » Sozialismus und Sozialisierung«, *Deutsche Nachrichten*, 12. Mai 1947.
86. Bauer, *Ökonomisk Nyorientering*, S. 19.
87. Bauer, »Sozialismus und Sozialisierung«, *Deutsche Nachrichten*, 12. Mai 1947.
88. Ebd.
89. Bauer, *Ökonomisk Nyorientering*, S. 7, 27.
90. Ebd., S. 28.
91. Ebd., S. 22.
92. Bauer, »Sozialismus und Sozialisierung«, *Deutsche Nachrichten*, 12. Mai 1947.
93. Bauer, *Monopolernes Diktatur*, Kopenhagen 1948, S. 5-8.
94. Ebd., S. 9.
95. Bauer, »Sozialismus und Sozialisierung«, *Deutsche Nachrichten*, 12. Mai 1947. 彼は計画経済による介入の利益および不利益についてすでに検討を加えていた。Bauer, *Ökonomisk Nyorientering*, S. 158 ff.
96. Bauer, »Die Wirtschaftsgesetzgebung in der Ostzone«, *Deutsche Nachrichten*,

am Main, I/2 230.

47. Ebd.
48. ヴァルロ、ヴィーゼへのインタヴューによる。
49. Aussage im Polizeibericht vom 21. Oktober 1936, Polizeiakte Fritz Bauer, Stadtarchiv Kopenhagen, Udl. Nr. 53.658-113.954.
50. バウアーへのインタヴューによる(レニ・ヤヒル実施)。彼によって手書きの訂正が加えられ、1962年3月9日に複写されたものがある。Archiv Yad Vashem, 0-27/13-5, S. 2 f.
51. そのことは、1965年2月15日付けのホルクハイマー宛ての手紙に書かれている。Max-Horkheimer-Archiv in der Stadt- und Universitätsbibliothek Frankfurt am Main, I/2 230.
52. そのことは、1937年10月9日付けのバウアー宛ての手紙に書かれている。
53. 1937年9月21日付けのホルクハイマー宛ての手紙。
54. 1938年2月1日付けホルクハイマー宛ての手紙を参照。
55. 1938年2月1日付けホルクハイマー宛ての手紙。
56. ホルクハイマーの助手がバウアーに宛てた1938年3月7日付けの手紙(署名は判別不能)。
57. Vgl. Richard Schmid, »Nachruf auf Fritz Bauer 1903-1968«, *Kritische Justiz* 1968, Heft 1, S. 60 f.
58. Vgl. Sauer/Hosseinzadeh, *Jüdisches Leben im Wandel der Zeit*, S. 139.
59. Vgl. E. Guggenheimer, »Aus der Geschichte des Synagogenbaus«, in Israelitische Kultusvereinigung Württemberg und Hohenzollern (Hrsg.), *Festschrift zur Einweihung der Synagoge in Stuttgart*, Stuttgart 1952, S. 25-31 (30).
60. Finanzamt Stuttgart-Nord, Unbedenklichkeitsbescheinigung, 1. Dezember 1939, Staatsarchiv Ludwigsburg, EL 350 I Bü 23925.
61. バウアーへのインタヴューによる(レニ・ヤヒル実施)。彼によって手書きの訂正が加えられ、1962年3月9に複写された文書がある。Archiv Yad Vashem, 0-27/13-5, S. 4.
62. ティーフェンタールへのインタビューによる(ヴァルター・ファビアン実施)。話されたのは、最初は「コーソェー (Kossör)」についてであった。それは、デンマークの地名のドイツ語による表記「コーソー (Korsør)」である。暗黙の裡に訂正された。
63. Vgl. ebd.
64. Vgl. Polizeiakte Fritz Bauer, Stadtarchiv Kopenhagen, Udl. Nr. 53.658-113.954.
65. ティーフェンタールへのインタビューによる(ヴァルター・ファビアン実施)。
66. Vgl. Stadtarchiv Kopenhagen, Heiratsregister 2092/1943.
67. Vgl. Wojak, *Fritz Bauer*, S. 154. イルムトゥルード・ヴォヤークは、バウアーがペーターセン宛てに書いた別れの手紙をベンマークに住むバウアーの甥のロ

28. Vgl. Weinmann, »Das Oberlandesgericht Stuttgart von 1933 bis 1945«, in: Stilz (Hrsg.), *Das Oberlandesgericht Stuttgart - 125 Jahre von 1879 bis 2004*, S. 37-62 (43). Sowie Helmut Borth, »Das Amtsgericht Stuttgart«, ebd., S. 233-237 (235).
29. Vgl. Göppinger, *Juristen jüdischer Abstammung im »Dritten Reich«*, S. 90 f.
30. ティーフェンタールへのインタビューによる(ヴァルター・ファビアン実施)。
31. Vgl. Göppinger, *Juristen jüdischer Abstammung im »Dritten Reich«*, S. 77 f.
32. Vgl. Roland Müller, *Stuttgart in der Zeit des Nationalsozialismus*, Stuttgart 1995, S. 295. Sowie Paul Sauer/Sonja Hosseinzadeh, *Jüdisches Leben im Wandel der Zeit*, S. 135.
33. Vgl. Datumsangabe auf dem Vorblatt der Polizeiakte Fritz Bauer, Stadtarchiv Kopenhagen, Udl. Nr. 53.658- 113.954.
34. バウアーはこのことを1961年12月4日のシュミートの誕生日の祝辞のなかで述べた。Vgl. Archiv der Sozialen Demokratie, Nachlass Carlo Schmid, Mappe 972.
35. Vgl. Polizeiakte Fritz Bauer, Stadtarchiv Kopenhagen, Udl. Nr. 53.658-113.954.
36. この発言は、1937年9月21日付けのホルクハイマー宛ての手紙に書かれている。Max-Horkheimer-Archiv in der Stadt- und Universitätsbibliothek Frankfurt am Main, I/2 230.
37. Vgl. Bericht vom 4. August 1943, Polizeiakte Fritz Bauer, Stadtarchiv Kopenhagen, Udl. Nr. 53.658-113.954.
38. Vgl. Bericht vom 5. Juni 1936, ebd.
39. Vgl. Bericht vom 18. A pril 1936, ebd.
40. Ebd.
41. Vgl. Bericht vom 21. Oktober 1936, ebd.
42. Bericht vom 3. März 1939, ebd.
43. アメリカ合衆国には、彼の母親の親戚が数人住んでいた。それについては、ヒルシュへのインタヴューによる(ハンス・ゲオルク・ヒルシュは、1916年生まれ。オットー・ヒルシュの息子。現在、アメリカ合衆国メリーランド州ベセスダに在住)。
44. Vgl. Wojak, *Fritz Bauer*, S. 129.
45. Bauer, »Die glückliche Insel Dänemark«, *C.V.-Zeitung*, 24. Dezember 1936. バウアーにとってデンマークが実に居心地よいところであったと理解されているが、その根拠とされているのは、この文章だけである。Steffen Steffensen, 》Fritz Bauer (1903-1968). Jurist und Volkswirt«, in: Willy Dähnhardt und Birgit S. Nielsen (Hrsg.), *Exil in Dänemark. Deutschsprachige Wissenschaftler, Künstler und Schriftsteller im dänischen Exil*, Heide 1993, S. 171-177.
46. この発言は、1937年9月21日付けのホルクハイマー宛ての手紙に書かれている。Max-Horkheimer-Archiv in der Stadt- und Universitätsbibliothek Frankfurt

のホイベルクへの引き渡しが行われたのが1933年7月になってからであるので、バウアーが第2回目の9月の移送で送られたのは明らかである。

16. 旧ウルム駐留地刑務所へ移送されたことから、バウアーがその前後にオーバー・クーベルク強制収容所に移送されていたことが推定される。ただし、その強制収容所が整備されたのは、1933年11月になってからである。オーバー・クーベルク記念館の情報によると、バウアーがウルム駐留地刑務所に収容される前にオーバー・クーベルク強制収容所に移送された可能性は否定されている。
17. Vgl. Silvester Lechner, *Das KZ Oberer Kuhberg und die NS-Zeit in der Region Ulm/Neu-Ulm*, Stuttgart 1988, S. 63. レヒナーの情報によると、そのような表記も可能であるが、当時の電話帳には、そのような表記も、それ以外の表記も見当たらない。
18. バウアーへのインタヴュー記録からの引用(レニ・ヤヒル実施)。それは、バウアーによって手書きの訂正が加えられ、1962年3月9日に複写されたものである。Archiv Yad Vashem, 0 -27/13-5.
19. ティーフェンタールへのインタビューによる(ヴァルター・ファビアン実施)。
20. Zit. nach Uhlman, *The Making of an Englishman*, S. 163 f.
21. Vgl. Weinmann, »Das Oberlandesgericht Stuttgart von 1933 bis 1945«, in: Stilz (Hrsg.), *Das Oberlandesgericht Stuttgart - 125 Jahre von 1879 bis 2004*, S. 44.
22. Vgl. Kienle, *Das Konzentrationslager Heuberg*, S. 114 f.
23. Faksimile aus dem *Ulmer Tagblatt*, 13. November 1933, nachgedruckt ebd., S. 115. いわゆる「元社会民主主義者の忠誠告白」は、10月22日の日付で出された。アルファベット順ではなく、重要度順で整理された署名リストであった。バウアーの名前は、ドイツ国旗党州委員長カール・ルグガーバーの後、社会民主党州委員長エーリヒ・ロスマンの前に挙げられている。より詳細に考察すると、署名リストでは、フリッツ・バウアーではなく、「フリッツ・ハウアー」という ドイツ語の旧字で誤って記述されていた。真っ先に挙げられるべきは、フリッツ・バウアーであり、この著名な名前が重要であったのだが、リストにはなかった。バウアーの身柄が実際に解放された直後に、それが誤植であることが明らかにされた。
24. Vgl. ebd., S. 115.
25. Bauer, »Im Kampf um des Menschen Rechte« (1955), nachgedruckt in: Perels/Wojak, *Die Humanität der Rechtsordnung*, S. 37-49 (39).
26. Vgl. Kienle, *Das Konzentrationslager Heuberg*, S. 68.
27. バウアーは、ナチが制定した公職再建に関する法律に基づいて、1933年5月25日に公職から追放された。Vgl. Justiz-Personalakte Fritz Bauer, Archiv des Fritz-Bauer-Instituts, NL-08/03, Bl. 41. その後、バウアーは、1933年3月、4月、5月と、自ら様々な日時を挙げている。

Schwäbische Tagwacht, 28. Juni 1932.
62. Vgl. Wojak, *Fritz Bauer*, S. 109.
63. Vgl. Gestapo-Bericht zu Fritz Bauer, Archiv Auswärtiges Amt, Politisches Archiv (Berlin), R 99722, zi. nach Wojak, *Fritz Bauer*, S. 135.
64. Vgl. Benjamin Ziemann, *Die Zukunft der Republik ? Das Reichsbanner Schwarz-Rot-Gold 1924-1933*, Bonn 2011, S. 23.
65. Vgl. ebd., S. 48.
66. Uhlman, *The Making of an Englishman*, S. 160.
67. Vgl. ebd., S. 161.
68. Vgl. Günther Weinmann, »Das Oberlandesgericht Stuttgart von 1933 bis 1945«, in: Stilz (Hrsg.), *Das Oberlandesgericht Stuttgart - 125 Jahre von 1879 bis 2004*, S. 37-62 (42).
69. Vgl. Uhlman, *The Making of an Englishman*, S. 163.

第五章

1. Zit. nach Peter Merseburger, *Der schwierige Deutsche. Kurt Schumacher*, Stuttgart 1995, S. 169.
2. Bauer, » Im Kampf um des Menschen Rechte «, nachgedruckt in: Perels/Wojak, *Die Humanität der Rechtsordnung*, S. 37-49 (39).
3. Vgl. Merseburger, *Der schwierige Deutsche*, S. 170.
4. Ebd., S. 174.
5. 西ドイツ放送局のインタヴュー番組「彼らが若かった頃　フリッツ・バウアーとの対話」(1967年8月11日)。
6. Vgl. Markus Kienle, *Das Konzentrationslager Heuberg*, S. 30.
7. Vgl. ebd., S. 69.
8. Vgl. ebd., S. 64.
9. Vgl. ebd., S. 73, 82.
10. エルンスト・プランク「同志E・Pの報告書」(タイプライターで作成された日付のない3枚の報告書がプランクの遺品として残されている)。その複写がオーバー・クーベルク公文書館文書センター (Rep. 2, 76)に保管されている(さらに、その複写には署名がある〔ダッハウ記念館20・518〕)。プランクに関しては、Vgl. Kienle, *Das Konzentrationslager Heuberg*, S. 120.
11. Kienle, *Das Konzentrationslager Heuberg*, S. 81.
12. マイヤー＝フェルデへのインタヴューによる。
13. 前掲・インタヴュー。
14. カーフェンへのインタヴューによる。
15. Kienle, *Das Konzentrationslager Heuberg*, S. 38. キーンレによれば、そのような移送は1933年5月と9月に実施されたようである。クルト・シューマッハー書に残された。Archiv Auswärtiges Amt, Politisches Archiv (Berlin), R 99722.「彼はユダヤ的無遠慮さで、ナチの動きに対して対抗した」。Zit. nach Wojak, *Fritz Bauer*, S. 135.

49. Zit. nach Thomas Horstmann/Heike Litzinger, *An den Grenzen des Rechts. Gespräche mit Juristen über die Verfolgung von NS-Verbrechen*, Frankfurt am Main 2006, S. 136.
50. Zit. nach Uhlman, *The Making of an Englishman*, S. 157.
51. Zit. nach Schweigard, *Stuttgart in den Roaring Twenties*, S. 61 f.
52. 西ドイツ放送局のインタヴュー番組「彼らが若かった頃　フリッツ・バウアーとの対話」(1967年8月11日)。
53. *Schilderung der Versammlung* : »Reichsbanner nötiger denn je ! Hauptversammlung des Reichsbanners Schwarz-Rot-Gold Groß-Stuttgart«, *Schwäbische Tagwacht*, 30. A pril 1931.
54. Vgl. Jacob Toury, »Jüdische Aspekte der Reichsbannergründung«, in: ders. (Hrsg.), *Deutschlands Stiefkinder. Ausgewählte Aufsätze zur deutschen und deutschjüdischen Geschichte*, Stuttgart 1997, S. 94-114 (111).
55. Vgl. Rpbert M.W. Kempner, »Generalstaatsanwalt Dr. Fritz Bauer gestorben. Ein Streiter ohne Furcht und tadel / Ein Leben für das Recht«, in: Zeitschrift *Das Reichsbanner*, Juli/August 1968. バウアーは、1931年8月、ドイツ国旗党州委員会委員長であり、社会民主党州議会議員ののカール・ルグガーバーの指導のもとにおいて、さしあたりヴュルテンベルク・ドイツ国旗党青年部長に選出されただけであった。Vgl. »Die Gaukonferenz des Reichsbanner«, *Schwabische Tagwacht*, 10. August 1931.
56. Vgl. »Treugelöbnis der Schufo: Mitgliederversammlung des Reichsbanners «, *Schwäbische Tagwacht*, 28. Juni 1932.
57. Ebd.
58. Zit. nach Wojak, *Fritz Bauer*, S. 109.
59. Vgl. Alfred Tischendorf i. A . des Bürgermeisteramts Stuttgart an Fritz Bauer, 23. März 1960, Stadtarchiv Stuttgart, Bestand 8600 Nr. 172 (dort unter : Bauer, Fritz).「彼らは、1933年3月5日に実施された最後の帝国議会選挙の直前の数週間前、寒い日曜日の午後、ルードヴィッヒスブルクの中央広場で開催された、大勢の人々が参加する大演説会において主要な弁士として演説を行いました。私は、その当時、この感動的に進められていく演説会を指揮していました。その演説会の参加者は、ドイツ国旗党と鉄兜団のデモ隊に先導されて市街を練り歩きました」。
60. Vgl. Gestapo-Bericht zu Fritz Bauer, Archiv Auswärtiges Amt, Politisches Archiv (Berlin), R 99722, zit. nach Wojak, *Fritz Bauer*, S. 135.からの引用による。
61. »Treugelöbnis der Schufo: Mitgliederversammlung des Reichsbanners«,

31. Gustav Radbruch, »Justiz und Kritik«, *Vossische Zeitung*, 16. Februar 1926.
32. 一般的な昇進基準については、Vgl. Angermund, *Deutsche Richterschaft 1919-1945*, S. 29.
33. 西ドイツ放送局のインタヴュー番組「彼らが若かった頃　フリッツ・バウアーとの対話」(1967年8月11日)。
34. Vgl. Akte des Amtsgerichts Stuttgart I, Geschäftsverteilungsplan für das Jahr 1931, S. 3, Staatsarchiv Ludwigsburg, F 304 Bü 6.
35. Vgl. Strafakte des Amtsgerichts Stuttgart I, Staatsarchiv Ludwigsburg, F 302 III Bü 369.
36. Vgl. Strafakte des Amtsgerichts Stuttgart I, Staatsarchiv Ludwigsburg, F 302 II Bü 1225.
37. Bauer an die Staatsanwaltschaft Stuttgart, 4. A ugust 1931, Staatsarchiv Ludwigsburg, F 302 III Bü 51.
38. »Die Affäre um Dr. Bauer. Der Ausdruck ›jüdischer Amtsrichter‹ ist eine Beleidigung«, *NS-Kurier*, 26./27. September 1931, Württembergische Landesbibliothek Stuttgart, I 124 (Mikrofilm) bzw. Ztg 9450 (Papierausgabe).
39. »Ein jüdischer Amtsrichter mißbraucht sein Amt zu Parteizwecken / Der ›Informator‹ der Tagwacht«, *NS-Kurier*, 5. Juni 1931, Württembergische Landesbibliothek Stuttgart, I 124 (Mikrofilm) bzw. Ztg 9450 (Papierausgabe).
40. バイエルレは、バウアーが「黒・赤・金のドイツ国旗党」に政治的に関与したことを容赦しなかったと、バウアーは1948年10月12日に同志のエルヴィン・シェットレに書いた。Archiv der sozialen Demokratie, Nachlass Erwin Schöttle, Mappe 15.
41. Bauer an die Staatsanwaltschaft Stuttgart, 4. A ugust 1931, Staatsarchiv Ludwigsburg, F 302 III Bü 51.
42. Urteil gegen Adolf Gerlach, 25. September 1931, S. 7, Staatsarchiv Ludwigsburg, F 302 III Bü 51.
43. »Die Affäre um Dr. Bauer. Der Ausdruck ›jüdischer Amtsrichter‹ ist eine Beleidigung«, *NSKurier*, 26./27. September 1931.
44. Vgl. Akte des Amtsgerichts Stuttgart I, Wünsche der Abteilung I B und II B zum Geschäftsverteilungsplan 1932, Staatsarchiv Ludwigsburg, F 304 Bü 4.
45. Vgl. Akte des Amtsgericht Stuttgart I, Übersicht über die Verteilung der Geschäfte der Abteilung A für Zivilsachen im Jahr 1932, Staatsarchiv Ludwigsburg, F 304 Bü 6.
46. Vgl. Göppinger, *Juristen jüdischer Abstammung im »Dritten Reich«*, S. 52, 56 f.
47. 西ドイツ放送局のインタヴュー番組「彼らが若かった頃　フリッツ・バウアーとの対話」(1967年8月11日)。
48. この「闘争時代」の印象は、後にフリッツ・バウアーに関するゲシュタポ報告

11. Gerhard Zwerenz, »Interview mit Fritz Bauer«, *Streit-Zeit-Schrift* 1968, Heft 2, S. 89-93 (92).
12. Vgl. Schweigard, *Stuttgart in den Roaring Twenties*, S. 102 – 110.
13. Bauer, »Justiz als Symptom« (1962), nachgedruckt in: Joachim Perels/Irmtrud Wojak, *Die Humanität der Rechtsordnung*, S. 365-376 (369 f.).
14. Bauer, »Scham bei der Lektüre«, *Die Zeit*, 29. September 1967.
15. Bauer, »Justiz als Symptom« (1962), nachgedruckt in: Perels/Wojak, *Die Humanität der Rechtsordnung*, S. 369 f.
16. Vgl. Strafakte des Amtsgerichts Stuttgart I, Staatsarchiv Ludwigsburg, F 302 II Bü 693.
17. Vgl. Schreiben Bauers an die Staatsanwaltschaft Stuttgart, 4. A ugust 1931, Staatsarchiv Ludwigsburg, F 302 III Bü 51.
18. フラウエンクネヒトという裁判官は、裁判所資料の表記によると、1931年に「Verg.g.d.V.O.d.R.Pr.v. 28. 3. 31」を管轄した。それは、1931年3月28日の帝国大統領令に対する違反行為(Vergehen gegen Verordnung des Rechispräsidenten vom 28. März 1931)のことである。それには多様な構成要件が設けられ、裁判官には政治的逸脱行為と闘争するための幅広い権限が与えられた。
19. Vgl. Strafakte des Amtsgerichts Stuttgart I, Staatsarchiv Ludwigsburg, F 302 II Bü 844.
20. Strafakte des Amtsgerichts Stuttgart I, Staatsarchiv Ludwigsburg, F 302 II Bü 1220.
21. Vgl. Schweigard, *Stuttgart in den Roaring Twenties*, S. 105.
22. バウアー「講読で恥をかく」『ディ・ツァイト』(1967年9月29日)。
23. 前掲記事。
24. *Simplicissimus* 1931, Nr. 6, S. 69, nachgedruckt in: Anja Eichler (Hrsg.), *Spott und Respekt*, S. 107.
25. Vgl. Michael Buchholz, » Zur Geschichte der Freien Wissenschaftlichen Vereinigung «, in: Manfred Voigts (Hrsg.), *Freie Wissenschaftliche Vereinigung*, S. 210-225 (211).
26. Schöningh, *»Kontrolliert die Justiz«. Die Vertrauenskrise der Weimarer Justiz im Spiegel der Gerichtsreportagen von* Weltbühne, Tagebuch *und* Vossische Zeitung, München 2000, S. 274.
27. Vgl. Ralph Angermund, *Deutsche Richterschaft 1919-1945*, Frankfurt am Main 1990, S. 36 f.
28. Vgl. Birger Schulz, *Der Republikanische Richterbund (1921-1933)*, Frankfurt am Main 1982, S. 22.
29. Vgl. ebd., S. 206.
30. Vgl. Angermund, *Deutsche Richterschaft 1919-1945*, S. 41.

第四章

1. 区裁判所が管轄するのは中小規模の刑事事件であった。バウアーが勤務していたシュトゥットガルト第一区裁判所の管区は、1924年、すでに存在するシュトゥットガルト市区裁判所とシュトゥットガルト自治部区裁判所を統合し、ヴァルデンブーフなどの南部の周辺地を編入してできたものである。当時、都市の北半分を管轄していたのはシュトゥットガルト第二区裁判所であり、それは今日、シュトゥットガルト＝カンシュタット区裁判所として運営されている。Vgl. Helmut Borth, »Das Amtsgericht Stuttgart«, in: Eberhard Stilz (Hrsg.), *Das Oberlandesgericht Stuttgart - 125 Jahre von 1879 bis 2004*, Villingen-Schwenningen 2004, S. 233-237 (233). 従って、バウアーが育ち、修学した周辺地域は、その管轄には入っていない。
2. Vgl. Fred Uhlman, *The Making of an Englishman*, S. 125 f.
3. Vgl. Markus Kienle, *Das Konzentrationslager Heuberg bei Stetten am Kalten Markt*, Ulm 1998, S. 29.
4. Vgl. ebd., S. 32.
5. この部局は、1933年4月、独立したヴュルテンベルク政治警察、後のゲシュタポに再編された。Günther Weinmann, »Das Oberlandesgericht Stuttgart von 1933 bis 1945«, in: Stilz (Hrsg.), *Das Oberlandesgericht Stuttgart*, S. 37-62 (44).2004年に刊行されたヴァインマンのこの著作では、バウアーはゲシュタポによって身柄を拘束されたと書かれているが、訂正を要する。
6. Vgl. Kienle, *Das Konzentrationslager Heuberg*, S. 30.
7. 警察官がフリッツ・バウアーの身柄を執務室で拘束したときの様子については、ヴァインマンへのインタヴューによる。バウアーは、その後数年はナチ時代に迫害を受けたことについて語らなかったが、戦後になってシュトゥットガルトの若手裁判官(それが同僚のヴァインマンである)に会ったときに、その事件の詳細を語った。バウアーは、彼がどのようにして身柄を引き渡されたのかについて、当時の同僚裁判官が平然と傍観したという点を強調した。
8. Vgl. Alfred Marx, *Das Schicksal der jüdischen Juristen in Württemberg und Hohenzollern 1933-1945*, o. O. 1965, S. 3 f., http ://www.stolpersteine-stuttgart.de/index.php?docid=251 [10. Mai 2013]. シュトゥットガルトの民事法研究者のアルフレート・マルクスは、罷免されたユダヤ人裁判官について自ら語り、戦後、その他の裁判官の運命について研究した。ローベルト・ブロッホは、1928年9月17日、シュトゥットガルトで裁判官職を剥奪された。
9. Vgl. Uhlman, *The Making of an Englishman*, S. 149. イルムトゥルード・ヴォヤークは、それと併せて、シュトゥットガルト第一区裁判所判事補であったことを指摘している。Vgl. Wojak, *Fritz Bauer*, S. 113.
10. Jörg Schweigard, *Stuttgart in den Roaring Twenties. Politik, Gesellschaft, Kunst und Kultur in Stuttgart 1919-1933*, Karlsruhe 2012, S. 27.

Main, I/2 230.

89. Bauer, *Die rechtliche Struktur der Truste. Ein Beitrag zur Organisation der wirtschaftlichen Zusammenschlüsse in Deutschland unter vergleichender Heranziehung der Trustformen in den Vereinigten Staaten von Amerika und Rußland*, Mannheim 1927, S. 2.
90. Ebd., S. 3.
91. バウアーは、1924年12月9日、第一次国家試験をチュービンゲンで受験した。Vgl. Justiz-Personalakte Fritz Bauer, Archiv des Fritz-Bauer-Instituts, NL-08/03. 彼の公表された博士論文の序文によれば、論文は「1925年末」に提出されている。そうすると、彼はその前後に司法修習生としてすでに研修を受けていたことになる。バウアーの身分調査書によると、1928年3月からシュトゥットガルト州裁判所の検事局において判事補になっている。当時の修習期間は平均して3年であったので、バウアーは司法職に就く3年前の1925年3月に司法修習所に入っていたことになる。
92. フリッツ・バウアーは、彼が博士論文審査においてこの成績で合格したことを会員には知らさなかった。*Monatsberichte des Bundes Freier Wissenschaftlicher Vereinigungen*, April 1926, S. 8.
93. Vgl. Justiz-Personalakte Fritz Bauer, Archiv des Fritz-Bauer-Instituts, NL-08/03. バウアーは、1948年にブラウンシュヴァイク上級州裁判所判事の職を得るために出願書を提出した。その際、彼の博士論文を称賛した専門雑誌の書評を2点同封した。
94. Vgl. Max Hachenburg, *Lebenserinnerungen eines Rechtsanwalts und Briefe aus der Emigration*, Stuttgart 1978, Abbildung 41.
95. Ebd., S. 191.
96. Vgl. Horst Göppinger, *Juristen jüdischer Abstammung im »Dritten Reich«*, S. 187.
97. Hachenburg, *Lebenserinnerungen*, S. 56.
98. Vgl. Stefanie Weis, *Leben und Werk des Juristen Karl Hermann Friederich Julius Geiler (1878-1953). Ein Rechtswissenschaftler in Zeiten des Umbruchs*, Hamburg 2013, S. 132.
99. Karl Geiler, »Vorwort« zu Bauer, *Die rechtliche Struktur der Truste*, S. VII.
100. それは、カール・ガイラー教授の1926年の日付の所見である。その書類は、ハイデルベルク大学公文書館に保管されている。Zit. nach Wojak, *Fritz Bauer*, S. 104.
101. Bauer, »Scham bei der Lektüre. Richter zerstörten die Demokratie« (Rezension von Heinrich und Elisabeth Hannovers *Politische Justiz 1918 bis 1933), Die Zeit*, 29. September 1967.

66. Zit. nach Lankenau, *»Dunkel die Zukunft - Hell der Mut!«*, S. 139.
67. 「活気のある市場」については、1938年にフリッツ・バウアーがエラ・バウアーに宛てた手紙に書かれている。ロルフ・ティーフェンタールの個人の書斎で確認することができた。
68. 前掲・手紙。
69. Fred Uhlman, *The Making of an Englishman*, S. 73.
70. Vgl. Weiss, *Bücher, Buden, Burschenschaften*, S. 108-118 ; Göppinger, *Juristen jüdischer Abstammung im »Dritten Reich«*, S. 187, 189.
71. Vgl. Uhlman, *The Making of an Englishman*, S. 104-112.
72. Vgl. Weiss, *Bücher, Buden, Burschenschaften*, S. 99.
73. 西ドイツ放送局のインタヴュー番組「彼らが若かった頃　フリッツ・バウアーとの対話」(1967年8月11日)。
74. Vgl. Lilli Zapf, *Die Tübinger Juden. Eine Dokumentation*, 3. Auflage Tübingen 1981, S. 266.
75. Vgl. Uhlman, *The Making of an Englishman*, S. 112 f.
76. *Monatsberichte des Bundes Freier Wissenschaftlicher Vereinigungen*, Mai/Juni 1923, S. 5.
77. Vgl. Jürgen Schwarz, Studenten in der Weimarer Republik, S. 265 f., 273.
78. Vgl. Wojak, *Fritz Bauer*, S. 104.
79. Vgl. Weiss, *Bücher, Buden, Burschenschaften*, S. 116.
80. Titelseite, *Simplicissimus* Nr. 21/1925, nachgedruckt in: Anja Eichler (Hrsg.), *Spott und Respekt - die Justiz in der Kritik*, Petersberg 2010, S. 113.
81. バウアーがガイラーの講義を聴講したことは、ハイデルベルク大学文書館にある1923年夏学期の受講者名簿から明らかにされた。Vgl. Wojak, *Fritz Bauer*, S. 530 (Fußnote 80).
82. Vgl. ebd.
83. Vgl. Matthias Schmoeckel, *Rechtsgeschichte der Wirtschaft. Seit dem 19. Jahrhundert*, Tübingen 2008, S. 247-253.
84. その当時、裁判所はカルテルに対して親和的に対応したが、その判断の指針は1897年2月4日のザクセン製材業カルテルの事案に対して適用された。Reichsgerichtsentscheidung in Zivilsachen, Bd. 38, S. 155 ff.
85. 合併は、協定に基づいて、企業が価格を迅速に引き上げることを可能にする。それに関しては、Vgl. Schmoeckel, *Rechtsgeschichte der Wirtschaft*, S. 255 f.
86. Vgl. ebd., S. 253-255.
87. シュメッケルは前掲書において、「カルテル問題に関して未完の論稿」について述べている。Ebd., S. 248.
88. 1937年9月21日付けのホルクハイマー宛ての手紙にそのように書かれている。Max-Horkheimer-Archiv in der Stadt- und Universitätsbibliothek Frankfurt am

51. Manfred Voigts, »Einleitung«, in ders. (Hrsg.), *Freie Wissenschaftliche Vereinigung*, S. 5-11 (6).
52. Vgl. Lankenau, *»Dunkel die Zukunft - Hell der Mut!«*, S. 138.
53. Ebd.
54. 運動部からの排除について、バウアーは元妻のアンナ・マリア・ペーターセンに話したことがある。彼女はそれを1997年にイルムトゥルード・ヴォヤークに述べた。Vgl. Wojak, *Fritz Bauer*, S. 529 (Fußnote 72).
55. Vgl. Lankenau, *»Dunkel die Zukunft - Hell der Mut!«*, S. 136.
56. Vgl. Liederbuch zum Festkommers der Freien Wissenschaftlichen Vereinigung an der Universität Heidelberg anläßlich des 35. Stiftungsfests 1927, S. 3. レオ・ベック研究所のホームページには、自由科学協会会員ルドルフ・ツィーレンガーの遺品が公表され、それを閲覧できる。http ://archive.org/details/rudolfzielenziger (2013年5月10日)。
57. Vgl. Gerhard Taus, »Studentische Vereinigungen, Begriffe und Abkürzungen«, in: Voigts (Hrsg.), *Freie Wissenschaftliche Vereinigung*, S. 12-16 (16).
58. Vgl. *Monatsberichte des Bundes Freier Wissenschaftlicher Vereinigungen*, November/Dezember 1922, S. 6.
59. Vgl. Wojak, *Fritz Bauer*, S. 529 (Fn. 71). バウアーは、ミュンヘン大学の第三学期の受講登録に際して、警察登録用紙の「信仰」の欄に「イスラエル」と記入した。1922年5月18日付けの書類は、ミュンヘン市公文書館に保存されている。
60. Arthur Rosenberger, »Was wir tun« (1908), nachgedruckt in: Voigts (Hrsg.), *Freie Wissenschaftliche Vereinigung*, S. 70-73 (72).
61. Vgl. *Monatsberichte des Bundes Freier Wissenschaftlicher Vereinigungen*, August 1922, S. 2.
62. Vgl. Lankenau, *»Dunkel die Zukunft - Hell der Mut!«*, S. 138, 198.
63. Ebd., S. 48.
64. Voigts, »Einleitung«, in: ders. (Hrsg.), *Freie Wissenschaftliche Vereinigung*, S. 5-11 (6).
65. その非難については、アルフレート・アプフェルが記憶を書き留めた『ドイツ司法の舞台裏』のドイツ語版はまだ刊行されていないが、1934年に "*Les dessous de la justice allemande*" 、1935年に "*Behind the Scenes of German Justice*" として刊行されている。ハノーファー大学元事務局長であり、『批判的司法』の共同設立者であるヤン・ゲールセンとウルズラ・ゲールセンは現在、そのドイツ語訳に取り組んでいる。Vgl. Jan Gehlsen, »Hinter den Kulissen der deutschen Justiz : Alfred Apfel - Anwalt und Autor der *Weltbühne* «, *Kritische Justiz* Heft 1/2013, S. 80-87. 引用は、未公表の版からのものである。ヤン・ゲールセンとウルズラ・ゲールセンに記して感謝する。

32. Vgl. *Monatsberichte des Bundes Freier Wissenschaftlicher Vereinigungen*, Juni 1921, S. 11.
33. *Monatsberichte des Bundes Freier Wissenschaftlicher Vereinigungen*, August 1921, S. 12.
34. Kurt Hiller, *Leben gegen die Zeit*, Bd. 1 (Logos), Reinbek 1969, S. 61-63.
35. Ebd.
36. マイヤー＝フェルデへのインタヴューによる。
37. Vgl. Abbildung in Irmtrud Wojak, *Fritz Bauer*, S. 83.
38. Bauer, »Hochschule und Politik«, *Monatsberichte des Bundes Freier Wissenschaftlicher Vereinigungen*, September 1921, S. 9 f.
39. Vgl. den Band von Voigts (Hrsg.), *Freie Wissenschaftliche Vereinigung*, aber auch Bauers eigenen Text : »Hochschule und Politik «, *Monatsberichte des Bundes Freier Wissenschaftlicher Vereinigungen*, September 1921, S. 9 f.
40. Vgl. Matthias Hambrock, *Die Etablierung der Außenseiter. Der Verband nationaldeutscher Juden 1921-1925*, Köln 2003, S. 138. Sowie Michael Buchholz, »Zur Geschichte der Freien Wissenschaftlichen Vereinigung«, in: Voigts (Hrsg.), *Freie Wissenschaftliche Vereinigung*, S. 210-225 (216). 所在地の証明書においては、自由科学協会の会員は他の団体からも「学生の武器補償」の取り下げ要請を受けた。
41. Vgl. Dr. M., »Gedenktag großer Männer«, *Monatsberichte des Bundes Freier Wissenschaftlicher Vereinigungen*, Dezember 1921/Januar 1922, S. 2 f.
42. *Monatsberichte des Bundes Freier Wissenschaftlicher Vereinigungen*, August 1921, S. 12.
43. Vgl. Fritz Bauer, »Forderungen der Gesellschaft an die Strafrechtsreform«. Vortrag gehalten auf dem Arbeiterwohlfahrt-Sozialarbeitertreffen 30. Mai bis 3. Juni 1962 in Bad Godesberg. *Schriften der Arbeiterwohlfahrt* (Eigenverlag), S. 5-20 (5).
44. *Monatsberichte des Bundes Freier Wissenschaftlicher Vereinigungen*, August 1921, S. 12.
45. Vgl. *Monatsberichte des Bundes Freier Wissenschaftlicher Vereinigungen*, Dezember 1921/Januar 1922, S. 7.
46. Bauer, »Hochschule und Politik«, *Monatsberichte des Bundes Freier Wissenschaftlicher Vereinigungen*, September 1921, S. 9 f.
47. Ebd.
48. *Monatsberichte des Bundes Freier Wissenschaftlicher Vereinigungen*, Juli 1922, S. 5.
49. Ebd.
50. *Monatsberichte des Bundes Freier Wissenschaftlicher Vereinigungen*, August 1922, S. 2

16. Bauer in: *Monatsberichte des Bundes Freier Wissenschaftlicher Vereinigungen*, Mai/Juni 1923, S. 5.
17. Vgl. *Monatsberichte des Bundes Freier Wissenschaftlicher Vereinigungen*, November/Dezember 1922, S. 6. それ以前に、バウアーは1922年夏にミュンヘンでヴァルター・アインシュタインの後任として第二議長に選出されていた。Vgl. Monatsberichte des Bundes Freier Wissenschaftlicher Vereinigungen, August 1922, S. 3.
18. Vgl. Arne Lankenau, *»Dunkel die Zukunft - Hell der Mut!« Die Heidelberger Studentenverbindungen in der Weimarer Republik 1918-1929*, Heidelberg 2008, S. 123.
19. 西ドイツ放送局のインタヴュー番組「彼らが若かった頃　フリッツ・バウアーとの対話」(1967年8月11日)。
20. Vgl. zu den 1921 zunehmenden Diskussionen auf Verbandsebene Schwarz, *Studenten in der Weimarer Republik*, S. 244.
21. Lankenau, *»Dunkel die Zukunft - Hell der Mut !«*, S. 122.
22. Vgl. Matthias Stickler, *Geschichte der studentischen Verbindungen in der Weimarer Republik*, 1998, S. 98. Sowie Lankenau, *»Dunkel die Zukunft - Hell der Mut!«*, S. 128.
23. Vgl. Lankenau, *»Dunkel die Zukunft - Hell der Mut !«*, S. 116, 222. ハイデルベルクの当時の評判については、Vgl. die Darstellung der akademischen Landschaft in der Weimarer Zeit bei Horst Göppinger, *Juristen jüdischer Abstammung im »Dritten Reich«. Entrechtung und Verfolgung*, München 1990, S. 188.
24. Vgl. Michael Weiss, *Bücher, Buden, Burschenschaften. Tausend Semester Tübinger Studentenleben*, Tübingen 1991, S. 116.
25. Bauer, »Sinn und Wert der studentischen Korporation«, *Monatsberichte des Bundes Freier Wissenschaftlicher Vereinigungen*, September 1921, S. 9.
26. Vgl. Weiss, *Bücher, Buden, Burschenschaften*, S. 98.
27. Vgl. *Monatsberichte des Bundes Freier Wissenschaftlicher Vereinigungen*, Sondernummer zum Pfingstkartelltag 1921, Juni 1921, S. 10.
28. Vgl. Gerhard Taus, » Studentische Vereinigungen, Begriffe und Abkürzungen«, in: Manfred Voigts (Hrsg.), *Freie Wissenschaftliche Vereinigung. Eine Berliner antiantisemitische Studentenorganisation stellt sich vor - 1908 und 1931*, Potsdam 2008, S. 12-16 (13).
29. Vgl. ebd.
30. Vgl. den Bericht über die »Tuchfühlung« von Thea Wasservogel, *Monatsberichte des Bundes Freier Wissenschaftlicher Vereinigungen*, Dezember 1921/Januar 1922, S. 4.
31. ティーフェンタールへのインタヴューによる(ヴァルター・ファビアン実施)。

93. Vgl. Bauer, »Brief aus Dänemark«, *Sozialistische Tribüne*, September 1945, S. 23-25 (25).
94. ティーフェンタールへのインタヴューによる(ヴァルター・ファビアン実施)。

第三章

1. *Monatsberichte des Bundes Freier Wissenschaftlicher Vereinigungen*, November/Dezember 1922, S. 6. Archiv Leo Baeck Institute New York, MF B78.
2. Sebastian Haffner, *Geschichte eines Deutschen. Die Erinnerungen 1914-1933*, 6. Auflage Stuttgart/München 2001, S. 47 f.
3. Ebd., S. 49.
4. Vgl. Amos Elon, *The Pity of it all*. S. 368, 370.〔アモス・エロン『ドイツに生きたユダヤ人の歴史――フリードリヒ大王の時代からナチズム勃興まで』滝川義人訳,(世界歴史叢書)明石書店, 2013〕
5. Vgl. Wolfgang Zorn, »Die politische Entwicklung des deutschen Studententums 1918–1931«, in: Kurt Stephensen/Alexander Scharf/Wolfgang Klötzer (Hrsg.), *Darstellungen und Quellen zur Geschichte der deutschen Einheitsbewegung im neunzehnten und zwanzigsten Jahrhundert*, Heidelberg 1965, S. 223-307 (274 f.).
6. Vgl. Elon, The Pity of it all, S. 265.〔アモス・エロン『ドイツに生きたユダヤ人の歴史――フリードリヒ大王の時代からナチズム勃興まで』滝川義人訳,(世界歴史叢書)明石書店, 2013〕
7. ヘッセン放送局のインタヴュー番組「今夜の地下室のクラブ　フリッツ・バウアーと若者との対話」(1964年12月8日)。
8. Vgl. Kurt Pätzold/Manfred Weißbecker, *Rudolf Heß. Der Mann an Hitlers Seite*, Leipzig 2003, S. 48.
9. Ernst Jünger, *Jahre der Okkupation*, Stuttgart 1958, S. 248.
10. 西ドイツ放送局のインタヴュー番組「彼らが若かった頃　フリッツ・バウアーとの対話」(1967年8月11日)。
11. 前掲・インタヴュー番組。
12. Vgl. Pätzold/Weißbecker, Rudolf Heß, S. 48. Sowie Anselm Faust, *Der Nationalsozialistische Deutsche Studentenbund. Studenten und Nationalsozialismus in der Weimarer Republik*, Bd. 1, Düsseldorf 1973, S. 26.
13. Vgl. Faust, *Der Nationalsozialistische Deutsche Studentenbund*, S. 12.
14. Vgl. Zorn, »Die politische Entwicklung des deutschen Studententums 1918-1931«, in: Stephensen/Scharf/Klötzer (Hrsg.), *Darstellungen und Quellen*, S. 223-307 (270).
15. Vgl. Jürgen Schwarz, *Studenten in der Weimarer Republik. Die deutsche Studentenschaft in der Zeit von 1918 bis 1923 und ihre Stellung zur Politik*, Berlin 1971, S. 262 f.

und Hohenzollern September 1962, S. 35-38 (36), Archiv Stadtbibliothek Stuttgart. 教区の構成員であることは、その居住場所に応じて、次に従って決定される。「イスラエル宗教教区のすべての構成員は、自ずと居住地に設立された教会教区の構成員になる」(第2条)、「宗教教区からの脱会を管轄のラビに対して宣誓して行った場合、その効果は4週間後に認められ、ラビによって証明することができる」(第3条)。1912年以前、脱会の可能性は法律上一般に認められていなかった。

77. Michael Brenner, *Jüdische Kultur in der Weimarer Republik*, S. 62.
78. Vgl. Wojak, *Fritz Bauer*, S. 529 (Fußnote 71). 1922年5月18日付けの警察申告書は、ミュンヘン市公文書館に保存されている。
79. Vgl. Uhlman, *The Making of an Englishman*, S. 42.
80. ここで生徒が旧約聖書の歴史を学んだことについては、1938年夏にフリッツ・バウアーがエラ・バウアーに宛てた手紙に書かれている。バウアーは、旧約聖書は祖父の家で生き生きとしたものになったが、学校ではそうではなかったと書いた。それは、ロルフ・ティーフェンタールの個人の書斎で確認できた。
81. Vgl. Wojak, *Fritz Bauer*, S. 82.
82. Vgl. *Monatsberichte des Bundes Freier Wissenschaftlicher Vereinigungen*, Juli 1922, S. 5. Archiv Leo Baeck Institute New York, MF B78.
83. Bauer, »Glückliche Insel Dänemark«, *CentralVereins-Zeitung – Allgemeine Zeitung des Judentums (C.V.-Zeitung)*, 24. Dezember 1936.
84. Vgl. Justiz-Personalakte Fritz Bauer, Archiv des Fritz-Bauer-Instituts, NL-08/03.
85. Vgl. Wojak, *Fritz Bauer*, S. 109. その当時、ドイツ国旗党の党員であり、バウアーの同志であったヘルムート・ミールケは、1997年にイルムトゥルード・ヴォヤークにそのように説明した。
86. Zit. nach ebd.
87. Vgl. ebd.
88. Maria Zelzer, *Weg und Schicksal der Stuttgarter Juden*, Stuttgart 1964, S. 127.
89. Vgl. etwa Bauer, »Panorama in Helsingör«. *C.V.-Zeitung*, 29. Juli 1937.
90. »Von unserem F.-B.-Berichterstatter/Kopenhagen, Der ›andere Heinrich‹ «, *C.V.-Zeitung*, 14. A pril 1937.
91. F. B./Kopenhagen, »Juden in Europas Norden«, *C.V.-Zeitung*, 22. September 1938, S. 5. Weitere Beiträge Bauers sind : »Einwanderer in Skandinavien«, Offiziöse Zahlen und Daten von unserem fb.-Berichterstatter, Kopenhagen, *C.V.-Zeitung*, 29. A pril 1937. Sowie der das Exilland Norwegen empfehlende Text : »Von unserem F.-B.-Berichterstatter/Kopenhagen, ›Das Nansen-Amt‹ «, *C.V.-Zeitung*, 23. Juni 1938.
92. Bauer, »Sozialismus und Sozialisierung«, *Deutsche Nachrichten*, 12. Mai 1947.

との対話」(1967年8月11日)。

58. 前掲・インタヴュー番組。
59. 前掲・インタヴュー番組。
60. Gerhard Zwerenz, »Gespräche mit Fritz Bauer«, *Streit-Zeit-Schrift*, September 1968, S. 89-113 (89).
61. ティーフェンタールへのインタヴューによる(ヴァルター・ファビアン実施)。
62. Vgl. Wojak, *Fritz Bauer*, S. 69. 後にバウアーはそれを女性の友人のイルゼ・シュタッフ(教授・博士)に伝えた。彼女は、1968年7月に行われた私的な友人の集まりの場で、バウアーへの弔辞を述べる中でその話を引き合いに出し、その後、その原稿をイルムトゥルード・ヴォヤークにわたした。
63. ティーフェンタールへのインタヴューによる(ヴァルター・ファビアン実施)。この祖母は父方の祖母であり、息子の家族と一緒に祝賀の行事を行った。なぜならば、敬虔なグスタフ・ヒルシュの妻エマは、すでに1918年に死去していたからである。Vgl. Geschichtswerkstatt Tübingen (Hrsg.), *Zerstörte Hoffnungen*, S. 35.
64. Vgl. Elon, *The Pity of it all*, S. 285.〔アモス・エロン『ドイツに生きたユダヤ人の歴史――フリードリヒ大王の時代からナチズム勃興まで』滝川義人訳, (世界歴史叢書)明石書店, 2013〕
65. Dr. Ch. Lehrmann, Ansprache, in Israelitische Kultusvereinigung Württemberg und Hohenzollern (Hrsg.), *Festschrift zur Einweihung der Synagoge in Stuttgart*, Stuttgart 1952, S. 15-19 (17).
66. Vgl. Fred Uhlman, *Der wiedergefundene Freund*, Zürich 1998, S. 56.
67. Vgl. Sauer/Hosseinzadeh, *Jüdisches Leben im Wandel der Zeit*, S. 95.
68. Ebd., S. 92.
69. Ebd., S. 92.
70. Ebd., S. 95.
71. Ebd., S. 102.
72. Ebd., S. 99.
73. 二つのヒルシュ家については、ヒルシュへのインタヴューによる(オットー・ヒルシュの息子で、1916年生まれのハンス・ゲオルク・ヒルシュは、現在はアメリカ合衆国メリーランド州ベセスダに在住)。
74. その教区書類は、1945年以降シュトゥットガルト市公文書館に保存されている。
75. Vgl. Michael Brenner, *Jüdische Kultur in der Weimarer Republik*, München 2000, S. 62.
76. Die israelitische » Kirchenverfassung « von 1912 ist in Auszügen nachgedruckt bei Leo Adler, *Wandlungen bei dem Oberrat der Israelitischen Religionsgemeinschaft Württembergs, Feiertagsschrift der Israelitischen Kultusvereinigung Württemberg*

38. 西ドイツ放送局のインタヴュー番組「彼らが若かった頃　フリッツ・バウアーとの対話」(1967年8月11日)。
39. 前掲・インタヴュー番組。
40. 前掲・インタヴュー番組。
41. Vgl. Amos Elon, *The Pity of it all. A Portrait of Jews in Germany 1743-1933*, London 2004, S. 261 f.〔アモス・エロン『ドイツに生きたユダヤ人の歴史――フリードリヒ大王の時代からナチズム勃興まで』滝川義人訳,(世界歴史叢書)明石書店, 2013〕
42. Vgl. Geschichtswerkstatt Tübingen (Hrsg.), *Zerstörte Hoffnungen*, S. 30.
43. Vgl. Brief von Rechtsanwalt Ostertag (im Namen Ella Bauers) an Landesbezirksstelle für die Wiedergutmachung, Stuttgart, 22. A pril 1950. Staatsarchiv Ludwigsburg, EL 350 I Bü 23925.
44. Vgl. Hans-Ulrich Wehler, *Deutsche Gesellschaftsgeschichte. Vierter Band : Von Beginn des Ersten Weltkriegs bis zur Gründung der beiden deutschen Staaten 1914-1949*, München 2003, S. 725, 727.
45. ティーフェンタールへのインタヴューによる(ヴァルター・ファビアン実施)。
46. Vgl. Brief von Rechtsanwalt Ostertag (im Namen Ella Bauers) an Landesbezirksstelle für die Wiedergutmachung, Stuttgart, 22. A pril 1950. Staatsarchiv Ludwigsburg, EL 350 I Bü 23925.
47. 西ドイツ放送局のインタヴュー番組「彼らが若かった頃　フリッツ・バウアーとの対話」(1967年8月11日)。
48. 前掲・インタヴュー番組。
49. 前掲・インタヴュー番組。
50. Vgl. Wojak, *Fritz Bauer*, S. 58. イルムトゥード・ヴォヤークは、フリッツ・バウアーの甥で、デンマークにいるロルフ・ティーフェンタールの個人の書斎において、ルードヴィッヒ・バウアーの無前科証明書を閲覧することができた。
51. Vgl. Paul Sauer/Sonja Hosseinzadeh, *Jüdisches Leben im Wandel der Zeit. 170 Jahre Israelitische Religionsgemeinschaft, 50 Jahre neue Synagoge in Stuttgart*, Gerlingen 2002, S. 81.
52. Vgl. Leo Adler, *Wandlungen bei dem Oberrat der Israelitischen Religionsgemeinschaft Württembergs, Feiertagsschrift der Israelitischen Kultusvereinigung Württemberg und Hohenzollern*, September 1962, S. 35-38 (37). Archiv Stadtbibliothek Stuttgart.
53. Vgl. Sauer/Hosseinzadeh, *Jüdisches Leben im Wandel der Zeit*, S. 86.
54. Vgl. Uhlman, *The Making of an Englishman*, S. 41.
55. Ebd., S.52 f.
56. Vgl. Wojak, *Fritz Bauer*, S. 82.
57. 西ドイツ放送局のインタヴュー番組「彼らが若かった頃　フリッツ・バウアー

16. それは、1938年の夏にフリッツ・バウアーがエラ・バウアーに宛てた手紙の内容であり、それはロルフ・ティーフェンタールの個人の書斎にある。手紙の発送は確認されていたが、その存在はこれまで明らかではなかった。バウアーの死後、友人のハインツ・マイヤー＝フェルデがバウアーの住居の書棚の書物に手紙が挟まっているのを見つけた。それは、その後バウアーの甥のネッフェン・ティーフェンタールに送り届けられた。
17. 前掲・手紙。
18. 前掲・手紙。
19. 前掲・手紙。
20. 前掲・手紙。
21. Bauer, »Im Kampf um des Menschen Rechte« (1955), nachgedruckt in: Joachim Perels/Irmtrud Wojak, *Die Humanität der Rechtsordnung. Ausgewählte Schriften Fritz Bauers*, Frankfurt am Main 1998, S. 35- 49 (37).
22. バウアーは、後にこの話を親交の深かったマイヤー＝フェルデ夫妻にした。マイヤー＝フェルデ夫妻へのインタヴューによる。
23. Vgl. Bauer, »Im Kampf um des Menschen Rechte« (1955), nachgedruckt in: Perels/Wojak, *Die Humanität der Rechtsordnung*, S. 35-49 (38).
24. Vgl. Geschichtswerkstatt Tübingen (Hrsg.), *Zerstörte Hoffnungen. Wege der Tübinger Juden*, Tübingen 1995, S. 35.
25. Vgl. ebd., S. 27, 35.
26. Bauer, »Im Kampf um des Menschen Rechte« (1955), nachgedruckt in: Perels/Wojak, *Die Humanität der Rechtsordnung*, S. 35-49 (38).
27. 1938年春にフリッツ・バウアーがエラ・バウアーに宛てた手紙。ロルフ・ティーフェンタールの個人の書斎で確認。
28. Vgl. Lilli Zapf, *Die Tübinger Juden. Eine Dokumentation*, Tübingen 1981, S. 38 f.
29. Stadtarchiv Ulm (Hrsg.), *Zeugnisse zur Geschichte der Juden in Ulm. Erinnerungen und Dokumente*, Ulm 1991, S. 14 f.
30. Geschichtswerkstatt Tübingen (Hrsg.), *Zerstörte Hoffnungen*, S. 30 f.
31. ヘッセン放送局のインタヴュー番組「今夜の地下室のクラブ　フリッツ・バウアーと若者との対話」(1964年12月8日)において若者に述べた内容。
32. ティーフェンタールへのインタヴューによる(ヴァルター・ファビアン実施)。
33. 前掲・インタヴュー。
34. 前掲・インタヴュー。
35. 前掲・インタヴュー。
36. 西ドイツ放送局のインタヴュー番組「彼らが若かった頃　フリッツ・バウアーとの対話」(1967年8月11日)。
37. Vgl. Eberhard Zeller, *Oberst Claus Graf Stauffenberg. Ein Lebensbild*, 2. Auflage Paderborn 2008, S. 6.

第二章

1. 西ドイツ放送局のインタヴュー番組「彼らが若かった頃　フリッツ・バウアーとの対話」(1967年8月11日)。
2. Vgl. Gerhard Mauz, »Schuhgröße neun reicht im allgemeinen«, *Der Spiegel*, 14. November 1966.
3. イルムトゥルード・ヴォヤークは、ニュルンベルクの誰かが日付を付けずに差し出した手紙をヴィースバーデン公文書館で発見した。それについては、次のものを見よ。Wojak, *Fritz Bauer*, S. 307.
4. Zit. nach ebd., S. 307.
5. それどころか、シュトゥットガルトのフレート・ウールマンという別のユダヤ人少年は、ある日、シュトゥットガルトの小学校の宗教学教師からも、イエス・キリストに鞭を打ったのは「ユダヤ人」であると聞いた。Fred Uhlman, *The Making of an Englishman. Erinnerungen eines deutschen Juden*, Zürich 1998, S. 37.
6. Vgl. Wojak, *Fritz Bauer*, S. 161.
7. 1956年にフランクフルト・アム・マイン上級州裁判所に提出された身分関係調査書に記載されている。Justiz-Personalakte Fritz Bauer, Archiv des Fritz-Bauer-Instituts, NL-08/03.
8. Vgl. Alfred Tischendorf i. A. des Bürgermeisteramts Stuttgart an Fritz Bauer, 23. März 1960, Stadtarchiv Stuttgart, Bestand 8600 Nr. 172 (dort unter : Bauer, Fritz).
9. 1960年3月28日にティッシェンドルフで行ったもの。注(3)の公文書館で確認可能。
10. テレビ番組のインタヴューで話されたもの。ハルプレヒトへのインタヴューによる。
11. 「それは生の再出発日であった——1945年4月15日ベルゲン＝ベルゼン強制収容所からの解放を回想するレナーテ・ハルプレヒト」(『フランクフルター・ルントシャウ』2002年4月13日)
12. Thomas Horstmann/Heike Litzinger, *An den Grenzen des Rechts. Gespräche mit Juristen*, Frankfurt am Main 2006, S. 136.
13. バウアーのユダヤ出自については、フランクフルト・アム・マインのユダヤ教区役員会委員のパウル・アーンスベルクが1968年に次のように記している。バウアーは、「ユダヤ法のハラーハーを基準にすれば、外形的にはユダヤ人であり、純粋にユダヤの血統である」。P. A., »Nachrufe : Generalstaatsanwalt Dr. Fritz Bauer«, *Frankfurter Jüdisches Gemeindeblatt*, Juli/August 1968, S. 15.
14. 前掲・注(7)の身分関係調査書による。
15. アメントへのインタヴューによる。

13. Vgl. Irmtrud Wojak, *Fritz Bauer (1903-1968). Eine Biographie*, München 2009, S. 296.
14. Vgl. Stangneth, *Eichmann vor Jerusalem*, S. 430.
15. Vgl. Wojak, *Fritz Bauer*, S. 298.
16. Stangneth, *Eichmann vor Jerusalem*, S. 438.
17. Zit nach ebd.
18. Vgl. Wojak, *Fritz Bauer*, S. 298.
19. Zit nach ebd.
20. Zit nach Michael Bar-Zohar, *Ben-Gurion*, Tel Aviv 1978, Bd. 3, S. 1374.
21. Vgl. Isser Harel, *Das Haus in der Garibaldistraße*, Frankfurt am Main 1976, S. 279.
22. Vgl. ebd., S. 280.
23. バウアーの1960年5月22日付けのコーン宛ての手紙。Nachlass Fritz Bauer, Archiv der sozialen Demokratie.
24. ヴァルロへのインタヴューによる。
25. アーレントの1961年8月6日付けカール・ヤスパース宛ての手紙。Nachgedruckt in Lotte Köhler/Hans Saner (Hrsg.), *Hannah Arendt/Karl Jaspers Briefwechsel 1926-1969*, 2. Auflage München 1987, S. 483.〔ハンナ・アーレント、カール・ヤスパース 著／L.ケーラー、H.ザーナー 編集『アーレント＝ヤスパース往復書簡 1926 - 1969』(全3巻)大島かおり 翻訳, みすず書房, 2004年〕
26. アメントへのインタヴューによる。
27. イスラエルの投降者「フリッツ・バウアーは我がアイヒマンを見殺しにした」参照(『南ドイツ新聞』1969年2月19日)。
28. Hannah Arendt, »Der Auschwitz-Prozeß«, in: Eike Geisel/Klaus Bittermann (Hrsg.), *Nach Auschwitz, Essays & Kommentare 1*, Berlin 1989, S. 99-139 (117).
29. »Personalien«, *Der Spiegel*, 20. März 1957. から引用。
30. Zit. nach Robert Neumann, *Vielleicht das Heitere. Tagebuch aus einem andern Jahr*, München 1968, S. 386.
31. エルンスト・ミュラー＝マイニゲン・Jr「『君』という言葉は使うことなく肩を並べて歩きながら——7月1日に65才で死去したヘッセン州検事長バウアーの思い出」(『南ドイツ新聞』1968年7月16日)。
32. Vgl. Wojak, *Fritz Bauer*, S. 307.
33. Vgl. Wojak, » ›Die Mauer des Schweigens durchbrochen‹. Der erste Frankfurter Auschwitz-Prozess 1963–1965«, in Fritz-Bauer-Institut (Hrsg.), *»Gerichtstag halten über uns selbst...« Geschichte und Wirkung des ersten Frankfurter Auschwitz-Prozesses*, S. 21–42 (23).
34. Vgl. Ingrid Zwerenz (Hrsg.), *Anonym. Schmäh- und Drohbriefe an Prominente*, München 1968, S. 89.

原注

※邦訳のあるものは、〔　〕に示した。

第一章

1. 深夜に侵入が実行されたことについては、»Feindliches Ausland«, *Der Spiegel*, 31. Juli 1995. 現場における実行の状況は、マオールへのインタヴューによる。
2. ベッティーナ・シュタンネスは、ヘルマンがこの手紙によって最初に問い合わせたのはフランクフルトのユダヤ人上級検察官アーノルト・ブーフタールであった可能性があると指摘している。Vgl. Stangneth, *Eichmann vor Jerusalem. Das unbehelligte Leben eines Massenmörders*, Zürich/Hamburg 2011, S. 406. ブーフタールは、1957年までバウアーの直属の部下として勤務した検察官である。ナチの暴力犯罪は、当時の検事局では「旧政治犯」と呼ばれていたが、検察官がそれを捜査した場合、その全てを検事長に報告しなければならなかった。全ての犯罪捜査の線は、責任者という点に集約されていたのである。この領域における犯罪捜査の開始と遂行は、検事長との協議の上でのみ許された。
3. キュークラーへのインタヴューによる(ヴェルナー・レンツ実施)。
4. 権利保護中央本部は、後に設立されたルードヴィッヒスブルクの中央本部と対称的な機能を持つ機関である。それについては、次のものを参照せよ。Vgl. Annette Weinke, *Eine Gesellschaft ermittelt gegen sich selbst. Die Geschichte der Zentralen Stelle Ludwigsburg 1958-2008*, 2. Auflage Darmstadt 2009, S. 126-135.
5. ヴァルロへのインタヴューによる。
6. Vgl. Stangneth, *Eichmann vor Jerusalem*, S. 407.
7. フリッツ・バウアーが1960年に会談で依頼したとき、ベルンハルト・ニッゲマイヤーがそれに参加していた。そのことに関しては、次のものを参照せよ。Vgl. Vermerk des Oberstaatsanwalts Vogel beim Landgericht Frankfurt am Main, 8. März 1960, Az. 4 Js 444/59. ニッゲマイヤーの過去に関しては、次のものを参照せよ。Vgl. Dieter Schenk, *Auf dem rechten Auge blind. Die braunen Wurzeln des BKA*, Köln 2001, S. 187–190.
8. Andreas Eichmüller, *Keine Generalamnestie. Die Strafverfolgung von NS-Verbrechen in der frühen Bundesrepublik*, München 2012, S. 375. からの引用による。
9. Vgl. Stangneth, *Eichmann vor Jerusalem*, S. 413.
10. Zit. nach ebd., S. 533.
11. Vgl. ebd., S. 407.
12. Vgl. ebd.

●W

ヴァルザー, マルティン(Walser, Martin) 234

ヴァルロ, ヨハネス(Warlo, Johannes) 214-217, 289, 290, 294, 297, 316

ヴァイス, ペーター (Weiss, Peter) 220

ヴェルゲラント, ヘンリク(Wergeland, Henrik) 59

ヴィーデマン, メリッタ(Wiedemann, Melitta) 224, 253

ヴィーゼ, ゲアハルト(Wiese, Gerhard) 212, 236, 243, 291, 294

ヴィーゼンタール, ジーモン(Wiesenthal, Simon) 279

ヴォヤーク, イルムトゥルード (Wojak, Irmtrud) 30, 318

ヴォルフ, エルンスト(Wolf, Ernst) 165

ヴュルメリンク, フランツ=ヨーゼフ(Wuermeling, Franz-Josef) 268

ヴルカン, エミリ(Wulkan, Emil) 206

●Z

ツェルツァー, マリア(Zelzer, Maria) 58

ツィン, ゲオルク・アウグスト(Zinn, Georg August) 24, 32

ツヴェレンツ, ゲアハルト(Zwerenz, Gerhard) 301

ツヴェレンツ, イングリート (Zwerenz, Ingrid) 33

シェンク，ディーター（Schenk, Dieter）308
シラー，フリードリッヒ（Schiller, Friedrich）54, 71, 136, 170, 171, 233, 284
シンナール，フェリックス（Schinnar, Felix）23
シーラッハ，バルドゥーア・フォン（Schirach, Baldur von）197
シュライエルマッハー，フリードリッヒ（Schleiermacher, Friedrich）221
シュミート，カルロ（Schmid, Carlo）116, 134
シュミット，リヒャルト（Schmid, Richard）122, 134
シュナイダー，ヘールベルト（Schneider, Herbert）306
ショーペンハウアー，アルトゥール（Schopenhauer, Arthur）70
シュラム，パーシー（Schramm, Percy）167
シューレ，エルヴィン（Schüle, Erwin）22, 25, 210
シューマッハー，クルト（Schumacher, Kurt）14, 100-105, 108, 109, 112, 114, 127, 134, 135, 137, 138, 149, 328
シュッテ，ヴォルフラム（Schütte, Wolfram）252
ジーモン，エーリク（Simon, Erich）150, 151
ジックス，フランツ・アルフレート（Six, Franz Alfred）256
シュタッフ，クルト（Staff, Curt）152, 153,
シュタンネス，ベッティーナ（Stangneth, Bettina）25
シュタウフェンベルク，クラウス・シェンク・グラーフ・フォン（Stauffenberg, Claus Schenk Graf von）144, 155, 156, 163, 166, 171, 243, 284

●T
テイラー，テルフォード（Taylor, Telford）195
トイフェル，フリッツ（Teufel, Fritz）299
タッデン，アドルフ・フォン（Thadden, Adolf von）310
ティーフェンタール，マルゴット（Tiefenthal, Margot）42, 43, 45, 46, 52, 53, 60, 115, 123-125, 254, 285, 296
ティーフェンタール，ヴァルター（Tiefenthal, Walter）116, 119, 123, 255
トプフ，エーリク・ギュンター（Topf, Erich Günther）146, 159
トゥホルスキー，クルト（Tucholsky, Kurt）93

●U
ウールマン，フレート（Uhlman, Fred）50, 79, 101, 104, 105, 113
ウールマン，マンフレート（Uhlmann, Manfred）※ウールマン，フレート（Uhlman, Fred）の項目を参照
ウンゼルト，ジークフリート（Unseld, Siegfried）220

●V
フォーゲル，ゲオルク・フリードリッヒ（Vogel, Georg Friedrich）211-213, 243, 246, 282, 294
フォアベルク，ラインホルト（Vorberg, Reinhold）21

ノイラート, コンスタンティン・フォン(Neurath, Konstantin von) 46
ニーメラー, ヨハン・ハインリッヒ(Niemöller, Johann Heinrich) 244
ニーメラー, マルティン(Niemöller, Martin) 222, 244
ニーチェ, フリードリッヒ(Nietzsche, Friedrich) 57, 185

●O
オーレンハウアー, エーリク(Ollenhauer, Erich) 238
オルモント, ヘンリー (Ormond, Henry) 220, 243, 281
オシエツキー, カール・フォン(Ossietzky, Carl von) 93
オーフェン, ヴィルフレート・フォン(Oven, Wilfred von) 144

●P
ペレルス, ヨアヒム(Perels, Joachim) 175, 298
ペーターセン, アンナ・マリア(Petersen, Anna Maria) 124, 254
ペーターセン, ハンス・ヘルマン(Petersen, Hans Hermann) 238
フィリップ, カール=ヴォルフガング(Philipp, Karl-Wolfgang) 150
プランク, エルンスト(Plank, Ernst) 110
ポロック, フリードリッヒ(Pollock, Friedrich) 121
プロール, トーヴァルト(Proll, Thorwald) 300

●R
ラートブルフ, グスタフ(Radbruch, Gustav) 94, 120, 180-184, 186-190, 200, 319, 322, 324-326
ラーテナウ, エミリ(Rathenau, Emil) 221
ラーテナウ, ヴァルター (Rathenau, Walther) 62, 63, 83, 138, 221
ライヒ・アン・デア・シュトルペ, ジークフリート(Reich an der Stolpe, Siegfried) 36
ライヒ=ラニッキ, マルセル(Reich-Ranicki, Marcel) 279, 280
ライノフスキー, ハンス(Reinowksi, Hans) 140
レーマー, オットー・エルンスト(Remer, Otto Ernst) 142-146, 154-160, 163, 164, 171, 172, 243
ロイター, エルンスト(Reuter, Ernst) 156
リーガー, マルティン(Rieger, Martin) 113
レーダー, マンフレート(Roeder, Manfred) 159
レークナー, アドルフ(Rögner, Adolf) 208, 209
ローゼンタール, エルンスト(Rosenthal, Ernst) 150
ロートフェルス, ハンス(Rothfels, Hans) 158
リュッケール, アダルベルト(Rückerl, Adalbert) 314
ルグガーバー, カール(Ruggaber, Karl) 109, 114

●S
サロモン, ローベルト(Salomon, Robert) 70
ザヴァデ, フリッツ(Sawade, Fritz) ※ハイデ, ヴェルナー (Heyde, Werner)の項目を参照

クルップ・フォン・ボーレン・ウント・ハルバッハ, グスタフ(Krupp von Bohlen und Halbach, Gustav) 192
クーゲルマン, シリー (Kugelmann, Cilly) 276-278
クーゲルマン, ヘルス(Kugelmann, Hersz) 276
キュークラー, ヨアヒム(Kügler, Joachim) 20, 211-213, 219, 231, 243, 245, 246, 282, 286-289, 294, 295, 297, 298, 311

●L

ラクナー, カール(Lackner, Karl) 271
ランダウアー, ユリウス(Landauer, Julius) 58
ランクバイン, ヘルマン(Langbein, Hermann) 209, 213, 281, 282, 283
ランクハンス, ライナー (Langhans, Rainer) 299
ラテルンザー, ハンス(Laternser, Hans) 242, 245, 288
ラウリッツェン, ラウリッツ(Lauritzen, Lauritz) 239
レール, ローベルト(Lehr, Robert) 145
リスト, フランツ・フォン(Liszt, Franz von) 120, 180-184
ルーカス, フランツ(Lucas, Franz) 235, 236

●M

マン, トーマス(Mann, Thomas) 225
マオール, ミヒャエル(Maor, Michael) 18, 20, 27
マルクス, カール(Marx, Karl) 129, 224, 319
マウツ, ゲアハルト(Mauz, Gerhard) 232
メンゲレ, ヨーゼフ(Mengele, Josef) 217
メルゲンターラー, クリスティアン(Mergenthaler, Christian) 106
メルカッツ, ハンス=ヨアヒム・フォン(Merkatz, Hans-Joachim von) 153
メルゼブルガー, ペーター(Merseburger, Peter) 108
モイシュ, マティアス(Meusch, Matthias) 231
マイヤー=フェルデ, エスター(Meyer-Velde, Esther) 223
マイヤー=フェルデ, ギーゼラ(Meyer-Velde, Gisela) 111, 223
マイヤー=フェルデ, ハインツ(Meyer-Velde, Heinz) 69, 111, 223, 252
ミールケ, ヘルムート(Mielke, Helmut) 58, 103
ミース・ファン・デア・ローエ, ルードヴィッヒ(Mies van der Rohe, Ludwig) 90, 301
ミューザーム, エリーク(Mühsam, Erich) 93
ムルカ, ローベルト(Mulka, Robert) 204, 237

●N

ネイサンス, ヘンリ(Nathansen, Henri) 57, 58
ネルマン, エーリク(Nellmann, Erich) 209, 210
ノイマン, リヒャルト(Neumann, Richard) 151
ノイマン, ローベルト(Neumann, Robert) 204, 260

ヒルシュ, レオポルト・Sen（Hirsch, Leopold sen.） 44
ヒルシュ, ミンナ（Hirsch, Minna） 55
ヒルシュ, オットー（Hirsch, Otto） 55
ヒルシュ, パウラ（Hirsch, Paula） 125
ヒルシュ, ローベルト（Hirsch, Robert） 45, 55, 57
ホーホフート, ロルフ（Hochhuth, Rolf） 253
ホフマイヤー, ハンス（Hofmeyer, Hans） 242
ホルクハイマー, ハンス（Horkheimer, Hans） 120
ホルクハイマー, マックス（Horkheimer, Max） 119-121, 127, 147, 225, 250
ヘース, ルドルフ（Höß, Rudolf） 204
フンマーリッヒ, ヴェルナー（Hummerich, Werner） 219
フルヴィッツ, シュテファン（Hurwitz, Stephan） 120, 270

●I
イヴァント, ハンス・ヨアヒム（Iwand, Hans Joachim） 165

●J
ジャクソン, ロバート（Jackson, Robert） 195
ヤコブ, アラリック（Jacob, Alaric） 194
ヤコビ, エーリク・H（Jacoby, Erich H.） 139
イェーガー, ヘルベルト（Jäger, Herbert） 177, 270
ヤーゴフ, ディートリッヒ・フォン（Jagow, Dietrich von） 89
ヤスパース, カール（Jaspers, Karl） 29
ヨアヒム, ハンス・G（Joachim, Hans G.） 298
ユンガー, エルンスト（Jünger, Ernst） 64
ユンカー, ヴェルナー（Junker, Werner） 23

●K
カドゥーク, オズヴァルト（Kaduk, Oswald） 口絵P.2, 204, 230, 233, 234
カント, イマヌエル（Kant, Immanuel） 72, 73, 153, 181, 182, 184, 186, 224
カッツ, ルドルフ（Katz, Rudolf） 138, 139
カーフェン, ヴォルフガング（Kaven, Wolfgang） 111, 250-254, 257, 309
キンスキー, クラウス（Kinski, Klaus） 255
クラッゲス, ディートリッヒ（Klagges, Dietrich） 152, 153
クレーア, ヨーゼフ（Klehr, Josef） 230
クルーゲ, アレクサンダー（Kluge, Alexander） 306, 307
コプフ, ヒンリッヒ・ヴィルヘルム（Kopf, Hinrich Wilhelm） 148
クラップ, オットー（Krapp, Otto） 148
クライスキー, ブルーノ（Kreisky, Bruno） 126
クリューガー, ホルスト（Krüger, Horst） 202, 203, 205, 285
クリューガー, ウーリッヒ（Krüger, Ulrich） 293-295, 297, 306, 307
クルップ・フォン・ボーレン・ウント・ハルバッハ, アルフリート（Krupp von Bohlen und Halbach, Alfried） 192

ゲルラッハ, アドルフ(Gerlach, Adolf) 97-99
ギーゼ, ハンス(Giese, Hans) 270
ジョルダーノ, ラルフ(Giordano, Ralph) 136
グニールカ, トーマス(Gnielka, Thomas) 206
ゲッペルス, ヨーゼフ(Goebbels, Joseph) 144, 258
ゲルデラー, カール・フリードリッヒ(Goerdeler, Carl Friedrich) 170
ゲーテ, ヨハン・ヴォルフガング・フォン(Goethe, Johann Wolfgang von) 65, 72, 128, 199, 284
ゲーリング, ヘルマン(Göring, Hermann) 64
グラス, ギュンター (Grass, Günter) 33, 36
グレーフェ, ミヒャエル(Greve, Michael) 315
グロピウス, ヴァルター (Gropius, Walter) 90, 301
グロスコプフ, エーリク(Großkopf, Erich) 241
グロースマン, ハンス(Großmann, Hanns) 213
グンベル, エミール・ユリウス(Gumbel, Emil Julius) 63

●H
ハッヘンブルク, マックス(Hachenburg, Max) 85
ハフナー, セバスティアン(Haffner, Sebastian) 62
ハナック, エルンスト・ヴァルター(Hanack, Ernst-Walter) 292
ハーレル, イッサー (Harel, Isser) 27
ハーラン, トーマス(Harlan, Thomas) 255-261, 302, 306, 307, 310
ハーラン, ファイト(Harlan, Veit) 255, 257, 258
ハルプレヒト, レナーテ(Harpprecht, Renate) 38, 39
ハート, レーオ(Hart, Leo) ※ヘルツ, レーオ(Herz, Leo)の項を参照
ヘートラー, ヴォルフガング(Hedler, Wolfgang) 158
ヘーフェルマン, ハンス(Hefelmann, Hans) 216
ヘーゲル, ゲオルク・ヴィルヘルム・フリードリッヒ(Hegel, Georg Wilhelm Friedrich) 54, 181, 182, 184, 186
ハイネマン, グスタフ(Heinemann, Gustav) 272
ハイニッヒ, クルト(Heinig, Kurt) 140
ハインスハイマー, ハンス(Heinsheimer, Hans) 70
ヘルマン, ロタール(Hermann, Lothar) 19, 24
ヘルツ, レーオ(Herz, Leo) 150
ヘルツル, テオドール(Herzl, Theodor) 53
ヘス, ルドルフ(Heß, Rudolf) 63, 64
ホイス, テオドール(Heuss, Theodor) 156, 158
ハイデ, ヴェルナー (Heyde, Werner) 215
ヒラー, クルト(Hiller, Kurt) 69, 150
ヒルシュ, エーリク(Hirsch, Erich) 125
ヒルシュ, グスタフ(Hirsch, Gustav) 43-45
ヒルシュ, レオポルト・Jr (Hirsch, Leopold jr.) 44, 50, 122

ブセリウス, ゲアト(Bucerius, Gerd) 279
ブック, カール(Buck, Karl) 109
ビュルガー＝プリンツ, ハンス(Bürger-Prinz, Hans) 270
バトラー, サミュエル(Butler, Samuel) 186

●C
チェスタートン, ギルバート・K(Chesterton, Gilbert K.) 182
コーン, ヘイム (Cohn, Haim) 28

●D
ダーム, ヘンドリーク・ゲオルク・ファン(Dam, Hendrik George van) 279
デムヤンユク, ジョン(Demjanjuk, John) 237, 324
ディコプフ, パウル(Dickopf, Paul) 22, 25
ディル, ゴットロープ(Dill, Gottlob) 113
デーンホフ, マリオン・グレフィン(Dönhoff, Marion Gräfin) 280
ドールズ, フリッツ(Dorls, Fritz) 143
ドレーアー, エドゥアルト(Dreher, Eduard) 314, 315
ドランブル, マーク(Drumbl, Mark) 192
ダイレフスキー, クラウス(Dylewski, Klaus) 282

●E
エーレンブルク, イリア(Ehrenburg, Ilja) 90
アイヒマン, アドルフ(Eichmann, Adolf) 18-20, 22-30, 179, 203, 205, 227, 228, 231, 324
アイヒヴァルト, ハインツ(Eichwald, Heinz) 296
アインシュタイン, ヴァルター(Einstein, Walter) 73
エンスリン, グドゥルン(Ensslin, Gudrun) 300

●F
フェレンツ, ベンジャミン・B(Ferencz, Benjamin B.) 191
フィヒテ, ヨハン・ゴットリープ(Fichte, Johann Gottlieb) 284
フォレスター, ハンス(Forester, Hans) 244
フーコー, ミシェル(Foucault, Michel) 190
フランク, ハンス(Frank, Hans) 197
フレンケル, ヴォルフガング(Fränkel, Wolfgang) 291
フライ, ノーベルト(Frei, Norbert) 208
フライスラー, ローラント(Freisler, Roland) 164, 165, 239
フリック, ハンス(Frick, Hans) 277, 278

●G
ガウフ, ホルスト(Gauf, Horst) 312, 315, 316
ゲーレン, ラインハルト(Gehlen, Reinhard) 23
ゲールセン, ヤン(Gehlsen, Jan) 298
ガイラー, カール(Geiler, Karl) 81, 85, 86, 134
ガイス, ノルベルト(Geis, Norbert) 159
ゲルチョフ, ヨアヒム(Gerchow, Joachim) 307, 308

人名索引

●A

アッヘンバッハ, エルンスト(Achenbach, Ernst) 256
アデナウアー, コンラート(Adenauer, Konrad) 28, 32, 133, 143, 145, 155, 238, 265, 268, 269, 326
アドルノ, テオドール・W(Adorno, Theodor W.) 14, 177, 250, 253, 270, 306
アルトマイヤー, ヤコブ(Altmaier, Jakob) 138
アメント, マンフレート(Amend, Manfred) 181, 252, 257, 299, 300, 306
アンガーマイヤー, ルッパート(Angermair, Rupert) 166
アプフェル, アルフレート(Apfel, Alfred) 77, 93
アーレント, ハンナ(Arendt, Hannah) 29, 30, 232, 235
アルンスベルク, パウル(Arnsberg, Paul) 279
アウグシュタイン, ルドルフ(Augstein, Rudolf) 261

●B

バーダー, アンドレアス(Baader, Andreas) 300
ベール, リヒャルト(Baer, Richard) 217
バール=ツォハール, ミヒャエル(Bar-Zohar, Michael) 29
バルチュ, ハンス=ヴェルナー(Bartsch, Hans-Werner) 222
バウアー, エラ(Bauer, Ella) 45, 51, 52, 56
バウアー, ユリウス(Bauer, Julius) 48
バウアー, ルードヴィッヒ(Bauer, Ludwig) 43, 46-50, 52, 53, 56, 123
バウアー, マルゴット(Bauer, Margot) ※ティーフェンタール, マルゴット(Tiefenthal, Margot)の項を参照
バウマン, ユルゲン(Baumann, Jürgen) 39, 101
ベッケルレ, アドルフ・ハインツ(Beckerle, Adolf Heinz) 286
ベン=グリオン, デイビット(Ben-Gurion, David) 27
バーナイス, マーレー(Bernays, Murray) 196
ベスト, ヴェルナー(Best, Werner) 314
バイエルレ, ヨーゼフ(Beyerle, Josef) 97, 98, 106
ブラッハシュタイン, ペーター(Blachstein, Peter) 138
ブランケンシュタイン, オットー(Blankenstein, Otto) 262
ブロッホ, ローベルト(Bloch, Robert) 90, 113, 149
ボーガー, ヴィルヘルム(Boger, Wilhelm) 208, 209, 211, 213, 214, 233
ボェル, ハインリッヒ(Böll, Heinrich) 33
ボールマン, マルティン(Bormann, Martin) 217, 218, 290
ブラント, ヴィリー(Brandt, Willy) 14, 36, 124, 126, 127, 134, 301
ブレヒト, ベルトールト(Brecht, Bertolt) 65, 71
ブレンナー, ミヒャエル(Brenner, Michael) 56
ブルムリク, ミカ(Brumlik, Micha) 276

【著者略歴】

ローネン・シュタインケ（Ronen Steinke）

法学博士。1983年、エアランゲン生まれ。南ドイツ新聞編集部に勤務。法学と犯罪学を学び、法律事務所、少年刑務所で法実務に従事し、近年では国連ユーゴスラヴィア法廷に関わる。ニュルンベルクからハーグへと至る戦犯法廷の発展に関する博士論文は、ドイツ紙『フランクフルター・アルゲマイネ』から「傑作」と称賛された。現在、ミュンヘンに在住。

【訳者略歴】

本田　稔（ほんだ・みのる）

1962年大阪府に生まれる。1993年立命館大学大学院法学研究科博士後期課程修了、博士（法学・立命館大学）。現在、立命館大学法学部教授。主な著書に『刑法における歴史認識と過去清算』（文理閣、2014年、共著）、『普通のドイツ人とホロコースト』（ダニエル・J・ゴールドハーゲン 著、ミネルヴァ書房、2007年、共訳）などがある。

フリッツ・バウアー　アイヒマンを追《お》いつめた検事長《けんじちょう》

発行日　2017年8月1日　初版第1刷

著　者　ローネン・シュタインケ
訳　者　本田　稔
発行人　茂山和也

発行所　株式会社 アルファベータブックス
〒102-0072 東京都千代田区飯田橋2-14-5 定谷ビル
Tel 03-3239-1850　Fax 03-3239-1851
website http://ab-books.hondana.jp/
e-mail alpha-beta@ab-books.co.jp

印　刷　株式会社エーヴィスシステムズ
製　本　株式会社難波製本
ブックデザイン　春日友美
編　集　春日俊一

ISBN 978-4-86598-025-7　C0022